개발독재자
박정희 평전

1판 1쇄 펴낸날 2017년 10월 26일

지은이 김삼웅

펴낸곳 앤길
등록 2016년 5월 3일(제2016-36호)
주소 서울시 광진구 자양로 214
대표전화 02-465-5131
E-mail aengil@daum.net

책값은 뒤표지에 있습니다.
ISBN 979-11-958722-7-5 03910

이 도서의 국립중앙도서관 출판예정도서목록(CIP)은 서지정보유통지원시스템 홈페이지(http://seoji.nl.go.kr)와 국가자료공동목록시스템(http://www.nl.go.kr/kolisnet)에서 이용하실 수 있습니다. (CIP제어번호 : CIP2017025408)

박정희

개발독재자

평전

절대권력은
절대타락한다

김삼웅

첫 번째는 비극, 두 번째는 희극 그리고 절망

박근혜(정권)는 태어나지 말았어야 했다. 순전히 자기 아버지(박정희)의 '명예회복'을 위해서라는 목적으로 대통령이 되고, 측근 최순실과 더불어 '박·최게이트'의 주범으로 국민과 국회로부터 탄핵을 당했기 때문만이 아니다.

루이 나폴레옹은 1848년 12월 10일 삼촌 보나파르트 나폴레옹의 명예회복을 위해서라면서 정계에 입문하여 사회적 혼란기에 삼촌의 후광으로 프랑스 공화국의 대통령에 선출되었다. 권력욕이 강했던 루이는 삼촌의 방식을 좇아 1859년 쿠데타로 의회를 해산하고 황제에 취임했다가 얼마 후 몰락했다. 무능과 부패, 직권남용 등의 이유 때문이다.

광화문 촛불집회

　명불허전名不虛傳, 명성은 결코 헛되이 전하지 않는다고 했다. 카를 마르크스의 '역사진단' 말이다. 그는 헤겔의 말을 인용하면서, 세계사의 막대한 중요성을 지닌 모든 사건과 인물들은 말하자면 두 번에 걸쳐 나타난다고 지적한다. "한 번은 비극으로, 다음 번은 희극으로 나타난다"고 덧붙였다.

　군이 사족이 필요하다면 보나파르트 나폴레옹이 프랑스대혁명을 짓밟고 쿠데타를 일으킨 데 이어 유럽의 침략전쟁과 황제등극, 이후 몰락의 과정은 '비극'으로, 그의 조카 루이의 집권과 국정농단은 '희극'으로 평가한 것이다. 이를 한국현대사에 대입하면 영락없이 박정희의 쿠데타는 비극, 박근혜의 집권은 희극이라 하겠다.

　역시 명불허전, 20세기의 대표적인 역사가 에릭 홉스봄은 『혁명가, 역사의 전복자들』에서 한 단계 더 나아가서 진단한다. "어디선가 마르크스는 역사가 처음에는 비극으로 나중에는 희극으로 반복된다고 했지만, 더 불행한 유형은 처음에는 비극이고 나중에는 절망이다." 마치 박근혜가 한국사회를 절망으로 빠뜨린 것을 예견한 듯한 진단이다.

마르크스는 런던에서 루이의 집권과정을 지켜 보면서 『루이 보나파르트의 브뤼메르 18일』을 썼다. 그러면서 '예언'을 한 것이다. 루이 보나파르트를 박근혜로 대입하면 어떨까 싶다.

보나빠르뜨(루이)는 자신이 처한 상황의 모순된 요구에 의해 내몰리는 동시에 끊임없이 놀라운 일을 연출해 내면서 마술사처럼 나폴레옹의 대리자로서 자신에게 대중의 눈길을 고정시켜야 했고, 따라서 매일 소규모의 정변을 실행에 옮기지 않을 수 없었다.

그리하여 그는 부르조아 경제 전체를 혼란에 빠뜨리고, 1848년의 혁명에서는 불가침의 영역으로 보였던 모든 것을 침해하며 어떤 사람에게는 혁명을 참도록 만들고 또 다른 사람에게는 혁명을 소망하게 하였으며 질서의 이름으로 실질적인 무정부 상태를 초래하였다.

동시에 그는 모든 국가 기구로부터 후광을 벗겨내어 그것을 세속화하고 불쾌하면서 우스꽝스러운 것으로 만든다. 그는 트리예의 성의聖衣, 숭배를 나뽈레옹의 황제 외투 숭배의 형식으로 빠리에서 재현한다.

그러나 마침내 황제의 망토가 루이 보나빠르뜨의 어깨에 걸쳐지는 그 순간, 나뽈레옹의 동상은 방돔 기념비의 꼭대기에서 떨어져 산산조각이 날 것이다.[1]

'방돔 기념탑'은 나폴레옹 1세가 전리품으로 얻은 대포를 녹여서 1806년부터 1810년까지 4년간에 걸쳐 파리 광장에 세워진 건물이다.

여기서 말하는 기념비는 방돔 기념탑에 설치된 비석을 말한다. 마르크스의 예언대로 이 방돔 기념탑은 1871년 3월 16일 파리코뮌 때에 시민들에 의해 파괴되었다. 파리코뮌 정부의 법령은 방돔 기념탑이 "야만의 기념물, 잔혹한 폭력과 오명의 상징, 군국주의의 긍정, 국제적 정의의 부정, 패자에 대한 승자의 지속적인 모욕"으로 간주하여 파괴한다고 명시하고 나폴레옹 1세의 입상(동상)도 끌어 내려졌다.

'삼촌의 명예회복'을 내세우면서 그 위광으로 권력을 장악한 보나파르트의 망동과 실정은 삼촌의 동상까지 끌어내려지고 '오명의 상징'으로 지탄된 '방돔 기념탑'은 마침내 시민들의 손으로 파괴되었다.

1960년 4월혁명 과정에서 남산에 세워졌던 이승만의 거대한 동상이 시민들의 손으로 파괴되고, 2016년 겨울 박근혜 퇴진을 요구하는 시민혁명의 와중에 누군가가 서울 영등포구 문래근린공원에 있는 박정희 흉상의 얼굴에 빨간색 스프레이를 뿌리고 박정희의 코는 망치로 찍었다. 군복 입은 박정희의 동상은 온통 빨간색으로 칠해지고 흉상 아래 좌대엔 "철거하라"는 빨간 글씨가 적혔다.

스프레이로 훼손된 박정희 흉상

1966년부터 이 흉상이 위치한 곳은 박정희가 5·16 군사쿠데타를 모의했던 제6관구(수도방위사령부의 전신)가 있던 자리다. 육군소장 계급장을 달고 있는 젊은 날의 박정희의 모습을 옮겨놓은, 흉상이 1.8m 높이 좌대위에 위치해 있다. 박정희의 이 흉상은 2000년 11월 민족문제연구소·민주노동당 당원 등 30여 명에 의해 한 번 철거되었다가 원위치로 돌아왔다.[2]

마르크스와 홉스봄의 지적대로 대한민국 헌정사에서 박정희의 5·16쿠데타는 비극이고, 박근혜의 국정농단과 민주주의 퇴행 등은 희극에 속하면서 절망이다. 보나파르트 나폴레옹과 박정희는 프랑스대혁명과 4·19혁명으로 소생한 민주주의를 짓밟은 주역이고, 루이 보나파르트와 박근혜는 그나마 선대들이 이룬 공적과 공화국에 절망을 안겨주었다는 동질성을 갖는다.(박정희와 나폴레옹을 동렬에 놓은 것이 아니라 역사적 사례를 찾는 것 뿐임을 밝힌다)

2016년 겨울과 2017년 벽두의 촛불시위는 민주주의를 짓밟고 국정을 망친 박근혜의 퇴진과 아울러 이제까지 한국을 지배해온 반동적 보수세력의 중심가치인 '박정희 시스템'의 퇴진·청산이었다. 바꿔 말하면 '박정희 망령'을 좇아내려는 시민혁명인 것이다. 박정희가 암살당한 지 40여 년이 지났음에도 한국은 여전히 그의 추종자들이 지배하는 사회가 되었다. 정치학자와 언론에서는 '87년 체제' 운운하지만, 제도는 바뀌었어도 인적 물적 구조는 '유신체제'의 지속이고, 더 소급하면 '5·16체제'의 연장에서 크게 바뀌지 않았다. 박근혜 탄핵과 김기춘 구속은 그 첫 단계에 불과하다.

박정희 출생 100주년에 즈음하여 '개발독재자 박정희' 평전을 쓰게 된 배경의 하나이다.

박정희의 실체와 허상

2017년 출생 100주년을 맞은 박정희 전 대통령은 1961년 5월 16일부터 1979년 10월 26일까지 18년 5개월 10일 동안 대한민국을 무소불위하게 통치한 인물이다. 그의 재임기간은 김영삼·김대중·노무현의 임기와 이명박의 임기 3분의 2 정도에 해당한다.

해방 72주년인 대한민국이 미군정 3년, 이승만독재 12년, 박정희독재 18년, 전두환·노태우 독재 13년 도합 45년을 제하면 형식적이나마 민주공화제 정부는 그 4분의 1 수준에도 못 미친다. 1961년 5·16쿠데타로 18년간 집권한 박정희 체제는 전두환·노태우의 신군부 13년과 3당합당으로 군부세력에 입적했으나 서자 격인 김영삼 정부, 그리고 역시 적자 계열인 이명박·박근혜 정권에 이르기까지 반세기 이상을 유지돼 왔다.

지난 반세기 동안 한국은 인물은 바뀌었지만 세력은 그대로였다. 김대중·노무현 정부의 수평적 정권교체는 청와대 주인만 바뀌었을 뿐, 국회·사법·검찰·재계·언론·대학·연구소 등 한국사회의 상층부, 지배구조는 대부분 박정희체제의 지속상태였다. 더 소급하면 일제강점기 친일세력에 닿고 이들의 뿌리는 조선조 노론 벽파 계열에 속한다.

이들은 뿌리 깊고 몸통이 든든하며 가지가 왕성하다. "우리가 남이가"로 상징되는 끈끈한 지연·학연·혈연의 연결고리와 기득권이라는 물적기반, 범죄에도 면죄부를 안겨주는 검찰과 사법부, 항상 그들을 홍보하여 권력의 정통성을 만들어주는 족벌언론과 관제방송, 때마다 이념과 이론의 틀을 제공해주는 어용학자 그룹을 거느리고 있으며, 진보개혁 인사들을 용공 좌경·종북으로 매도하는 정보기관을 장악하고 있었다. 어버이연합 등 관제 어용단체의 조직과 동원력도 있다.

역대 대통령 가운데 박정희처럼 애증이 갈리는 경우는 드물다. 그를 배출한 지역과 그로부터 특혜를 입은 계층, 18년 5개월 동안 정권의 고위직에 등용된 인물과 그들의 후예, 어용족벌언론으로부터 장기간 세뇌받아 의식화된 노인층 등은 박정희를 신 또는 이에 버금하는 불세출의 지도자로 추앙한다.

반대로 진보적 식자들, 소외지역과 계층, 그의 집권기간과 후계체제에서 고통을 겪은 민주인사들 그리고 항상 정의롭게 살고자 하는 양심세력은 박정희를 용납할 수 없는 친일파·독재자로 비판한다.

이른바 광위의 '친박세력'과 동조자들은 경제발전의 공을 든다. 5천년 역사에서 처음으로 가난을 물리치고 먹고 살게 해 주었다는 것이다. 그래서 근대화의 지도자, 부국의 아버지로 떠받든다. 심지어 출신지역의 자치단체장은 그를 추앙하여 '반신반인半神半人'이라고 과잉한다. '반신반인' 이라면 괴물일 터인데도 아랑곳하지 않는다.

대구·경북에 살고 있는 민주세력은 박정희 신화와 싸우고 있다. 우리의 상대는 박근혜나 새누리당이 아니라 박정희다. 박정희를 가리키는 '반신반인'이라는 말에 모두 놀랐겠지만 이곳에서는 이 말이 오히려 겸양이다. 이곳에서 그는 온전한 '신'이다. 샤먼이다. 박정희 초상 앞에 촛불을 켜놓고 기복하는 모습을 이 지역에서는 어렵지 않게 볼 수 있다.

박정희 신화를 재생산하는 일은 쉬지 않고 진행됐다. 박정희 동상을 크게 세우고, 그의 최대 치적이라고 하는 새마을 담론을 동원하면서 박정희 신화를 끊임없이 불러내고 있다.[3]

이승만 시절 한반도에는 '두 개의 태양'이 있었다. 일찍이 "태양이 지지 않는다."는 대영제국은 있었으나, 태양이 두 개인 나라는 지구상에 존재하지 않았다. 남한에서 이승만 추종자들은 '민족의 태양'이라 불렸고, 북한에서는 김일성을 그렇게 불렀다. 지금 북쪽에서는 김일성의 '백두혈통'을 신처럼 추앙하고, 남쪽의 숭배자들은 박정희를 '반신반인'이라고 존칭인지 욕설인지 헷갈리는 소리를 한다.

박정희는 집권기간 군정 2년과 긴급조치 1~9호까지 5년 11개월을 비롯하여 계엄령·휴교령·위수령·국가비상사태령·유신쿠데타 등 비민주·반헌법적인 통치를 다반사로 하였다. 우리 역사에서 무단통치자는 일제강점기를 제외하면 고려시대 최씨 일족의 무단지배와 박정희와 전두환의 무인시대를 들 수 있다. 그들의 집권기간에 경제가 발전한 것은 사실이고, 이에 대한 평가에 인색해서는 안 되지만 엄청난 희생과 오늘까지 이어지는 짙은 그늘을 외면해서도 안 된다. '박정희 시대와 그 이후 경제발전'의 실체를 살펴보자. 1962~1966년 7.8%, 1967~1971년 9.6%, 1972~1976년 9.6%, 1977~1981년 5.8%, 1982~1986년 9.8%, 1989~1991년 10.0% 수준이다. 우리 경제성장률이 박정희 시대보다 민주화 직후가 훨씬 높았음을 보여준다.[4]

일제가 항구와 신작로를 만드는 등 조선의 개발에 기여했다는 식의 '식민지근대화론'과 맞닿은 논리이기 때문이다.

1960~80년대 세계 경제는 급속히 성장하였다. 아시아권은 한국·일본·타이완·싱가포르 등이 대표적이고, 유럽에서는 서독을 비롯 서유럽 국가들이 이에 속한다. 한국의 경우 해방 이후 대학을 우골탑이라고 부를 정도의 강력한 교육열이 배출한 우수한 노동력, 장면 민주당 정부가 준비한 경제개발 계획, 소련의 견제를 목적으로 지원한 미

국의 경제 원조, 35년 식민지배의 댓가로, 그마저 '독립축하금' 명목의 무상 3억달러, 유상 2억 달러의 기금, 5천여 명이 희생된 베트남 파병군인의 핏값, 박정희 집권 초창기 방위비 부담이 크지 않았으며, 1960~1980년대 미국의 호황에 따른 반사이익, 노동자들의 저임금과 농민희생의 저곡가 등으로 달성한 경제발전의 과실인 것이다.

경제발전은 결코 박정희 1인의 공적일 수 없다. 지도자의 역량과 국민의 역량을 혼동하는 것은 과학적인 평가가 아니다. 민주주의가 짓밟히고 인권이 유린되었으며, 지역간·계층간·산업간의 심각한 격차가 생기고, 소수의 재벌기업과 정경유착의 결과로 1%의 특권층이 형성되었다. 지금 한국사회의 심각한 위화감과 빈익빈 부익부의 양극화현상은 박정희 시대의 산물이다. 굳이 '박정희 모델'로 평가할 수 있는 대목이라면 수출진흥정책과 중화학 육성에 있다고 하겠다.

박정희는 대단히 복잡하고 복합적인 인물이다. 본명 박정희에서 만군시절의 다카키 마사오高木正雄로, 다시 일본육사시절 오카모토 미노루岡本實로 창씨개명의 과정이 그렇고, 대구사범 70명 중 69등으로 졸업하고, 민주군관학교에서는 졸업생 240명 가운데 1등을 차지하고, 일본육사에서는 우등생이 되었다. 그는 아무나 들어가기 어렵던 대구사범학교에 입학했다가 문경공립보통학교 교사 재직 중에 만군에 혈서를 쓰고 지원한다. 일본군 장교였다가 해방 후 광복군에 편입하고, 남로당 군사책임자에서 열렬한 반공주의자로 변신하는가 하면, 헌정질서를 유린한 쿠데타 주역이 집권 후에는 유신헌법 개헌주도자들을 무자비하게 탄압했다.

정치학자 전인권은 박정희를 민주주의가 뭔지 모르고 관심도 없다는 뜻에서 '몰沒민주주의자'라 하고, 전재호 교수는 '반동적 근대주의자'로 규정하고, 언론인 조갑제는 '서민적 반골정신'을 들었다. 법학교수 한상범은 '철저한 기회주의자'로, 역사학자 최상천은 '일제도 이루지 못한 진짜 천황주의자'로 진단한다. 박정희의 한국육사 시절 3년간 동거했던 이현란은 '화장실에 가도 엿보는' 불안심리자로 증언한다.

18년 5개월 동안 절대군주처럼 군림했던 박정희는 김영삼 정부의 경제실패로 신화처럼 부활했다가 그의 딸 박근혜의 실정으로 소멸되어 가고 있다. 역사의 아이러니가 아닐 수 없다. 지난 세월 박정희 아류들이 지배하는 한국사회에서는 그를 신격화했고, 마침내 신화로 자리매김되다가 그의 딸의 집권기에 실상과 허상이 함께 드러나기 시작한 것이다.

한홍구 교수의 지적이다. "그래도 박정희가 경제는 성장시키지 않았느냐 하는 주장은 처음부터 잘못된 것이다. 이런 주장은 박정희 같은 독재를 하고도 경제를 성장시키지 못한 우간다의 이디 아민이나 중앙아프리카의 보카사, 버마의 네윈 같은 독재자들과 비교할 때 쓸 수 있는 이야기일 뿐이다."

박정희의 최대 피해자 중의 하나인 전 대통령 김대중은 박정희의 공적이라면 "우리도 하면 할 수 있다는 자신감"의 '동기부여'를 들었다.

박근혜가 '박정희 향수' 걷어내는 역할

박정희가 암살당한 후 1980년 이른바 '서울의 봄'에 세간에서는 朴正熙의 성명을 파자破字하여, "점괘卜에 따르면 18년十八간 집권했지만, 네 번에서 그쳐야止 했는데, 한 차례 더一 하려다가 자기己 부하臣

의 총탄(…)에 맞아 죽었다"는 풀이가 나돌았다. 과학적 근거는 없으나 사람들의 공감은 사는 데는 모자라지 않은 숫자풀이였다.

2016년 겨울 전국에서 촛불항쟁이 계속되고 박근혜가 국회의 탄핵을 받아 퇴진에 몰리게 되자 이번에도 세간에서는 그럴듯한 숫자풀이가 나돌았다. 국회의 탄핵과정에서 국회의원 300명 중 1명이 투표에 불참하고, 234명이 탄핵찬성, 56명이 반대, 7명이 무효, 헌법재판소 재판관 8명이 탄핵인용하면, 9는 박근혜 구속, 0은 박근혜 영창(123456910)이란 기발한 풀이였다.

또 박정희가 18년간 집권하다가 암살되고, 박근혜는 18년간 청와대 생활, 부친의 암살 후 18년간 칩거, 정계투신 18년 만에 제18대 대통령에 당선되었다는 숫자 풀이도 따랐다. 박근혜는 5·16쿠데타 후 51년 6개월 만에 51.6%를 득표하고 대통령에 당선되는 기막힌 우연성을 보였다. 세상사는 가끔 우연의 필연성을 보여준다. 역사학자 E·H·카는 "역사는 우연을 가장한 필연의 연속"이라 말하였다.

2016년 10월 29일 서울 청계광장에 3만 명이 모여 촛불을 들면서 시작된 촛불혁명은 연말·연초까지 계속되면서 연인원 1,600만 명이 훨씬 넘었다. 집회당 평균 100만 명이 모인 대규모 집회로써, 이것은 세계혁명사에 첫 기록을 세웠다. 그것도 비폭력 평화적인 촛불혁명으로 시종되었다. 물론 반동세력의 집회도 있지만 조롱거리에 불과하다.

촛불혁명의 목표는 1차적으로는 무능 부패한 박근혜와 그 측근들의 추방이지만, 본질적으로는 박정희로부터 파생한 총체적인 적폐의 청산에 있었다. 초헌법적인 권력자, 범죄적인 정경유착, 정보기관·검찰·경찰·사법부 등 공권력의 사유화, 언론장악, 지역 편중과 차별 등 반민주·반공화국의 적폐를 청산하려는 명예혁명이다. 한 마디로 한국

사회 곳곳에 도사린 박정희가 남긴 군사문화의 잔재와 인맥의 청산에 있었다.

1961년 박정희 중심의 정치군인들이 일으킨 군사쿠데타는 한국현대사의 분기점이다. 이승만의 백색독재를 학생들이 중심이 된 시민혁명으로 타도하고, 7·29총선으로 민주당 정권이 수립되었다. 박정희는 출범한 지 8개월밖에 안된 장면 정부를 부패를 이유삼아 전복시키고 헌법을 유린하면서 군사정권을 수립하고 장장 18년 동안 1인 절대권력을 유지하였다.

1905년 일제의 침략으로 대한제국이 개화·개방과 근대화의 기회를 빼앗긴 채 40년의 식민통치를 겪었듯이, 4·19 이후 모처럼 민주와 자유, 통일과 경제개발을 모색하던 한국 사회는 박정희 일당의 군부쿠데타로 암흑의 철권통치 시대를 겪어야 했다. 이후 전개된 유신쿠데타와 박정희 정권에서 권력의 꿀맛을 즐겨온 전두환 일당의 정치군인에 의해 제2의 군사정권이 들어서고, 대한국민은 20세기 후반을 온통 군사독재의 장막에서 숨도 크게 못 쉬는 참혹한 시대를 살아야 했다.

최근까지도 그들의 후예들이 대한민국의 주류가 되고, 신판 귀족이 되고, 90% 이상의 국민은 세계에서 두 번째 가는 빈부격차와 세계 최고라는 자살율·출산율·청년실업율·노인빈곤율의 '헬 조선'의 사회에서 '개·돼지'처럼 살아야 했다.

세계사적인 경제개발의 연대에 어느 정도의 발전을 두고, 다수 국민의 헌신과 희생계층에 대한 인식 없이, 마치 박정희 1인의 업적인 것처럼 믿고 우상화하는 것은 군사 독재자들의 우민화 정책의 산물이며 그 후예들의 농간이기도 하다.

박근혜의 '효심'에서 비롯된 국정교과서가 박정희의 공적과 친일

독재를 미화하는 내용으로 만들어져 있는 데서도 '박정희 유령'이 얼마나 강고한 것인지를 단적으로 보여준다.

　　박정희는 한국 근현대사의 모순 구조를 풀어가는데 거쳐야 할 하나의 열쇠인 '키워드'이다. 그는 친일파요 민족반역자로서 또한 일제의 주구로서 해방 후 열 두번도 더 변신과 배신을 거듭하면서, 민족과 조국을 배반한 자들이 그랬던 것처럼 철저하게 기회주의의 줄을 타는 재주를 부려왔다. 그는 민족주의의 탈을 쓰고 일본 제국의 식민지 구조를 유선형으로 연정하면서 정치적 야심을 달성코자 획책했다. 그의 개발 독재는 일제식민지 경영의 만주괴뢰국 관리 경영 수법에 일제 전쟁 추진의 총력전 국방국가의 군국주의 기법을 가미한 것이었다.

　　박정희는 일본 국수주의가 식민 지배의 과정에서 키워낸 모범생으로서 일제식민주의의 일부 모습이기도 했다. 그래서 한국의 민족문제에서 민족정기와 통일 기반 조성의 과제는 박정희의 반민족적 유산을 청산함으로써 시작된다. 한국의 민주주의는 박정희의 반민주적 망령과 그 추종자인 부패 기득권 부류를 청산하고 박정희가 남긴 일제식민지식 지배구조의 찌꺼기를 청산, 극복해야만 이룩될 수 있다.[5]

　　박정희의 DNA를 받았음인지 박근혜는 재임 중 일본과 위안부 문제를 10억 엔에 타결하고 야당과 국민의 반대에도 한일군사정보교류협정을 체결하는 등 친일성향을 보여 비판자들로부터 "피는 못 속인다"라는 질타를 받았다.

부정적이든 긍정적이든 박정희의 존재를 빼놓고는 한국현대사를 기술할 수 없을 만큼 그의 존재는 크고 역할은 지대했다. 그에 관한 책과 논문·자료 등은 헤아리기 어려울 정도이며 평전·전기도 여러 권이 나왔다. 상당 부분이 그를 영웅화하는 것이고, 비판적인 것은 극소수에 불과하다.

'영웅화'의 저자들은 막강한 언론사나 대학·연구소 등의 배경을 갖고 있어서 출판물과 영상물이 많이 홍보되었지만, '비판'의 경우는 정반대여서 일반 국민들이 접하기가 쉽지 않았다. 여기서도 빈부 양극화의 현상을 보여 준 셈이다.

한 가지 특이한 현상이 2016년 가을께부터 나타났다. '박·최 게이트'가 돌출하기 직전이다. 시사주간지 『시사IN』이 창간 첫 해인 2007년부터 "가장 신뢰하는 전직 대통령은 누구인가?"라는 여론조사를 실시해왔다. 여론조사를 실시하지 않은 2008년과 2011년을 제외한 전후 7차례 조사에서 박정희는 단 한 차례도 오차범위 밖 2위로 떨어진 적이 없었다. 일곱 번 중 네 번은 오차범위를 벗어난 1위였다.

그런데 2016년의 조사에서 노무현이 38.9%를 얻어 박정희의 28.8%를 훨씬 앞질렀다. 노무현 서거 이후인 2009년 조사에서 28.3%이다가 대선 국면이던 2012년에는 처음으로 박정희와 오차범위 안쪽으로 진입했고, 2014년에 오차범위 밖으로 박정희를 밀어냈다.[6]

박근혜의 유일한 '업적'이라면 거듭된 실정의 결과 '박정희 향수'를 걷어내는 역할을 했다고 하겠다. 그래서 역사는 흥미롭다.

콤플렉스가 권력욕과 성적사디즘 불러

박정희는 사적으로는 대단히 불운한 인물이다. 가장 따르던 셋째 형 박상희가 대구 10·1항쟁 당시 미군정 경찰의 총탄에 맞아 죽고, 본인과 부인은 총살당했다. 부모의 강압에 의한 결혼과 초혼의 실패, 이상적인 두 번째 여성의 가출과 이별 등 불행한 혼인생활, 외아들은 한때 마약 중독자였으며 둘째 딸과 큰 딸은 남매의 혈육관계가 끊기고, 후계자로 대통령이 된 장녀 박근혜는 헌정사상 처음으로 탄핵을 당하는 신세가 되었다.

박정희는 쿠데타 후 당초 '원대복귀'의 약속을 팽개치고 정치에 참여하고자 군문을 떠나는 전역식 치사에서 "다시는 나와 같은 불운한 군인이 없기를" 기원한다고 했지만, '불운'은 그림자처럼 그를 따라 다녔고 그의 운명이 되었다. 권력의 화려함 속에는 짙은 고독이 서렸다.

박근혜는 국민의 퇴진을 요구하는 거대한 촛불시위와 국회의 탄핵을 받고, 국무위원 간담회 자리에서 "피눈물 난다는 말이 뭔지 알겠다"라는 투의 발언을 하였다. 박근혜는 세월호 참사로 인한 유족들의 '피눈물', 경찰이 물대포로 쏴 죽인 백남기 농민 유족이 흘린 '피눈물', 개성공단 폐쇄로 사업주와 노동자들이 흘렸을 '피눈물', '문화계 블랙리스트'로 문화인들의 생계를 빼앗은 영세문화인들의 '피눈물', 그리고 수많은 비정규직과 정리해고 노동자 등 타인의 아픔을 전혀 헤아리지 못한 위정자였다.

박정희도 그랬다. 그는 집권기간에 수많은 민족·민주인사들을 처형하거나 고문하고 투옥하여 본인들은 물론 가족에 피눈물을 쏟게 하였다. 『민족일보』 사장 조용수와 인혁당 관련자 8인 사형, 김대중 납치수장음모와 장준하 암살을 비롯하여 그의 시대에 독재에 저항하여 자결·분신·투신·실종자와 그 가족들의 피눈물은 이루 다 가늠하기 어렵다.

독재자 치고 잔혹하지 않은 인물이 없지만, 박정희 역시 심성이 잔혹하기 그지 없었다. 전 중앙정보부장 김형욱을 프랑스에서 납치해다가 청와대 지하 벙커에서 잔인하게 죽였다는 설도 나돌았다. 그는 어린 시절의 가난과 유기불안遺棄不安의 경험으로부터 단소한 체구, 대구사범 시절의 꼴찌, 식민지 교사의 불안과 불만심리, 일본군으로 출세욕망, 해방 후에는 일본군 출신과 좌익활동에 대한 숨기고 싶었던 전력, 끊임없는 쿠데타 음모욕구, 근대화 열망 등 각종 정신적 트라우마trauma로 가득찼다. 이것이 콤플렉스로 작용하여 정치적 잔혹성으로 나타나기도 하고, 젊은 여성들을 안가로 불러 성적 사디즘sadism으로 배출되었다.

박정희 시대 대한민국은 병영국가체제였다. 수시로 민간인들이 군사재판을 받았다는 데서 그런 것만이 아니다. 군인과 예비역 장성들이 국가요직에 앉았다는 것만도 아니다. 중앙정보부, 국군보안사, 경찰과 검찰 그리고 여기에 꿰인 민간 정보원들에 의해 국민은 철저하게 감시받고 통제되었다. 술 마시고 버스안에서 박정희를 욕했다가 체포되는 경우가 적지 않았다. '막걸리 보안법'과 '묻지마 반공법'이 상식과 법질서를 파괴시켰다.

학교에서는 박정희의 지시로 만든 「국민교육헌장」이 낭송되고, 직장에서는 그의 작사·작곡인 「새마을 노래」가 시도 때도 없이 울려퍼졌다. 5·16 군정기에는 각급 행사장에서 「혁명공약」을 외워야 했다. 이를 암송하지 못하면 공무원들은 승진시험에서, 군인들은 휴가에서

육사생도의 5·16지지 시위를 지켜보는 박정희. 가운데가 박정희, 왼쪽이 박종규, 오른쪽이 차지철이다.

누락되거나 취소되었다. 야당·사법·언론·대학이 사찰의 대상이 되고 '불건전가요'라 하여 대중음악을 가위질했으며, 젊은 여성들의 치마길이까지 규제하였다. 긴 세월 동안 신문·잡지·방송이 통제된 것은 물론이다.

히틀러의 나치시대에 독일에서는 제대로 된 한 편의 문화 예술작품도 창작되지 못하였듯이, 군사정권 치하의 한국도 크게 다르지 않았다. "민족중흥의 역사적 사명을 띠고 이 땅에 태어난" 국민들은 20세기 말 박정희의 충성스러운 신민臣民 노릇이 강요되었다.

'반공국시'를 내걸고 집권한 박정희는 안보를 정략으로 이용하여 혁신계 인사들을 좌경으로 몰아 탄압하고, 친일파 후손들을 중용하는

가 하면 북한과는 '적대적 공생관계'를 유지하였다. 남북화해·협상론자들은 가혹하게 탄압하면서, 7·4선언을 통해 금방 통일을 할 것처럼 국민을 현혹시키고, 이어서 유신쿠데타를 단행하면서, 북한에 가장 먼저 이를 알려주었다.

주한미국 대사관이 국무부에 보낸 1972년 10월 30일자 비밀문건(2급-Secret)에 따르면, 이후락 당시 중앙정보부장은 10월 12일 북한 부수상 박성철을 만나서 "남북대화를 지속적이고 성공적으로 지속하기 위해서는 정치시스템을 바꾸는 게 필요하다고 우리 정부는 생각한다."고 밝혔다.

또 이 비밀문건은 "남북조절위원회 남측 실무대표인 정진홍이 계엄선포 하루 전인 10월 16일 북쪽 실무대표인 김덕현을 판문점에서 만나 명시적이고 구체적인 내용을 통보했다."고 보고하였다.

남북 정권이 '짜고 친 고스톱' 이었는지, 박정희의 유신헌법과 김일성을 유일체제로 하는 북한의 사회주의 헌법은 1972년 12월 27일 같은 날 제정공포되었다. 박정희가 반공과 국가안보를 내세우면서 북한과 '적대적 공생관계'를 유지해 온 대표적 사례라 할 것이다.

한국사회에 여전히 박정희를 추앙하는 사람이 많다. 박정희 정권에서 고위직을 지낸 인사들의 자제들이 기념사업회를 비롯하여 학계·언론계·법조계·정계의 중심에서 활동한다. 출생지 경북 구미시에서는 2016년 박정희기념사업 예산 403억을 포함, 최근 7년간 책정된 예산이 1,356억 원에 달하였다. 100주년인 올해에는 이보다 훨씬 늘어나 국민의 혈세를 죽은 사람의 추모에 낭비하고 있다는 비판이 따른다.

김기춘 전 청와대 비서실장은 박정희 동상을 광화문에 세우자고 떠들고, 대표적 극우논객 조갑제 씨는 "박정희는 루스벨트 미국대통령과 처칠 영국 수상 등과 같은 반열에 들어가는 것이 합리적이며, 20세기를 대표하는 세계 10대 지도자 중의 한 명"이라고 주장한다.

박근혜의 몰락이 아니었으면 2017년 한국에서는 적폐정부와 어용인사들에 의한 '박정희 부활제'가 엄청난 국가예산과 재벌들의 '댓가 없는' 협찬에 의해 화려하게 진행될 것이었다. 그나마 다행인 것은 딸의 '효심'이 지나쳐 젯상에 올리려든 국정교과서가 폐기되고, 추진중이던 각종 추모사업이 축소 또는 취소되었다.

파리의 나폴레옹(보나파르트) 묘소에는 사후 136년이 지난 지금까지도 비석이 '백면白面'인 채이다. 그의 많은 업적에도 불구하고 헌정유린의 쿠데타·대외침략전쟁 등 부정적인 사례가 너무 많아서 평가가 엇갈리는 이유 때문이다.

'혁명적 정화'의 길

박근혜 대통령을 축출한 2017년의 시민혁명은 진행형이다. 불법무도한 권력자를 합법적으로 퇴진시키고, 등장한 새정부가 적폐를 청산하는 과정에서 수구세력의 도전에 직면하고 있다. 일제강점기 이래 1세기 이상 지배해온 수구세력의 힘이 결코 만만치 않다는 것을 알고 대처해야 한다.

단재 신채호 선생이 오늘 우리에게 중대한 가르침을 준다. 한국사는 창업·쿠데타·역성혁명·반란·반정 등을 모두 겪었으나 한번도 '혁명적 정화'를 거치지 않았다는 것이다. 그래서 수구사대세력은 시대가 바뀌어도 항상 지배세력으로 군림해왔다.

21일 오후 서울 중구 덕수궁 대한문 앞에서 열린 '제10차 박근혜 대통령 탄핵기각을 위한 국민 총궐기 대회'에서 보수단체 회원과 시민들이 대통령 탄핵 반대와 헌법재판소의 탄핵심판 결정 기각을 촉구하고 있다.

여기에는 국민성의 문제도 따른다. 동학혁명, 3·1혁명, 4·19혁명, 6월항쟁 등 반봉건·반외세·반독재 저항의 에너지가 임계점에 이르렀을 때 이를 넘지 못하고 그때마다 '미완성혁명'으로 주저앉고 만 것이다. 동학혁명 당시 남북접이 좀더 일찍 힘을 모아 경성으로 진격했다면, 3·1혁명 때 더 힘차게 일제와 대결했으면, 4·19와 6월항쟁 당시 독재자를 시민들의 손으로 처벌했으면, 이후의 정치상황은 크게 달라졌을 것이다.

평화지향적이고 인정이 많은 우리 국민이어서 해방 후 일본인들이 물러갈 때 전송하고 이승만이 하야할 때나 박정희의 장례식 때 연도에 몰려나와 눈물을 흘렸다. 전두환이 백담사에 은거할 때는 불자들뿐 아니라 일반 시민들로 북새통을 이루었다. 박근혜를 찍은 사람들 중에는 부모가 둘 다 총맞아 죽어 '안쓰러워' 찍었다고 한다. 잘못 든 도끼는 자신은 물론 선량한 이웃의 발등을 찍는다.

인간적인 동정심과 연민은 물론 소중하다. 하지만 역사적 심판이나 공의적 행위는 감성보다는 이성적 판단으로 냉철하게 선택해야 정의가 실현되고 역사가 전진한다. 우리는 그동안 친일파 청산, 독재세력 심판을 하지 못하다 보니 민족정기가 증발되고 사회정의가 실종되고 말았다. 반민족·반민주세력은 위기에 몰리면 용서·화합을 내세워 국민의 정서에 영합하는 척하다가 기회를 잡아 다시 권력을 장악하면 민주주의를 짓밟고 국정을 농단한다. 우리가 늘 지켜봐온 시나리오다.

지금 진행 중인 시민항쟁은 '이중혁명'으로 귀결되어야 한다. '이명박근혜' 정권 9년 동안 자행된 역사적 퇴행과 반민주성을 바로잡은 정치적 권력교체와 더불어 이참에 역사적인 '혁명적 정화'를 도모해야 한다. 부패한 정치권력 뿐 아니라 정경유착의 재벌, 권력의 하수기관이 된 검찰과 국정원, 족벌신문과 공영방송, 교과서까지 왜곡하는 관료집단 등 국민이나 국가보다 부패권력에 기생해온 비대화한 '권력기관'을 바로잡는 계기가 되어야 한다. 이런 과정을 거치지 않으면 머잖아 또 한 번 역사가 반복되는 참담함을 겪게 될지 모른다.

박근혜의 퇴진만으로 역사가 바로잡히지 않는다. 당장 그들이 쏟아낸 토사물의 처리도 힘든 상황이지만, 다시 맞기 어려운 위대한 시민혁명의 역량으로 이번에는 기필코 수십 년 켜켜이 쌓인 반민주 반공화국의 토사물을 제거하는 '혁명적 정화'를 이루어야 한다.

이를 위해 촛불이 꺼질 수 는 없다. 과거처럼 저항의 막판 임계점에서 주저앉게 되면 실패의 역사가 되풀이 되기 때문이다. 이번에도 실패하면 과거가 미래를 잡아먹는 구조가 계속되고 지배층이 전쟁을 일으키면 피지배층이 전투에 나가는 비극이 반복될 것이다. 헤롤드 라스키의 이런 말이 떠오른다.

'역사적 기회를 선용하지 못하면 역사의 보복을 당한다.'[7]

차례

1장

출생과 성장시절

구미에서 5남2녀 중 막내로 출생

　박정희는 1917년 11월 14일 경북 선산군 구미면(현 구미시) 상모리에
서 아버지 박성빈과 어머니 백남의 사이에서 5남2녀 중의 막내로 태
어났다. 박정희의 부모는 칠곡군 약목면에서 살다가 1914년경 선산군
으로 이사했다. 그래서 박정희만 구미에서 태어나고 형제들은 모두 칠
곡군에서 출생하였다. 박성빈이 상모리로 이사한 것은 처가의 묘지를
돌보기 위해서였다고 한다. 백씨 집안(박정희 어머니의 집안)의 8마지기
의 논을 부치며 살아갈 수 있었다.[1]

　박정희의 아버지 박성빈은 '두주불사'하고 '호주로 소일'할 만큼
술을 좋아하고 1894년 동학농민혁명이 발발하자 이에 참여했다가 체
포되어 처형의 위기에서 풀려났다는 것으로 보아 평범한 농민은 아니
었던 것 같다. 박성빈은 동학군의 진압 쪽이었다는 기록도 있다.

　박정희의 할아버지 박영규는 지역에서 상당한 재산을 소유한 재력
가였으나 아들 대에서 가세가 어렵게 된 것은 박성빈이 술을 좋아하고

한량 끼 있는 권위주의 사람으로 농사일에 등한하였기 때문이었던 것 같다.

박정희는 아버지보다 어머니의 영향을 더 많이 받고 성장하였다. 어머니는 『사씨남정기』, 『장화홍련』, 『홍길동전』과 같은 한글소설을 즐겨 읽었으며, 자존심이 강하고 마을에서 독하다는 평을 받을 만큼 억척스럽게 농사일을 하고 자식들을 키웠다.

> 어머니는 양가의 규수로 태어나서 출가 전까지는 고생이라고 는 별로 모르고 자랐으나 출가 후에는 계속된 고생 속에서도 우리 7형제를 남 못지 않게 키우시느라 모든 것을 바치셨다. (…) 학교 다 니는 나보다 더 고생을 하시는 분이 어머니시다. 시계도 없이 새벽 창살을 보고 일어나서 새벽밥을 짓고 도시락을 싸고 다음에 나를 깨우신다. 겨울 추울 때는 세숫대야에 더운 물을(담아) 방안에까지 들고 와서 아직 잠도 덜 깬 나를 세수를 시켜주시고 밥을 먹여 주 신다.[2]

어린 박정희는 권위주의적이고 능력이 없는 아버지 보다 자애롭지 만 강인한 어머니의 사랑을 독차지하다시피 하면서 자랐다. 어머니가 막내아들 박정희를 특히 사랑했던 데는 '막내' 이외의 까닭이 있었다.

어머니 백남의는 45세가 되어 이미 아들 넷과 딸 둘을 둔 상태에서 다시 임신을 하였다. 당시 그 나이면 할머니 소리를 들을 연배였다. 남 사스럽기도 하고 살림도 어려워서 여러 차례 낙태를 시도하였다.

> 간장을 한 사발씩 마시기도 했고 밀기울을 끓여서 마시다가 까

무러치기도 했다. 섬돌이나 장작더미같이 높은 데서 뛰어내리기도 했으며, 디딜방아의 머리를 배에다 대고 뒤로 자빠지기도 했다. 그런 일이 있고 나면 뱃속의 아이가 한동안 놀지 않았는데, '이제 됐구나' 싶으면 아이가 또 놀아서 버들강아지 뿌리를 달여 마시기도 했으며, 이런저런 방법이 다 실패하자 "아이가 태어나면 솜이불에 돌돌 말아 아궁이에 던져버려야지"라는 결심을 한 후 아이 지우는 일을 포기했다.[3]

백남의는 출산 후에도 가끔 어린 박정희에게 "네가 태어나면 솜이불에 둘둘 말아 아궁이에 던져버리려 했다"는 말을 무심코 내뱉곤 하였다. 이것이 박정희에게는 심리적인 '유기불안'으로 작용하고, 어머니에게는 애처로움과 연민의 정으로 나타났다. 그래서 유독 박정희를 극진한 사랑으로 감싸게 되었다.

박정희의 어머니 백남의

여러 차례의 낙태 시도 끝에 태어난 박정희는 유난히 왜소하고 자라면서 건강 상태가 좋지 않았다. 박정희의 성장기는 나라 사정이나 그의 가족사가 모두 어려운 시기였다. 3·1혁명 후의 국내 사정은 이른바 문화정치라는 구호와는 반대로 총독정치가 날로 혹독했다. 박정희 가족의 실정을 살펴보자.

당시 장남 박동희는 부도를 맞고 만주로 피신하여 가족과 연락이 끊겨 있었다. 둘째 박무희는 무던해서 집안의 농사일을 도맡아

했으나 별다른 특징이 없었다. 아마도 무희가 여러 형제 중 가장 효자였을 것이다. 셋째 박상희는 기골이 장대하고 똑똑해서 구미초등학교도 다녔지만, 박정희와의 나이 차이가 11살이었기 때문에 어머니의 사랑에서 경쟁관계는 아니었다.

넷째 박한생은 정신박약의 증세를 보였는데, 16세 무렵 사망했다. 결국 백남의가 사랑을 쏟을 유일한 존재는 박정희였으며, 박정희가 총명한 아이로 판명이 나자 더욱 그랬을 것이다. 그녀는 어려운 살림 중에도 박정희의 등록금을 한 번도 기한을 넘기지 않고 마련해주곤 했다.[4]

박정희는 파란 많은 생애만큼이나 생장과정도 순탄하지 않았다. 둘째 누나 박재희의 증언이다.

어머니는 젖꼭지가 말라붙어서 정희는 모유 맛을 모르고 자라났습니다. 밥물에 곶감을 넣어 끓인 멀건 죽 같은 것을 숟가락으로 떠 먹였습니다. 그게 우유 대용이었지요. 변비가 생겨 혼이 난 적도 있었어요. (…)

정희가 두 살 때, 아직 기어 다닐 적인데 어머니가 정희를 큰형님(장남 동희의 아내)에게 맡겨 놓고 출타를 하셨어요. 형님은 바느질을 하고 계셨던 것 같은데, 정희가 기어 다니다가 문지방 아래로 굴러 떨어졌어요. 그 아래로는 화로가 놓여 있었는데 정희는 벌건 화로에 처박혀서 한 바퀴 굴렀어요.[5]

머리는 좋았으나 난폭했던 보통학교 시절

어려운 시대 어려운 가정에서 어렵게
태어난 박정희는 9세가 되던 1926년 4월
1일 구미보통학교에 입학하였다. 학교에
다닌 것은 다섯 형제 중에서 셋째인 상희
와 막내인 정희뿐이었다. 당시 상모리 마
을 전체 90여 호 가운데 상희가 첫 학생
이었다. 박정희가 입학했을 때 형은 이미
졸업한 후였다. 상모리에서 구미읍까지
8km, 왕복 40리 길을 걸어서 학교에 다녔다.

보통학교 시절의 박정희

그녀는 어려운 형편을 무릅쓰고 셋째 박상희와 막내 박정희를
구미보통학교에 진학시켰다. 양식을 꾸러다닐 정도로 가난했던 소
작농 집안에서 이는 결코 쉽지 않은 일이다. 당시는 무엇보다도 먹
고 사는 문제가 당면 과제였고, 신교육을 받는 것이 과연 좋은 결과
를 가져올지에 대해 누구도 확신하지 못하던 시절이었다. 굳이 교
육을 시키려면 돈이 별로 들지 않는 서당도 있었다. 그런데도 그녀
는—비록 약간의 시차는 있었지만—자식을 둘이나 학교에 보냈고
특히 박정희의 월사금은 한 번도 밀린 적이 없었다고 한다. 이는 그
녀의 교육열이 매우 높았음을 의미한다. 달리 말하면, 자식에 대한
그녀의 애착이 굉장히 강했다는 얘기가 된다.[6]

박정희는 3학년 때 급장을 했다. 성적이 가장 우수한 학생이 급

장을 맡기로 한 규정 때문이었다. 1, 2학년과 5, 6학년에는 우등상을 받았다. 두뇌는 우수했지만 신체 발육은 늦어서 6학년 때 키는 135.8cm, 몸무게는 30kg, 발육상태는 병丙의 평가를 받았다.

태아시절부터 급장이 되기 전까지, 박정희 역시 또래 아이들과 마찬가지로 힘겹게 사는 식민지 어린이였다. 그러나 구미보통학교 3학년 때 급장으로 임명된 뒤부터, 박정희는 무차별 폭력을 일삼는 정복자로 변신했다. 1928년 급장 등극 이후 1979년 죽을 때까지 50여 년 동안 박정희의 인생은 급장의 연장이었을 뿐이다.[7]

구미보통학교 시절 소년 박정희는 대단히 야무지고 지나치게 과묵하면서도 난폭했던 것 같다. 한 동기생의 증언이다.

돌이켜보면 박정희는 귀엽고 예쁘게 생긴 친구였어요. (…) 별명이 '악바리', '대추방망이'였지만 함부로 그렇게 부르지도 못했지요. (…) 일본인 교사들도 그를 귀여워했던 것이 사실입니다. 박정희가 급장을 지냈던 3학년 때부터 6학년 때까지 급우들 가운데 맞아보지 않은 아이들이 드물 정도였습니다.

동급생보다 키가 작았던 박정희는 겁도 없이 말 안 듣는 아이들이 있으면 체구나 나이가 위인데도 뺨을 후려갈겼어요. 반에서 가장 키가 컸던 권해도는 박정희보다 한 뼘 이상 키 차이가 났고 장가까지 들었는데 교실에서 뺨을 맞아야 했습니다.[8]

박정희는 1970년에 작성한 「나의 소년시절」에서 회고한다. 난폭하면서도 전략적 '관리능력'을 갖고 있음을 보여준다.

> 힘이 세고 말을 잘 들어먹지 않는 급우가 한 놈 있었음. 그러나 이자가 수학은 전혀 못하고 늘 선생님께 꾸지람을 듣는 것을 보고 내 말을 듣게 하는 방법을 생각하다가 휴식 시간에 산수문제를 가르쳐주고 숙제 못해온 것을 몇 번 가르쳐주었더니 그 다음부터는 내 말이라면 무조건 굴복하던 생각이 난다.

구미보통학교 시절 박정희는 추수철이면 볏단을 지게에 지고 운반하거나, 방학에 마을 아이들과 산골짜기에 소를 먹이러 다니는 등 가사를 도왔다. 그리고 자기보다 열한 살 위인 셋째 형으로부터 역사와 위인전 얘기를 즐겨 들었다. 나폴레옹 전기와 이광수가 쓴 이순신 전기를 읽고 특히 감명 받았다고 한다. 박정희에게 이 두 사람은 일생을 두고 멘토가 되었다.

박정희는 어린 시절 군인을 무척 동경했다. 대구에 주둔한 일본군 보병 80연대가 구미에 와서 야외훈련을 하는 것을 본 이후였다. 그때부터 병정놀이를 즐겨하고 결국 뒷날 군인이 되었다. 박정희는 「나의 소년시절」에서 이런 사실을 쓰고, 대통령이 되어서 만주군관학교에 들어간 이유를 묻자 "큰 칼 차고 싶어서 군인이 되었다"라고 술회하였다. 당시 일본군은 큰 칼을 차고 다녔다. 그는 초등학교 시절 일요일에는 빠지지 않고 마을에 있는 상모교회에 다녔다. 전통적인 유교 집안에서 그가 어떤 경로로 교회를 다녔는지는 알려진 바 없다.

식민지 교사양성소 대구사범 입학

박정희는 1932년 4월 8일 대구사범 4기로 입학하였다. 대구사범학교는 총독부가 국민학교 교사를 훈련시키기 위해 1920년 대 중반에 최초로 서울·평양과 함께 대구에 설립한 세 개의 사범학교 중의 하나였다. 정규 중학교와 달리 사범학교는 조선인과 일본인 학생이 분리되지 않았다. 박정희는 100명의 합격자 중 51등으로 합격하여 구미면 일대에서 경사로 여겼다. 아버지는 학비 걱정 때문에 전학을 만류했으나 박정희는 시험을 치렀고 별로 좋지 않은 성적으로 합격하였다. 대구사범은 지역의 명문으로 아무나 들어가기 쉬운 학교가 아니었다.

박정희가 가족들의 반대를 무릅쓰고 대구사범 진학을 강행한 가장 큰 배경은 자신감이었다. 성적만 좋다면 아무리 가난하더라도 별 문제가 없으리라고 생각했을 것이다.

입시를 치를 때까지만 해도 그는 어쩌면 내심 최상위권을 넘보고 있었을지 모른다. 그렇다면 겨우 중위권에 불과했던 입시성적(1백 명 중 51등)은 그로서는 상당한 충격이었을 것이고, 입학 이후의 성적부진은 그런 충격을 더욱 가중시켰을 것이다.[9]

박정희가 대구사범에서 공부할 즈음(1937년) 당시 대구 인구는 11만 866명이었다. 그 가운데 조선인은 8만 3,512명, 일본인은 2만 7,192명이었다. 대구 주민의 4분의 1 가량이 일본인이었다. 대구는 서울·평양·부산에 이어 네 번째로 큰 도시였다.

대구사범은 일본에서와 같이 조선어로 말하고 쓰고 공부하는 것이 금지되었다. 1930년대 중반기는 아직 조선에서는 일반적으로 조선어가 통용되고 있었지만 이 학교에서는 전면 금지하고 일본어만 쓰도록 하였다. '충용스러운' 교사를 만들기 위해서였다.

조선인 학생들은 거의 '보통학교'의 교사가 되게끔, 일본인 학생들은 소학교의 교사가 되도록 훈련되었다. 사범학교는 기숙사, 식사, 수업료가 제공되었기 때문에 입학자격이 매우 엄격했으며 가난하고 시골에서 자랐지만 명석한 조선 아동들을 많이 끌어당겼다. 박정희가 그 전형적인 예였다.

그렇지만 조선의 젊은이들이 사범학교에 들어가기 위한 조건은 명석하고 가난하고 시골 출신이라는 것만으로 충분하지 않았다. 왜냐하면 교사는 조선 아동으로 하여금 "정신적, 육체적 훈련과정을 통해 진실하고 충직한 제국의 신민들"이 되도록 가르쳐야 할 특수한 책임이 있었으므로 일본제국의 장래의 교사로서 사범학교 학생들 역시 "진실하고 충직한 제국의 신민들"임을 증명해 보여야 했기 때문이다.[10]

박정희가 대구사범에 진학할 때는 일본제국주의가 전승기에 이르고 있었다. 1931년 7월 만보산 사건을 일으켜 만주침략을 도발하고 1932년 1월 일본군이 상하이를 점령한 데 이어 3월에는 괴뢰 만주국을 세웠다.

박정희가 만주군관학교에 '혈서지원'을 하게 되는 등 그와는 밀접한 관계가 되는 '만주국'은 일제가 1932년 3월 1일 만주를 침략하여 만주 일대를 점령하고 세운 괴뢰국이다. 일제는 청나라 마지막 황제 푸이溥儀를 집정執政에 앉힌 다음, 같은 해 9월 일만의정서日滿議定書를 체결하여 만주국을 승인했다. 푸이와 관리들은 꼭두각시에 불과하고 일본 관동군사령관이 실권을 장악하였다. 만주국 수립으로 이 지역의 한국 독립운동가들은 큰 타격을 입었다.

민족적으로는 1932년 1월 8일 김구가 주도하는 한인애국단원 이봉창이 도쿄에서 일왕을 폭살하려다 피체되고, 4월 29일에는 같은 단원 윤봉길이 상하이에서 일왕 생일과 상하이 점령 승리를 자축하는 행사장에 폭탄을 던져 일본군사령관 시라카와 요시노리 대장 등을 폭살시켰다. 두 애국단원은 일본에서 사형이 집행되었다.

일제는 본격적인 대륙침략을 앞두고 조선에 사범학교를 세우고 우수한 청년들을 입학시켰다. '충직한 제국의 신민'을 양성하는 보통학교 교사를 육성하기 위해서였다. 일제강점기 조선에서 교사는 가장 안정되고 선호하는 직업이었다. 일제는 교사들에게 대우도 잘 해주어서 사범학교의 인기가 대단히 높았다.

박정희는 1937년 3월 25일 졸업할 때까지 5년간 대구사범학교에서 일본식 교육을 받았다. 교육비는 무료였으나 식비와 기숙사비는 자부담이었다. 40등 이내에 드는 학생들에게는 매달 70원의 관비를 지급했으나 박정희는 실력이 못 따라 한 번도 관비를 받지 못하였다. 그래서 식비와 기숙사비의 마련을 위해 고향집으로 가느라 결석하는 날이 많았다. 박정희가 가난을 뼈저리게 느꼈던 시절이다.

박정희가 어린 시절과 대구사범 시절에 겪은 가난은 뒷날 그의 경제발전의 모티브가 된 것처럼 이해되었다. 실제 그런 측면이 없지 않았고, 또 당시 소수의 친일파와 지주계층을 제외한 대부분의 생활상이기도 하였다.

박정희는 5·16쿠데타 후인 1963년에 출간한 『국가와 혁명과 나』의 에필로그에서 다음과 같이 기술한다.

20년간의 군대생활, 그리고 소년 시절에도 본인은 자립에 가까운 생활을 배워왔다. 그만큼 가난했기 때문이다. (…) 이같이 가난은 본인의 스승이자 은인이다. 그렇기 때문에 본인의 24시간은 이 스승, 이 은인과 관련이 있는 일에서 떠날 수 없다.

박정희의 대구사범 성적은 1학년 때에는 97명 중 60등, 2학년 때에는 83명 중 47등, 3학년 때에는 74명 중 67등, 4학년 때에는 73명 중 73등, 5학년 때에는 70명 중 69등이었다. 초기에는 중급 수준이던 것이 상급학년에 갈수록 바닥 수준을 벗어나지 못하였다.

그의 성적이 이렇게 나빴던 것은 전시체제이긴 했어도 인문교육 위주로 진행되는 사범학교 교육에 적응하지 못한 것이 가장 큰 이유였던 것으로 보이며 (…) 가난 등과 같은 환경적 요인도 큰 영향을 미쳤던 것으로 보인다. 아무튼 이 같은 성적은 무엇보다 자부심이 강했던 박정희 자신에게 커다란 상처를 입혔을 것이다. 실제로 박정희는 쿠데타 이후 생활기록부 공개를 금지했으며, 대구사범 시절을 회상하기 싫어했다고 알려져 있다.[11]

성적은 최하위, 검도·사격·육상에 기량을 보여

박정희는 청소년기(15~20세)를 보낸 대구사범에서 두각을 나타내지 못하였다. 민족적이거나 시대적인 아픔보다 가난과 자신의 한계 때문이다. 기숙사비를 마련하기 위해 여러 날 동안 고향으로 가서 장기간

결석을 하고, 친구들과도 잘 어울리지 않았다. 학과 성적은 최하위를 면치 못하고 품행도 좋지 않았다.

> 품행을 의미하는 '조행操行' 평가는 5년간 '양, 양, 양, 가, 양'이 었다. 2학년 담임은 그를 '음울하고 빈곤한 듯함'이라 적었다. 3학년 때는 '빈곤, 활발하지 않음, 다소 불성실'이라 되어 있고, 4학년 때는 '불활발, 불평 있고, 불성실'이라고 적혀 있다. 지조志操는 '견실堅實', 습관은 '과언寡言', 사상은 '온정穩正', 학습 태도는 '보통'으로 평가되었다.[12]

박정희는 학과보다 검도·사격·나팔·육상 등에 뛰어난 기량을 보이고 교련 때에는 소대장으로 활약했다. 교련시간에 현역 군인 못지 않은 시범을 보였다. 이 시기 체구는 정상 범위를 찾아 5학년 때 키 159.2cm, 몸무게 59.5kg, 가슴둘레 88cm 갑甲 판정을 받았다.

박정희 대구사범 동기생들의 증언을 들어보자. 동기생 석광수(전 국제신문 상무)의 증언이다.

> 말이 없고 항상 성난 사람처럼 웃음을 모르고 사색하는 듯한 태도가 인상 깊었다. 동기생 중 누구와 친하게 지냈는지조차 알 수 없다. 5학년 때 검도를 시작하였으므로 크게 기술이 있었다고는 보지 않는다. 권투는 기숙사에서 그저 연습을 했을 정도이지 도장에는 나가지 않았다. 군악대에 들어가서 나팔수가 되었다. 축구도 잘했고 주로 자신의 심신 연마에 노력했다. 성적에는 두각을 나타내지는 못했으나 (머리는) 우수한 편이었고 열심히 시험 공부를 하지는

않았다.[13]

다음은 동기생 조증출(문화방송 사장 역임)의 증언이다.

　대체로 내성적인 편이었고 항상 무엇인가를 구상하고 있는 듯 하였으나 외표外表하지 않은 관계로 그의 진정한 위인됨을 파악한 학우가 희소하였다. 다른 학우들은 장차의 이상 및 포부에 대하여 종종 피력하였으나 그는 일절 침묵을 지켜 왔고 교우의 범위도 그 다지 넓지 않았다고 기억한다. 검도에는 전교에서 손꼽히는 용자勇 者로서 방과 후에는 죽검竹劍을 들고 연습을 하는 모습을 종종 발견 할 수 있었다.

　평소에 학우들과 장난칠 때도 검도하는 흉내를 내어 머리를 치 곤했다. 나팔의 제1인자로서 큰 버드나무 아래서 하급생들을 데리 고 나팔 연습 하는 모습이 기억에 새롭다. 기계 체조도 잘했다. 4, 5 학년 여름휴가 때는 대구80연대에 들어가서 군사 훈련을 받았는데 박정희는 교련에 매우 취미를 가진 것으로 기억난다. 시범 때 그가 자주 조교로 뽑혀 나왔다. 특히 총검술은 직업 군인을 능가할 정도 로 우수하였다.[14]

박정희는 내성적인 성격과 성적부진 그리고 가난으로 인한 가정사 의 연장으로 대구사범 시절이 결코 즐거운 청춘이 못 되었다.

　박정희의 대구사범 시절은 학교생활에 잘 적응하지 못하면서 도 군인 지향이 뚜렷해지던 시기였다. 그러나 그의 내면에 어떤 변화가 일어나고 있었는지에 대해서는 정확히 말하기 어렵다. 그러나 박정희가 이 시기에 '심리적 고아'가 되었던 것은 분명해 보인다. 여기서 말하는 심리적 고아란 박정희와 가족의 관계를 나타내는 말이기도 하지만, 박정희 자신이 적극적으로 가족관계로부터 이탈하여 행동한 것을 지칭한 것이다.[15]

재학 중 부친의 강압으로 김호남과 결혼

대구사범 시절 공적인 것과 사적인 것으로 두 가지 큰 '사건'이 있었다. 이들 사건은 향후 박정희의 진로에 적잖은 영향을 끼쳤다.

박정희가 대구사범에 입학하기 한 해 전인 1931년 교사 현준혁이 교내에서 사회과학연구회란 독서회를 조직했다는 이유로 27명의 학생과 함께 구속되는 사건이 있었다. 관련 학생들은 모두 퇴학 조치되었다.

평안남도 개천 출신인 현준혁은 1929년 경성제국대학 철학과를 졸업하고 대구사범 교사로 발령받아 심리학·영어·한문·교육사를 담당하고, 1930년 가을부터 이 학교에서 비밀결사 사회과학연구그룹을 조직, 지도하다가 경찰에 적발되어 학교에서 쫓겨나고 구속되었다. 석방된 후 1934년 부산에서 조선공산당 재건운동에 참여하는 등 항일투쟁을 멈추지 않았다. 그는 해방 후 북한에서 암살되었다.

비록 박정희가 입학하기 전에 있었던 일이지만 현준혁이 뿌리고 간 비밀결사 사건의 후유증은 적지 않았다. 그는 비밀리에 학생들에게 우리 역사와 언어를 가르치고 사회주의 서적을 읽혔으며 민족의식을

대구사범 시절

심어주었다. 박정희와 동기생 황용주(전 문화방송 사장)는 현준혁 계열의 독서회에 들어가 읽은 사회주의 책이 발각돼 퇴학 처분을 당했다. 박정희는 전혀 관여하지 않았지만, 해방 후 남로당에 가입한 것은 이때의 영향이 어느 정도 미쳤을지도 모른다.

박정희는 대구사범 5학년이 시작되는 1936년 4월 1일 봄방학을 맞아 김호남金浩南과 결혼식을 올렸다. 신랑은 19세, 신부는 16세였다. 신부는 선산군 도계면 김세호·이말렬 부부의 4남매 중의 큰딸이었다.

박정희의 아버지가 자기가 죽기 전에 막내아들을 결혼시켜야 한다면서 강행한 혼사였다. 김호남은 초등학교 과정인 2년제 간이학교를 졸업한 키가 훤칠하고 잘생긴 처녀였다고 한다.

박정희는 아버지가 혼사 얘기를 꺼냈을 때 한사코 반대하였다. 학교의 규정을 설명하고 졸업 후 교사로 발령된 다음 해도 늦지 않다고 주장하였으나 아버지는 강압적으로 이 혼사를 밀어붙였다. 당시 학교 교칙에는 재학 중 결혼이 금지되어 있었으나, 방학 중에 몰래 결혼하는 사례도 없지 않았다.

박정희의 결혼생활은 순탄치 않았다. 처음부터 마음에 없는 결혼인데다 성격이나 수준도 맞지 않았던 것이다. 박정희는 당시 최고 엘리트 코스를 밟고 있었고 신부는 이에 따르지 못한 형편이었다. 박정희는 방학 때 귀향해서도 한 방을 쓰지 않는 등 사실상 별거의 부부관계가 한참 유지되었다. 김호남과는 딸 재옥을 출산한 후 이혼하였다.

그녀는 외롭게 살다가 1990년 71세로 박정희 사후에 세상을 떴다.

박정희는 대구사범 5년 동안 문과 쪽에는 크게 뒤졌으나 장차 군인이 될 소양을 수련하고, 시·서예·그림·작사·작곡 등 예능 분야에 능력을 보였다. 사범학교가 교사 양성기관이어서 이런 분야에 많은 시간이 할애되고, 그는 적성이 맞았던지 열심히 배웠다.

박정희는 1936년에 발간한 『대구사범 교우지』 제4호에 「대자연」이란 시를 썼다.

1. 정원에 피어난
   아름다운 장미꽃보다도
   황야의 한구석에 수줍게 피어 있는
   이름 없는 한 송이 들꽃이
   보다 기품 있고 아름답다.

2. 아름답게 장식한 귀부인보다도
   명예의 노예가 된 영웅보다도
   태양을 등에 지고 대지大地를 일구는 농부가
   보다 고귀하고 아름답다.

3. 하루를 지내더라도 저 태양처럼
   하룻밤을 살더라도 저 파도처럼
   느긋하게, 한가하게
   가는 날을 보내고 오는 날을 맞고 싶다. 이상

동기생들 중에는 나중에 박정희가 집권하면서 입신한 인사가 더러 있었다. 황용주 전 문화방송사장, 서정귀 전 호남정유회장, 권상하 전 대통령정보비서관, 조증출 전 문화방송사장, 왕학수 전 부산일보사장, 이성조 전 경북교육감, 김병희 전 인하대학장 등이다.

대구사범 5년에 대한 엇갈린 평가

박정희의 대구사범 5년에 대한 평가는 크게 갈린다.

사범학교 교육 내용도 지식보다는 인물 양성에 역점을 두었다. 체육과 예능 및 군대식 교육에 많은 시간을 배당하는 전인全人 교육과 기숙사 제도를 시행하였다. 사실상 준準 사관학교였다. 구미보통학교 때 이미 군인이 되겠다는 생각을 가졌던 박정희로서는 이 학교에서 자신의 소질을 검증할 수가 있게 되었다.

죽는 그 순간까지 유지되었던 박정희의 엄정한 무인적武人的 자세를 이해하려면 그가 장교 교육만 근 10년 (사범학교 5년, 만주군관학교와 일본 육사에서 약 4년, 조선경비사관 학교에서 3개월)을 받았다는 점을 염두에 둘 필요가 있다. 흐트러짐이 없는 그의 단아한 자세는 이런 단련에서 우러나온 자연스런 몸가짐이었다.

그는 이런 교육을 통해서 한국의 양반문화, 일본의 무사문화, 중국의 한자문화를 골고루 섭취하였다. 박정희란 인물은 그런 점에서 동양 3국의 문화가 함께 빚어 낸 어떤 공동 작품의 모습을 지니고 있다.[16]

박정희와 같이 입학한 조선족 출신 90명 중 27명이 잘렸다. 30% 학생이 삐딱하다는 이유로 쫓겨난 것이다. 이들은 낙오자였던 가? 잘린 27명은 다행히 '천황폐하의 교육전사'를 면하고 조선인으로 남을 수 있었다. 인간개조를 거부하고 당당히 인간으로 남았다.

박정희는 민족주의나 사회주의 따위 '위험한 책'은 잡아보지도 않았다. 박정희가 읽은 책이라고는 일제 교과서와 몇 권의 영웅전이 전부였다. 다른 학생들이 독서회나 연구회에서 조국과 민족을 고민할 때 박정희는 그 근처에 얼씬거리지도 않았다.

겉으로 보기에 박정희의 사범학교 5년은 상처투성이였다. 공부는 꼴찌에다 '나홀로제국'에 빠져서 허우적대는 신세였다. 꿈도 희망도 잃어버린 처량한 아이였다.[17]

그의 고아 의식은 정치 행태와 관련하여 최소한 다음 세 가지에 영향을 미친 것 같다. 첫째, 그는 상관과 부하 같은 상하관계에서는 유능하고 친구나 동료들 같은 횡적 관계에는 미숙했으며, 많은 경우 과묵하고 고독을 즐겼다.

특히 그는 이용문 장군처럼 예외적으로 존경할 만한 선배에게는 거의 아버지에 대한 존경심으로 대했다. 이는 나폴레옹이나 이순신 및 일본 사회가 강조하는 몇몇 군사적 영웅에 대한 숭배와 동일시를 낳기도 했는데, 성인이 된 이후에는 히틀러를 좋아하기도 했다. 반면 그는 횡적인 인간관계나 자신의 권위에 도전하는 사람에 대해서는 가차 없이 억누르려고 하는 속성이 있었다.[18]

명문학교에 진학한 뒤에 좌절을 겪는 시골 출신의 모범생들이 대표적인 경우다. 작은 왕국에서 우러름을 받으며 살다가 더 큰 세상에 나와보니 아무도 알아주지 않는, 그리하여 평범한 인물로 전락한 채 추억만 곱씹으며 살아가는 가련한 황자, 박정희는 상모리에서는 빛나는 왕자였으되 대구에서는 보잘 것 없는 평민에 불과했다. 바로 그것이 그를 방황과 일탈로 내몬 주된 원인이었던 것이다.

대구사범에서의 성적 불량은 박정희가 태어나서 처음으로 맛본 절망이었다. 그가 자신의 갈등을 해결하는 과정에서 종종 미숙하고 초보적인 방어기제를 동원했던 점을 감안할 때, 그의 잦은 결석은 어쩌면 성적 불량에 대한 구실을 만들어내기 위한 행동이었는지도 모른다. 노력해도 최상의 결과를 장담할 수 없을 때 일부러 노력을 게을리하는 식으로 '사전방해'를 하는 것은 나르시스트들의 상용수단이다.[19]

2장

문경공립보통학교
교 사 가   되 다

교사 시절의 미담 쏟아 낸 관변자료

박정희는 1937년 3월 20일 대구사범을 졸업하고 문경공립보통학교 교사로 발령받았다. 1940년 3월까지 3년여 동안 이 학교에서 학생들을 가르쳤다. 5·16쿠데타 후 박정희가 최고회의 의장 시절, 그의 비서인 이낙선(상공부정관 역임)은 「이낙선 비망록」을 작성했다. 박정희의 어린 시절로부터 문경공립보통학교 교사 시절의 여러 가지 일화를 채록하여 담았다.

박정희가 쿠데타를 일으켜 3권을 장악하고 있던 시점이라 증언자들은 대부분 '권력의 입맛'에 맞는 얘기들을 쏟았을 터이다. 또는 기록 과정에서 '마사지' 하기도 했을지 모른다. 한 제자는 "방정환 선생을 연상시키는 선생님"이라 회고하고, 다른 제자는 "5·6명의 선생님들은 둑에서 벌벌 떨고 있는데 박정희 선생님이 다 죽은 아이를 물속에서 건져내 인공호흡으로 살려내 하느님 같이 고마웠다."라고 증언했다.

증언은 이어진다. "박 선생님은 우리끼리 있을 때는 꼭 우리말로 쓰자고 다짐하기도 했습니다. 철없는 우리들은 아무 의미도 모르고 '선생님 조선말 하면 퇴학당하는데 왜 그래요' 하고 반박을 한 기억이 납니다. 그때 선생님께서는 얼마나 마음이 아프셨겠습니까?"

"박정희 선생이 조선어 시간에 태극기에 대해 가르쳐 주었다.", "박정희는 복도에 입초立哨를 배치한 뒤 우리나라 역사를 가르쳐 주었다.", "박 선생은 음악시간에 황성옛터와 심청이의 노래를 가르쳐주었다.", "박 선생을 통해서 임시정부가 상해에 있다는 것도 알았다.", "박 선생은 일본인 교사들하고도 사이가 좋았는데 아리마 교장과 야나자와 교사와는 말다툼을 하는 것을 본 적이 있다.", "박 선생은 운동회 때 100m 달리기에서 일본인 교사 쓰루다에게 졌는데 연습을 많이 하여 다음 시합에서는 그를 물리쳐 문경에선 이름을 날리게 되었다."[1] 라는 등의 일화 또는 비화이다.

더러는 사실일 수도 있을 것이고 일부는 가공이거나 과장되기도 했을 것이다. 예나 지금이나 '관변자료'는 믿기 어려운 사례가 많기 때문이다. 또 박정희가 돌연 교사직을 던지고 일본이 지배하는 만주 군관학교에 지원한 것도 그의 '민족주의 성향'과는 걸맞지 않는 부문이다.

박정희는 교사 시절, 학교 근처에 있는 김운사 여인의 집에서 하숙을 했다. 한 달 하숙비는 8원, 월급 초봉은 42원이었다. 문경군청 농회 기사인 하동식이 아래채에서 하숙을 하여 동갑인 두 사람은 자주 어울려 막걸리를 마셨다.

이때부터 마시기 시작한 막걸리는 그가 집권하여 정치인이 되고 선거를 치를 적이면 어김없이 선거홍보용으로 등장하였다. 농부들과 스스럼없이 논둑에 앉아 막걸리 잔을 든 모습이었다. 당시는 농촌 인

구가 절대적으로 많아 농민
표가 중요했다. 박정희가 암
살당할 때 궁정동 연회장에
는 고급 양주가 놓여 있었
다. 초년 교사 시절과 집권
초기의 막걸리 애호는 독재
자가 되면서 고급 양주로 취
향이 바뀐 것이다.

박정희의 문경 시대를
살펴보면, 그가 학생들에게
지식을 전달하는 단순한 교
사 이상으로 마을 사람들의
생활을 개조해보려는 프로

농민과 막걸리를 마시는 박정희

그램도 진행시켰다는 인상을 지울 수 없다. 예를 들면 그는 새벽이면
언덕에 올라 나팔을 불었다. 그리하여 마을 사람들은 "박 선생 하면 나
팔소리"를 연상하게 될 정도가 되었다. 이는 그가 훗날 대통령이 된 후
"새벽종이 울렸네. 새아침이 밝았네. 너도 나도 일어나. 새마을을 가꾸
세"라는 노래를 만들었던 것과 관련이 있다.

마을 청년들을 모아 악단을 만들어 출장 공연을 다니기도 했으며,
주말에는 학생들을 불러 모아 뒷산에 올라가 전쟁놀이를 했다. 즉 그
의 일과는 근무 시간이 끝난 뒤에도 계속되었으며, 그가 가르치는 것
도 교과과정에 국한되어 있지 않았다. 이미 그는 기능적 교사가 아니
라 작은 지도자처럼 행동했다.[2]

인기 있는 교사, 속내는 군인에 대한 동경

박정희는 문경 교사 시절에 학생들에게는 인기 있는 교사였다. 가정실습 지도 때, 문경에서 12km나 떨어진 벽촌에 있는 학생의 집까지 자전거로 찾아가 감동을 주는가 하면 여학생들을 하숙방으로 불러 재밌는 이야기를 들려주거나 일본인 교장과 다투기도 했다.

학생들과의 관계를 제외한 그의 학교생활은 전혀 다른 인상을 준다. 공격적이고 투쟁적일 뿐만 아니라 불평불만도 매우 많은 듯한 모습이다. 하숙집에서는 술을 통째로 받아다 마시기 일쑤였고, 동료들과 사소한 일로 갈등을 빚는 경우도 많았다. 월급을 받고 있으면서도 가족(박정희는 1937년 말에 아내 김호남과의 사이에서 큰딸 박재옥을 얻었다)을 돌보지 않아 형 박상희에게 심한 질책을 받

박정희의 아버지 박성빈

기도 했다. 그런 와중에 아버지 박성빈이 67세를 일기로 병사한다. 부임한 지 2년째인 1938년의 일이었다.

아버지 사후에 박정희는 더 거칠게 변한 듯한 느낌을 주는데, 대표적인 예가 학교장 폭행사건이다. 당시는 1937년에 시작된 중일전쟁이 날로 격화되는 시점이었고, 일제는 이른바 '황국신민'에 대한 정신교육 차원에서 대대적인 장발 단속을 벌이고 있었다. 그러나 박정희는 규정을 무시한 채 머리를 길렀고, 장학사와 일본인 교장 아리마가 이

를 나무라자 술을 마신 뒤에 그들을 폭행했다고 한다.

이런 사실을 비추어 볼 때 박정희는 1936년의 강제 결혼 이후 약 4년간 성격이 지속적으로 난폭해졌음을 알 수 있다. 검도나 복싱 등 격한 운동에 대한 집착에서 시작된 공격성이 다른 학교 학생들에게 칼을 들고 대적하는 식의 불안정한 행동을 거쳐 나중엔 학교장 폭행사건으로까지 이어지고 있는 것이다.[3]

박정희는 교사 재직 시부터 군인이 될 생각이 깊었던 것 같다. 대구사범 재학 시절에도 인문 교양보다 비인문 쪽에 기량을 보였다. 일요일이면 학생들을 학교 앞산으로 데리고 가 편을 갈라 전쟁놀이를 시켰다. 목검을 만들어 검도를 가르치기도 하고 학예회 때 지원병 관련 연극 각본을 써서 아이들에게 연극을 공연케 하였다.

박정희의 '군인에 대한 동경'은 대구사범 동기생 김병희(전 인하대학장)의 회고록에서 잘 드러난다.

어느 날 신관新館 복도에서 이성조, 박정희와 나는 북창北窓 너머 흰 구름을 바라보면서 대화를 나누었다. 한 조선 사람이 '전도다망前途多望'을 일본어로 '젠토타보'가 아닌 '젠토타바'로 읽은 데 대해 핀잔을 주던 중이었다.

박정희: 우리는 과연 '젠토타바' 일까?
이성조: 평생 선생질이나 해야지. 운이 좋으면 군수까지는 될 수 있다더라만.
김병희: 군수가 되면 뭘 해. 왜놈의 종질이지. 그러나저러나 조선사람은 아무리 날뛰어도 관리생활에서는 현실이 증

명하듯 도지사가 한계란다.

박정희: 난 선생을 때려치우고 군인이 될 거야.

김병희: 넌 나팔을 잘 부니까 군악대장이 될 거야.

박정희: 아니야. 나는 육군 대장이 될 거야.

이성조: 엿장사 마음대로? 의무 연한은 어쩌고? 나는 의무 연한
만 채우면 선생질을 때려 치우고 발명가가 될란다.

1959년 박정희 장군은 당시 중앙대학 교수이던 김병희와 함께
술을 마시다가 이 '젠토타바'로 시작된 학창 시절의 대화를 기억해
내었다.

"병희야, 우리 동기 중에 니가 가장 출세했구나. 그러나 이놈아
두고 보자. 계엄령만 내리면 넌 내 앞에서 꼼짝 못 하겠지?"[4]

일제의 침략전쟁기에 만군지원

박정희가 문경공립보통학교에서 교편을 잡고 있을 즈음을 전후하
여 나라 안팎의 사정은 크게 요동치고 있었다. 조선총독부는 1935년 9
월 전국 각 학교에 신사참배를 강요하고, 1936년 1월 학생운동을 탄압
하기 위해 총독부 학무국 안에 사상계를 설치했으며, 4월에는 조선농
민 700여 명을 강제로 남만주에 이주시켰다. 12월에 '조선사상범보호
관찰령'을 반포한 것은 항일운동으로 치안유지법을 위반하고 전향하
지 않은 사람을 감시하려는 족쇄였다.

일제는 박정희가 교사 생활을 시작하던 1937년 7월 7일 중일전쟁

을 도발하였다. 일본군이 베이징 근처의 노구교 사건을 조작하면서 발발한 전쟁은 선전포고도 없이 총공격을 개시하여 베이징·톈진에 이어 중국 국민당 정부의 수도 난징을 점령하였다.

일제는 난징대학살을 자행하면서 이어 우한·광둥·산시에 이르는 주요 도시 대부분을 점령하였다. 중국은 국민당 장제스 정부가 공산당의 항일 민족통일전선결성 호소를 받아들임으로써 제2차 국공합작을 이루어 일제에 맞섰다. 일제는 왕자오밍汪兆銘 등 친일정치인을 앞세워 난징에 괴뢰정부를 수립하였다. 만주에 이어 두 번째로 세운 괴뢰정부이다. 전세는 일제에 크게 유리하게 전개되고 있었다.

중국에서 전황이 유리해지면서 조선총독부의 전횡은 더욱 심해졌다. 1938년 2월 '조선육군 특별지원병령'을 공포하여 청년들을 침략전쟁으로 끌어가고, 3월에는 조선교육령 개정(3차)을 공포하여 '내선일체'를 더욱 강화시켰다.

이에 앞서 1937년 10월 총독부는 「황국신민서사」를 제정하여 학교뿐만 아니라 관청·은행·회사·공장을 비롯한 모든 직장의 조회와 각종 집회 의식에서 낭송을 강요하였다. '서사'는 일반용과 아동용이 있었다. 박정희가 1968년 제정한 「국민교육헌장」은 이 「황국신민서사」에서 착안했다는 주장이 따른다.

아동용

1. 나는 대일본 제국의 신민이다.
2. 나는 마음을 합하여 천황 폐하에게 충의를 다한다.
3. 나는 인고단련忍苦鍛鍊하여 훌륭하고 강한 국민이 된다.

일반용

1. 우리는 황국신민이며 충성으로써 군국君國에 보답하자.

2. 우리 황국신민은 서로 신애협력信愛協力하여 단결을 굳게 하자.

3. 우리 황국신민은 인고단련하여 힘을 키워 황도皇道를 선양 하자.

다시 국내외의 정세를 살펴보자. 1938년 7월 국민정신총동원조선 연맹이 창립되고, 10월 일본군 중국 광둥 점령, 7월 총독부가 전국에서 근로보국대 130만 명을 뽑아 만주로 보내 집단노동을 시켰다. 일제는 중국의 국공합작으로 항일 전선이 강화되면서 전쟁이 장기화되자 돌파구를 찾기 위해 1941년 12월 미국령 하와이 진주만을 기습하면서 태평양전쟁을 도발하였다.

국내외 정세를 소개한 것은 박정희가 교사직을 사임하고 만주군관학교에 들어가게 된 배경을 살피기 위해서이다. 1930년대 중·후반부터 한반도는 중일전쟁을 도발한 일제의 병참기지가 되었다. 그동안의 물적 수탈에 이어 이때부터는 지원병제·국민정신총동원령 등 인적 수탈을 위한 법적·제도적 장치까지 마련하였다. 박정희는 1940년 4월 만주군관학교에 지원한다. 하지만 기혼과 연령이 초과되어 입학이 어렵게 되자 '진충보국 멸사봉공盡忠報國 滅私奉公'이라는 혈서를 써서 지원하였다. 24세 때이다.

3장

만주군관학교와
일본육사 시절

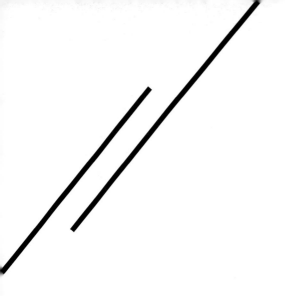

만주군관학교에 혈서로 지원

박정희가 안정되고 대우받은 교사직을 던지고 일제가 만든 만주군
관학교에 들어가게 된 이유는 무엇인가. 그의 생애에 중대한 갈림길이
되고 장차 대한민국의 운명에도 지대한 영향을 미치는 결정이었다. 여
러 가지 설이 뒤섞인다.

첫째는 아버지의 강요로 맺어진 아내 김호남과의 불화설이다. 방
학 때 귀가해서도 합방을 하지 않아서 부모와 형들로부터 질책을 받
으면서도 원만한 부부생활을 하지 않았다. 이를 피하기 위해 만주행을
택했다는 주장.

둘째는 머리를 길렀다고 질책하는 장학사와 일본인 교장과 싸운 뒤
더 이상 학교에 근무하기 어려워서 충동적으로 택하게 되었다는 설.

셋째는 독립운동을 하기 위해 힘을 기르고자 만군장교가 되려고
했다는 주장.

넷째는 대구사범 재학 때나 문경교사 시절에 군인이 되고자 하는

꿈이 있었고 그쪽 분야에 기량을 키웠으며, "긴 칼을 차고 싶다"고 한 술회 등으로 보아 만주군관학교를 거쳐 일본육사에 가고자 하는, 군인을 선망하는 의지에 따른 선택이었다는 주장.

부인과는 이미 애정관계가 없었던 관계로 굳이 만주에까지 가지 않아도 될 사안이고, 박정희의 문경교사 시절의 사진 중에는 장발을 한 모습이 보이지 않는다. 그로 인해 상급자와의 불화설은 설득력이 약하고, 독립운동의 목적이있다는 것은 전혀 신빙성이 없는 기록이다. 그렇다면 전후 그의 언행으로 보아 군인이 되고자 하는 자의적인 결정이었음에 방점이 찍힌다.

일제의 침략전쟁이 정점에 이르고 있을 때 박정희는 만군에 지원하여 군인의 길을 택하였다. 가족 특히 민족운동에 참여해온 셋째 형 박상희의 반대가 완강했는데도 그는 듣지 않았다. 박상희는 『동아일보』 선산지국장 등을 지낸 민족주의·사회주의 성향의 지역 엘리트였다. 박정희 전기 작가 전 청와대 비서관 김종신의 회고를 잠시 보자.

> 만주군관학교는 왜 갔는지를 물을 기회가 있었는데 박 대통령의 대답은 단순 명쾌했습니다.
>
> "긴 칼 차고 싶어 갔지."
>
> 만주군관학교에서 일등을 하고 금시계를 받은 것도 모두 일본육사로 유학을 가기 위해 열심히 학교생활을 했기 때문이었다고 말했어요. 어찌보면 민족의식이니 독립의식이니에 앞서 식민지의 가난한 젊은이로서 당시에는 자신의 직업적 전망을 더 염두에 두었다고 볼 수 있죠.[1]

박정희의 측근 김종신은 "일본육사로 유학을 가기 위해"라는 표현을 썼지만, 당시 일본 육사는 침략전쟁의 기간장교를 육성하는 기관이었다. '유학'이라는 용어를 박정희가 사용했다면 변명 또는 미화이고 김종신의 창작이라면 왜곡일 것이다.

박정희의 만군입대와 그 행적과 관련하여 『친일인명사전』의 기록이다.

훈도로 재직 중 일제의 괴뢰국인 만주국 군관으로 지원했으나 일차 탈락하고, 당시의 정황이 만주지역에서 발행되던 일본어 신문인 『만주신문滿洲新聞』 1939년 3월 31일자에 「혈서 군관지원, 반도의 젊은 훈도로부터」라는 제목으로 상세히 보도되었다.

기사 전문에는 29일 치안부 군정사軍政司 징모과徵募課로 조선 경상북도 문경 서부공립소학교 훈도 박정희 군(23)의 열렬한 군관지원 편지가 호적등본, 이력서, 교련검정합격증명서와 함께 "한 번 죽음으로써 충성함 박정희"—死以テ奉公라고 피로 쓴 반지半紙를 봉입封入한 등기로 송부되어 관계자係員를 깊이 감격시켰다.

동봉된 편지에는 다음과 같이 군관학교 지원의 동기와 좌절된 사연을 미담으로 소개했다.

(…) 일계日系 군관모집요강을 받들어 읽은 소생은 일반적인 조건에 부적합한 것 같습니다. 심히 분수에 넘치고 두렵지만 무리가 있더라도 아무쪼록 국군에 채용시켜 주실 수 없겠습니까. (…) 일본인으로서 수치스럽지 않을 만큼의 정신과 기백으로써 일사봉공—死奉公의 굳건한 결심입니다. 확실히 하겠습니다. 목숨을 다해 충성을

박정희의 만주군 혈서 지원 사실을 보도한 『만주신문』 1939년 3월 31일자 신문. 네모로 표시된 부분이 해당 기사 부분이다.

다할 각오입니다. (…) 한 명의 만주국군으로서 만주국을 위해, 나아가 조국을 위해 어떠한 일신의 영달을 바라지 않겠습니다.

멸사봉공滅私奉公, 견마犬馬의 충성을 다할 결심입니다. (…) 라고 펜으로 쓴 달필로 보이는 동군同君의 군관지원 편지는 이것으로 두 번째이지만 군관이 되기에는 군적이 있는 자로 한정되어 있고 군관학교에 들어가기에는 자격 연령 16세 이상 19세이기 때문에 23세로는 나이가 너무 많아 동군에게는 안타까운 일이지만 정중히 사절하게 되었다.

기혼자인 데다가 연령 초과로 입학 자격이 문제되었으나 다시 도전하여 결국 1939년 10월 만주 무단장시牡丹江市에 소재한 제6군관구 사령부에서 4년제 만주국초급장교 양성기관인 육군군관학교

(신경군관학교) 제2기생 선발 입학시험을 치르고 1940년 1월에 15등으로 합격했다. 만계滿系(일계日系 외 통합분류) 합격자 240명 중 조선인은 11명이었다.

자격 제한의 벽을 넘어설 수 있었던 배경에는 당사자의 강고한 지원 의지와 함께 대구사범학교 재학 시 교련배속장교로 있다가 전임하여 신징新京 교외 제3독립수비대 대장으로 근무하고 있던 관동군 대좌 아리카와 게이이치有川圭一(1945년 6월 오키나와에서 전사)의 추천, 그리고 대구 출신으로 신경군관학교 교관부에 일시 근무하고 있던 간도특설대 창설요원인 강재호 소위(만주국 중앙육군훈련처, 세칭 봉천군관학교 4기)의 도움이 있었다.[2]

우등생 졸업 답사에서 충성 다짐

박정희가 합격통보를 받고 1940년 2월 중순경 대구에서 만주로 출발할 때 환송식이 열렸다.

당일 행사는 문경보통학교 바로 옆에 있는 버스정류장 자리였다. 마침 봄방학이어서 환송식 행사는 몇몇 동료 교사와 학생 5~6명만이 모습을 보였고, 그 밖에 주민들이 더러 참석했었다. 이들은 길 양 옆으로 도열하여 만주로 가는 박 교사를 환송했다. 당시 전송식 행사장에 참석했던 오태구(31회 졸업, 97년 당시 69세)는 "학교에서 간단한 행사를 마치고 참석자 일행이 버스정류장까지 따라나가 길가에 도열해 박 선생님을 전송했다"며 "당시 박 선생은 붉은 글씨가

씌어진 띠를 머리에 두르고 있었으며 전쟁터에서 목숨을 지켜준다
는 '선센바리天人針'도 들고 있었다"고 회고했다.

　　박 교사는 전송나온 동료 교사들에게 "전사 소식을 접하면 향
한 대나 피워주게"라며 짧고도 비장한 한 마디를 던졌다. 그리고 훌
쩍이는 어린 제자들의 어깨를 다독이며 "섭섭해 하지 말아라. 긴 칼
차고 대장이 돼 돌아오겠다"고 위로했다. 그가 만주에서 보낸 편지
가 제자들에게 날아든 것은 이로부터 대략 한 달 뒤였다.[3]

　박정희가 입교한 만주군관학교는 괴뢰만주국 수도 신징新京(현재 장
춘) 교외 라라툰拉拉屯에 있었다. 일명 동덕대同德臺라고도 불렸다. 제2
기생은 만계와 일계가 각각 240명씩 도합 480명이었다. 조선인은 모
두 11명으로 만계에 포함되었다.

　일제는 괴뢰만주국을 세우면서 만주는 물론 중국 대륙 전체를 경
략하고자 하는 의도에서 한漢족, 만주족, 몽골족, 조선족, 일본족 즉
'오족' 중에서 우수한 청년을 뽑아 간부 군인으로 양성하고자 군관학
교를 만들었다. 또 '오족협화회'를 조직하여 어용기관화하고, 고급관
리 양성기관으로 '대동학원'을 설치했다. 여기 출신으로 대표적인 인
사는 전 대통령 최규하를 비롯, 서정귀·황종률·고재필·이충환·김병
화·안광호·정범석·김규인·김사수 등이 있다.

　만주군관학교 1기생 조선인 중에는 이주일·김동하·윤태일·박임
항·방원철 등 5명이 박정희가 주도한 5·16쿠데타에 가담하였다. 이들
은 쿠데타에서 주로 병력 동원의 중요한 역할을 하여 큰 기여를 했지
만, 쿠데타 성공 뒤에는 권력투쟁 과정에서 박정희·김종필 세력에게
거세되었다. 박정희의 동기생 중에는 이한림이 있었으나 그는 쿠데타

저지에 나섰다가 역시 제거되었다.

신징군관학교 예과과정에 들어간 박정희는 제3련連 제3구대에 소속되어 군사훈련을 받고 1942년 3월 졸업했다. 졸업식에서 일계 2명, 만계 2명과 함께 우등생으로 선정되어 만주국 황제 푸이의 금장 시계를 상으로 받았다. 『만선일보』의 기사다. 이 신문은 당시 만주에서 발행된 한글 신문이다.

> 북변수호의 전위에 당하는 국군의 지도자가 되려고 호국의 열정에 타면서 2개년의 과정을 마친 금년도 육군군관학교 제2기 예과생도 강견상언岡見尚彦 이하 ○○명의 졸업식은 23일 국도교외 라라둔 동덕대 륙군군관학교에서 성대히 거행되엇다. (…) 동 교정에서 우대신 집행의 관병식을 한 후 졸업생 일동은 동교 무도장에 정렬, 생도 대표 강견상언岡見尚彦, 소산중가小山重嘉 양군의 강연, 유·검도의 연련, 측도작업의 실습 등을 하였다. 이리하야 열한시 50분부터 다시 교정에 정렬한 후 졸업증서 수여와 (…) 빛나는 우등생 강견상언岡見尚彦 일계日系, 소산중가小山重嘉 일계日系, 고목정웅高木正雄 선계鮮系 등 5명에게 각각 은사상증의 전달이 잇고 폐식하였다.[4]

이 기사에 나오는 '고목정웅高木正雄' 즉 다카키 마사오가 창씨개명한 박정희다. 다카키 마사오는 대구사범의 꼴찌 수준에서 뛰어넘어 240명 졸업생 중에서 수석졸업의 우수성을 보였다.

2·26사건의 장교 만나 쿠데타의 씨앗을 배태

졸업식은 '박정희의 날' 선포식이나 다름없었다. 박정희는 졸업생을 대표하여 답사를 했다. 그는 답사에서 일본천황과 만주제국 황제의 은혜에 감사하고 변함없는 충성을 다짐했다.

관례대로 「선서」도 그의 몫이었다. 박정희가 읽은 「선서」를 들어보자. 혹시 기억 속에 그의 목소리 주파수가 남아 있다면, 냉동시켜 버릴 듯한 카랑카랑한 그의 목소리를 생각하면서 보면 더 실감이 날 것이다.

> 대동아 공영권을 이룩하기 위한 성전聖戰에서 나는 목숨을 바쳐 사쿠라와 같이 훌륭하게 죽겠습니다.[5]

만주군관학교에서 군인 박정희는 장차 고국에서 쿠데타의 주역이 되는 충격적인 인물을 만나게 되었다. 일본 2·26사건에 가담했다가 만주군으로 밀려난 일본인 장교 간노 히로시舘野弘 소령과 만난 것이다. 그리고 그로부터 큰 영향을 받게 되었다.

2·26사건이란 1936년 2월 26일 일본 육군 황도파인 노나카 시로野中四郎 대위와 청년 장교들이 1,400여 명의 병력을 동원하여 수상관저와 경시청 등 주요 관청을 습격하여 점거했다. 이들은 내부대신 사이토 마코토, 대장상 다카하시 고레키요, 육군 교육총감 와타나베 조타로 등을 살해하고, 국가개조와 군정부 수립을 요구했다. 쿠데타 시도였다.

군 수뇌부는 처음에는 이들의 반란을 허용하는 듯하다가 일왕의 진압 지시와 해군의 강경자세에 떠밀려 결국 계엄령을 선포하고 진압에 나섰다. 주모 장교들은 체포되어 사형에 처해지고 하사관과 사병들은 원대복귀 시켰다. 간노 히로시는 초급장교라는 이유로 만군으로 추방된 장교였다. 박정희는 간노에게 각별한 관심을 보였고, 그 역시 자신을 따르는 박정희를 따뜻이 아꼈다.

박정희가 해방 후 국군장교로서 몇 차례 군부쿠데타를 기도하고 마침내 1961년 5·16쿠데타에 성공한 것은 간노 히로시의 2·26사건에서 영향 받은 바 적지 않았다. 박정희의 군사쿠데타 발상은 만주군관학교에서 배태되었다고 할 수 있다.

여러 증언에 따르면 박정희는 간노로부터 각별한 지도를 받았다고 한다. 지도에는 2·26사건과 관련된 사건도 포함되었을 것이다. 따라서 군관학교에서 황도파 출신의 장교들을 만남으로써 박정희는 처음으로 군사쿠데타를 통한 국가개조라는 눈을 뜨게 된 것으로 보인다. 이러한 생각은 사관학교 입교를 통해 더욱 구체화되었다. 박정희는 사관학교 재학시절 2·26사건과 같은 청년장교들의 국가개조운동에 깊은 관심을 보였다.(…)

박정희는 군관학교와 사관학교에서 천황제 이데올로기도 받아들이게 되었다. 군관학교와 사관학교의 교육 내용은 거의 동일했다. 교과서도 같은 것을 사용했다. 그런데 박정희가 배운 '본방사本邦史'의 교과서는 "일본은 신국이다"라는 문장으로 시작해 처음부터 끝까지 일본이 천황의 나라이며 군대도 천황의 군대라는 내용의 서술로 채워져 있었다. 이밖에도 매일 군인칙유를 외우고 궁성요배를 하는 가운데 천황에 대한 충성을 내면화시키는 것이 군관학교와

사관학교의 교육에서 중요한 부분을 차지했다.[6]

만주군관학교를 졸업한 박정희는 만주 타호산에 있는 제6관구 예하 제5단 제3영營에 파견되어 2개월간 조장으로 부대실습을 한 뒤 다시 관동군 보병 제30연대 일명 다카다 부대에 파견되어 4개월간 실습을 마쳤다.

일본 육사 졸업 후 관동군 장교로 만주 파견

당시 만주군관학교의 관례로 우등생에게 일본 육사에 유학하는 특전이 주어졌는데 박정희는 이 특전으로 1942년 10월 도쿄 교외에 자리한 일본 육군사관학교 본과 3학년에 편입하였다. 오랜 꿈이 성취된 것이다. 이름도 순 일본식 이름 오카모토 미노루岡本實로 바꾸었다. 두 번째 창씨개명이다.

일본육사 졸업 후 견습사관을 마치고 장교로 부임하기 전

박정희는 일본 육사에서도 우수한 성적과 진지한 학습태도로 모범생이란 평을 받았다. 본과 2년 과정을 수료하고 졸업할 때는 3등이란 우수한 성적이었고, 이로 인해 조선인 출신으로는 유일하게 일본육군대신상을 수상하였다.

1944년 4월 일본육사 제57기로 졸업한 박정희는 견습사관으로 임

일본 육사를 수석졸업하는 박정희

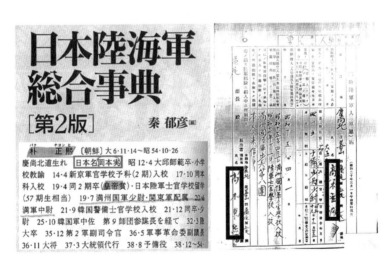

왼쪽 사진 2005년 출간된 일본 육해군 총합사전(2판)에는 박정희의 일본 이름이 '오카모토 미노루(岡本實)'로 적혀 있다. 오른쪽 사진 큰형 박동희가 구미면사무소에 보고한 박정희의 병적기록표. 오른쪽 하단(네모선)에는 박정희의 창씨명 '다카키 마사오(高木正雄)'가 적혀 있다.

관되어 소만 국경지대의 관동군 23사단 72연대에 배속되어 2개월여 근무한 후 같은 해 7월 만주국군 제6관구 소속 보병 제8단으로 옮겨 소대장으로 근무했다. 같은 해 7월 하순경부터 8일 초순까지 제8단의 2개 대대가 일본군과 합동으로 팔로군을 공격할 때 소대장으로 작전에 참여했다.[7]

팔로군八路軍은 중국 화북지역에서 활약한 중국공산당 주력군이다. 1927년 8월 국공합작이 성립된 후 화북에 주둔한 공산군이 국민혁명군 제팔로군이라 개칭하였으며, 화중의 신사군新四軍과 함께 항일전의 최전선에서 싸웠다. 총사령관은 주더朱德, 부사령관은 펑더화이였다. 팔로군에는 한국 청년들도 상당수 배속되어 있었다. 이후 박정희의 행적이다.

1944년 12월 23일 일본군 소위로 예비역으로 편입됨과 동시에 만주국군 보병 소위로 임관하였으며, 보병 8단으로 부임해 단장의 작전참모 역할을 하는 을종乙種 부관 겸 부대의 단기團旗를 책임지는 기수로 근무했다. 옌지延吉에서 조직된 8단은 간도지구경비사령부 히노 다케오日野武雄 소장이 편성한 히노지대日野支隊를 기반으로 출발하였으며, 처음에는 주로 동북항일연군과 소련에 대한 작전을 수행했다.

1938년 7월 말부터 두만강 유역 하산호湖 일대에서 벌어진 국경분쟁에서 일본군이 소련군에 패퇴하는 장고봉張鼓峰 사건이 발생한 이후, 만주국 국경경비대를 해산하고 국경경찰대로 개편하는 과정에서 만주군 잔류를 원하는 군인들을 기간으로 히노지대를 신설했다.

히노지대는 장비와 전투력이 우수하고 대원들의 일제에 대한 충성도가 높다는 평가를 받아 8단의 주력으로 재편되었다. 1943년 8단은 중국 관내의 팔로군을 공격하기 위해 러허성·칭룽현과 싱룽현 일대로 이동해 쭌화 인근의 팔로군 11·12단에 대한 작전을 전개하는 한편 집단부락정책을 실시했다.

1944년 4, 5월경부터 일제가 패망할 때까지 8단은 칭룽현 서남부의 반벽산半壁山을 중심으로 남북 지역에 산재한 팔로군과 교전했으며, 이때 을종 부관으로 8단 예하 각 부대에 작전 지침과 명령을 하달하는 임무를 수행했다. 8단에 근무하던 조선인 출신 장교로는 배장 방원철(신경군관학교 2기)과 제1영 본부의 이주일(신경군관학교 1기, 일본육사 56기 해당)이 있었으며, 뒤이어 신현준(봉천군관학교 5기)도 간도특설대에서 8단 연장連長(중대장)으로 전입해 왔다.[8]

'팔로군 토벌' 참여에는 양론

박정희는 이 시기 '충용스러운 황군'의 장교로서 일제의 대륙침략 전쟁의 최전선에서 소임을 다하였다. 일각에서는 그가 맞서 상대한 측이 중국공산군이라 하여 박정희의 '반공정신'을 평가하는 사람도 있었지만, 분명한 사실은 당시 팔로군은 일제와 싸운 항일군이었고, 앞서 말한 대로 조선 청년들도 '일제타도'를 목적으로 팔로군에서 활약하고 있었다.

박정희의 만주 시절 일본군 장교 시절의 행적과 관련하여서는 자료가 크게 엇갈린다. 국제언론인 문명자는 일본에서 박정희의 만주군관학교 동창생 두 명을 인터뷰한 기록을 남겼다.

　　박정희는 하루 종일 같이 있어도 말 한마디 없는 음침한 성격이
었다. 그런데 "내일 조센징 토벌 나간다"라는 명령만 떨어지면 그
렇게 말이 없던 자가 갑자기 "요오시(좋다) 토벌이다"하고 벽력같이
고함을 치곤했다. 그래서 우리 일본 생도들은 "저거 좀 돈 놈이 아
닌가" 하고 쑥덕거렸던 기억이 난다. 그들은 "박정희가 '꽃처럼 활
짝 폈다가 한순간에 떨어지겠다'는 내용의 혈서를 썼다"는 증언도
했다. 나는 그들로부터 박정희와 함께 찍은 사진을 어렵사리 입수
했다.[9]

　　또 다른 기록은 관동군 8단 본부에서 박정희와 같이 근무했던 중국
인 고경인의 증언이다.

　　44년 7월 하순경부터 8월 초순경까지 보름간에 걸쳐 일본군과
합동으로 팔로군 대토벌 작전이 있었는데, 8단에서는 2개 대대가
참가했습니다. 박정희는 부관이 되기 전 2~3개월간 제2중대(?) 소
속 소대장으로 있으면서 이 작전에 참가했지요. 그러나 박정희가
토벌작전에 참가한 적은 있으나 그의 부대가 팔로군과 교전한 적은
없는 것으로 압니다.[10]

만군 출신 한국인 신현준의 증언이다.

　　내가 8단으로 부임해 가보니 박정희는 이미 나보다 한 달 전에

단장 부관으로 와 있었다. 그가 맡은 것은 중요한 직책인 것 같았다. 박은 부관이니까 일선부대에 나가는 일은 없었다. 반면에 나는 중대장이니까 부하들을 데리고 나가서 전투를 더러 했다. 8단 시절 나는 일선 지휘관이어서 (밖에 나가 있느라) 그를 자주 보지 못했지만, 그래도 더러 만나기는 했다. 그를 처음 봤을 때 야무진 사람이라는 인상을 받았다.[11]

다음은 같은 부대원(한국인) 방원철의 증언이다.

　　나는 소규모 전투를 포함, 10여 차례(팔로군 토벌) 전투에 참가한 적이 있다. 그러나 박정희는 연대을종 부관으로 있어서 전투 경험이 전혀 없다. 나는(지휘관이다 보니) 중국인 사병들과 어울리면서 중국말도 배웠다. 반면 박정희는(내근을 하다보니) 그럴 기회가 없어서 중국말을 거의 하지 못했다.[12]

박정희가 관동군 장교 시절에 팔로군 토벌전에 참여했느냐의 여부는 오래 전부터 논란이 많았으나 증언·기록에 따라 차이가 난다. 지금은 당사자들이 모두 사망했기 때문에 더 이상 추적이 어려운 미스터리에 속한다.

　　박정희의 만주 시절 행적을 두고 친일 여부를 논할 경우 구체적인 행위도 하나의 잣대가 될 수 있겠지만 그가 어디에 소속돼 무슨 일을 했는지도 중요한 요소이다. 즉 일제의 주구 노릇을 한 밀정의 경우 그가 독립운동 진영에 구체적으로 어떤 위해를 가했는지를 따지는 것도 중요하겠지만, 밀정으로 활동한 그 자체가 이미 반민족 행위인 셈이다. 물론 일제하 군인의 경우 계급만으로 친일을 가늠하려는 것은 온당하지 않아 보인다. 다만 '황군'이 되기 위해 제 발로 군관학교를 찾아갔다면 그것은 달리 보아야 할 문제이다.[13]

1945년 8월 일제의 투항은 한·중 국민과 항일군에게는 환희와 축복이었지만 일본군에 복무한 한인이나 친일파들에게는 마른하늘의 날벼락이고 절망의 소식이었다. 박정희는 1945년 7월 만주국군 중위로 진급하고 8월에는 보병 8단 예하 부대와 둬룬多倫으로 진출하여 소련군의 진격을 저지하라는 상부의 명령을 받고 8월 10일부터 이동을 개시하여 8월 17일 싱룽에 집결했다. 그리고 이곳에서 일제의 패망 소식을 듣게 되었다.

박정희의 생애에서 이 순간이 가장 참담한 상황이었을 것이다. 충성을 바쳤던 일제가 패망하고 조국이 해방되었다. 꿈에도 상상할 수 없었던 일이 현실로 나타난 것이다.

관동군의 엘리트 장교 박정희에게 해방은 어떤 의미였을까. 일설에 의하면 박정희는 일찌감치 일본의 패망을 예상하고 있었다고 한다. 그리고 술만 마시면 독립군가를 불러댔다고 한다. 그가 정말로 조선의 독립을 바라고 있었는지 어땠는지는 알 수 없지만 그런 주장에 동의하기는 매우 어려울 것 같다. 그에게 해방은 일종의 사형선고나 마찬가지였기 때문이다.

박정희는 해방과 더불어 모든 것을 잃었다고 할 수 있다. 장군을 향한 그의 오랜 꿈은 완전히 사라진 것이나 마찬가지였고, 심지

어는 당장의 생계조차 막연했다. 촉망받던 젊은 군인이 졸지에 고등실업자로 전락해 버린 것이었다.[14]

일제의 패망으로 박정희는 경천동지의 상황에 직면하고 졸지에 '고등실업자'로 전락하고 말았지만, 그의 생애로 보아서는 만군·일군 시절이 꼭 '저주'의 기간만은 아니었다. 그 시절의 인맥으로 뒷날 큰 도움을 받았기 때문이다. 해방 후 남로당 사건으로 처형 위기에 놓였을 때 그를 구명해 준 사람들이 만군 출신들이고, 5·16쿠데타를 일으켰을 때 병력을 동원하여 정부 주요 기관을 점거할 때 앞장 선 것도 그들이었다. 박정희가 얻은 것이 또 있었다.

> 만주국군 안에서 일본인이나 만주인(중국인)과 경쟁하는 동시에 한편으로는 동북항일연군東北抗日聯軍이나 팔로군八路軍 토벌에 나서, 마침내 박정희는 생존과 출세를 위한 과감한 행동력과 정치적 처세술을 익혀가게 되었다. "권력은 총구에서 나온다"라는 니힐리스틱한 심정과 정적政敵에 대한 강렬한 적개심, 그리고 가혹한 탄압까지도 마다지 않는 군정지배를 일삼았던 '독재자'. 그 뿌리는 분명 만주국 군인의 혹독한 체험 속에서 발효되었던 것이다.[15]

4장

조 선 경 비
사 관 학 교   입 학
남 로 당   관 련   무 기 형

일제 패망 후 광복군 중대장

일제의 패망과 함께 박정희는 8월 17일 주둔지 미윈密雲에서 직위가 해제되고 무장해제를 당하였다. 그것도 같이 근무하던 중국인 장교들에 의한 조처였다. 그가 속한 제8단은 중국인들이 대부분이고 단장도 중국인이었다. 더 이상 이 부대에 남아있을 처지가 못 되었다. 중국인들 중에는 일본인들은 물론 한국인들에 대해서도 닥치는 대로 폭력을 휘둘렀다.

박정희는 이주일·신현준 등과 함께 8단을 떠나 봉천을 경유하여 9월 21일 베이징에 도착하여 과거 일본군이나 만군 출신 한국인들을 중심으로 편성된 광복군에 들어갔다. 당시 충칭에 있던 임시정부는 일제 패망 후 10만여 명으로 추산되는 재중 만군·일본군 출신 한국 청년들을 모아 광복군을 확대편성하고 있었다. 박정희 일행은 이렇게 하여 잠시 광복군에 편입되었다. 박정희는 광복군 제3지대 주駐 핑진平津 대대의 제2중대장을 맡았다. 기구한 운명이었다.

만군·일본군 출신들이 중국(만주)에서 해방과 함께 광복군에 편입된 사연을 일본군을 탈출하여 광복군이 된 장준하는 다음과 같이 밝혔다.

> 우리를 더욱 슬프게 한 것은 새로운 사실이었다. 일본이 항복하기 직전까지 통역이 아니면 일선 지구를 돌아다니는 아편 장사나 일군 위안소의 포주들까지도 하루 아침에 광복군 모자 하나씩을 얻어 쓰고 독립운동가, 망명가, 혁명가를 자처하는 목불인견의 꼴이었다. 뿐만 아니라 같은 타국에 있는 동포 재산을 이런 자일수록 앞장서 몰수하기가 일쑤였고, 광복군도 1, 2, 3 지대로 나뉘어 대립을 보이고 있었다. (…) 이런 상태에서 과거를 불문하고 독립운동자의 이름을 마구 나눠주었던 것이다. 아무나 들어오면 귀히 맞아들여(?) 광복군 모자를 하나씩 씌워주었다.[1]

박정희와 만주군 장교로 복무하다 함께 광복군에 편입되었던 신현준은 "만군 계급 순으로 자신이 제1대대장을 맡고 이주일 중위와 박정희 중위가 각각 1, 2중대장을 맡았다"면서 당시 상황을 다음과 같이 증언한다.

> 베이징에 갈 때까지도 우리는 광복군의 존재를 몰랐습니다. 8단에 있으면서 광복군과 비밀리에 관련을 맺었다는 것은 사실무근입니다. 우리는 베이징에 가서도 광복군에 들어갈 것인지 의논한 후 "해방도 되고 했으니 일단 들어가 보자"는 쪽으로 의견이 모아져 들어갔던 것입니다.[2]

박정희가 일본군 장교 시절 '비밀 광복군'이었다는 주장은 전혀 사실과 다름이 밝혀졌다. 박정희는 1940년 4월 만주군관학교 제2기생으로 입교한 이래 5년여 동안 만군에서 일본군, 다시 광복군을 거치는 '정체성의 혼란'을 겪는 체험자가 되었다.

1945년 8월 15일 일본이 무조건적으로 항복한다고 발표했을 때 박정희는 매우 심각한 정체감의 위기를 겪었다. 그의 '혼돈스러운' 감정상태는 피할 수 없는 것이었음에 틀림없다. 한편으로는 일본 관동군의 장교로서 치욕적인 패배를 '괴로와했고' 또 한편으로는 일본압제로부터 재동화re-identification의 위기를 겪었음에 틀림없다.

그가 전통적인 조선 분위기에서 조선인 가정 안에서 태어나고 길러졌다손치더라도 결국 그는 '충직하고 진실한 일본제국 신민'으로 교육받고 훈련되었다. 일본이 패배한 그 순간까지 그는 일본제국 아래에서 생활했고 그 체제내에서 '성공적'이었다. 그러나 그가 제아무리 성공적으로 일본화되었다해도, 일본군복을 입을 때나 안 입을 때나 그의 육체와 정신은 조선인이었다. 더우기 그가 한국에 재동화되고 이전의 일본제국에 대한 정체감을 벗어던지는 것이 단지 그의 일본제복을 한국것으로 대체한다고 해서 쉽게 이루어지는 것이 아니었다.[3]

5·16쿠데타 이후 박정희의 추종세력과 사이비 독립운동가 중에서 그의 광복군 편입을 과장하여 독립운동가로 미화하는 작업이 진행되었으나 세간의 조롱거리에 그치고 말았다.

'거지'로 귀국, 셋째 형의 호된 질책

민정이양 후 박정희의 친일행적을 숨기기 위한 작업이 진행되었다. 그중의 하나가 자신을 독립운동가라고 속인 박영만朴永晩이라는 인물이다. 그는 5·16 당시 혁검부장을 지내다 숙청당한 박창암을 찾아가 "여운형의 건국동맹 지하운동의 리더였던 박승환朴昇煥(봉천6기, 만군 항공장교 출신)의 공적을 박 대통령의 것으로 만들고 싶으니 좀 도와달라"고 부탁했다.

> 한마디로 말해 해방 후 평양에서 사망한 박승환의 공적을 박정희 것으로 조작하는 일에 협조해 달라는 것이었다. 그가 박씨를 찾아온 것은 이 작업을 위해서는 박승환과 함께 활동했던 박씨의 협조가 불가피했기 때문이었다. 박씨는 일언지하에 그의 부탁을 거절했다.[4]

박영만은 1967년 2월 『광복군』이라는 두 권짜리 논픽션을 발간하면서 박정희가 해방 전부터 광복군과 비밀리에 내통하면서 독립운동에 가담했다고 썼다. 그런데 정작 이 책에 등장한 신현준은 "해방 전엔 광복군이 있는 줄도 몰랐다."[5]고 증언했다.

박정희 일행은 1946년 4월 광복군 핑진대대가 해산되자 5월 초 톈진에서 미군 수송선 LCT 편으로 출발하여 8일 부산항을 통해 귀국하였다. 5년여 만의 귀국이었지만 금의환향이 아닌 부끄러운 패잔병의 귀국이었다.

이때 박정희 가문은 대부분 구미읍에 나와 살고 있었다. 아버지 박성빈은 1938년 타계했고, 어머니 백남의와 아내 김호남은 딸 박재옥과 함께 박상희가 마련해준 구미역 근처 집에서 살았다. 박상희는 바로 옆집에 살고 있었고, 작은 누나 박재희도 남편 한정봉과 함께 옆집에서 살았다. 구미에 돌아온 박정희는 가족의 환영을 받지 못했다. 형 박상희는 "그냥 선생질이나 하고 있었으면 됐을 것인데, 제 고집대로 했다가 거지가 되어 돌아오지 않았느냐?"고 핀잔을 주었다.

박정희는 아내와 어머니가 있는 집을 피해 작은 누나 박재희의 집을 근거지로 삼아 옛 친구들을 만나 술을 마시는 등 하릴없이 시간을 보냈다. 정치의 계절이라 정당 활동을 권유하는 사람들도 많았지만 박정희는 관심을 보이지 않았다. 당시 박상희는 여운형이 조직한 '건국준비위원회 구미지부'를 이끌며 좌익 활동을 주도하고 있었다.[6]

누구보다 자아의식이 강했던 박정희에게 '거지가 되어' 돌아온 자신의 처지는 부끄럽고 참담한 모습이었다. 그것도 사업이나 장사를 하다 실패한 '경제 거지'가 아닌 혈서를 써서 들어간 적국의 장교 출신 '거지'였다. 아마 이 시기처럼 박정희가 '정체성의 위기'에서 고민했을 때는 없었을 것이다.

한국 민족주의자 시각으로 볼 때 박정희는 '반역자' 혹은 '부일협력자'로서 한국민족주의 또는 조국해방의 대의에 공헌하지 않은 자였다. 그는 조선에서 일본식민주의의 영속화를 위해 젊은 나날을 바쳤던 것이다. 진화론적 관점에서는 그는 외국지배하에서 훌륭한 삶과 직업을 꾸려간 매우 성공적인 인물이었다. 그의 자긍심은 뚜렷했다.

그는 일본제국이라는 체제 자체가 실패로 끝날 때까지 학생으로서, 사관생도로서, 나아가 일본체제내의 장교로서 삶 전체의 '승자'였다. 하지만 외면적인 자긍심은 일본체제와 결부된 내적인 자책감과 짝을 이루었다. 일본제국의 붕괴 이전까지 그의 자긍심과 자책감은 그의 마음 속에 공존했었던 것으로 간주된다. 일본군의 위력이 승승장구할 때는 자긍심이 내면의 자책감보다 우세했고 일본제국이 몰락할 때에는 자책감이 외면적인 자긍심을 압도했다.[7]

찬·반탁 투쟁 혼란기에 조선경비사관학교 입학

친일부역자 대부분에 해당되는 것이지만 해방정국의 혼란 특히 남북분단과 외국군정 실시, 여기에 격렬한 찬·반탁 투쟁으로 국론이 갈리고 정국이 어수선하게 된 것은 친일파·부일협력자들에게는 하늘이 준 축복이었다. 8·15의 광복은 마땅히 독립운동가와 친일파가 분별되고, 친일파 청산의 기제(과제)가 엉뚱하게 신탁통치에 대한 찬·반 투쟁으로 변질되고 말았다.

'이데올로기 투쟁'으로 정국의 이슈를 변질시킨 데는 친일세력의 농간이 크게 작용했지만, 결과적으로 독립운동가나 일반 국민 할 것 없이 찬·반탁 투쟁으로 해방공간의 골든타임을 속절없이 날려 보내야 했다.

그런 사이에 친일파들은 한민당을 중심으로 막강한 정치세력을 형성하여 미군정의 실세가 되는가 하면 일본군 출신들은 군대나 경찰로 속속 들어가 신분세탁의 기회로 삼았다. 박정희도 다르지 않았다. 고향에서 4개월여를 보내다가 서울에 올라와 1946년 9월 24일 3개월 과

정의 조선경비사관학교
제2기생으로 입학했다.

조선경비사관학교는
1946년 4월 30일 군사영
어학교가 폐지되자 같은
해 5월 1일 서울 태릉에
이 학교를 설치하여, 본격
적으로 경비대 간부를 양

육사의 전신인 조선경비사관학교 정문

성하였다. 1948년 8월 대한민국 정부가 수립되면서 9월 1일을 기해 조
선경비대가 대한민국 국군으로 편입되자 조선경비사관학교는 육군사
관학교로 개칭되었다.

박정희가 입학한 조선경비사관학교의 입학생은 총 263명이었
으며, 과거 중국군·만주군·일본군에서 장교로 근무했던 경력자가
35명이었다. 생도대는 2개 중대로 편성되었고 박정희는 보통 생도
들보다 7~8세 많았지만, 1946년 12월 24일 교육과정을 불평 없이
마쳤다. 교육 내용은 일본식에 익숙해 있던 병사들에게 재식 교육
과 정신교육을 통해 미국식을 익히게 하는 것이었다.[8]

박정희는 만주에서 귀국하자마자 한국군에 합류했다. 아마 그
가 직업군인으로서 훈련받고 교육받았기 때문에 한국국방경비대에
합류한 것 같다. 그가 일본군이었는지 한국군이었는지는 문제되지
않았을지 모른다. 혹은 그 자신을 '해방된' 조국에, 그리고 신생 한
국군에 재결합시킴으로써 자신의 죄책감이 덜어지지 않을까 하는

생각에서 한국군에 합류했을지도 모르겠다.[9]

　'제국의 귀태'들이 냉전을 기화로 반공이라는 이름 아래 부활하여, 마침내 분단국가 한국 내에서 권력의 핵심을 향해 달려가는 과정의 시작을 의미한다. 마치 '전범戰犯'이 된 기시 노부스케에게 미국과 소련의 대립 및 냉전이 그를 유폐의 나날에서 해방시켜준 절호의 기회였던 것처럼, 박정희에게도 냉전과 분단은 '친일파 군인'이라는 자신의 어두운 과거를 깨끗하게 지워줄 '뜻밖의 행운'이었다.[10]

박정희의 이와 같은 변신 행위는 기회주의적 처신임과 더불어 끊임없이 추구하는 권력욕의 발현이기도 하다. "그(박정희)는 친일파 민족반역자로서 일제하 주구로서 해방 후 열두 번도 더 변신과 배신을 거듭하면서 민족과 조국을 배반한 자들이 그랬던 것처럼 그는 철저하게 기회주의의 줄을 타는 재주를 부려왔다."[11]는 호된 비판을 받기도 한다.

박정희가 조선경비사관학교를 마치고 육군 8연대의 소대장으로 복무할 즈음 그의 가족에 큰 비극이 닥쳤다. 1946년 10월 1일 대구 노동자들의 평화적인 파업에 경찰이 발포하면서 시작된 '대구사건'은 사망자가 발생하자 다음 날 노동자·학생·시민이 합세하여 경찰관서를 습격함으로써 10·1항쟁이 발발하였다. 이에 대구 지역에는 계엄령이 선포되었으나, 미군정과 경찰에 대항하는 격렬한 시위는 성주·고령·영천·경산 등지로 번져나갔으며, 곧 이어 경남·전남·전북·강원 등 전국으로 퍼졌다.

10·1항쟁의 와중에 박정희의 셋째 형 박상희가 경찰에 살해되었다. 박상희는 10·1항쟁 당시 선산군 민전(민주주의민족전선) 사무국장 겸 선산인민위원회 내무부장을 맡아 2,000여 명의 군중을 이끌고 적기가를 부르면서 선산경찰서를 습격하기도 하였다. 이 과정에서 인간적 포용력을 발휘하여 군중의 폭도화를 방지함으로써 우익 유지들로부터도 신임을 받고 있었지만, 충청도에서 지원 나온 경찰 병력에 의해 살해되었다.[12]

> 박상희와 박정희는 나이를 먹으면서 가정적·이념적 갈등을 빚기도 했지만, 그것은 표면적인 갈등이요, 생활의 곤궁함과 시대적 불확실성에서 오는 일시적 마찰이었다. 어느 면으로 보나 박상희는 박정희의 둘도 없는 정신적 지주였다. 집안의 실질적 리더였던 박상희는 부모 형제에 대한 박정희의 모든 걱정을 덜어주는 존재였을 것이며, 그의 사망은 박정희의 고아 의식을 더욱 부채질했을 것이다.[13]

박상희의 죽음은 박정희에게 심리적으로 큰 충격을 주었다. 가끔 노선을 달리하기도 했지만, 어렸을 적부터 가장 많이 영향을 받고 의지했던 터이다. 이후 그의 좌익 참여는 형을 죽인 우익에 대한 복수심에서였다는 해석도 나온다.

박정희는 1947년 9월 27일 대위로 승진한 뒤 조선경비사관학교 중대장으로 부임하여, 10월 23일에 입교한 5기생부터 이들을 가르쳤다. 5기생 정원은 420명으로 교육 기간도 3개월에서 6개월로 늘어났다. 제1기생에서 4기생까지는 군사영어학교에 들어가지 못한 군사경력자들이었는데, 5기생부터는 5년제 중학 졸업 이상인 민간인을 공개모집으로 선발하였다. 경쟁률이 15:1에 이르렀다. 5기생의 약 3분의 2가 월남한 북한 출신 청년들이었다. 5기생 중에는 뒷날 박정희가 주도하는 쿠데타에서 큰 역할을 하였다.

반란군 지휘소로 쓰였던 6관구 사령부 참모장 김재춘, 서울에 진입한 5사단의 채명신 사단장, 해병여단과 함께 한강을 건넌 공수단장 박치옥, 육군본부를 장악했던 6군단 포병사령관 문재준이 5기생이었다.

사관학교는 박정희에게 미래에 소용이 될 인맥을 마련하여 주는 한편 그를 좌익 조직에 묶어 놓는 인맥도 제공하였다. 박정희가 5기생을 맡았을 때 사관학교 교장은 김백일 중령, 생도대장은 최창언 소령, 행정처장은 장도영 중령이었다.

박정희는 1중대장, 그 아래 2구대장은 황택림 중위, 2중대장은 강창선 대위, 그 아래 2구대장은 김학림 대위였다. 박정희를 포함한 이 네 장교는 모두 남로당에 포섭되어 있었다.[14]

미모의 이현란과의 사랑과 이별

박정희가 처음으로 이성으로서 여성을 만난 시기는 1947년 가을이다. 조선경비사관학교 중대장으로 서울에서 근무할 때 춘천에서 있었던 동료 장교(김경원 대위, 뒷날 내무장관 역임)의 결혼식에서 이현란을 만났다. 이현란은 원산 루시여고를 졸업하고 단신으로 월남하여 이화여대 재학 중인 미모의 인텔리 여성이었다.

박정희는 그녀에게 프로포즈하여 곧 열애 관계가 되었다. 본부인과는 아직 이혼관계가 법적으로 정리되지 않은 상태였다. 두 사람은 약혼을 하고 결혼을 추진하면서 박정희가 머물고 있던 용산의 군인 관사에서 살림을 차렸다. 그는 30세에 처음으로 이현란을 만나 뜨거운 사랑을 나눌 수 있었다. 만주군관 시절 이래 가장 행복한 시기였을 것이다.

그러나 '행복'은 오래 가지 않았다. 박정희가 남로당사건에 연루된 사실이 드러나면서 이현란은 그를 떠나갔다. 이현란은 "빨갱이가 싫어서 월남했는데 빨갱이와 함께 살 수는 없다"면서 가출하고 두 사람의 짧았던 동거생활은 끝나고 말았다. 이 무렵 어머니 백남의가 고향에서 사망하였다.

> 박정희를 가장 괴롭힌 건 동거녀인 이현란과의 갈등이었다. 이현란은 "김호남과 이혼할 수 없을 바엔 차라리 나와 헤어지자"고 요구했고, 자신의 요구가 받아들여지지 않자 급기야 음독자살을 기도하여 박정희를 극도로 불안하게 만들었다.
>
> 이 같은 혼란과 불안의 와중에 이번에는 어머니 백남의가 77세로 사망하게 된다. 어머니의 편애를 받으며 자랐던 박정희로서는 무한정한 사랑의 원천을 상실한 데서 오는 자아의 혼란이 그야말로 엄청났을 것으로 보인다.
>
> 당시 그는 이현란이 조장한 유기 불안을 견디지 못해 화장실까지 따라다니던 상황이었다. 이런 상황에서 어머니까지 세상을 떠났다는 것은 그에게는 도저히 걷잡을 수 없는 불안으로 이어졌을 가능성이 대단히 높다.[15]

30대의 청년 박정희는 동연배의 청년, 장준하·김준엽 등 애국청년들이 일본군을 탈출하여 광복군이 되어 일제와 싸울 때 일본군 장교로서 항일군(팔로군)과 싸워야 했으며, 일제 패망 후 '신분세탁'의 대열에 끼어 조선경비사관학교에 들어갔다.

이 시기에 만난 미모의 이현란과 뜨거운 사랑을 나누면서 심리적 불안을 어느 정도 해소할 수 있었을 것이다. 하지만 셋째 형의 사망에 따른 복수심으로 소속된 부대 내 좌익 세력과의 접촉으로 남로당에 가입하게 되고, 이런 사실이 드러나면서 사랑하는 여인과 헤어지게 되는 곡절을 겪는다.

햇수로 3년여를 동거한 이현란의 증언은 이 시기 박정희의 정신 상태를 이해하는 자료가 된다.

우리 사이에 아이가 있었다고 하는데 아이를 날 새가 어디 있었어요. 살기는 햇수로 3년을 살았지만 같이 산 것은 8개월 정도밖에 되지 않았어요. 가출을 수도 없이 했으니까요. 아이가 있었다면 붙잡혀 못나왔을 거예요. 그 사람이 얼마나 독한 사람인데 나를 놔줘요.

미스터 박은 방에 누워 책으로 얼굴을 덮고 연설을 하곤 했습니다. 독일의 히틀러가 독재자이긴 하지만 영웅은 영웅이라고 하더군요. 나긴 난 사람이라고. 미스터 박 그 사람은 국방장관 자격은 있다고 생각했어요.

그는 요만큼을 가도 나를 데려가려고 해요. 화장실에 오래 있어도 들여다봐요. 내가 달아 날까 봐. 미스터 박은 땅을 치고 울기도 많이 했습니다. 날 놔달라고 자꾸 그러니까 울더군요. 그런데 그 모습을 보고도 나는 아무렇지도 않았습니다. 괘씸하고 그 얼굴이 가면처럼 느껴지고요.

여자(본처 김호남)가 있다는 것도 몰랐는데 아이(박재옥)까지 내 앞으로 입적하겠다니 천길 만길 뛰겠더라고요. 지금 생각하면 내가 그분의 마음을 너무 아프게 해드린 것 같습니다. 연분이 아니었지요. 미스터 박이 대통령이 되었을 때도 아무렇지도 않았으니까요.[16]

남로당 군사책임자, 체포돼 무기징역 선고

5·16쿠데타 이후 '정치인' 박정희에게 가장 치명적인 약점은 '일본군 혈서지원'과 '남로당 군사책임자'라는 족쇄였을 것이다. 그의 집권기에는 이 같은 치명타가 금기시되거나 관련 자료가 삭제·왜곡되었다. 박정희는 1948년 11월 11일 체포되었다. 남로당(남조선노동당)의 비밀당원으로서 군사책임자라는 혐의였다.

남로당은 1946년 12월 23일 서울에서 결성된 공산주의 정당이다. 조선공산당·남조선신민당·인민당 3당의 합당으로 결성되었다. 8월 28일 북한에서 북조선노동당(북로당)이 결성된 이후 남한에서 공산주의 세력을 재정비하기 위해 조직된 정당으로 위원장 허헌, 부위원장 박헌영과 이기석이 선출되었으며 강력한 민주주의 자주독립 조선국가 건설을 과업으로 삼고 토지개혁 등을 정책으로 내걸었다.

박정희가 어떤 과정을 거쳐 남로당에 입당했는지는 분명하지 않다. 김종필은 1986년 한 잡지와 회견에서 강창선(조선경비사관학교 시절 박정희가 제1중대장일 때 2중대장)에 의해 포섭된 것처럼 발언하였다. 그러나 조갑제의 주장은 다르다. 만주군관학교의 전신인 봉천육군훈련처

출신으로서 간도특설대의 신병교육대 부대장 최남근崔楠根을 통해서 였다는 것이다.

먼저 박정희 본인의 자술서부터 살펴보자. 남로당 사건의 숙군 당시 실무 책임자였던 김안일 특무과장은 조사 과정에서 '박정희 소령의 자술서'를 직접 읽어 본 사람이다.

김안일의 증언이다.

> 박 소령은 김창룡에게 붙들리자마자 "이럴 때가 올 줄 알았다" 면서 순순히 자술서를 줄줄 써 내려 갔다고 합니다. 육사 재학시절 형 박상희가 대구 10·1사건에 연루돼 구미에서 경찰의 총에 죽었다는 소식을 듣고 집에 내려가 보니 형 친구인 이재복이 유족들을 잘 보살펴주고 있더랍니다. 이재복은 박정희에게 '공산당 선언' 등 불온책자를 건네주면서 남로당 가입을 권유했고, 또 형의 원수를 갚아야 한다고 부추기더랍니다.[17]

전 중앙정보부장 김형욱의 기록이다.

> 육군사관학교 생도대장이던 기간 중 박정희는 남로당조직책 이중업李中業의 지령을 받은 군부연락책 이재복李在福에 의해 남로당 군사부장으로 임명되어 국방군내에 남로당의 세포조직을 통괄하는 군부조직책의 임무를 수행하였다. 박정희가 어떠한 경로로 이중업·이재복과 접선됐는가는 알려지지 않았으나 문제의 황태성이 이 접선을 주선하였으리라고 추측되고 있다.[18]

방대한 자료를 모아 박정희 전기를 쓴 조갑제의 기록이다.

몸도 마음도 통이 큰 최남근은 해방된 뒤 일찍 군사영어학교에 들어간 덕분에 박정희가 육사 중대장일 때는 대구에 주둔한 6연대장이었다. 박정희는 이때 남로당 군사부책軍事部責 이재복, 최남근과 자주 접촉하고 있었고 많은 목격자를 남겼다. 박정희는 강창선 정도가 아니라 처음부터 남로당 대군對軍 공작부서의 지휘부와 연결되어 있었다.[19]

박정희의 좌익 전력에 관해서는 『실록 박정희』가 충실한 보도를 하고 있다. 박정희와 8연대에서 함께 근무한 3기생 염정태(육군대령 예편)의 증언이다.

사관학교에 다닐 때부터 박정희 전 대통령의 명성을 들었습니다. 수재에다 인품도 훌륭하다고 소문이 나 있었죠. 그래서 나는 첫 부임지가 8연대란 얘기를 듣고 좋아했습니다. 그런데 가 보니 당시 8연대는 빨갱이 소굴이었습니다. 연대 내 좌익 총책이자 부연대장인 이상진李尚鎭(신경 2기, 당시 소령) 등이 주동자였는데, 이들은 대개 만군 출신으로 박정희 전 대통령과 친했습니다. 박 전 대통령도 이들과 어울리는 과정에서 포섭됐다고 봅니다.[20]

박정희의 '장교자력표'에는 춘천 시절의 기록이 누군가에 의해 삭제되었다. 또 남로당사건 관련 기사는 5·16 이후 신문보관철에서 대부분 사라졌다. 누군가 절취하여 공간으로 남아있다. 기적적으로 한 신문에 재판 결과가 남아 있을 뿐이다.

> 건전한 국군을 건설하고서 국방부에서는 10월 반란사건 이래 장교를 비롯하여 병사에 이르기까지 1천여 명을 검거하여 취조중에 있던 중, 조사가 끝난 자들은 지난 8일부터 군법회의에 회부중이었는데, 지난 13일까지 판결언도를 받은 자는 73명에 달하고 있는 바, 그중 전 마산 15연대장 최남근은 총살언도를 받았으며 그외 김학체, 조병건, 박정희·배명종 등은 무기징역 언도를 받고, 기타는 15년부터 5년까지 징역판결이 있었다 한다.[21]

하우스만의 지원과 만군인맥으로 석방

박정희는 남로당 세포로 구속되어 군사재판에서 무기징역 선고를 받았다. 이재복李在福에게 포섭되었다고 한다. 이재복은 누구인가?

박정희를 남로당에 가입시킨 이재복(1948년 당시 46세)은 원래 목사였다. 평양 신학전문대학 졸업 후 일본 동지사대 신학부를 나와 경북지방에서 사목활동을 하다가 사회주의자가 된 그는 해방 뒤 경북 인민위원회 보안부장을 거쳐 남로당에 입당했다.

그는 박정희 형 박상희, 5·16 후 박정희를 포섭하려 남파됐다가 체포돼 사형된 황태성 등과 동년배로 친구사이였다. 그는 이른바 대구 10·1사건으로 박상희가 죽자 그의 가족을 돌봐주는 등 박정희 집안과 가까운 사이였다. 그는 남로당에서 군軍 총책을 맡고 있었는데, 군부의 세포들은 대개 그가 포섭했거나 아니면 그가 포섭한 중간책에게 다

시 포섭당한 사람들이었다. 박정희와 처형된 최남근 등은 그가 직접 포섭한 인물이다.[22]

박정희는 1949년 2월 8일 군사법정에 섰다. 재판장 김완룡 중령, 심판관 김대현 중령 등 3인, 검찰관 신모 중위, 관선 변호인 최영희 중위, 피의자들의 조서 작성을 맡았던 방첩대 소속 이한진 대위가 배석했다. 이날 박정희는 사형구형에 무기징역을 선고받고 소령 계급에서 파면되었으며 급료도 몰수당했다.

그와 같이 재판을 받았던 최남근 중령, 오일균 소령, 조모 대위 등은 사형 구형에, 사형 언도를 받고 모두 형장의 이슬로 사라졌다. 이들 세 사람은 모두 박정희와 만주 군관학교 또는 일본 육사 선후배 사이였다. 최남근은 봉천군관학교 5기생 출신이며, 오일균은 일본육사 61기 출신이었다.

또 박정희의 만주 신경군관학교 1년 선배이자 3공 시절 감사원장을 지낸 이주일은 재판에서 무기징역을 구형받았으나 무죄 판결로 풀려났다. 이주일은 박정희의 권유로 군 입대 전에 공산당에 입당했으며, 또 박정희의 주선으로 군에 입대한 것으로 '문건'에 나와 있다.[23]

박정희는 남로당 비밀요원이었으나 실제로 활동은 하지는 않았다고 한다. "박정희는 남로당에 가입한 것은 사실이나 구체적인 좌익활동을 한 흔적은 없다. 그가 숙군의 태풍 속에서 살아남을 수 있었던 것도 이 때문이었다."[24]

제임스 해리 하우스만James H. Hausman은 미국 뉴저지 주 출신으로 정부 수립 초기부터 한국 정치에 막강한 영향력을 미친 인물이다. 1946년 8월 미 육군 대위 신분으로 미군정 요원으로 한국에 파견되어 국방경비대 제8연대(춘천) 창설 연대장을 지내고, 같은 해 10월 미군사고문단 참모장으로 한국군 창설 작업을 지휘하고, 1948년에는 여순사건 진압을 진두지휘했다.

하우스만이 박정희의 구명에 큰 역할을 했다. 박정희가 군사법정에서 무기형을 선고 받고도 쉽게 풀려난 데는 만주인맥과 함께 그의 역할이 컸다.

박정희는 그를 어려울 때 구해 준 동료·선배·후배들의 발뒤꿈치를 사정없이 무는 사람이라고 해서 가끔 미군들 사이에는 '스네이크 朴'이라고 불리기도 했으나, 그에게는 돕는 사람이 많았다.

이 죽음의 사슬에서 그를 풀어낸 사람 중에는 정일권·백선엽·장도영·김점곤·김안일 등 상당수를 헤아린다.

육본 정보국의 직속 상관이었던 김점곤은 숙군 작업의 실무를 맡고 있던 김창룡(후일 방첩대장을 지내다가 허태영 대령 등에 의해 피살)과 특별한 친분 관계를 맺고 있었기 때문에 박정희의 체포 소식을 김창룡으로부터 일찍 보고받을 수 있었다. 김점곤은 김창룡에게 '때리지 말 것'과 '먹을 것을 넣어 줄 것'을 우선 부탁해 박정희를 고문에서 살아남게 했다.

김창룡의 직속상관이나 수사실무 책임자였던 김안일은 숙군 책임자인 백선엽을 만나게 해달라는 박정희의 소청을 받아들여 그를 데리고 백선엽의 방을 방문했었다.

　　김안일은 준장 퇴역 후 목사로 일하다가 지금은 은퇴 목사로 있다. 그가 박정희에게 유달리 호의를 베푼 것을 김창룡의 건의도 있었지만 朴이 신문 과정에서 軍의 공산당 비밀 조직을 소상히 불어 숙군 작업을 손쉽게 진행할 수 있게 했던 점과, 사형수로 있으면서도 의젓함을 잃지 않은 인품에 감동했기 때문이었다.

나는 이승만 대통령으로부터 이 숙군 작업이 얼마나 잘 엄중하게 처리되고 있는가에 대해 1일 보고를 하도록 명령받고 있었다. 나는 그때 신성모 국방장관, 윌리엄 로버트 고문단장 등과 함께 수시로 이 대통령을 만나고 있었다. 박정희 피고의 형 집행을 면죄해 줄 것을 이 대통령에게 보고했다.

그 이유로 나는 그가 일본육사 출신으로 모스크바 공산주의자는 아니며, 군의 숙군 작업을 위한 군내부의 적색 침투 정보를 고스란히 제공한 공로를 들었다.[25]

5장

무 기 수 에 서

구 명 · 복 직 후

쿠 데 타 음 모

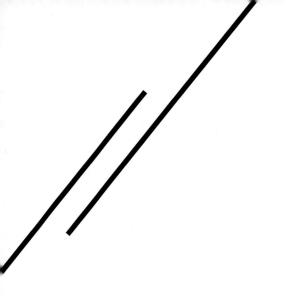

무기형, 백선엽 등 만군인맥이 구명

1949년 2월 고등군법회의에서 사형구형에 무기징역과 파면·급료 몰수형을 선고받은 박정희는 이응준 육군총참모장의 확인 과정에서 징역 10년으로 감형되고 동시에 형의 집행을 면제받았다.

아무리 건군 초기의 미숙기라 해도 여순사건을 겪고 국가보안법이 제정된 직후에 남로당 군사책으로 지목되어 무기형을 선고받은 사람이 곧 풀려날 수 있었던 데는 여전히 의문이 따른다. 그 배경은 무엇일까.

박정희는 비교적 수사 초기에 구제 대상으로 떠올랐던 것 같다. 김정렬의 구명 운동에 의해 채병덕 국방부 참모총장이 움직였고, 수사팀장인 김창룡이 여기에 동조하여 구명 방법을 생각해냈다고 한다. 숙군 수사를 총괄했던 육본 정보국 특무과장 김안일이 박정희를 심문해본 후 안심해도 좋다고 판단하고, 의사 결정의 키를 쥐고 있던 정보국장 백선엽이 결심함으로써 그의 구제는 결정되었다.

그리하여 김창룡의 구명 사유서를 겸한 신원보증서를 적고, 여기에 김안일과 백선엽이 도장을 찍어 신원보증을 함으로써 그는 12월 10일 불과 한 달 만에 구속에서 풀려날 수 있었다. 최고한 과거 만주군이나 일본군 경력을 가진 사람들이 보았을 때 박정희는 자신들과 비슷한 배경을 가졌을 뿐만 아니라 훌륭하고 유능한 군인이었기 때문에 그처럼 파격적인 구명이 가능했던 것이다.[1]

박정희가 구제될 수 있었던 것은 만주군맥과 하우스만의 지원에 있었다. 하우스만의 지원 부분은 앞에서 쓴 바 있거니와, 만군출신인 백선엽의 경우는 유별났다. 끈끈한 박정희 구명의 핵심인물은 정보국장 백선엽이었다.

평안남도 강서출신인 백선엽은 만주국이 세운 봉천중앙육군훈련소(봉천군관학교)를 졸업하고 만주국군 소위로 임관되어 간도특설대 소

1군사령관으로 부임한 백선엽 대장(왼쪽)이 5사단장으로 부임한 박정희 준장(왼쪽 세번째) 등 예하 사단장의 보직신고를 받는 장면

속으로 팔로군 공격작전에 참가했다. 간도특설대는 1938년 9월 창설된 조선인 특수부대로 편성되어 일제 패망 때까지 동북항일연군과 팔로군에 대해 모두 108차례 '토랑討攻'작전을 벌였다. 이들에게 살해된 항일무장세력과 민간인은 172명에 달했으며, 그밖에 많은 사람이 체포되거나 강간·고문을 당했다.

백선엽은 해방 후 고향으로 돌아가 평안남도 도인민위원회 치안대장을 지내다가 1945년 12월 간도특설대 출신의 김백일·최남근 등과 월남하여 군사영어학교에 입교해서 1946년 2월 제1기로 졸업한 뒤 육군 중위로 임관했다.

대한민국 정부 수립 후 육군본부 정보국장(대령)으로 재직하면서 좌익을 제거하기 위한 숙국작업을 지휘했다. 1948년 11월, 박정희 소령이 '여순사건' 이후 남로당 활동혐의로 체포되자 구명에 앞장서 문관 신분으로 정보국에서 근무할 수 있도록 해주었다.[2]

육군본부 정보국 작전정보실장(문관)이었던 김종필의 증언이다.

> 위기에 처한 박정희 소령을 구해준 건 육군 정보국장이던 백선엽 대령이었다. 그는 군대 내 좌익 색출 작업의 총책임자였다. 백대령이 "내가 책임지고 신원을 보증하겠다"고 나섰다. 마침 김창룡은 사생활이 깨끗한 백선엽을 가장 존경하는 상사로 여기고 있었다. 김창룡도 백 대령 뜻을 따라 박 소령에 대한 신원보증서에 서명을 했다. 형집행이 정지됐지만 박 소령은 군복을 벗어야 했다. 민간인 신분이 된 그를 정보국 문관으로 채용한 것도 백선엽 정보국장이었다. 박 소령을 위해 원래 직제에 없던 자리를 만들어준 것이다. 위인설관이었다.[3]

박정희를 살려준 백선엽 대령은 박정희를 철저하게 배려했다. 감옥에서 출감한 그를 일주일 동안 쉬게 한 후, 정보국 전투정보과 과장으로 발령을 내 자기 밑에 둔 것이다. 이처럼 피의자를 정식 보직에 임명했다는 것은 박정희에 대한 백선엽의 구제 의지가 얼마나 강한 것인가를 보여준다.[4]

6·25전쟁으로 군 정보기관에 복직

구사일생으로 살아난 박정희는 군복 대신 까만 양복을 입고 비공식 문관으로 1년 3개월 동안 군 정보기관에서 근무했다. 아무리 정보국장 백선엽의 배려라고는 하지만 남로당 밀정으로 무기형을 선고받은 사람이 군정보기관의 문관으로 근무하게 된 것이 여전히 미스터리에 속한다. 전 중앙정보부장 김형욱의 기록이다.

> 1948년 말까지 무직자 노릇을 하던 박정희는 1950년에 들어서서 6·25발발 직전에 다시 육군본부정보국에 무보수 문관으로 고용되었다. 그것은 당시 공보국장이었던 이용문이 경질되고 후임으로 대령 장도영이 들어서자 박정희는 장도영에게 접근하여 통사정, 장도영은 정일권과 소령 이기진의 지원을 받아 박정희를 구명하였다. 박정희는 곧 육군정보국 정보과에 배치되어 정보과장이던 소령 유양수(전 국가재건최고위원)의 지시를 받으며 무보수로 일하는 일방, 과원들의 모금과 정보비 일부를 떼어 받아 생계를 유지한 것으로 알려졌다.[5]

1950년 6월 25일 인민군의 전면 남침으로 시작된 한국전쟁은 박정희에게 또 한 번 재생의 기회였다. 해방 후 혼란기가 일본군 전력을 탈색시키는 기회였다면 한국 전쟁은 무기수 좌익사범의 족쇄를 벗겨주는 계기가 되었다.

박정희는 전쟁 직후인 6월 27일 용산 육군본부 지하벙커에 있는 작전상황실로 복귀했다. 이승만 대통령이 서울을 버리고 대전을 거쳐 대구로 떠난 뒤이고, 다음 날 서울이 인민군에 점령당하게 된 시점이다. 박정희는 30일 정보국 요원들의 집결지였던 수원에서 장도영 정보국장에게 복귀 신고를 할 수 있었다. 이로써 그는 다시 현역 장교로 복귀하게 되었다.

새벽에 책상 위에서 잠을 자고 일어나 살펴보니 상황실 저쪽 편에 몇몇 당직하는 장교들이 있었는데, 그중에는 박정희 문관도 끼여 있는 것이 보였다. 그는 여전히 낡은 작업복을 입고 있었다. 나는 근무에 열중하고 있는 그를 바라보며 문득 "계속 문관으로 둘 것인가. 장교가 부족한데 그를 현역으로 복귀시켜야 하지 않을까"하는 생각이 들었다.

6월 30일 오전 중 수원초등학교에 임시로 설치된 정보국에 나갔더니 박정희 문관과 장병들이 무사히 와 있었다. 28일 새벽에 적군이 서울에 진입한 상황으로 보아서 그는 다르게 행동할 수도 있었지 않겠는가. "확실한 근거도 없이 부하를 의심하는 게 아니야. 저렇게 유능하고 믿을 만한 사람이 몇이나 될까"하고 생각했다. 나는 이때부터 그에 대한 사상적 의심을 버렸다. 오히려 과거 그를 조금이나마 달리 생각해왔다는 것이 미안하다는 마음이었다.[6]

신랑 육영수 군과 신부 박정희 양

　군대에 복직한 박정희가 소령 계급장을 달고 육군본부를 따라 대구와 부산을 옮겨 다니던 1950년 8월 하순 어느 날, 대구사범 1년 후배인 송재천이 찾아왔다. 그를 만난 것은 천생의 배필 육영수陸英修를 소개받은 운명의 순간이었다. 송재천은 충북 옥천농고 교사 출신으로 전쟁이 터지자 소집 영장을 받았는데 박정희가 전투정보과에서 근무하도록 해 주었다. 송재천은 외가 쪽으로 동생뻘 되는 육영수를 박정희에게 소개하였다. 1925년 11월 29일 충북 옥천에서 육종관과 이경령의 딸로 태어난 육영수는 13세 때 배화여자고등보통학교에 입학하여 17세에 졸업하고 옥천공업여자전수학교에서 가사담당 교사로 1년 반 동안 근무하다가 남자교사의 농담에 마음이 상해 그만두었다 한다. 전쟁으로 가족과 함께 부산에서 피난생활을 하고 있었다. 옥천 집에

박정희와 육영수의 결혼식 장면. 박정희는 김호남과 이혼하기 전인 1950년 8월 육영수와 맞선을 봤고 11월에 협의이혼을 하자마자 12월에 결혼했다.

살 때 육영수는 '작은아씨'로 불리면서 귀공녀의 대접을 받고 지냈다.

육종관은 미곡상·금광 등으로 자수성가한 사업가로서 옥천군에서 큰 부자였다. 조선시대 전통적인 양반 가문으로 개화사상에 심취했으나 사업에 소양이 있어 많은 재산을 모았다. 그는 부인 외에 다섯 명의 소실과 여기서 22명의 자녀를 두었는데 육영수는 육종관과 이경령 사이에서 1남 3녀 중 차녀로 태어났다. 육종관은 전란기에 군인에게 딸을 줄 수 없다고 한사코 반대했으나 어머니가 우겨서 박정희와 육영수는 부산에서 맞선을 보았다.

시인 박목월은 육영수 사망 후 그의 전기를 펴냈다.

> 육영수는 전통적 기준에서 볼 때, 기품 있는 소녀였으며 부유한 가정 출신 답게 높은 자존심을 가지고 있었다. 학과목 중에서는 수예·재봉·가사 등에 탁월한 성적을 보였다. 배화고보를 졸업한 후에는 아버지의 지시에 따라 옥천으로 내려가 다시 '작은아씨'로 돌아갔다. 그녀는 세 딸 중에서 아버지의 사랑과 인정을 가장 많이 받았으며, 재산 관리 등에서 아버지의 중요한 비서였다.
>
> 또한 그녀는 자신의 집안에서 일을 하다 나이가 들고 병이 나서 오갈 데 없게 된 늙은 하녀나 소박을 맞고 이제 막 자신의 집의 하인으로 들어온 젊은 여인에게 깊은 동정심을 보였으며 그들을 정성껏 돌보곤 했다.[7]

육영수는 청와대 영부인 시절 박목월과 가진 대담에서 박정희를 처음 만났을 때를 회상하며, "맞선 보던 날 군화를 벗고 계시는 뒷모습이 말할 수 없이 든든했습니다. 사람은 얼굴로써 남을 속일 수 있지만 뒷모습은 남을 속일 수 없는 법이에요. 얼굴보다 뒷모습이 정직하거든 요."[8]라고 말할 정도로 맞선을 볼 때부터 박정희에게 마음이 기울었던 것 같다.

육영수의 어머니는 남편의 끝없이 이어지는 축첩에 크게 마음을 상해하면서 군인은 그런 면에서 깨끗하리라 기대하고, 남편의 반대에도 불구하고 딸에게 선을 보게 함은 물론 함께 사윗감을 직접 만나 보았다. 이경령이 박정희의 기혼 사실을 사전에 알았는지 여부는 알려진 바 없다.

두 사람은 6·25 전란기에 대구와 부산을 오가면서 교제를 하다가 1950년 12월 12일 대구시 계산동 천주교 성당에서 결혼식을 올렸다. 이때 해프닝이 벌어졌다. 주례를 맡은 허억 대구 시장이 "신랑 육영수 군과 신부 박정희 양은…" 이라고 말해 장내에 한바탕 웃음을 일으켰다. 박정희를 여자 이름으로 착각하여 일어난 해프닝이었다.

박정희에게 육영수는 과분한 처자였다. 우선 가문에서부터 달랐다. 육영수는 부유한 집의 '작은아씨'로 이목 수려한 신여성이고, 박정희는 흠결이 많은 상처투성이의 군인장교였다. "육영수는 박정희를 전통적 방식으로 사랑했으며, 때로는 걷잡을 수 없이 격렬해지는 박정희를 따뜻하게 감쌌다. 그리고 겉으로는 육영수가 순종적이었지만, 정신적으로는 박정희가 육영수에게 의존하게 되었다."[9]

박정희와 육영수 두 사람은 육종관의 격렬한 반대를 물리치고 결합했다고 한다. 사실 이들은 누구의 눈에도 잘 어울리는 쌍이 아니다. 아버지의 반대와 박정희의 열악한 조건에도 개의치 않고 육영수가 결혼을 강행할 수 있었던 것은 두 가지 이유 때문이었던 것으로 보인다. 첫째는 아버지에 대한 그녀의 신경증적인 욕구나 갈등이 심했다는 점,

둘째는 박정희가 그녀 자신의 갈등을 충분히 해소시켜 줄 거라고 믿었다는 점이다.

이들은 둘 다 가부장적인 아버지 밑에서 자란 탓에 아버지에 대한 적개심이 많았다. 또 아버지 때문에 고통 받는 어머니를 두었던 것도 비슷했다. 감정의 억압으로 나타났던 두 사람의 강박적인 성격 특성도 상당히 유사한 점이 많다. 아마 그들 사이에는 상당한 수준의 감정적 동질감이 존재했으리라고 추정된다.[10]

박정희가 육영수를 만난 것은 큰 행운이었다. 1958년 소장으로 진급할 때까지 전셋집으로 전전했을 때도 아내는 불평하지 않고 내조했으며, 결혼 후에도 소속 부대가 이동할 때마다 남편이 술집 여자들과 자주 바람을 피워도 문제를 확대시키지 않았다. 박정희 집권 후 헌정 유린과 혹독한 인권탄압에 국민들의 분노가 치솟을 때에도 육영수 여사에 대한 국민의 시선은 따뜻했다. 육영수는 1969년 박정희가 3선개헌을 강행할 때 이를 반대하여 '청와대의 야당'이란 호평을 받았다.

박정희는 아내를 사랑하는 마음을 담아 「영수의 잠자는 모습을 바라보고」를 지었다.

밤은 깊어만 갈수록 고요해지는군
대리석과도 같이 하이얀 피부
복욱馥郁한 백합과도 같이 향훈香薰을 뿜는 듯한 그 얼굴

(…)

사랑하는 나의 아내, 잠든 얼굴 더욱 어여쁘고.

평화의 상징!

사랑의 권화!

아! 그대의 그 눈, 그 귀, 그 코, 그 입.

그대는 인仁과 자慈와 선善의 세 가닥 실로써 엮은

한 폭의 위대한 예술일진저

(…)

나의 모든 부족하고 미흡한 것은

착하고 어질고 위대한 그대의 여성다운 인격에

흡수되고 동화되고 정착되어

한 개 사나이의 개성으로 세련되고 완성하리.

행복에 도취한 이 한밤 이 찰나가

무한한 그대의 인력으로써 인생 코오스가 되어주오.[11]

부산 정치파동, 쿠데타 음모

1952년 7월 임시 수도 부산에서는 이승만 대통령의 권력연장을 위한 여러 가지 음모와 시나리오가 진행되고 있었다. 48년 초대대통령에 취임한 이승만은 임기만료가 가까워지면서 제2대 대통령 선거에서 연임하기 위해 강압적 수단으로 직선제 개헌을 추진했다.

당시의 정세는 6·25전쟁과 거듭된 실정, 특히 국민방위군사건, 거창민간인학살사건 등으로 이 대통령의 인기는 형편없이 추락하고 있었다. 더욱이 원내 분포는 이승만과 등을 돌린 한민당 계열이 다수를 차지하였다. 이 무렵 한민당은 이 대통령을 명목상의 국가원수로 밀어내고 자파가 실권을 장악하려고 내각책임제 개헌을 구상하고 있었다.

한민당은 1950년 2월 의원내각제 개헌안을 국회에 제출하면서 본격적으로 정권쟁탈 공작에 나섰다. 그러나 51년 11월에 제안된 이 개헌안은 52년 1월 28일 표결 결과 재적 163명 중 가 19, 부 143, 기권 1로써 부결되는 참패를 당하고 말았다.

야권은 이와 같은 상황에서 다시 1952년 4월 국회의원 123명이 의원 내각제를 골자로 하는 개헌안을 국회에 제출했다. 이에 당황한 이승만은 5월 14일 국회에서 이미 부결된 바 있는 대통령 직선제 개헌안을 다시 제출했다.

이승만은 대통령 직선제 개헌안이 국회에서 부결되자 원외 자유당과 그 방계단체들인 국민회·한청·족청 등을 움직여 각 지방지부 조직원들을 동원, 52년 1월 말부터 백골단·땃벌떼·민중자결단 등의 명의로 국회의원 소환 벽보와 각종 삐라를 뿌리는 등 공포 분위기를 조성했다. 또 전국애국단체투쟁위원회 명의로 직선제와 양원제 지지 민의 조작 데모, 가두시위, 국회 앞 성토대회, 민의 반대 국회의원 소환요구 연판장 등 광적인 이승만 지지운동을 전국적으로 전개하고, 이런 처사에도 경찰은 시종 방조하거나 방관했다.

이같은 관제 데모, 조작민의 사건으로 국회에서는 반이승만 무드가 더욱 고조되었다. 이에 따라 국회는 재적 183명의 개헌정족수인 3분의 2보다 1표가 더 많은 123명이 내각책임제 개헌안을 제출하기에 이르렀다.

국회의 분위기가 내각책임제 개헌안으로 기울게 되자 이승만은 새로운 수법으로 맞섰다. 장면 국무총리를 해임하고 장택상 국회부의장을 총리에 임명하는 한편, 이갑성·윤치영 등 52명의 원내 자유당의원을 자파세력으로 끌어들였다.

특히 친일가문 출신으로 미군정의 수도청장, 초대 외무장관 등을 지낸 장택상은 자신이 이끌고 있던 신라회 소속 의원 21명을 대통령직선제 개헌을 지지하는 쪽으로 돌리는 한편, 당시 발생한 서민호 의원 사건을 빌미로 정국혼란을 조장하는 데 앞장섰다.

합법적인 방법으로 개헌이 불가능하다고 판단한 이 대통령은 52년 5월 25일 정국혼란을 이유로 부산시를 포함한 경남과 전남북 일부지역에 비상계엄을 선포하고 영남지구 계엄사령관에 원용덕을 임명하는 등 정치에 군사력을 동원했다.

이승만은 신태영 국방장관을 통해 대구에 주둔하고 있던 육군본부(이종찬 참모총장)에 "계엄 업무를 위해 병력을 차출하여 부산으로 보내고 원용덕 소장의 지휘를 받게 하라"는 명령을 내렸다. 그러나 군은 5월 26일 오후 4시 육군본부에서 참모회의의 결정으로 병력 동원을 거부하고, "군은 동요하지 말고 국토방위의 신성한 임무만 다하라"는 내용의 육군본부 훈령 217호, 이른바 "육군 장병에게 고함"를 채택하고 예하 부대에 하달했다. 바로 이 훈령은 이용문 정보국장을 대리하여 박정희가 초안을 작성한 것이었다.[12]

박정희는 1952년 부산 정치파동 때부터 정치에 개입하기 시작했다. 육군본부 작전국장 이용문 준장의 추천으로 1951년 12월 작전국 차장으로 전보되어 정치파동에 개입한다.

당시 군 지도부에는 두 갈래의 흐름이 있었다. 육참총장(육군참모총장) 이종찬은 어떤 일이 있어도 군은 정치에 개입해서는 안 된다는 입장이었고 육군본부 작전국장 이용문 준장 등은 위헌·탈법을 다반사로 하는 이승만 대통령을 제거해야 한다는 편이었다. 박정희는 이용문과 함께 군부 쿠데타를 주장하고 거사를 준비하였다.

박정희는 6·25 전 이용문이 정보국장으로 있을 때 문관으로 있었고, 이용문이 9사단 부사단장일 때 참모장으로 같은 사단 사령부에서 근무했다. 이종찬이 육참총장으로 취임하자 육사 1기 후배인 이용문을 요직인 정보국장에 기용했는데, 이용문은 곧 박정희 대령을 정보국으로 데려왔다가 1951년 12월 작전교육국 차장으로 발탁한 것이다.

이용문은 일본육사 50기, 박정희는 57기였다. 이런 긴밀한 관계에 따라 대소사를 이용문 준장과 협의한 박정희는 이용문과 술자리를 자주 같이하면서 군사혁명의 꿈을 키워 나간 것으로 전해지고 있다.

두 사람의 술자리에 가장 자주 참석했던 한 인사는 "정치파동 무렵 두 사람이 술자리에서 '2개 대대만 끌고 부산에 내려가면 확 뒤엎을 수 있겠지?' 하는 말들을 주고받는 것을 들은 적이 있다"고 했다.

박정희와 함께 이승만의 난정을 개탄해 마지않았다는 이용문은 그해 5월 10일경 평양고보 후배로 장면 총리(4월 20일 사임)의 비서실장을 지낸 선우종원을 찾아가 "장면 박사를 추대, 무력혁명을 하자"고 제의했으나 선우종원의 완곡한 거절로 쿠데타 추진은 진척되지 못했다고 한다.[13]

이용문·박정희의 쿠데타 기도가 일단 좌절된 상태였던 6월 어느 날, 창군의 주역인 이응준(초대 육참총장)은 이종찬을 찾아와 혁명으로 나라의 위기를 구하도록 권유했다. "자네는 군에서 신망이 있는 데다 총장자리에 있는 만큼, 만일 쿠데타를 한다면 모두가 따라갈 것 같다.

그러니 이 박사의 실정이 극에 달한 지금 거사하면 틀림없이 성공할 것으로 믿는다." 그러나 이종찬은 예의 일본 패망의 예를 들어 완곡하게 거절했다는 게 만년에 이종찬과 가까이 지낸 박순광 앰버서더호텔 사장의 술회다.

파병거부로 이승만의 냉대를 받고 있다는 말을 들은 유진산·양일동 등 야당인사들은 "이 장군, 이번 기회에 야당의 대열에 참여, 이승만 정권을 물러나게 하여 이 땅에 민주주의를 정착시키도록 함께 노력합시다"라고 권유했으나, 이종찬은 "내가 만일 야당에 들어가게 되면 정권과는 무관하게 군의 정치적 중립 전통을 세우려고 했던 나의 참뜻이 왜곡될 우려가 있다"면서 이를 거절하였다.[14]

박정희의 정치관심 또는 쿠데타에 대한 인식이 만군시절에 씨앗이 뿌려졌다고 한다면 부산정치파동 때에는 구체적 학습 단계였다. 계엄령하에서 발췌개헌안이 처리되고 이승만의 계엄령 파병 거부와, 이용문·박정희 등의 쿠데타 요청을 끝까지 거부한 이종찬이 반강제로 미 참모대학으로 정치적 망명을 떠나게 되자 쿠데타에 미련을 버리지 못한 박정희는 대구 동촌비행장에까지 가서 그가 귀국 후 거사할 내용을 담은 편지를 건네 주었다.

전쟁이 계속되고 있는 마당에 이 대통령은 자신의 집권 연장을 위해 헌법을 유린하고 급기야 비상계엄령까지 선포했다. 민의를 무시한 5·26정치파동 등으로 민심은 이미 이 정권을 떠났다. 이 대통령의 비정은 극에 달해 구국의 움직임이 요청되고 있는 시점이라고 본다. 이렇듯 중대한 시기에 소관小官들은 각하께서 나라를 위해 어떤 결단을 내릴 것으로 기대해 마지 않았다. (…) 차라리 지난번에

구국을 위해 행동을 단행할 걸 잘못한 것 같다. 1년 후 귀국하면 다시 지도 편달을 받겠다.[15]

박정희는 쿠데타에 대한 의지를 버리지 않았다. 박정희는 그 이전에도 '쿠데타란 매우 간단한 것'이란 생각을 갖고 있었는데, 부산 정치파동에서도 '민간정부란 2개 대대의 병력만 동원해도 전복이 가능한 것'이라는 경험을 하게 된다. 이같은 경험은 젊은 시절 만주국에서 박정희의 군정 체험과 완전히 일치하는 것이기도 하다. 그런 의미에서 부산 정치파동은 박정희에게만큼은 제1의 5·16과도 같은 사건이었다.[16]

6장

1950년대의
군 대 생 활

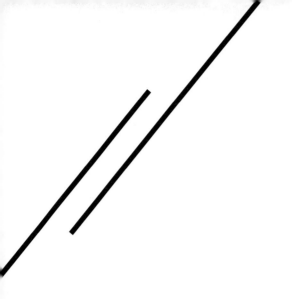

백선엽·장도영·송요찬의 도움 받아

6·25한국전쟁은, 1950년 9월 15일 유엔군이 인천상륙작전을 개시하여 9월 28일 서울을 수복하고 북진을 계속하던 중 10월 25일 중국군의 개입으로 1951년 1월 4일 다시 서울을 빼앗기고 정부는 부산으로 이전했다.

전쟁 중에 터진 거창민간인학살사건, 국민방위군사건 등 이승만 정권의 폭정이 꼬리를 이었다. 부산정치파동을 일으켜 직선제 개헌을 강행한 이승만은 계엄령하에서 제2대 대통령에 당선되었다. 1953년 7월 27일 휴전협정이 조인되었으나 정부는 참여하지 않았다. 휴전협정의 체결로 한반도는 3년여 만에 전쟁이 멈추고 냉전이 시작되었다.

냉전기에 이승만의 백색독재가 뿌리를 내리면서 군부에서는 대통령의 총애를 받은 김창룡 육군 특무대장의 전횡이 벌어졌다. 이승만은 관권선거가 판치는 가운데 1956년 5월 15일 실시한 제3대 대통령 선거에서도 당선되었다. 야당의 신익희 후보가 급서한 것도 원인이었다.

박정희 가족사진

　이 시기 박정희는 포병으로 전과하고 1953년 11월에는 승진하여 소망했던 별을 달고 5개월간 미국 포병학교에 유학을 다녀왔다. 이어서 1958년에는 소장으로 진급하는 등 비교적 평탄한 군대생활을 하면서 1952년 2월 장녀 근혜에 이어 근령·지만 3남매를 차례로 출산하였다. 1952년부터 1959년 말까지 박정희의 주요 군대 경력 연표이다.

　　　1952년 10월　　　포병으로 전과하여 광주포병학교에서 4개월
　　　　　　　　　　　간 교육받음.
　　　1953년 2월 16일　2군단 포병단장(전남 광주 소재). 이는 2군단장
　　　　　　　　　　　이던 장도영이 직접 데리고 간 것임.
　　　1953년 5월 9일　　3군단 포병단장으로 전보(강원 양구 소재). 충
　　　　　　　　　　　무무공 훈장 받음.
　　　1953년 6월 24일　충심으로 믿고 따르던 선배 이용문 장군 비
　　　　　　　　　　　행기 추락사. 이용문은 그의 고아 의식을 충

족시켜주는 존경하는 선배였기 때문에 셋째 형 박상희의 죽음에 버금가는 죽음으로 이해됨. 이로 인해 박정희는 독립적인 지도자가 될 수밖에 없었음.

1953년 11월 25일   준장 진급.

1953년 12월 말   5개월(54. 1. 17~6. 27)간 미국 포병학교에 유학. 이때 그의 좌익 전력이 문제가 되었으나 백선엽이 김창룡에게 전화를 하여 해결됨.

1954년 6월 30일   둘째딸 근영 출생.

1954년 7월 1일   2군단 포병사령관(경북 대구 소재).

1954년 10월 18일   포병학교 교장(전남 광주 소재). 아마도 이 보직은 교사 기질이 있었던 박정희 자신이 가장 마음에 들어했던 보직.

1955년 7월 1일   제5사단장(강원 인제 소재). 박정희가 처음으로 독립적인 야전 부대의 책임자가 된 것으로 그의 좌익 전력이 상당히 해소된 것을 의미함. 박정희가 사단장으로 나가는 데는 장도영의 추천이 있었음. 또한 이때 직속상관은 3군단장 송요찬이었는데, 송요찬은 이때부터 박정희에 관계된 일이라면 적극적으로 지원하고 이끌어줌. 아마도 송요찬은 상관으로서 박정희의 업무 태도를 보고 그를 100% 신뢰하게 되었다고 여겨짐. 그러나 1956년 5월 15일 치러진 정·부통령 선거 후 박정희

휘하 부대의 장병이 부정선거에 불만을 품고 월북하고, 또 다른 장교는 서울로 올라가 기자회견을 하는 등 부대 내 불만이 표출됨. 이 사건으로 박정희는 좌천당해 육군대학에 입교해야 했고, 이승만의 부정선거와 군 장성들의 부정부패는 박정희의 정치의식에 일정한 영향을 미침.

1956년 7월 15일 육군대학 입교(~57년 3월 20일 졸업. 경남 진해 소재).

1957년 3월 30일 6군단 부군단장(경기 포천 소재).

1957년 9월 1일 제7사단장(강원 인제 소재). 이는 박정희가 6군단장 백인엽과 사이가 나쁜 것을 보고, 백선엽과 장도영이 마련한 직책임. 박정희는 이때부터 부대를 옮길 때마다 자신이 신임하던 부관을 데리고 다님.

1958년 3월 1일 소장 진급, 이때에도 좌익 전력이 문제가 되자 백선엽이 문제를 해결해 줌.

1958년 6월 17일 1군단 참모장(강원 원주 소재). 이는 1군단장 송요찬이 데리고 간 것임.

1958년 12월 15일 아들 지만 출생.

1959년 7월 1일 6관구사령관(현 수도방위사령관에 해당, 서울 영등포 소재). 이는 송요찬이 이끌어준 것임.

1960년 1월 21일 군수기지사령관(부산 소재), 이것도 송요찬이 이끌어준 것임.[1]

1959년과 1960년 쿠데타 모의

박정희는 순탄한 군대생활을 하고 진급도 비교적 순조로웠다. 남로당 관련 호적의 '붉은 줄'은 미국 유학이나 장성진급 심사 과정에서 문제가 제기되었으나 그때마다 백선엽과 장도영의 적극적인 노력과 신원보증으로 무난히 해결되었다.

1950년대 초반 군부의 한 축을 형성하면서 박정희가 믿고 추종하며 '정치적 개입주의'를 주도했던 이용문 장군이 비행기 사고로 사망하면서 박정희의 쿠데타 추진은 잠시 유보되었다.

대신 자체 역량 축적과 기회를 탐색하던 중 1958년 1월 이승만이 정치적 라이벌인 조봉암을 제거하고자 진보당 간첩사건을 조작하여 1959년 7월 31일 이른바 '사법살인'을 통해 그를 처형하였다. "이에 박 장군(박정희)은 유원식 등과 모의하여 1959년 11월 20일 쿠데타를 기도했으나 군수기지사령관으로 전출되자 포기하였다."² 이는 박정희의 두 번째 쿠데타 음모에 속한다.

뒷날 5·16쿠데타에 주도적으로 참여한 유원식의 회고담이다.

59년 국방대학원을 졸업한 나는 육군본부에 있는 군사발전국 차장으로 보직명령을 받았다. 군사발전국에서 행정차장을 맡은 나에게는 결재할 서류가 며칠 만에 한 건 정도 생길 뿐 많은 시간이 그냥 지나갔다.

그러나 내가 5·16군사혁명을 준비할 수 있는 기회를 얻은 것은 바로 이 무렵이었다. 나는 박정희 장군과 상의, 거사일을 59年 11월 20일로 잡기로 했으나, 거사일을 앞두고 박정희 장군과 박병권

장군이 사이가 좋지 않다는 설이 나돌아 박정희 장군이 군수기지사령관으로 전출되는 바람에 거사일은 다시 12월 24일로 연기됐다가 그나마 여의치 않아 해를 넘기고 말았다.[3]

박정희는 1959년 11월 쿠데타를 기도하던 중 군수기지사령관으로 전출되면서 이를 포기했다가 1960년 3·15부정선거가 시작되자 다시 준비하였다.

1960년 3월 20일 육군대학총장 이종찬 장군에게 밀사를 파견하여 "민주주의를 실현하기 위해 군사쿠데타가 요청되니 협조 언질을 달라"고 요구했다가 거절당하자 김종필 중령 등과 모의하여 1960년 5월 8일 쿠데타를 단행할 계획을 수립했으나 4·19혁명이 일어남으로써 중지했지만 정군운동을 통해 써클을 확대시켜 정군운동세력을 쿠데타주체세력으로 전환시켜 계획을 추진해 나갔다.[4]

창군 이래 한국 군부는 만주군관학교와 일본육사 및 해방 후 군사영어학교 출신들에 의해 움직여졌다. 노회한 이승만은 군부 안의 평안도파와 함경도파를 분리 통제하였다.

군맥은 백선엽으로 대표되는 평안도파와 정일권으로 대표되는 함경도파로 나누어져 있었다. 그러나 박정희는 만주군관학교와 일본 육사를 모두 졸업하여 이들과 친밀했다. 예를 들어 좌익 전력을 가진 박정희로서는 "모든 사람을 일단 빨갱이로 의심한다"는 특무대의 김창룡이 무서운 존재일 수 있었으나, 김창룡은 백선엽을 추종하는 평안도파의 일원으로 박정희는 좌익 경력이 문제가 될 때마다 백선엽의 도움으로 구제될 수 있었다.

요컨대 박정희는 승승장구하지도 않았지만, 군부 내 주요 파벌로부터 배척당하지도 않으면서 비교적 순탄한 군대 생활을 영위했다. 그리고 마지막에는 군부 내 요직인 6관구사령관과 군수사령관과 군수기지사령관을 맡을 정도로 인정받는 장성이었다.[5]

백선엽을 비롯하여 군최고위층을 형성한 만군·일본육사 출신들이 박정희가 남로당이라는 결정적인 하자에도 불구하고 그토록 살뜰히 챙겨준 것은 '군맥을 통한 동질성' 때문이다. 백선엽은 간도특설대 소속으로 "동포에게 총을 겨눈 것은 사실이었고(그 때문에) 비판을 받더라도 어쩔 수 없다."[6]라고 토로할 만큼 일제에 충성하면서, 해방 후 같은 길을 걸었던 만군 인맥을 각별히 보살폈다.

박정희는 유능한 군인이었다. 거기에다 청렴하기도 하였다. 제국군인 출신으로서 절도가 있었고 다양한 군사지식에 정통하여 따르는 장교도 적지 않았다. 조선경비사관학교 교관으로 있을 때 가르쳤던 5기생과, 전투정보과에 근무했던 육사 8기생 중에 그를 추종하는 장교가 많았다.

박정희가 6·25 직후 김종필을 수장(?)으로 하는 육사8기생들을 만난 것은 5·16쿠데타의 운명이었다. 5·16은 경비사 5기생 일부와 육사 8기생 일부가 주축이 되었기 때문이다.

육사를 8기로 졸업한 1949년 6월, 나는 육군본부정보국에서 장교로서 첫발을 디뎠다. 동기생 일곱이 정보국 전투정보과에 배치됐다. 발령식 때 정보국장이던 백선엽 대령이 우리에게 말했다.

"너희가 신고 드릴 분이 한 분 더 있다. 작전실로 가서 인사 드려라."

바로 옆 '작전정보실'이란 팻말이 붙은 작은 방으로 가서 인사를 건넸다.

"이번에 전투정보과에 배속된 신임 소위들입니다. 신고를 받으십시오."

작전정보실장이란 타이틀을 가진 사내는 검은색 양복을 입고 있었다. 검은 옷 탓이었을까. 참 키가 조그맣고 얼굴이 새카만 첫인상이었다. 그는 우리에게 계면쩍게 웃어 보이며 말했다. "나 박정희요. 근데 난 그런 신고 받을 사람이 못 돼. 거기들 앉게."

악수를 나누고 잠시 의자에 앉았다. 박 실장은 "내가 사고를 당해서 군복을 벗었다"고 간단히 본인을 소개했다. 이어 "육사를 우수하게 졸업한 장교들이라고 들었다. 환영한다"며 짧은 대화를 나눴다. 군복을 벗고 정보국의 문관으로 일하던 그분과의 첫 만남이었다.[7]

친일·남로당 콤플렉스가 권력욕 동인

'우수한 군인' 박정희, 그러나 그는 군인의 본분을 망각한 채 기회만 있으면 최고 권력을 노리는 '정치군인'이었다. 이승만의 거듭된 폭정과 실정을 지켜보면서 정치판을 뒤엎고자 하였다. 이를 두고 '군인의 정의감의 발로'라고 미화되기도 하지만, 길이 달랐다. 정치에 뜻이 있으면 군복을 벗고 당당하게 정당에 들어가야 했다.

박정희의 권력욕은 '유기불안'의 콤플렉스로부터 일본군 장교, 남로당 등 겹겹의 콤플렉스를 벗어나고자 한 잠재의식의 발로이기도 했다. 승진을 할 시기나 요직 전보 때이면 어김없이, 그림자처럼 따라붙은 남로당의 그림자는 최고권력을 장악하지 않으면 떼어 놓을 수 없는 숙명이었다. 그래서 여러 차례 쿠데타를 모의했다. 1957년 3월 박정희가 소장으로 진급될 때의 이야기다.

그 무렵부터 호가호위의 권세를 부려온 경무대(현 청와대) 경무관 곽영주가 박정희의 진급을 반대하고 나섰다.

곽영주는 진해의 이종찬에게 "내일 대통령각하에게 결재를 올릴 예정인데 사전에 몇 가지 의심나는 점이 있어 전화를 걸었다"면서 세 가지 점을 캐물었다고 한다.

그가 첫 번째로 질문한 것은 박정희의 사상관계였다. "박 장군이 과거 공산당에 참여한 것을 알고 천거했느냐?"는 곽영주의 추궁이 곁들인 질문에 이종찬은 "간접적으로 안다"고 전제, "박 장군이 파면됐다가 복직된 것은 중대한 공헌을 했기 때문인 것으로 알고 있고, 그후에 그를 일선 사단장으로 내보낸 것은 신임을 회복했기 때문이며, 특히 6·25전란 중 공산군과 싸워 전공을 세웠는데 이제 와서 새삼 사상 운운하면 앞뒤가 맞지 않는 일"이라고 답변했다.

그러자 곽영주는 "그러면 원주에서의 여자관계를 아느냐?"고 물어 "모른다"고 했더니 다시 "사단장 재직시절 후생사업차량 2대를 해먹은 사실을 아느냐?"고 물어 왔다.

잠시 기다리도록 한 뒤 그 내용을 잘 아는 사람으로부터 자초지종을 들은 이종찬은 "박 장군이 사단장을 그만 둘 적에 그의 생활이 궁한 것을 감안한 참모들이 그 사람에게 차 2대를 주었지만 박 장군은 명분이 없다고 해서 돌려보낸 것으로 알고 있다"고 설명했다.[8]

박정희의 콤플렉스는 여러 방향으로 발산되었다.

박정희가 5사단장으로 재직할 때의 일이다. 군단장인 송요찬이 당시 『영남일보』 주필이던 시인 구상을 위해 베푼 술자리에서 박정희가 일본의 전국시대 대결전을 노래한 시를 읊은 적이 있다고 한다.

말채찍 소리도 고요히 밤을 타서 강을 건너니
새벽에 대장기를 에워싼 병사 떼들을 보네

박정희는 술기운에 한껏 감정을 잡고 폼 나게 시를 읊었는데 동석했던 다른 장군이 일본풍의 노래를 읊조린다고 비아냥거렸다. 이에 화가 난 박정희는 구상에게 "구형, 갑시다. 이런 속물들과는 술 못 마시겠어!" 라고 말한 뒤 술자리를 박차고 나가버린 것으로 전해진다. 이 같은 박정희의 신경질적인 반응에 구상도 적잖이 놀랐다고 한다.[9]

미국 '콜론보고서' 군부 지배 내다봐

자유당 정권의 횡포는 이승만이 군주처럼 군림하면서 민주주의를 짓밟고 민생을 돌보지 않은 채 소수의 특권층만 배를 불리고 활보하는 신판 봉건제와 다르지 않았다. 경찰이 독재국가의 중심이 된 이른바 경찰국가체제였다.

모든 선거는 부정으로 시종되고 언론은 통제되었으며 '야당지'로 일컫던 정론지 『경향신문』은 정간되었다. 야당활동은 백주에 경찰이 테러를 자행하고 공직은 공공연히 매관매직으로 거래되었다. 외국의 정치학자는 한국의 정당구조를 일점반정당체제—點半政黨體制라고 비판했다.

이 무렵 미국의 「콜론 어쏘시에츠 보고서-동아시아에 있어서의 미 외교정책」은 한국과 관련하여 "지난 10년 아니 반세기의 제 조건을 생각해 볼 때 민주주의의 외형이나마 현존하고 있다는 것은 아마 기적에 가까운 일이다. 그럼에도 불구하고 지금 곧 민주주의의 제 제도는 극히 심한 시련에 직면하고 있으며 그 결과는 예측할 수 없다."고 분석했다. 『사상계』에 게재된 '콜론보고서'의 주요 대목이다.

이 '보고서'는 한국 정치의 대단히 민감한 부문을 다루고 있었다.

군대나 경찰의 내부에는 정변이 가깝다는 것을 느끼고 있는 자가 많으므로 지금 당장 군대나 경찰을 강압적 목적을 위해 이용할 수는 없다.

한국의 정치적 장래는 불투명하다. 만일 이 대통령이 1960년의 선거 전에 사망하더라도 자유당은 아마 무슨 수단을 써서 민주당의 장면 부통령을 취임 못하게 하여 정권을 유지할 것이다. 그러나 결국에 있어서 이 대통령의 사망 또는 은퇴는 보수정당 사이에 어떠한 정당 재편성의 움직임이 생기게 될 것이다.

만일 정당·정부가 완전히 실패하면 언제나 한 번은 군사지배가

출현할 것이라는 것은 확실히 가능하다. 그러나 가까운 장래에 그 것이 발생될 것 같지는 않다.[10]

사회적·국가적 위기가 닥치면 두 부류의 인물이 등장한다. 이를 극복하려는 순수한 애국적 인물과 위기를 사적으로 이용하려는 불순한 기회주의자들이 그것이다. 박정희는 자유당 말기의 혼란기를 노리고 있었다.

7장

5 · 16 군사
쿠데타 전야

쿠데타 모의 중 4·19로 불발

이승만의 권력욕은 끝이 보이지 않았다. 자유당은 1960년 봄 제3
대 정부통령 선거를 앞두고 정상적인 방법으로는 재집권이 어렵다고
판단하여 관권·금권을 총동원한 엄청난 부정선거를 획책하였다. 내무
장관 최인규를 중심으로 공무원을 동원한 부정선거는 사전 계획대로
4할사전투표, 3인조공개투표, 완장부대동원, 야당참관인축출, 유령유
권자조작, 투표함 바꿔치기, 득표수조작발표 등 온갖 부정·불법선거
로 치러졌다.

군대 역시 부정선거 양상은 더하면 더했지 덜 하지 않았다. 엄청난
부정선거에 직면하여 군부에서는 두 갈래의 움직임이 전개되었다. 박
정희는 이때를 노려 군사쿠데타를 통해 권력을 쟁취하려는 야망이었
고, 다른 갈래는 영관장교들에 의한 숙군운동의 추진이었다.

군부는 3·15 부정선거를 계기로 개혁주의가 대두되어 구조적 해결을 지향하게 되었다. 3·15 부정선거가 군부에 지령되자 박정희장군은 군부의 불만 분위기를 이용하여 쿠데타를 기도하고 포항 해병사단장 김동하소장, 2군사참모장 이주일소장, 부산주둔 제33 고사포 대대장 홍종철 중령, 육본정보참모부 김종필 등과 모의하여 참모총장 송요찬장군의 도미(5월 5일 출발예정) 직후인 5월 8일 쿠데타를 단행하려 했으나 4·19혁명이 일어나자 무산되고 말았다.[1]

4·19혁명으로 이승만이 망명하고 5월 초 육사8기생 중심으로 정군운동이 일어났다. 이들은 3·15부정선거의 책임을 지고 중장급 이상은 퇴진해야 한다는 주장을 폈다. 8기생들의 정군운동은 박정희와 연계되고, 박정희 부산군수기지사령관이 송요찬 참모총장에게 군부의 부정선거 책임을 지고 퇴진하라는 서한을 보낸 것을 계기로 양성화되었다. 이와 관련 파장은 적지 않았다.

　이에 궁지에 몰린 송요찬총장이 계엄병력의 증파 명목으로 해병사단을 부산에 진주시켜 박정희장군을 제거하려 했으나 허정과 도정부의 이종찬 국방장관과 매그루더 8군사령관의 반대로 뜻을 이루지 못하자 5월 20일 참모총장을 사임함으로써 군부 내의 정군운동은 더욱 강렬해지고 전군적으로 확산되어 갔다.
　그러나 이종찬장관과 허정 수반은 제1공화국에서 군부의 정치적 역할이 조역에 지나지 않았음을 감안했을 뿐 아니라 정군운동으로 통수계통이 동요되는 것을 방지하기 위해서 선거부정 관련자의 처벌을 않기로 방침을 세웠다. 그러므로 송 장군에 이어 육참총장에 취임한 최영희장군이 6월 8일 주요지휘관회의를 개최하고 군의

정치적 중립과 통수계통의 확립을 강조하였다.[2]

    소장 장교들의 정군운동은 김형일 중장이 "장병치고 도둑질 안 해 먹은 사람이 어디 있느냐?"고 반론을 제기하여 쐐기를 박았으나[3] 진급에 불만이 심화된 영관급 장교들을 자극하기에는 충분하였다. 부정선거에 대한 공분과 진급불만이 함께 작용한 것이다.

    정치적 격변기에 제기된 군부의 부정선거와 부패문제는 1960년 제헌절을 기해 3군참모총장과 해병대사령관이 정치에 엄정중립을 지키고 헌법에 충성하겠다는 '헌법준수선서식'을 중앙청에서 거행하기로 하면서 수면 아래로 가라앉은 것 같았다. 그러나 일부 육사8기생들의 정군운동은 중단되지 않았다.

    김종필·김형욱·길재호·옥창호·신윤창·석창희·오상균·최준명 중령 등 육사8기생들은 당초 5월 8일을 거사일로 정했다가 이것이 누설되면서 주도자 김종필 등이 구속되기에 이르렀다.

    송요찬 참모총장은 중령급의 정군운동이 군수기지사령관 박정희소장의 사주에 의한 것으로 판단하여 이들을 석방하고 부산에 계엄병력을 추가로 투입하여 박정희를 제거하려고 매그루더사령관에게 병력동원의 승인을 요청했으나 이종찬국방장관의 불응으로 뜻을 이루지 못하자 5월 20일 3·15부정선거의 책임을 지고 자진 사퇴하였다.

    그러므로 이종찬장관은 후임 참모총장에 최영희장군을 임명했는데, 정군파 장교들은 중장급 이상이 퇴진하고 박정희소장이 참모총장이 되기를 바랐기 때문에 "이 장관은 국방부내의 중견장교들의 강력한 반대에도 불구하고 최영희장군을 후임 참모총장에 임명함으로써 군부는 구태의연한 인사와 파벌적 세력유지에 급급했다"고 불만을 표시하였다.[4]

조카사위 김종필의 협력

육사8기생들 중에는 3·15부정선거와 군수뇌부의 부패타락을 지켜보면서 군의 정군운동을 추진했던 세력이 있는 것 같다. 그러나 박정희의 의도는 이들과 달랐다. 혼란기를 틈타 쿠데타를 일으켜 권력을 쟁취하려는 생각이었다.

8기생들은 박정희의 조카사위인 김종필을 리더로 삼아 박정희 곁으로 집결하고 있었다. 김종필은 군하극상사건으로 1961년 2월 4일 구속되었으나 2월 8일 석방과 동시에 예비역으로 편입되었다. 군복을 벗은 김종필은 비교적 자유로운 신분에서 쿠데타를 모의하였다. 박정희의 꿈은 영관장교들의 '정군운동'과는 결이 달랐다. 그는 쿠데타를 일으켜 권력을 장악하려는 욕망을 키워왔다. 그래서 육사8기생 중심의 정군운동파와 손을 잡았다.

1960년 가을에 김종필중령을 중심으로 한 육사8기 장교들과 박정희의 마음에서는 쿠데타의 꿈이 다시 태동하고 있었다. 양쪽은 곧 김종필의 매개로 연결된다. 김종필 그룹은 16인 항명사건으로 군법회의의 재판을 받는 입장에서, 박정희는 미군으로부터 압력을 받는 입장에서 군사혁명이란 하나의 탈출구를 더욱 진지하게 생각하게 되었을 것이다.

박정희는 군복을 입고 있는 동안에 거사를 해야 한다는 강박감을 느끼기 시작한 것이다. 이승만 정권의 타도를 위한 계획을 추진하다가 4·19혁명으로 목표가 사라진 뒤에는 군부 숙정을 새 목표로 하여 뛰었으나 이것이 반격을 부른 것이다. 친미적인 장면 정부가 자신의 예편을 요구하는 미국측 압력을 언제까지나 막아 줄지도 자신이 안 서는 대목이었다.[5]

박정희는 불안하고 조급했다. 이승만 정권의 부정선거를 이유로 거사하려던 것이 4·19혁명으로 명분을 잃고, 장면 정부가 민주적 개혁을 시도하면서 사회혼란이 수습되어 가고 있었다. 여기에 그의 쿠데타 음모 정보를 입수한 미국 측에서는 부단히 수감 또는 예편을 요구하고 있다는 소식이었다.

박정희는 변신의 귀재에 속한다. 기회를 포착하는 데도 남다른 재능을 보였다. 박정희의 변신에 대한 한홍구의 지적이다.

첫 번째는 초등학교 선생님을 하다가 만주군관학교에 입학한 것이고, 두 번째는 해방 직후에 광복군에 가담한 것, 세 번째는 남로당에 가담한 것, 마지막으로는 여순사건 이후 단행된 숙군과정에서 다시 한번 극적인 변신을 해 살아남은 것이다. 우리 현대사에 곡절이 많지만 박정희 만큼 변신을 자주한 이도 찾아보기 힘들다.

세상이 급히 변하다 보니 그 속에 살고 있는 사람들도 시류에 휩싸여 변할 수 있다. 세상이 변하는데 옛 방식만을 고집하는 것이

미덕은 아니다. 그러나 박정희의 변신은 횟수도 그렇지만 남다른 데가 있었다. 앞의 세 번의 변신은 불행한 기회주의자의 막차를 탄 변신이었다는 점이다.[6]

박정희의 기회주의적 속성은 군 내부의 재사로 알려진 김종필이 예편되면서 더욱 활력을 찾게 되었다. 김종필의 증언이다.

군에서 쫓겨날 땐 엉엉 울었지만 그때 안 나왔다면 거사를 하지 못했을지 모른다. 강제 예편됨으로써 나는 시간의 여유가 생겼고 누구와도 만날 자유를 얻었다. 이 여유와 자유가 혁명을 설계하고 조직하고 일으키게 한 자원이었다. 군에서 나올 때 받은 퇴직금은 90만 환. 지금으로 치면 한 1,000만 원쯤 될까. 이 돈도 모두 거사를 준비하는 데 썼다. 아내의 곗돈도 타서 보탰다.[7]

박정희, 눈에 핏발 선 채 쿠데타 모의

5·16쿠데타의 연원을 따지면 박정희의 끊임없는 쿠데타 집념의 소산이지만, 쿠데타가 현실적으로 모의된 것은 1961년 9월 10일 육사8기 동기생 11명이 서울 중구 충무장이라는 음식점에서 쿠데타를 단행하기로 뜻을 모으고 이른바 '충무장 결의'를 하면서였다. '충무장 결의'는 당대의 재사로 알려진 김종필이 주도했다.

이들은 총무 김종필, 정보 김형욱, 인사 오치성, 작전 옥창호, 경제 김동환, 사법 길재호 등으로 업무분담까지 하였다.[8] 이들은 숙의를 거쳐 박정희와 연계한다.

> 하극상사건으로 방첩대와 헌병대의 주목을 흐리게 한 가운데
> 1960년 11월 9일 신당동 소재 박정희 장군댁에서 충무장 결의를 한
> 정군파장교들이 모여 박정희장군을 중심으로 쿠데타계획을 수립하
> 고 조직의 확장문제를 검토하였고, 1961년 1월 6일에도 박 장군댁
> 에 재차 모여 쿠데타의 구체적인 방안을 논의했는데, 11월 9일 모
> 임부터 이석제 중령과 유승원 대령이 중앙 핵심멤버로 참여하였고,
> 오치성 중령은 정군파장교들이 포섭한 요원을 요직에 보직시켰다.[9]

박정희는 든든한 추종세력이 생기자 본격적인 동지 포섭에 나섰
다. 6개월 동안 포섭된 인물은 장경순 준장·한웅진 준장·윤태일 준장·
채명신 준장·최홍희 소장·김재춘 대령·이원엽 대령·문재준 대령·박치
옥 대령 등이고, 8기생 중에는 박원빈·오학진·조항대·심이섭·엄병길·
홍종철·장동운·최홍섭·서상린·임광섭·이지찬·안태갑·김용린·김성
룡·박배근·김재후·강상욱 등이 포함되었다.

4·19혁명 후 집권한 장면 정부는 대군부정책으로 첫째, 국방장관
을 당료출신으로 임명하여 문관우위를 확보하고 둘째, 10만 감군을 통
해 경제성장을 꾀하며 셋째, 유엔군이 존재하는 한 한국군 단독으로
쿠데타가 일어날 수 없다고 믿고 군부의 자율권을 존중키로 하였다.[10]

장면 정부는 유엔군이 주둔하고 전시작전지휘권을 장악하고 있는
상황에서 군부쿠데타는 불가능하다는, 안일한 판단을 내리고 있었다.
「콜론보고서」도 무시하였다. 군부는 6·25전쟁 과정에서 엄청나게 비
대해지고 장면정부의 '10만 감군' 정책으로 위기의식을 갖게 되었다.

하우스만의 증언이다.

1961년 3월 1일 실제 쿠데타가 있기 45일 전에 나는 한국군내의 쿠데타 기도가 있음을 상부에 보고했다.

매그루더 주한유엔군사령관은 장도영 육군참모총장에게 적어도 1차례 이상 "군내부의 쿠데타 기도를 주의하라"고 경고했다.

장 총장은 매그루더 대장의 경고를 받고 "걱정 말라. 한국군에 관한 일은 내가 알아서 할 테니 걱정 안 해도 좋다"는 약간 반박적인 대답을 했다.[11]

이 시기 대구에서 박정희를 만난 시인 구상은 "박정희는 이미 눈에 핏발이 서 있었다."[12]고 증언했다.

박정희는 대구에서 눈에 핏발이 선 채로 쿠데타 모의에 몰두했다. 대구 2군 참모장은 만주군 시절부터의 친구인 이주일(소장)이었고, 대구 옆의 영천에 있는 정보학교장은 육사 2기 동기인 한웅진(준장)이었다. 박정희의 쿠데타 모의에 가담한 이주일과 한웅진은 포섭 대상자들을 놓고 토론을 벌이는 과정에서 박정희가 장교들의 특성과 자질을 줄줄 꿰고 있는 것에 놀랐다.

박정희의 최대 자산은 인간학人間學, 그것도 마키아벨리적인 인간학에 정통해 있다는 것이었다. 정 많고 여린 사람들의 특성을 포착해 그걸 최대한 활용한 뒤에 내칠 수 있는 능력과 심성은 범인凡人으로선 도저히 따라갈 수 없는 박정희만의 것이었다.[13]

이승만의 폭정으로 짓밟히고 형해만 남은 한국의 민주주의가 4·19 시민·학생들의 희생으로 간신히 소생하여 다시 활력을 되찾고 있을 때, 박정희와 김종필을 우두머리로 하는 군부 쿠데타 모의가 점차 가시화되어 가고 있었다.

8장

민주헌정 짓밟은
5 · 16 쿠데타

5·16반란, 고려 정중부 이래 1천년 만의 무인시대

한국의 오랜 문민지배전통은 무인이 창업을 하고도 곧 문민위주의 정치로 회귀하였다. 고려 왕건이 그렇고 조선 이성계도 마찬가지다. 한말 국권을 상실하고 중국에 수립된 대한민국 임시정부도 문민 위주의 정치가 중심이 되었다.

예외라면 1170년 고려 의종대에 정중부·이의방·이고 등이 이른바 '무신란'을 일으켜 집권한 데 뒤이어 최충헌 일당이 권력을 오로지한 1세기 정도가 무인지배시대였다.

국토방위의 임무를 위해 무장한 군인이 총부리를 정부와 국민을 향해 돌리는 것은 반란이다. 예나 지금이나 반란행위는 가장 혹독하게 처벌한다. 동서고금이 다르지 않다. 왕조시대에는 3족이 멸살되었다. 동양의 '반란'이 영어권에서는 쿠데타로 통칭된다. 뜻은 다르지 않다. 쿠데타의 사전적 의미는 "국민의 의사와 관계없이 무력 등의 비합법적 수단으로 정권을 빼앗는 정변"이다.

박근혜 정권에서 행정부 장관 내정자들이 국회청문회에서 5·16을 정의해보라는 야당의원들의 질의에 대해 하나같이 쿠데타라는 말을 하지 못한 채 "연구가 안 되었다"는 등 어물거리는 모습을 보였다. 5·16쿠데타를 주도한 박정희의 딸이 임명한 국무위원들의 태도가 그랬다. 쿠데타가 자랑스러운 행위였다면 온갖 미사연구를 동원하여 장광설을 퍼뜨렸을 것이다. 1961년 5월 16일 미명, 정중부가 무신란을 일으킨 지 정확히 791년 만에 박정희가 군사쿠데타를 일으켜 3권을 장악하고 민주헌정질서를 유린하였다.

한국 현대정치사에서 가장 큰 사건의 하나인 5·16군사쿠데타는 4월 민주혁명으로 민주당정권이 들어선 지 8개월 만에 발생했다.

5·16은 군정 3년과 제3, 4공화국에 이어 그 아류들에 의한 제5, 6공화국에 이르기까지 장장 31년에 걸친 군사통치의 서막이 되었다.

박정희 소장과 그의 조카사위인 김종필을 중심으로 하는 장교 250여 명과 사병 3,500여 명이 중심이 된 반란군은 이날 새벽 3시경 한강 어귀에 진입하여 약간의 총격전 끝에 예정보다 약 1시간 늦게 서울 입성에 성공했다. 이들 반란군은 중앙청 및 서울중앙방송국 등 목표지점을 일제히 점거하고, 새벽 5시 첫 방송을 통해 거사의 명분을 밝히는 한편 6개항의 '혁명공약'을 국내외에 선포했다.

이어 오전 9시에는 군사혁명위원회의 포고령으로 전국에 비상계엄을 선포하고, 전각료의 체포령에 이어 오후 7시를 기해 장면 정권을 인수한다고 밝혔다. 이로써 쿠데타는 일단 성공했다.

"은인자중하던 군부는 금조今朝 미명을 기해서 일제히 행동을 개시하여 국가의 행정·입법·사법의 3권을 완전히 장악하고…"라고 시작되는 이른바 '궐기취지문'은 김종필의 작품이었다. 이른바 6개항의

'혁명공약'도 그가 썼다. 쿠데타를 일으킨 반란군은 자신들의 행위를 '혁명'이라고 내세웠다. 박정희 집권기는 물론 지금까지도 쿠데타 잔재들은 혁명이라고 우기고 표기한다. 5·16 이후 4·19혁명은 '의거'로 격하되고, 그 자리에 5·16이 혁명의 자리를 차지했다.

쿠데타 세력은 즉각 '혁명공약'을 내걸었다. '반공국시'를 비롯한 6개항이다. 뒷날 박정희의 민정참여를 둘러싸고 6항의 "이와 같은 우리의 과업이 성취되면 참신하고도 양심적인 정치인들에게 언제든지 정권을 이양하고 우리들 본연의 임무에 복귀할 준비를 갖춘다."는 조항은 폐기시켰다. 김종필의 증언이다.

> '반공 국시'와 관련 "궐기문을 인쇄하러 가기 전 박 소장이 이 반공 국시 조항을 읽으면서 나를 보고 빙그레 웃었다. 그러면서 혼 잣말 비슷하게 '이거 나 때문에 썼겠구먼…' 이라고 말했다. 거사를 앞둔 박 소장의 마음이 매듭처럼 뭉쳐져 있던 대목이었다."[1]

쿠데타는 1차적인 군통수권자인 장면 총리가 수녀원으로 피신하고 윤보선 대통령이 진압명령을 내리지 않은 채 애매한 태도를 취함으로써 진압병력이 움직이지 않았다. 쿠데타는 5월 18일 전두환을 중심으로 하는 육사생들이 쿠데타 지지를 선언하는 시가행진을 하고 장면 내각이 총사퇴를 함으로써 기정사실화되었다.

박정희의 쿠데타와 관련, 지탄받아야 할 인물들이 있다. 4월 혁명 후 구파와 치열한 접전 끝에 집권한 장면은 군일부의 쿠데타 음모설이 수차례 보고되었음에도 이를 방치하다가 막상 일이 터지자 수녀원으로 피신하는 무능하고 비겁한 모습을 보였다.

신파와 집권경쟁 끝에 명목상의 대통령 자리에 오른 윤보선은 사사건건 장면 정권을 견제하면서 쿠데타 측의 방문을 받고 "올 것이 왔다"는 발언을 하는 등, 쿠데타 사전 통보 및 내통설이 제기될 만큼 모호한 태도를 보였다. 또한 육사생들을 이끌고 쿠데타 지지에 나선 전두환은 19년 후 직접 5·17 쿠데타를 일으켰다.

미국, 조종자인가 사후승인가

쿠데타의 성패를 가름하는 순간은 아슬아슬했다. 윤보선과 장면 중 한 사람이라도 용기를 갖고 진압에 나섰다면 반란은 성공하지 못했을 것이다. 유엔군(미군)이 작전권을 쥐고 있었고 1군사령관 등이 진압 명령을 대기하고 있었기 때문이다.

미국의 태도와 관련, 두 가지 견해로 갈린다. 미국은 장면 정부를 지지하여 쿠데타를 진압하고자 했으나 윤보선·장면의 비협조로 기회를 놓쳤다는 주장과, 사전에 알고 있으면서 이를 조종하거나 이중플레이를 했다는 주장이다. 그레고리 핸더슨(당시 주한미대사관 문정관)이 1987년 한 잡지에서 증언한 워싱턴의 중요한 견해다. 발췌하였다.

장면정권은 우리와 우호적이었으며, 우리도 장면정권을 굳게 신임하고 있었다. 우리가 장면정부를 신임하고 있었음은 쿠데타가 발생한 지 몇 시간도 안 되어 당시 주한미사령관 매그루더가 쿠데타군의 원대복귀를 명령하고 장면정부를 지지하라는 성명을 발표했으며, 그런 대사도 이를 강력히 지지하는 성명을 국무성의 승인도 거치지 않은 채 발표했다는 데서도 볼 수 있다. 심지어 쿠데타 성공 후에도 드 실바(당시 CIA 한국 지부장)가 장면정권이 밝은 희망으로 가득 찼다고 말한 것을 나는 기억하고 있다.

워싱턴은 곧이어 진압 중지 명령을 내렸다. 나는 후에 이 사실을 알았지만 매그루더의 진압을 중지시킨 유일한 이유는 3주일쯤 전에 발생했던 피그만 침공사건의 대실패가 몰고 온 여파였다.

매그루더의 쿠데타 진압 결심은 아주 강경했다. 만일 진압작전이 "윤보선의 축복을 받고" 개시되었다면 그것 역시 피그만 상처에 몰두해있던 워싱턴의 추인을 받았을 것이다.[2]

한국현대사 연구에 조예가 깊은 브루스 커밍스의 견해다.

반란군 대령들은 5월 16일 즉시 미국이 쿠데타를 지지한다는 소문을 퍼뜨렸고, 그럼으로써 수많은 적들의 무장을 해제했다. 실제로 미국이 쿠데타를 지지했는가? 이 물음과 이와 유사한 몇몇 사건(1972년, 1979년, 1980년, 1987년)에서의 똑같은 물음에 답할 때에 우리는 '미국'의 여러 권력부서들을 떼어놓고 보아야 한다.

워싱턴에는 백악관, 국가안전보장회의(NSC), 국무부, CIA, 국방부, 군부, 군정보부와 그밖의 이름이 없거나 이름을 붙일 수 없는 기관들이 있고, 서울에는 미국 대사관, 주한미군사령부, CIA 지부, 미군 정보부와 그밖의 각급 기관들이 있다. 각각의 기관은 한국 측 기관과 연락망과 친분관계를 유지하고 있다.(불충분하지만) 공개된 증거의 어디에도, 케네디 백악관이나 국무부 혹은 통합참모본부가 쿠데타를 미리 알고 있었다는 암시는 없다.

내가 알고 있는 바로는, 이 사건에 관한 CIA쪽 증거는 아직도 기밀해제가 되지 않았다. 서울의 미국대사관은 쿠데타에 대해 미리 경고를 받은 것 같지는 않다. 그러나 매그루더는 서울의 '권력자들'이 어떤 생각을 하고 있는지에 관해 많은 정보를 매우 신속하게 수집했던 것 같다.[3]

5·16 당시 미국 CIA 책임자 앨런 덜레스는 "나의 재임 중 가장 성공한 업적은 박정희 쿠데타였다."라고 언명하여 미국의 조종설을 제기한 바 있다. 미 정보기관은 5월 17일 이전에 이미 박정희 중심의 쿠데타 음모를 파악하고 있었음이 비밀해제된 미국문서에 나타난다. 「FRUS 1961-1963 동북아편(22권)」에 따르면 "쿠데타에 대한 정보가 자발적으로 우리 사무실에 알려졌으며, 매그루더 장군은 처음으로 이에 대해 알았고, 장도영과 이에 대해 토론할 것이라고 말했다. 장도영은 박정희가 일주일 전에 자기에게 말했다고 언급했다. 장도영은 곧 닥쳐올 행동은 없을 것으로 믿는다고 말했다."[4]라고 적혀 있다.

덜레스는 1964년 5월 3일 영국 BBC 텔레비전에 출연해서 5·16의 목적과 배후에 대해 다음과 같은 발언을 하였다.

내가 재직 중에 CIA의 해외 활동에서 가장 성공한 것이 바로 이 혁명이다. 미국의 일부 지도자가 지지하고 있던 장면 내각은 부패에 있어서 이승만 정권을 타도한 민중의 기대에 응하지 못했다. 참위험한 순간이었다. 만약에 미국이 아무것도 안했더라면 아마도 민중은 공산주의 선전에 말려들어 남북통일을 요구하는 '폭도'들을 지원했을지도 모른다.

쿠데타의 선봉 공수부대가 5월 16일 새벽 한강교를 건너 서울 시내로 들어올 때 미국인 군사고문단이 동행하고 있었다는 증언도 있다.

실제로 쿠데타 당일 동원된 한 공수부대의 경우 미국인 군사고문단이 동행하고 있었다. 한 증언에 의하면 한강다리를 넘어온 쿠데타 군 앞에는 미군헌병차가 있었다고 한다. 만약 미국이 사전에 쿠데타 사실을 알고 이를 승인 또는 조종하지 않았다면 쿠데타에 동원된 군대의 이동 자체가 불가능했을 뿐 아니라 부대의 동원에 미군 고문단이 동행할 이유가 없었다.

같은 시각 한국에 있던 유엔군사령부와 미 CIA 한국지부는 바쁘게 움직이고 있었다. 쿠데타 직후 미 국무성과 국방성은 대사관과 매그루더에게 별도지침을 내릴 때까지 박정희를 만나지 말라는 지시를 내렸다. 그러나 이러한 지시내용과 관계없이 은밀히 수행된 하우스먼과 실바의 활동에 대해 주목할 필요가 있다.[5]

미국은 왜 공산주의 경력이 있고 미국에 비판적이었던 박정희의 쿠데타를 지원 또는 묵인했을까. 한 연구가는 두 가지 이유를 들었다.

첫째는 박정희의 친일과 배신의 경력이 고려되었을 것이다. 박정희는 다카키 마사오란 이름으로 만군 육사졸업시에 3등이란 우수한 성적을 냈으며 조선인으로서는 유일하게 일본 교육총감상을 받았다. 이러한 그의 경력은 한국전쟁 이래 한일관계 정상화를 추진했던 미국으로서는 더없이 좋은 조건이었다. 박정희가 한일관계를 원만히 해결하는 데 안성맞춤의 인물이었던 것이다. 또한 해방 이후 친일파의 역사가 말해주듯이 친일은 곧 친미로 이어질 필연성을 가지고 있었다. (…)

둘째는 그가 군부내 중견간부들에게 신망을 받고 있었다는 점이다. 당시 박정희는 청렴하고 똑똑한 군인으로서 명망을 얻고 있었고 그를 따르는 8기생을 비롯한 많은 근위사단들이 만들어져 있었다. 그들은 대부분 육군본부, 그중에서도 핵심이라고 할 수 있는 정보국 출신들이었다. 1958년 3월 박정희는 소장으로 진급했다. 여기에는 송요찬뿐만 아니라 미고문단의 강력한 추천이 있었다고 한다. 1959년 7월 박정희는 6관구 사령관으로 임명되었다.[6]

5·16당시 미 CIA 한국지부장은 실바였다. 실바는 쿠데타 전부터 박정희·김종필과 접촉하고 있었다.

5월 16일 오전에 실바는 김종필을 만난 뒤 CIA의 조직에 대해 설명하고, "이제 한국을 통치할 책임을 떠맡았으므로 당신들이 이니셔티브를 갖고 미국 대사관 및 미군사령부와 우호적인 업무관계를 재확립해야 한다"고 강조했다. 다음날 아침 9시경 실바는 박정희를 만났다. 이 자리에서 두 사람은 외교적 군사적인 면에서의 상호접촉, 우호관계 유지, 건설적인 한미관계의 수립 등에 관해 의견을 나누었다.

약 2시간의 대화 끝에 두 사람은 '논리적이고 합당한' 결론에 도

달했다. 박정희는 실바가 김종필과 계속 접촉하면 좋겠으며 김에게 준 메시지는 모두 자신이 볼 수 있게 될 것이라고 강조했다. 이후 실바는 김종필과 여러 번 만났으며, 박종규와는 더욱 자주 만났다. 김종필은 6월 10일 중앙정보부를 창설하고 미 CIA와 밀접한 관계를 맺고 있었던 중앙정보위원회(이후락이 창설)를 흡수했다.[7]

일본의 기시와 이케다가 미국 움직였다는 주장도

미군동군사령부(도쿄)에서 근무한 바 있는 재일교포 지식인 정경모의 주장은 색다르다. 쿠데타 초기에 진압을 주장했던 미국이 일본의 정계 실력자 기시와 이케다의 작용으로 이를 용인하게 되었다는 것이다.

식자들 일부에는 미국 CIA 부장 앨랜 덜레스가 한 "나의 재임중 가장 성공한 업적은 박정희 쿠데타였다"는 발언을 들어 미국이 말하자면 박정희를 사주하여 쿠데타를 일으키게 한 것으로 믿는 사람들이 더러 있으나 그것은 완전한 착각이다. 앨랜 덜레스의 발언은 자기가 쿠데타를 조종했다는 뜻이 아니라, 당시 박정희 쿠데타를 와해시키려 했던 주한미군(펜터콘)이나 미대사관(국무성)과는 반대의 입장을 취하면서 미국은 쿠데타를 인정해야 한다는 방향으로 방침을 이끌어갔다는 뜻이었을 것이다.

당시 일본으로서는 주한미군이나 주한미대사관 보다는 CIA와의 연결이 훨씬 더 밀접했을 것이고 '미국이 지지하는 정부는 장면 박사의 합법정부뿐'이라고 강경하게 주장하던 미군사령관 맥그루더와 대리대사 마샬 그린이 불과 며칠 사이에 슬그머니 그 주장을 철회하고 물러선 이유는 박정희를 살려야 된다는 CIA 주장을 받아들인 탓이며, 더 나아가서 미국 CIA가 모종의 확신을 가지고 박정희를 옹호한 배후에는 일본의 기시, 이케다 액시스의 작용이 있었으리라는 추측은 의심할 여지없이 정확한 것이라고 나는 믿고 있다. 일본인들은 CIA의 채널을 통하여 급한 불을 끄고 우선 박정희를 살려놓고서 한 달 후의 이케다-케네디 회담을 실현시킨 것이다.[8]

전 『워싱턴포스트』 기자 돈 오버도퍼는 미국이 박정희의 쿠데타를 인정하게 된 배경을 기술한다.

미국은 당시 육군 소장이었던 박정희가 61년 군사 쿠데타의 지도자로 급부상하자 우려를 금치 못했다. 하우스먼은 박정희의 요청을 받고 몸소 워싱턴의 고위 관료들을 만나 그의 젊은 시절의 불미한 이력에도 불구하고 이제 그는 공산주의자가 아니며 "걱정할 필요가 없다"고 설명했다. 한편 주한 미 대사관은 박정희가 비밀 공산당원일 가능성은 전혀 없다고 일축하는 보고서를 미국무부 앞으로 발송했다. "만일 공산주의자들이 집권한다면 과거 자신들을 배반하고 동지들의 명단을 넘긴 그가 가장 먼저 숙청 대상이 될 것"이라는 이유였다. 박정희의 정적들은 그의 좌익활동을 시비했지만 이후 강력한 권력을 장악한 박정희는 누구도 자신의 과거를 언급하지 못하도록 조치했다. 1970년대 초 『크리스천 사이언스 모니터』지의 엘리자베스 폰드 특파원은 박정희의 과거를 언급하는 기사를 작성했다는 죄로 남한 입국을 금지 당했다.[9]

하우스먼의 역할 주목

하우스먼은 한국 군부와 미국(미군) 사이에 조정역할을 한 핵심 실력자였다. 이승만과 장면 정권에서 국군의 인사와 주요 보직이 그의 영향력으로 좌우된 경우가 적지 않았다. 5·16 직후 박정희가 하우스먼을 찾아왔다.

> 5·16이 있은 바로 그 다음다음 날이었다. 박정희 장군이 5월 18일 나를 만나러 8군 캠퍼스 안의 우리 집에 오겠다고 통보해 왔다. 우리 집은 아래쪽으로 긴 계단이 놓여 있었다. 대문 앞에 지프 소리가 난 후 레이밴 안경을 걸친 박정희가 나의 오랜 친구이자 '한국의 지장'으로 알려진 강문봉을 통역자로 대동하고 문간을 들어섰다.[10]

> 지미(아들)가 박의 휘발유 떨어진 라이터를 채우고 있는 동안 박은 강문봉의 무릎을 쓰다듬으며 "이 사람의 참모총장이 돼야 하는데……"라고 말하곤 했다. 그리고는 나에게 강 장군은 위대한 군인이며 이 사람이야말로 한국 육군참모총장이 돼야 하지 않겠느냐고 반문해 오기도 했다.
> 이날 박정희가 나를 찾아온 것은 그의 공산당 전력을 새삼 설명하러 온 듯 했다.[11]

박정희가 만난 하우스먼은 쿠데타의 주동자답게 실질적인 위치에 올라야 한다고 하는 등 '조언'을 하고, 다음 날 '공무 반 휴가 반'의 목적으로 본국으로 돌아가 육군참모총장, 미중앙정보국장, 국무부, 그외 여러 요로 찾아 한국 사태를 설명했다.

> 이때는 박의 쿠데타군을 무력으로 진압할 것인가 어쩔 것인가,
> 그를 외교적으로 고립시킬 것인가 어쩔 것인가를 두고 국무부와 국
> 방부의 견해가 일치하지 않았고, 국방부·육군·합참 안에서 상당한
> 견해 차이가 있을 때여서 나의 보고는 그들의 한국사태 진단에 상
> 당한 도움이 된 것으로 보인다.[12]

하우스먼이 미국으로 하여금 박정희의 쿠데타를 인정하게 하는 쪽
으로 물꼬를 돌렸다. 그는 얼마 후 이 역할로 미 국방장관으로부터 장
문의 공적서와 장관 공로 표창장을 받았다.

5·16쿠데타를 가장 반긴 나라는 일본이다. 5·16이 일어나 주동자
의 이름과 사진이 일본 각 신문 제1면에 보도되자, "만군 출신의 박정
희라-그렇다면 그가 '도꾸또오 니뽄징(특등 일본인) 다카기 마사오가
아니겠느냐." 한편으로 놀라고 한편으론 무릎을 치며 환호성을 울린
일본사람들이 적잖이 있었을 것이다.[13]

북한, 5·16 긍정적으로 평가했다가 '미국 사주' 비판

남한의 5·16쿠데타 소식을 들은 북한은 어땠을까. 5·16 당일 차오
샤오꽝喬曉光 북한주재 중국대사가 북한의 김일 부수상에게서 전해들
은 쿠데타 정보를 마오쩌둥毛澤東 주석 등에게 보고한 「외교전문」에
따르면 북한 측의 인식이 확연히 드러난다. 뒷날 이 문건을 입수한 한

언론의 보도이다.

> ▽ 군사쿠데타 가능성 예견=북한은 장면 정권의 전복은 군부 내
> '애국세력'이 등장하고 민중봉기의 역량이 강화되면 가능할 것으로
> 보았다. 또 군부 내 애국세력은 그 지도력이 상당히 강하며 이른바
> '장면 도당'의 억압에 의한 대중봉기 진압작전에 투입된다면 일부
> 군부 지도자를 중심으로 한 자발적 반란으로 발전할 가능성도 있다
> 고 판단했다. 미군이 한국군을 통제하는 상황에서도 군부가 독자적
> 으로 쿠데타를 일으킬 수 있는 상황을 내다본 셈.
>
> ▽ 진보냐 반동이냐?=그러나 막상 쿠데타가 발생하자 북한은
> 군사쿠데타 세력의 성격을 파악하는 데 다소 애를 먹은 것으로 드
> 러났다. 북한은 쿠데타 발생 직후 미국이 그들의 '파시스트 지배'를
> 강화하기 위해 쿠데타를 사주한 것으로 추측했지만 카터 매그루더
> 유엔군 사령관과 마셜 그린 당시 주한 미국대리대사가 장면 정권에
> 대한 지지를 선언한 것을 본 뒤 미국의 사주가 아닌 독자적인 쿠데
> 타 쪽으로 무게를 실었다.[14]

1961년 5월 16일자 전문은 이번 쿠데타가 육군본부의 명령이 아닌
박정희 소장이 독자적으로 일으킨 것이며, 그는 군부 소장파로부터 신
망을 받고 조직 능력도 보유하고 있다고 보았다. 또한 전문은 박정희
소장이 한때 남로당원이었다고도 적고 있다. 결국 북한은 박정희 소장
이 군부 내 파벌갈등 차원에서 현 상황에 불만을 품고 쿠데타를 일으
켰을 가능성도 있다고 보았다. 이 시점에 북한은 "미국의 사주에 의해
쿠데타가 발생하지 않았을 가능성이 90%"라고 평가했다. 그러나 북한

은 이틀 뒤인 18일 "미국에 의해 기획된 것"이라며 쿠데타 세력을 반동으로 규정했다.[15]

쿠데타가 성공하는 듯하자 반란군은 최고권력기구로 군사혁명위원회를 구성하여 의장에는 당시 육군참모총장인 장도영, 부의장은 쿠데타의 실질적 주도자인 박정희를 선임했다. 군사혁명위원회는 남한 전역에 비상계엄령을 선포함과 동시에 포고령 제1호를 통해 옥내외 집회금지, 국외여행 불허, 언론 사전검열, 야간통행금지시간 연장 등을 발표했다. 반란군은 5월 18일 군사혁명위원회를 국가재건최고회의로 개칭하고, 6월 6일 국가재건비상조치법을 공포하여 최고권력기구로서 법적 뒷받침을 받게 되었다.

국가재건최고회의는 입법권·행정권의 일부와 사법의 통제권을 장악, 법제·사법·내무·외무·국방·재정·경제·교통·체신·문교·사회·운

5.16쿠데타 며칠 뒤 장도영(왼쪽) 국가재건최고회의 의장과 박정희 부의장이 한 자리에 선 모습

영·기획의 7개 분과위원회를 구성하고, 직속기관으로 중앙정보부·재건국민운동본부·수도방위사령부·감사원을 두어 본격적인 군정을 실시했다. 또한 산하기구인 혁명재판소와 혁명검찰부를 통해 용공분자의 색출을 표방하며 혁신세력을 대대적으로 검거하는 한편, 각급 정당과 사회단체·일부 언론매체·노동조합을 강제해산시키는 등 민주세력에 대한 폭압적인 탄압을 자행했다.

반란군은 5월 20일 장도영을 수반으로 하는 혁명내각을 구성하고, 이주일 소장을 위원장으로 하는 부정축재자 처리위원회를 구성하는 한편, 최영규 준장을 소장으로 하는 혁명재판소와 박창암 대령을 부장으로 하는 혁명검찰부를 설치해 자유당·민주당 정권의 부정부패와 5·16쿠데타 전후의 이른바 반혁명사건을 처리케 했다.

군정은 3·15부정선거와 관련 최인규, 발포책임자 곽영주, 정치깡패 이정재 등을 처형하고, 『민족일보』 사장 조용수를 반국가죄로 처형한 반면 국민의 지탄을 받아온 독점재벌 등 부정축재자들에 대해서는 경제건설에 적극 활용한다는 명분으로 거의 사면했다.

'반혁명사건'에 연루된 장도영이 1962년 1월 혁명재판소에서 수의 차림으로 눈을 감은 채 검찰 측의 사형 구형을 듣고 있다.

정권의 장악이 확실해지면서 쿠데타 세력 간에 권력쟁탈전이 치열하게 전개되었다. 5·16쿠데타를 방관했던 장도영을 몰아내고 실권자인 박정희가 최고회의 의장에 취임했다. 박정희 세력은

7월 3일 장도영과 쿠데타의 핵심이었던 육사5기 출신의 박치옥·문재준 등을 반혁명 쿠데타를 기도했다는 혐의로 체포했다. 그리고 김종필 계열의 육사8기들이 권력의 핵심을 장악하게 되었다.

군정기간 동안 적발된 이른바 반혁명 사건이 13건에 달했고, 최고회의에 흡수되었던 최고위원 장성들의 상당수가 관련혐의로 제거되어 63년 2월 최고회의에는 발족 당시 32명 위원 가운데 6명만 남을 정도로 치열한 숙청이 자행되었다.

쿠데타 세력은 정치정화법을 제정하여 민간정치인들을 일부는 거세하고 일부는 포섭하는 등 분열책을 펴면서 자금원을 확보하기 위해 화폐개혁 등의 경제조치를 단행했다.

5·16쿠데타는 군부가 정치에 개입하여 무력으로 정권을 장악하는 좋지 못한 선례를 한국현대사에 남기게 되었으며, 그 선례는 이후 정치군인들에게 권력에 야심을 갖게 하는 충동을 뿌리치지 못하게 만들었다.

9장

부패와 인권탄압으로
얼룩진 정권 초기

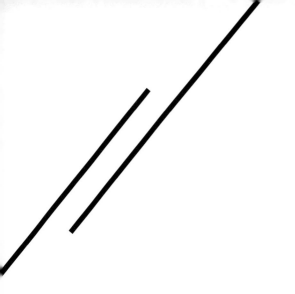

쿠데타 세력 민간인 대량학살 음모

쿠데타 세력은 이에 앞서 민주당 정부 각료와 정치인·혁신계·학생·교수 등 7만 6천여 명을 체포했다. 최고회의는 "반국가적 반민족적 또는 반혁명적 행위를 한 자를 처벌"하고자 1961년 6월 21일 '혁명재판소 및 혁명검찰부 조직법'을 제정한 데 이어 다음 날에는 소급법인 '특수범죄처벌에 관한 특별법'을 공포했다.

7월 말부터 진행된 이른바 '혁명재판'은 3·15부정선거 관련자나 부정축재 관련자들과 함께, 4월혁명 이후 통일운동과 민주화운동에 적극적으로 나섰던 사람들을 처벌하였다. 주요 사건별로는, 통일사회당·사회대중당·혁신당·사회당 등 혁신정당 관련 사건이 15건, 민통전학련(민족통일 전국학생연맹) 등 청년·학생 단체 관련 사건이 1건, 통민청(통일민주청년연맹) 사건이 1건, 민민청(민주민족청년동맹) 사건이 8건, 민자통(민족자주통일중앙협의회) 등 정당 주도 통일단체 사건이 8건, 피학살자유족회 등 사회단체사건 2건, 기타 민족일보사건, 교원노조사건

11건 등 총 48건에 달했다.[1]

쿠데타로 정권을 장악한 박정희 군부는 물리력을 동원하여 전광석화식으로 민족·민주세력을 제압했다. 사건의 주요 일람이다.

5월 17일　장면 정부 전 국무위원 자진출두 명령.

5월 18일　쿠데타세력, 혁신계 3,300여 명과 조용수 등 민족일보 관계자 전격체포.

5월 19일　민족일보 폐간.

5월 22일　국가재건최고회의, 정당·사회단체·노조해체 포고령, 치안국 용공혐의자 2,000여 명과 깡패 4,200여 명 검거발표.

5월 23일　최고회의, 언론정화 포고발표, 정기간행물 1,200여종 폐간.

7월 4일　반공법 공포

8월 25일　혁명재판소, 반공청년단 종로구단장 임화수 사형, 반공청년 단장 신도환 무기, 유자광 징역 12년 선고.

8월 28일　혁명재판소, 민족일보사건 1심공판.

9월 14일　혁명재판소, 사회당사건 관련자 최백근에 사형선고.

9월 30일　혁명재판소, 경무대 앞 발포사건 관련 홍진기·곽영주에 사형선고, 유충렬 무기, 민통학련사건 피고 전원에 유죄판결.

10월 31일　혁명재판소 민족일보사건 조용수·안신규·송지영에 사형선고.

11월 8일　　혁명재판소, 사회당사건 상고심 기각 최백근에 사
　　　　　　형선고.

12월 20일　박정희 최고회의의장, 송지영과 안신규 무기로
　　　　　　감형.

12월 21일　최인규·곽영주·조용수·임화수·최백근 사형집행.

　1961년 5월부터 이해 연말까지 한국사회는 거친 피바람이 불었다. 집권한 군부는 주로 진보적 민족주의 인사들을 희생양으로 삼았다. 미국이 박정희의 전력을 의심하면서 나타난 현상이었다.

　군부권력은 부정선거 원흉, 자유당 간부들의 처단이나 부정축재자 처벌보다 진보적 민족주의세력을 훨씬 더 심하게 단죄했다. 최고회의는 통일운동, 피학살자유족회 활동 등을 특수반국가행위로 규정하고, 6월 22일 소급법으로 '특수범죄 처벌에 관한 특별법'을 공포했다.

　혁명검찰부에 의하면 혁신정당과 민자통, 교원노조, 민통련, 유족회 활동자가 주대상인 특수반국가행위 사건은 225건 608명으로 혁명검찰부에 수리된 사건 전체 인원의 41.3%나 차지한 반면, 3·15부정선거 원흉들은 사형 등 중형을 선고받았더라도 최인규 내무장관이 사형당한 것을 제외하면 거의 다 2~3년 내에 석방되었다.

　그러나 혁신계와 청년·학생들은 다수가 장기복역했고, 『민족일보』 사장 조용수와 사회당 간부로 남북협상을 주장했던 최백근이 처형되었다. 희생양이었다.[2]

　쿠데타 초기 주체들 사이에서 이른바 '용공분자'라 하여 검거한 인물들을 재판절차 없이 대량 살육할 가공한 음모가 있었다는, 쿠데타

실세의 한 사람이던 유원식 준장의 증언이다.

　　5·16 직후 한·미 관계가 극도로 악화되어 군사정권과 미국정부가 평행선을 달리며 긴장이 고조되어 있을 때 박정희 소장은 그의 사상이 의심받고 있음을 알고 그의 측근자들과 함께 자신들이 좌익이 아니라는 사실을 보여 주기 위해 마침내 가공할 만한 사건을 야기할 뻔하였다. 소위 용공분자 일제 검거가 그것이다.

　　육군본부에서 지금의 세종문화회관 별관인 전 국회의사당으로 이사한 이튿날 아침에 출근해서 박정희 부의장실에 들어갔을 때 마침 김종필이 들어왔다. 그는 들어오자마자 박 부의장에게, "어젯밤에 모두 잡아 넣었습니다. 약 2만 8천 명 가량 되는데, 수송에 필요한 열차도 준비하였습니다. 이제 남은 문제는 그들을 거제도로 데려가서 한데 모아 놓고 기관총으로 한꺼번에 사살해 버리는 것뿐입니다."

　　나는 옆에서 이 말을 듣고 무슨 내용인지 영문을 알 수가 없었다. 그러다가 얼마 후에 알아보니 김종필이 그때 당시의 정보과장으로 치안본부에 가 있던 방方 모 대령에게 극비리에 지시하여 전국의 요시찰인 명부에 실려 있는 사람을 일제히 검거했다는 것인데, 김종필의 아침 보고는 그 검거가 모두 끝나고 사후 대책까지 마련되었다는 일종의 결과보고였다.

　　나는 이 말을 듣고 전혀 모르고 있었던 사실이기에 이해가 잘되지 않아 몇 번씩 물어 본 끝에 비로소 그 전상을 파악할 수가 있었다. 그리고, 이들을 한꺼번에 학살하겠다는 계획에 대해서는 놀라움을 금할 수가 없었다.

이것은 말도 안 되는 소리이며, 비정상적인 정신병자라도 생각하기 어려운 만행이었다. 유태인을 집단 학살한 나찌의 만행에 비견할 야수와도 같은 광란이다.[3]

다행히 일부 인사들의 반대로 '집단학살극'은 취소되었다.

인권탄압의 원부, 중앙정보부 창설

5·16 반란자들은 거사의 명분으로 장면 정부의 무능과 부패를 들었다. 그리고 대미對美용으로 반공을 내세웠다. 집권한 지 8개월 밖에 안 되는 장면 정부는 미처 부패할 겨를이 없었다. 실제로 군검찰의 조사 결과도 부패 혐의를 적발하지 못했다. 1961년 '4월 위기설'도 별탈 없이 넘기고 정국은 차츰 안정을 되찾아가고 있었다. 신구파가 민주당과 신민당으로 분당하여 정파싸움이 치열했지만, 이웃집이 싸운다고 하여 도둑이 들어갈 명분은 아니다. 장면 정부가 경제개발계획을 세워 추진하고 있을 때 쿠데타를 맞게 되었다.

박정희는 쿠데타가 성공하자 안정적으로 권력을 유지하고자 1961년 6월 10일 법률 제619호로 '중앙정보부법'을 국가재건최고회의에서 제정·공포하여 중앙정보부를 창설했다. 중정은 이후 18년 동안 인권탄압과 정보장치의 대명사처럼 불리며 박정희의 수족이 되고, 결국 그 수장의 총격으로 암살되기에 이르렀다.

국가재건최고회의 직속으로 발족된 중정은 "국가안전보장에 관련된 국내외 정보사항 및 범죄수사와 군을 포함한 정부 각 부서의 정보·

1961년 8월 31일 서울 중앙정보부 남산청사를 방문한 박정희 국가재건최고회의 의장과 대화를 나누는 김종필 중앙정보부장(오른쪽)

수사활동을 감독"하며, "국가의 타 기관 소속 직원을 지휘·감독"하는 막강한 권한을 갖게 되었다.

중정은 군내부의 반혁명 기도나 민간정치인들의 저항을 효과적으로 분쇄·저지하기 위해 비밀리에 조직되었다. 쿠데타의 제2인자 김종필이 군부 내 기반이었던 특수부대요원 3천여 명을 중심으로 중정을 조직하면서 대통령(당시는 최고회의 의장) 직속의 최고 권력기관으로 군림하게 만들었다. 따라서 중정은 각종 정보·수사기관뿐만 아니라 정부를 구성하고 있는 모든 기관의 활동을 지휘·감독할 수 있는, 명실 공히 최고 권력기관으로 현역 군인의 직접적인 참여를 통해 군부를 완벽하게 장악할 수 있었다.

군사정권은 중앙정보부를 통해 정부기관·군부에 그치지 않고 사회의 모든 분야에 대한 실질적인 통치력을 발휘해 감시와 통제활동을 벌여서 국민에 대한 군사통치를 구체화시켰다.

중앙정보부는 쿠데타 직후에 발생한, 이른바 장도영 장군의 반혁명사건을 비롯하여 권력 내부 반대세력의 제거에 크게 기여함으로써 막강한 권부의 실세로 등장했다.

1964년에는 중정의 요원 수가 37만 명에 이르게 되었다. 개번 맥코맥의 『한국과 일본: 관계정상화 10년』이란 책에는 남한인구의 약 10% 정도가 중앙정보부와 직간접으로 관계를 맺고 활동하고 있었다는 놀라운 사실이 실려 있다.

이같이 방대한 수에 달하는 중앙정보부 요원들 중 상당수는 민간인들로 채워졌는데, 이들은 정보요원으로서 자기 신분을 숨긴 채 통상적인 직업에 종사하면서 주변 동태를 감시하고 그 결과를 상부에 보고하는 역할을 했다. 또한 이들은 암암리에 정부의 시책을 홍보하고 그럼으로써 주위의 여론을 정부에게 유리하도록 조성하는 등 다방면에서 권력의 말초신경적 역할을 수행했다.

중점은 이처럼 요소요소에 요원을 심어놓음으로써 국민의 일거수일투족을 감시하고 통제하는 한편, 보다 상급의 전문적인 요원들은(이들 중에는 민간인 복장을 한 현역군인이 상당수 포함되어 있었다) 학원, 신문사 편집국, 각종 문화단체 등 사회적으로 영향력 있는 비정부 기관에 공개적으로 드나들며 정부의 방침에 따르도록 회유하거나 협박했다.

중앙정보부 요원의 개입활동은 여기에 머무르지 않고 사실상 사회의 모든 영역에 걸쳐 광범위하게 이루어졌다. 하다못해 다방과 술집에까지도 이들의 손길이 미칠 정도였다.

중앙정보부는 공화당 사전조직, 4대의혹사건을 비롯하여 정치활동규제법 제정 등에 이르기까지 개입하지 않는 부분이 없을 정도였다. 특히 인혁당사건을 비롯한 숱한 용공조작 사건을 만들어 많은 사람을 죽음으로 몰아넣었다.

중앙정보부는 초법적인 위치에서 엄청난 예산과 인력을 동원하여 독재정권의 전위역할을 수행했다. 이를 법적으로 뒷받침하기 위해 고안된 것이 바로 1961년 7월 3일에 제정·공포된 이른바 반공법이다. 이 법은 반공이라는 명분 아래 국민의 모든 권리와 자유를 억압하고 탄압하는 것을 내용으로 하고 있었다.

반공법은 야당·학생·언론인, 종교인·문화인, 노동자 등 모든 비판·세력의 활동을 규제할 수 있는 조항을 담고 있었다. 가히 세계적으로도 유래가 드물 만큼 지독한 악법인 반공법은 흔히 말하는 대로 '귀에 걸면 귀걸이, 코에 걸면 코걸이' 식으로 정부에 반대하는 모든 행위들을 처벌할 수 있도록 만들었다.

남북협상에 의한 평화적 통일론은 말할 것도 없고 단순한 서신교환 등 낮은 차원의 남북교류조차도 반국가단체인 북한과 회합·통신하는 것에 해당한다는 이유로 반공법의 저촉대상이 되었다. 이를 근거로 5·16쿠데타 이전에 남북학생회담 추진 등 평화적 민족통일을 위한 운동에 주도적으로 참여했다가 체포·구속된 인사들 모두에게 반공법이 소급 적용되었다. 이중에는 오직 "남북한의 경제·문화적 교류를 지지했다"는 이유만으로 폐간조치 당했던 『민족일보』의 사장 조용수도 포함되었다. 또한 단순히 정부 정책을 비판하는 것조차도 반국가단체의 주장에 동조했거나 적을 이롭게 했다는 이유로 처벌의 대상이 되었다.

너무 빨리 썩은 군사정권, 4대의혹사건

군사정권이 당초 혁명공약에서 내세웠던 '부정부패 일소'는 날이 갈수록 퇴색되고 자신들이 더욱 부패하여 세간에서는 '구악 뺨치는 신악'이 더 문제라는 여론이 비등했다.

박정희 정부는 민주공화당의 사전조직에 필요한 정치자금을 확보하기 위해 세칭 '4대의혹사건'을 일으켰다. 구체적으로 증권파동, 워커힐 사건, 새나라자동차 사건, 빠찡고 사건을 가리키는 4대의혹사건은 중앙정보부가 주동이 된 비리 횡령사건이다.

정치활동의 금지를 규정한 정치정화법의 발동 속에서 박정희 정권은 민정이양에 대비, 김종필이 책임을 맡고 있던 중앙정보부의 비밀공작 아래 공화당의 사전 창당 작업을 추진했다. 이런 과정에서 막대한 정치자금이 필요하게 되자 4대의혹사건을 저질러 자금을 충당하고자 했던 것이다.

민정이양 후 제4대 국회의 국정감사를 통해 그 내막이 일부 폭로되었으나, 끝내 의혹사건으로 남은 이 사건들은 그 수법이 극히 치졸, 대담할 뿐 아니라, 그 직접적인 피해가 일반 국민에게 돌아갔다는 점에서 군사정부의 치부를 그대로 드러낸 사건들이었다.

국민의 여론이 악화되자 1963년 12월 24일, 이 사건으로 군정의 제2인자이며 초대 중앙정보부장이었던 김종필이 정계를 은퇴, 외유길에 오르게 되었다. 그리고 제2대 중정부장이 된 김재춘의 지휘 아래 검사 7명이 '4대의혹사건 특별조사위원회'를 구성해 조사활동을 벌였다.

그럼 4대의혹사건의 실체는 무엇일까?

그중 증권파동은 한마디로 1962~1963년 중앙정보부가 대한증권거래소를 직접 장악, 주가조작을 통해 엄청난 부당이득을 챙긴 사건을 말한다. 전 중앙정보부 행정처장 이영근, 관리실장 정지원 등은 농협

증권파동이 보도된 신문기사

중앙회장 오덕준, 부회장 권병호에게 압력을 넣어 당시 농협이 보유하고 있던 인기주인 한국전력 주 12만 8천 주를 싯가보다 5% 싼 가격으로 방출시켰다.

이렇게 해서 얻은 8억 6,224만 6,400환을 증권업 유경험자인 윤응상에게 자본금으로 대주어 통일·동명·일흥의 세 증권회사를 설립하게 하는 한편, 대한증권거래소 총 주식의 약 7할을 점유케하고 윤유상의 심복인 서재식을 증권거래소 이사장으로 내세웠다. 이렇게 하여 윤응상의 독무대가 된 대한증권거래소는 증권거래법 및 거래소의 사업규정 등을 무시해 가면서 윤응상계의 증권회사를 불법 지원, 이들 회사의 주가를 폭등시켰다.

그러나 이들 회사는 약속한 결재를 이행하지 않는 방법으로 주가를 폭락시켜 5,340명에 달하는 선의의 군소 투자가들이 138억 6천만 환이라는 엄청난 손해를 입고 자살소동을 빚게 하는 등 큰 물의를 일으켰다.

워커힐 건설 현장

　워커힐 사건은 5·16이 난 그해 가을 김종필의 중앙정보부가 외화를 획득한다는 명분으로 한강이 내려다보이는 성동구 광장동 광나루 일대 18만 평에 동양 최대의 관광단지인 워커힐을 건설하면서 그중 상당액수를 중앙정보부가 횡령한 사건이다.

　중앙정보부는 총규모 60억 환을 들여 이른바 사단법인 워커힐 관광사업 시설을 착공한 후, 교통부로 하여금 관광공사법을 만들게 하여 관광공사를 설립, 교통부 장관이 주관하게 했다. 그러나 공사도중 산업은행의 융자거부로 시설공사가 부진을 면치 못하자 교통부 장관 박춘식, 관광공사 사장 신두영은 1962년 8월부터 1963년 2월 사이에 법적·업무상으로 아무런 관계가 없는 정부주식 출자금 5억 3,590만 9천여 환을 워커힐 이사장 임병주(당시 중정 제2국 제1과장)에게 전용 가불하게 하여 워커힐을 건립하는 데 협조했으며, 임병주는 그중 막대한 공사자금을 횡령했다. 뿐만 아니라 교통부 장관과 각군 공병감에게 압력을 넣어 각종 군장비와 군인들을 동원, 무상 노역하게 하는 등의 부정을 저지른 사건이다.

새나라자동차 사건은 중앙정보부가 일본제 승용차를 불법 반입한 뒤, 이를 시가의 2배 이상으로 국내시장에 판매하여 거액의 폭리를 취한 사건이다. 61년 12월 중앙정보부장 김종필이 한일회담을 위해 일본으로 건너갔을 때 일본 야스다 상사의 사장인 재일교포 박노정을 만나 자동차 공업에 대해 의견교환을 한 결과, 박노정은 안석규 전무를 한국에 파견키로 했다.

안석규는 중앙정보부 차장보 석정선과 접촉, 그의 도움으로 새나라공업주식회사를 설립했으며, 정부에서는 관광용 자동차 4백 대를 수입하기로 결정하고 이를 새나라회사가 대행, 수입판매케 했다. 이 과정에서 석정선은 회사의 부지 선정 및 구입을 알선해 주도록 인천시장에게 압력을 넣는 한편, 자동차 원자재 수입에 필요한 자동차보호법 초안을 제출하도록 상공부에 압력을 가했다.

빠징고 사건은 법적으로 금지된 도박기계인 빠찡고 1백 대를 재일교포의 재산반입인 것처럼 세관원을 속여 국내에 수입하도록 허용하고, 서울 시내 33곳에 빠찡고장 개설을 승인하려 한 사건이다.

증권파동과 관련하여 이영근·윤응상·서재식 등이, 워커힐 사건와 관련하여 석정선·임병주·신두영 등이, 새나라자동차 사건과 관련하여 석정선이, 빠찡고 사건으로는 김태준이 검찰과 군법회의에 송치되었을 뿐 배후조종자를 불문에 부쳐졌다. '부패일소'를 내걸고 쿠데타를 일으킨 박정희 정권은 너무나도 빨리 부패했다.

번의 거듭한 박정희의 정치곡예

박정희는 몇 차례의 반혁명음모 사건으로 반대파 숙청을 거듭한 끝에 명실상부한 실세로 등장하여 본격적으로 민정참여의 전략을 세우기 시작했다.

박정희는 1963년 2월 18일 '민정불참'을 선언하였다. 그는 이날 시국수습을 위한 9개 방안을 각 정당이 수락한다면 자신은 민정에 참여하지 않을 것임을 천명한 것이다. 이 9개 항목 중에는 "5·16혁명의 정당성 인정과 정치보복의 금지, 한일문제의 초당적 협조" 대목 등이 들어 있었다. 2월 27일에는 12개 정당대표와 7개 사회단체대표 및 27명의 재야인사가 개인자격으로 참석한 가운데 소위 민정불참 선서식이 거행되었다.

그러나 박정희는 1주일 만에 '원주발언'을 통해 민정불참 선서에 부정적인 의사를 표시하고, 3월 16일 "현 시국은 과도적 군정이 필요하다"는 이유로 4년간 군정연장을 국민투표에 부치겠다며, 민정불참

1963년 8월 30일 전역식에서의 모습. 이날 박정희는 서울역 앞에 자리 잡은 공화당사를 방문해 입당 수속을 밟았다.

선언을 뒤집기에 이르렀다. 이에 야권에서는 3월 22일 종로 백조그릴에서 군정연장 규탄대회를 열어 군정세력과 맞대결에 나섰다. 우여곡절 끝에 다시 박정희의 4·8성명이 나오게 되어 그의 민정참여는 기정사실로 굳어졌다.

10장

민정 참여를 위한 곡예

간첩 또는 밀사 황태성 의혹 사건

군정 기간에 일어난 대표적 의혹사건의 하나는 황태성 사건이다. 황은 1906년 경북 상주 출생으로 연희전문학교를 중퇴하고 김천으로 옮겨 정착하면서 항일운동에 뛰어들었다. 김천 청년동맹 집행위원과 신간회 김천지회 간부를 지내고, 조선공산당에 참여했다가 일제에 검거돼 옥고를 치렀다. 이런 과정에서 박정희의 셋째 형 박상희와 친교하면서 노선을 같이 하였다. 박정희는 젊은 시절 형의 친구인 황태성을 따랐고, 그도 박정희를 좋아했다. 해방 후 남로당이 부활하자 황태성은 경북 조직부장을 맡아 활동 중 1946년 대구 10·1항쟁 때에 주동자로 지목되자 검거를 피해 월북했다. 해주인쇄소 총무국장과 상업성 산업관리국장 등을 거쳐 무역성 부장과 함께 노동당 중앙위원 등을 지냈다.

5·16 직후 노동당 부위원장인 이효순(대남사업 담당)을 만나 박정희와의 관계를 설명하고 "남파시켜 주면 박정희와 만나 남북협력 문제를

박정희 전 대통령(왼쪽), 김종필 전 총리(오른쪽)와 1963년 체포된 전 북한 무역상 서리 황태성(가운데)의 모습

협의하겠다"고 건의해 당중앙위원회의 승낙을 받고 8월 29일 평양을 출발, 임진강을 건너 휴전선으로 넘어왔다. 출발 전 김일성과도 만났다고 한다.

박정희의 셋째 형이자 김종필의 장인인 박상희의 절친 황태성은 여러 인맥을 통해 김종필·박정희와 접근하려다 중앙정보부에 체포되었다. 그는 남파 간첩이 아닌 밀사라고 주장하며 김종필과 박정희의 면담을 요구했다. 김종필의 증언이다.

황태성이 김일성의 지령을 받고 이북에서 내려왔다는 보고에 박정희 최고회의의장의 얼굴은 내내 굳어 있었다. 한참을 가만히 앉아 있던 박 의장이 물었다.

"그래. 어떻게 할 작정이야?"

나는 힘주어 대답했다.

"조사할 거 조사하고 나서 될 수 있는대로 빨리 처리해야 합니다. 안 그러면 두고두고 화근거리가 됩니다."

"아…. 어떻게."

"법적 절차는 다 밟습니다. 재판을 해야 하니까 시간이 조금 걸릴 겁니다. 제가 알아서 조치할 테니 신경 쓰지 마십시오."

이 말을 듣고서야 박 의장 얼굴에 화색이 돌아오는 게 보였다. 그러나 그는 다시 말이 없었다. 혼자 마음속에서 주고받고 하면서 고민을 하는 듯 했다. 어려서부터 "형님, 형님"하며 황태성을 따라다녔는데, 그 흉중에 물결이 일지 않을 수가 없었다. 박 의장은 다른 말 없이 "그래, 잘 좀 취조해봐"라고 말했다.[1]

황태성의 검거는 얼마 후 미국 CIA에 정보가 들어갔다. 박정희는 전력의 문제로 미국 측으로부터 사상적인 의혹을 받고 있어서 크게 당혹스러웠을 때이다. 미국 중앙정보국(CIA) 서울지국장 피어 드 실바가 김종필을 찾아와 황태성의 신병을 넘겨 줄 것을 요구하여 황태성은 미국 측으로 넘겨졌다.

신병을 넘겨 받은 중앙정보부가 황태성을 간첩 혐의로 군법회의에 넘긴 건 1961년 12월 1일이다. 그리고 며칠 후 그는 총살형으로 형이 집행되었다. 5·16 직후에 남파된 그가 거액의 공작금을 가져왔고, 이 돈이 공화당의 창당자금으로 사용되고 일부는 KBS 설립의 기금으로 활용되었다는 설이 나돌았다. 또한 1963년 대통령 선거를 앞두고 공화당의 이원조직에 황태성이 개입했다는 주장을 야당에서 제기했다.

황태성 사건의 진실은 여전히 베일에 가려져 있다. 김형욱의 증언이다.

두 가지의 정보가 서로 상치되고 있다. 제1정보는 김종필이 직접 황태성을 만나 허심탄회하게 의견을 교환하고 남북비밀 협상에 대한 일반원칙에 합의하는 일방 황태성의 좌익조직 이론에 감복한 김종필이 황태성의 자문을 받아 공화당을 사전 조직했다는 설이다. 황태성은 심지어 공화당 비밀 요원들의 밀봉교육을 담당했다는 설도 있다.

제2정보는 김종필이 후환을 두려워하여 황을 직접 만나지 않고 수사관을 파견하여 황을 심문하였으나 황이 김종필을 직접 만나지 않고는 얘기할 수 없다고 버티는 바람에 김종필과 얼굴인상이 흡사한 치안국 정보과 박문병 경감을 김종필로 가장시켜 반도호텔 735호실에서 황과 대면하여 황의 대남공작임무를 파악했다는 설이다.

제1정보에서 황이 과연 공화당요원의 훈련을 담당했는가의 여부는 공화당 비밀훈련장소였던 '춘추장'의 훈련실 구조가 강의를 받는 사람이 강사의 얼굴을 볼 수 없도록 장치되어 있었으므로 아무도 황을 볼 수가 없었고 비밀훈련을 주도했던 윤천주·김성희 등이 전혀 모르는 얘기라고 입을 굳게 다물고 있으므로 그 사실 여부를 확인할 수는 없는 형편이다.

또 제2정보에 있어서도 등장하는 수사관과 치안국 박 경감의 면접사실은 확인하였으나 제2정보의 정확성이 제1정보의 가능성자체를 완전히 배제하지는 않고 있다.

분명한 것은 김종필과 황태성은 위에서 열거한 두 가지 또는 그 첫째 방법으로 접촉하였으며 그 자세한 전말은 오직 당사자인 김종필과 황태성만이 알고 있다. 적어도 이상의 정보에서 분명한 것은 황태성이 즉각 방첩기관에 구속되어 유치장에 수감되지 않았고 상당한 기간 동안 반도호텔에서 유숙하며 거들먹거렸으며 따라서 김종필, 박정희가 황을 직접 접촉하지는 않았다고 가정하더라도 그를 상당히 예우했던 것만은 의심의 여지가 없다.[2]

'책봉' 받고자 미국행

군인 박정희가 추구하는 일관된 목표는 권력이었다. 손쉽게 쿠데타에 성공하고 혁신계 인사들을 희생양으로 삼은 댓가로 미국으로부터 정권의 승인을 받고자 했다. 자신이 어려울 때 여러 가지로 도움을 주었던 장도영을 반혁명 이유로 제거하고, 쿠데타에 앞장섰던 다수의 동지들도 숙청함으로써 군부를 완벽하게 장악하게 되었다.

남은 길은 권력의 유지와 연장이었다. 혁명공약에서 과업을 마치면 양심적인 민간인들에게 정권을 이양하고 군인 본연의 임무로 돌아간다고 했지만, 수사이거나 거짓말이었다. 그는 처음부터 장기집권에 대한 야망으로 가득 차 있었다.

이 야망을 달성하기 위해서는 먼저 미국의 인정을 받는 일이 시급했다. 고려 멸망 이후 조선왕조에서 정통성이 취약한 군주는 중국(명·청)에서 공인(책봉)을 받는 것이 큰 과제였다. 해방 후에도 별로 달라지지 않았다. 상대가 미국으로 바뀌었을 뿐이다. 이승만은 미국을 등에 업고 12년 독재를 자행하고, 장면 역시 미국에 기댄 일이 적지 않았다.

박정희의 경우는 공산주의 전력 때문에 미국으로부터 항상 견제와 불신의 대상이었다. 거기다 합법적 권력 취득이 아닌 쿠데타라는 변칙으로 얻은 자리였다. 그래서 미국의 '책봉'을 받고자 시도했다. 여러 가지 방법이 동원되었다.

미국은 전통적으로 제2차 세계대전 후 독립된 국가들의 민족주의자들을 배제하였다. 미국에 호락호락하지 않기 때문이다. 민족해방투쟁의 지도자들인 한국의 김구, 베트남의 호치민이 배제된 것이 대표적 사례이다. 그 대신 식민지 종주국의 부역자나 기회주의자를 선호했다. 미국의 입장에서 박정희는 약점이 많아서 다루기 쉬운 인물이었다. 쿠데타 이후 혁신계와 민족주의자들을 처리(단)하는 데서도 충성심은 충분히 나타났다.

박정희 팀은 미국 정부에 줄을 댈 만한 인물을 물색한 결과 목사 한경직이 선택되었다.

> 5·16 직후 박정희 장군에 대하여 의구심을 품고 있는 미국 당국자들을 만나 자초지종을 설명하기 위해, 경직은 민간사절단이라는 이름으로 정일권·최두선·김활란 등과 함께 미국으로 건너갔다. 경직은 군인들의 약속을 강조하며 미국 정부가 한국을 외면하지 말 것을 호소하였다.[3]

친미 인사들의 로비와 케네디 정부의 필요에 따라 박정희는 1961년 11월 13일부터 존 F. 케네디 대통령의 초청형식으로 미국을 방문했다. 11월 14일 오후 백악관에서 1시간 20분 정상회담을 가졌다. 한국 신문에 보도된 회담의 요지이다.

> 케네디: (…) 본인은 어떻게 하면 월남의 붕괴를 막을 수 있을지 걱정이 많습니다. 최후의 수단은 물론 미국 병력을 투

입하는 것입니다만 진정한 해결책은 월남인 스스로가 외국 원조에 의존함없이 문제를 해결하는 것이지요. 월남은 단순히 미국만의 문제가 아닙니다. 박 의장께서는 어떻게 생각하십니까.

박정희: 러스크 국무장관과 해밀턴 국제개발처장에게도 언급한 적이 있습니다만, 미국이 너무 혼자서 많은 부담을 지고 있다고 생각합니다. 자유세계의 각국들은 각자가 할 수 있는 부담을 나누어져야 자유세계 전체의 짐이 증강될 것이라고 믿습니다. 우리가 한일국교정상화의 중요성을 강조하는 것도 그 때문입니다. 반공국가로서 한국은 극동의 안보에 최선을 다해 기여하고 싶습니다. 월맹은 잘 훈련된 게릴라부대를 갖고 있습니다. 한국은 월남식의 전쟁을 위해서 잘 훈련된 100만의 장정들을 보유하고 있습니다.

미국이 승인하고 지원한다면 한국정부는 월남에 이런 부대를 파견할 용의가 있고 정규군이 바람직하지 않다면 지원군을 모집할 수도 있습니다. 이런 조치는 자유세계가 단결되어 있음을 과시하게 될 것입니다. 출국하기 전에 이 문제를 가지고 한국군 지휘관들과도 토의했습니다. (…)

케네디: 참으로 감사한 말씀입니다. 미국은 베를린 장벽으로부터 시작해서 지구 전체의 짐을 지고 있습니다. 본인은 맥나마라 장관과 이야기를 해 보겠습니다. (…)[4]

'군주 앞에 불려 나온 신하' 같은 모습

 박정희는 자신의 권좌를 보장받기 위해 자진해서 베트남(월남)에
한국군을 파견할 용의가 있음을 밝혀서 케네디의 환심을 샀다. 박정희
의 방미길에 동행 취재한 『합동통신』의 리영희 기자는 케네디 앞에 비
굴한 박정희의 모습을 회고했다.

 박정희가 케네디와 회담할 때 보인 비굴한 태도에서 실망감을
더하게 되었다. 케네디의 오만방자한 태도도 꼴보기 싫었지만, 박
정희의 비굴한 태도는 목불인견이었다. 박정희는 금색 도금 테두리
의 짙은 색안경을 끼고 빳빳한 등받이 의자에 앉아 있었다. 가끔 다
리를 반듯이 모으기도 하고 꼬기도 하고 그랬다. 마치 군주 앞에 홀
로 불려나온 신하처럼 긴장한 모습이 역력했다.[5]

케네디 대통령 부처와 박정희. 박정희는 케네디와 첫 번째 만남에서 한
국군의 베트남 파병을 제안했다.

박정희와 케네디의 회담은 '성공적'인 것처럼 발표되고 국내 언론에 대서특필되었다. 리영희는 '공식발표' 뒤에 깔린 미국 정부의 속셈을 알고 싶었다. 4·19혁명 당시부터 기고를 통해 사귀게 된 『워싱턴포스트』 주필과 편집국장의 도움으로 미 국무부의 정상회담 실무 담당자를 만나게 되었다. 그에게서 케네디가 박정희에게 한 발언을 소상하게 들을 수 있다.

> 케네디는 박정희에게 조속한 시일 내에 공정한 선거를 통한 민정으로 이양할 것, 민정이양에 앞서는 군의 정치 관여 금지와 원대복귀, 그때까지 모든 경제원조의 집행 연기, 군사원조의 잠정적 동결, 박정희가 제1차 경제계획으로 요구한 공업화 계획 자원 23억 달러 요구의 백지화, 조속한 한·일회담 재개를 통하여 단시일 내의 한일 국교정상화 실현, 베트남사태에 대한 남한의 협력 등을 요구한 거에요.
> 그중에서도 조속한 민정이양, 군의 원대복귀, 그리고 가장 중요한 조건은 한일회담 재개를 통한 조속한 한·일 국교정상화 실현이었어요.[6]

리영희 기자의 이 특종은 국내 언론에 소상하게 보도되고, 박정희의 미국행이 여지없이 추락되었다. 케네디는 조속한 민정이양과 군의 원대복귀를 요구한 것이다. 우리 속담대로 "혹 떼러 갔다가 혹 붙인" 격이 되고 말았다. 이 같은 케네디의 압력에 박정희는 '월남파병'의 미끼를 제시한 것이다.

이 기사의 '후폭풍'은 거셌다. '왕위계승'의 조공 행차가 '지명'된 기자에 의해 엉망진창이 되어버린 셈이다. 서울의 관가, 언론계가 발칵 뒤집혔다. 동아·조선의 '성공적 정상회담' 기사는 묻히고, 케네디의 박정희에 대한 인식과 주문, 평가가 적나라하게 드러났다.[7]

이 기사 이후 리영희는 긴 세월 박정희 정권으로부터 감내하기 어려운 탄압을 받아야 했다. 언론사에서 쫓겨나고 간신히 얻은 대학 강의도 박탈되었다.

박정희는 케네디에게 '월남파병'의 미끼를 주고, 케네디는 조속한 한일국교정상화의 '주문'을 던지면서 박정희의 미국행은 어느 정도 성과를 거두었다. 리영희 기자의 폭로성 기사로 박정희는 크게 상처를 입었지만, 미국은 전통적으로 자국에 충성하려는 동맹국의 '푸들'을 챙겨왔다.

불운한 군인

귀국한 박정희는 케네디가 요청한 '민정이양'의 방법론을 찾았다. 그것은 군복을 민간복으로 갈아입고 선거를 통해 재집권하는 길이었다. 4대의혹사건 등을 통해 마련한 정치자금과 그동안 김종필이 중앙정보부를 중심으로 사전 조직한 정당을 가동하면 선거라는 형식을 빌려 얼마든지 재집권이 가능하다고 보았다.

박정희는 1962년 3월 16일 구정치인 및 군내 반대파의 손발을 묶기 위해 정치활동정화법을 제정하여 4,374명의 정치활동을 봉쇄시켰다. 이 명단에 오른 사람은 최고회의에서 추방된 전 군지도자와 군사정부에 비판적인 언론인을 비롯해 자유당·민주당·신민당 및 진보적

군소정당의 저명한 지도자, 남북회담 관련 학생지도자들이 포함되었다. 이들에게는 6년간 공직선거에 후보로 출마하거나 선거운동 종사, 정치집회 연사, 정당활동이 금지되었다.

박정희는 5·16 직후 군사정부가 국민복지를 이룩하고 국민의 도의·재건의식을 높인다는 이름 아래 국가재건최고회의 산하기관으로 재건국민운동본부를 설치하고 전국 시·도·군·읍·면에 지부를 두었다. 본부장에 고려대학 총장 유진오를 임명하고 주요 민간단체 임원, 저명 언론인, 출판인, 교육자·연예인·종교인들을 이 운동의 지도적 위치에 앉게 하였다. 쿠데타 세력의 세 확장을 위한 외곽단체의 역할이 숨은 목적이었다.

"혁명과업 완성 위해 민정참여를 결심했다"와 "다시는 이나라에 본인과 같은 불운한 군인이 없도록 합시다"라는 박정희 말이 눈에 띈다.

민정이양으로 목표를 정한 박정희는 군복을 벗기로 했다. 주체세력 내부에 반발이 적지 않았다. 당초의 약속대로 정치에 참여할 것이 아니라 '본연의 임무'로 돌아가야 한다는 주장이었다.

당시 원대 복귀는 혁명주체들 사이에서도 대세였다. 박창암은 한 일간지와의 인터뷰에서 "대부분의 혁명 동지들은 대국민 약속을 지켜 원대 복귀를 해야 한다는 신념을 갖고 있었다"며 "당시 최고위원 32명 가운데 원대 복귀를 반대한 사람은 4명뿐이었다"고 밝힌 바 있다.(『문화일보』, 1996년 5월 16일) 그러나 김종필을 중심으로 한 박정희 친위조직은 이를 반대하고 나섰다. 방원철의 증언에 따르면, 김종필은 "등기문서는 처음부터 내 이름으로 해야지 제3자 이름으로 했다가 나중에 다시 내 이름으로 하기는 어렵다"며 박정희에게 집권을 권유했다고 한다.

초대 공화당 조직부장을 지낸 강성원 씨(76세, 성원유업 회장)는 박정희 일행이 혁명공약을 깨고 민정에 참여한 배경을 두고 "군정 기간 중 집권타성에 젖어 이미 권력의 단맛을 본 데다 박정희 주변에 직업정치인 등 집권구축 세력이 강하게 형성된 탓"이라고 분석했다.[8]

박정희는 처음부터 권력을 내놓을 생각이 없었다. 몇 차례 번의와 제의를 거듭하면서 정치적 곡예를 벌였으나 본심은 권력의 유지였다. 민주공화당 사전조직 등이 이를 입증한다. 쿠데타 주역의 한 사람으로 중앙정보부 6국장 등을 지낸 백태하의 증언이다.

그가 정권을 장악한지 얼마 안 되었을 때 '혁명과업을 완수하는 데 앞으로 20년이 걸린다'는 말을 나는 박정희로부터 직접 들은 바가 있었다. 이는 결코 나에게만 한 말은 아닐 것이며 그의 장기집권 구상은 그때부터 시작된 것이라고 나는 항상 생각한다.[9]

박정희는 그동안 자기 손으로 별을 둘씩이나 달고 육군 대장이 되었다. 구미에서 교편생활을 던지고 만군에 들어갈 때 "대장이 되어 돌아오겠다"는 약속을 지킨 셈이다. 그러나 더 큰 야망을 위해 자기 손으로 대장 계급장을 떼야 했다.

박정희는 1963년 8월 30일 강원도 철원군 제5군단 관내 지포리에서 전역식을 가졌다. 만군에서 일본군으로 다시 한국군으로 이어지는 파란만장한 군인의 역정이었다. 그는 전역사에서 이런 말을 남겼다.

오늘 병영을 물러가는 이 군인을 키워 주신 선배, 전우 여러분. 그리고 군사혁명의 2년 동안 '혁명하革命下'라는 불편 속에서도 참고 편달 협조해 주신 국민 여러분에게 감사를 드리며 다음의 한 구절로서 전역의 인사로 대신할까 합니다.

"다시는 이 나라에 본인과 같은 불운한 군인이 없도록 합시다."[10]

'불운한 군인'이란 말은 금방 세상의 화제가 되었다. 더러는 선망에서, 더러는 비아냥에서 회자되었다. 그리고 16년 후 그가 암살당하면서 5·16쿠데타를 지지했던 육사생 전두환 일당이 12·12하극상을 일으켜 '불운한 군인 2'가 되어 1980년 5·17쿠데타를 주동했다.

전역사를 마친 박정희는 축하 케이크를 자르면서 눈물을 흘렸다. 감회가 적지 않았을 것이다. 이날 박정희는 서울역 앞에 자리 잡은 공화당사를 방문해 입당 수속을 밟았다. 모두 예정된 시나리오였다.

'박정희용' 헌법 개정 국민투표

군사정부는 1962년 11월 민정이양을 위한 헌법개정안을 국가재건최고회의에서 의결한 후, 12월 17일 국민투표를 통해 이를 확정했다. 우리나라 헌정사상 처음으로 국민투표에 회부하였다. 이 헌법은 전문을 비롯하여 내용이 내각제 헌법을 전면적으로 개정하였다는 점에서 실질적으로는 헌법의 제정에 가까웠다.

새 헌법의 주요 내용은 대통령중심제 채택, 국회의원 소선거구제 채택, 국회의 단원제와 정당국가화에 따른 국회활동 약화, 법원에 위헌법률 심사권 부여, 헌법개정에 대한 국민투표제 채택, 경제과학심의회의, 국가안전보장회의 설치 등이다.

박정희는 최고회의에서 개헌안 확정투표를 앞둔 1962년 12월 6일 새벽 0시를 기해 1년 6개월 만에 경비계엄을 해제하면서 "혁명 후 오늘까지 국가존망의 위기를 만회하며 쌓이고 쌓인 갖가지 적폐를 일소하고 혼란했던 사회질서를 바로잡기 위해 계엄령 시행이 불가피했음은 국민 모두가 이해하고도 남음이 있을 것이다"라고 밝혔다.

국민투표를 거쳐 확정된 개헌안은 1962년 12월 12일 최고회의 제28차 본회의에서 정식으로 선포되었으며, 12월 26일 시민회관에서 공포식이 거행되어 제3공화국의 새 헌법으로 확정되었다.

5·16쿠데타 이후 금지되었던 정치활동이 1년 7개월 만인 1963년 1월 1일부터 재개되었다. 군사정부는 1962년 12월 31일 군사혁명 포고령 제4호로 되어 있던 정당, 사회단체의 정치활동 금지조항을 폐기하고 '집회 및 시위에 관한 법률'을 다시 제정함으로써 정치활동 재개의 길을 터놓았다.

이로써 정쟁법에 의해 묶여 있는 핵심적인 구정치인들을 제외하고는 누구든지 정치활동을 전개할 수 있게 되었다. 여권의 공화당 사전조직에 이어 야권도 여기에 맞서는 정당을 창당할 목표로 서서히 활동에 나섰다.

윤보선·김도연 등이 범야당 결성에 원칙적인 합의를 보고, 김병로, 이인, 전진한 등도 여기에 적극적으로 호응했다. 한편 최고회의는 정치활동 재개와 더불어 전 민의원의장 곽상훈 등 171명을 1차로 해제했다. 해제된 정치인은 자유당계 76명, 민주당계 31명, 신민당계 38명, 무소속 26명이었다.

일련의 진통 끝에 정치활동이 재개되자 야당연합을 목표로 삼아 창당 작업을 추진 중이던 민정당民政黨은 각 정파 사이에 타협이 이루어져 대통령 후보에는 윤보선, 당대표에는 김병로를 각각 옹립하고, 집단지도체제를 채택하기로 결정했다.

민정당은 재야정당으로는 처음으로 63년 5월 14일 서울 시민회관에서 창당대회를 가졌다. 대표최고위원에 김병로, 최고위원에 김도연, 백남훈, 이인, 전진한·김법린, 서정귀 등을 선임했다. 대통령후보에는 예정대로 윤보선이 선출되었다.

여권에서는 김종필 중앙정보부장이 공화당 사전조직을 도맡았다. 4대의혹사건 등으로 거액의 정치자금을 조달한 중앙정보부는 5·16주체세력을 중심으로 "혁명이념의 계승과 민족적 민주주의 구현"을 표방하면서 창당준비를 서둘렀다. 이들은 정치활동이 재개된 1963년 1월 10일, 가칭 재건당이란 명칭 아래 첫 발기대회를 열고, 1월 18일 민주공화당이란 당명으로 김종필을 창당 준비위원장으로 하는 발기선언 대회를 열었다.

그런데 군사정부 안에는 김종필 라인과 유원식, 김동하 최고위원 등의 반발세력이 주축이 된 반김 라인이 형성돼 일촉즉발의 대치상태로 발전하고 있었다. 결국 김종필이 4대 의혹사건과 간첩 또는 밀사 황태성의 지침으로 공화당의 창당준비 과정에서 2원화 조직을 도입했다는 비판을 받았고, 그는 모든 공직에서 떠나 제1차 외유길에 올랐다.

공화당은 창당주역 김종필이 반대파에 밀려서 외유길에 오르게 되자, 재야 법조계의 원로 정구영을 총재로 영입하여 창당대회를 갖고 공식 출범했다. 공화당에는 쿠데타 주체들뿐만 아니라 윤치영·이효상·박준규·민관식·백남억 등 구야권 인사와 학계인사들도 다수 참여했다. 이들은 이후 박정희 정권의 주축이 되었다.

'사상논쟁' 끝에 민선 대통령에 당선

군사쿠데타를 주동한 인물이 여당의 후보로 나선 가운데 '민정이양'이라는 기묘한 대통령 선거가 1963년 10월 15일 실시되었다. 제5대 대통령 선거인 것이다.

1963년 5월 27일 민주공화당의 개편대회에서 대통령 후보로 지명된 박정희는 재야세력으로부터 지명수락에 앞서 공직을 사퇴하라는 압력을 받고 있었다. 그는 8월 13일 지포리에서 가진 전역식에서 눈물을 글썽이며, "이 나라에서 다시는 나와 같이 불행한 군인이 없도록 하자."면서 군복을 벗고 본격적으로 대통령 선거전에 나섰다.

반면에 야권의 사정은 복잡하기만 했다. 재야정당 통합을 위해 추진되었던 '국민의당'이 결렬되면서 몇 갈래로 흩어진 야권은 9월 15일에 마감된 대통령 후보 등록에서 민정당의 윤보선, 국민의당의 허정, 자유민주당의 송요찬(옥중 출마), 추풍회의 오재영, 정민회의 변영태, 신흥당의 장이석 등 도합 6명이 나섰다.

이들 중 허정과 송요찬이 막바지에 후보직을 사퇴함으로써 선거전은 대체로 여권의 박정희와 야권의 윤보선으로 압축되었다.

대통령 후보가 난립상태를 보인 가운데 10·15대통령 선거일이 공고되자 7대 1의 비율로 선거전은 개막되었다. 사전조직을 갖춰 리, 동, 반에 이르기까지 조직책을 갖고 있던 박정희의 민주공화당은 방대한 전국 조직과 고무신, 밀가루 살포 등을 감당할 막대한 자금력을 가진 것에 비해 야권은 난립상태에서 군정종식을 바라는 국민여론에 호소하는 방식으로 대결이 시작된 것이다.

초반에 각 당 후보자들은 지방 유세를 갖고 각종 공약을 제시하면서 국민의 지지를 호소했다.

그런데 박정희 후보가 9월 23일 방송연설을 통해 "이번 선거는 민족적 이념을 망각한 가식된 자유민주주의와 강렬한 민족주의를 바탕으로 한 진정한 자유민주주의의 사상적 대결"이라고 말한 데서 이른바 '사상논쟁'의 불이 붙었다. 박정희는 전력으로 보아 '민족주의'를 입에 담을 처지가 아니었지만 선거전의 핵심 이슈가 되었다.

바로 다음 날 지방유세 도중에 전주에서 기자회견을 가진 윤보선

후보는 "여순반란사건의 관련자가 정부 안에 있으며 이번 선거야말로 이질적 사상과 민주사상의 대결"이라고 응수함으로써 사상논쟁이 본격화되었다. 윤 후보는 이어 "박정희 후보가 공산주의자라고 말한 것은 아니다. 그러나 그의 민주주의 신봉 여부가 의심스럽다."라는 뜻을 펴서 국민을 놀라게 했다.

같은 날 윤 후보의 찬조연사로 나선 윤재술 의원은 여수에서 "이곳은 여순반란사건이란 핏자국이 묻은 곳이다. 그 사건을 만들어 낸 장본인들이 죽었으냐, 살았느냐? 살았다면 대한민국에서 지금 무슨 일을 하고 있는가를 여러분은 아는가, 모르는가? 여러분이 모른다면 저종고산鐘鼓山은 알 것이다"라고 박정희를 공격했다.

사태가 이렇게 되자 긴급 소집된 최고회의는 윤 후보의 발언을 국가안보의 차원에서 대처키로 하고, 공화당에서는 선거법 위반으로 고발하면서, "윤 씨가 대통령에 재직하고 있을 때부터 5·16사태를 미리알고 있었다."고 폭로하여 '이중인격자'라고 비난하고 나섰다.

그러자 대통령 후보를 낸 재야 6당은 박정희 후보의 등록취소를 청구하는 행정소송을 제기하는가 하면, 공명선거투쟁위원회 주최의 선거집회에서는 "간첩 황태성의 책략에 의해 공화당의 2원제 사전조직이 추진되었으며 밀봉교육이 실시되었다."고 주장하는 삐라가 뿌려져 사상논쟁을 부채질했다.

이 무렵 국민의당 대통령 후보인 허정은 기자회견에서 "박정희 의장이 한일회담에서 양보한 대가로 일본 민간회사로부터 거액의 수표를 받았다는 설이 있다."고 폭로했으며, 민정당 기획위원회는 "박 의장의 사상은 이질적이며 위험한 존재"라는 성명을 발표해 쌍방의 논쟁은 더욱 확산돼 갔다. 또한 9월 25일 열린 시국강연회에서 자민당

대표 김준연은 1961년 5월 26일자 『타임』지의 박정희 프로필을 인용, "박 소장은 전에 공인된 공산주의자였다. 그는 군반란(여순사건)을 조직하는 데 협력했다. 그래서 그는 이승만 씨의 장교들에 의해 사형선고를 받았다. 그러나 그는 전향하여 반란군에 관한 정보를 제공하고 사형을 면제받았다. 그는 지금 분명히 강력한 반공주의자다."라고 포문을 열었다.

이에 대해 박 후보는 기자회견에서 "여순반란사건에 관련됐다는 야당 측 주장을 해명할 수 없느냐?"는 물음에 "허무맹랑한 일이어서 해명할 필요조차 없으며 법이 가려낼 것"이라고 응수했다. 그리고 여순사건 당시 진압작전을 지휘한 원용덕을 내세워 "박 의장은 여순사건에 관련이 없으며 토벌작전 참모로서 공을 세웠다."고 상반된 주장을 펴도록 했다.

종반 과정에서 윤 후보를 구속하자는 최고회의의 의견이 대두되기도 했으나 '인지사건'으로 수사한다는 선에서 일단락되고, 선거전은 끝까지 정책대결 아닌 사상논쟁으로 전개되었다. 선거전은 종반에 접어들면서 야당 단일후보의 실현을 위해 허정이 사퇴한 데 이어 송요찬도 사퇴함으로써 박·윤의 양자대결로 압축되었다. 투표일을 5일 남겨둔 10월 10일 민정당의 찬조연사 김사만이 경북 안동 연설에서 "대구, 부산에는 빨갱이가 많다."는 등 망언을 하여 선거분위기를 더욱 과열시켰다.

그러나 이와 같은 회오리바람을 몰고 온 사상논쟁에도 불구하고 비교적 평온한 가운데 투표가 진행되었다. 선거분위기의 과열 탓이었는지 투표율은 84.99%로 높게 나타났다.

선거결과 개표집계는 16일 밤늦게까지 윤 후보가 리드하다가 17일 새벽부터 박 후보가 우세하여 15만 6천여 표의 차이로 박정희 후보의 승리로 막을 내렸다. 중앙정보부는 한때 윤 후보의 우세로 집계되자 그를 살해할 계획까지 세웠던 것으로 후일 밝혀졌다.

대통령 선거전이 끝나고 '사상논쟁'의 뒤끝은 월간 『사상계』가 1963년 11월호에서 「특집 진眞·위僞를 가려라!」를 게재하면서 다시 한 번 국민의 관심을 불러 모았다. 이 특집기사는 『경향신문』 정치부장 김경래의 「전향자냐? 아니냐?-인간 박정희의 전향주변」, 정종식 『한국일보』 정치부장의 「군사혁명과 윤보선」, 신상초 정치평론가의 「무엇이 사상논쟁이냐?」, 임방현 『동아일보』 논설위원의 「자주·사대논쟁의 저변」, 서기원 『서울경제신문』 기자의 「정치자금 수수께끼의 실마리」로 구성되었다.

세간의 관심은 김경래의 박정희 전향 관련기사였다. 헌정사 이래 최초로 전개된 대선의 사상논쟁, 특히 좌익으로 몰린 박정희가 당선되면서, 그의 전력은 비상한 관심사였다.

박정희는 군사쿠데타로 정권을 탈취하여 940일 동안 군정의 철권 통치 끝에 민정이양이라는 요식절차를 거쳐 합법적인 대통령이 되었다. '군인 박정희'가 '정치인 박정희'로 변신하는 계기였다. 정치학계에서는 박정희의 제2기 집권기를 '제3공화국'이라 불렀다.

11장

박정희의 전성기,
제 3 공화국

두 달 만에 마련한 제1차 5개년계획안

대선에서 윤보선을 15만 표 차이로 이긴 박정희는 12월 17일 제5대 대통령에 취임했다. 11월 26일 치른 국회의원 선거에서도 야당의 분열로 공화당이 압승함으로써 그는 탄탄한 기반 위에서 새 정부를 출범시켰다. 이로써 한국은 군사정권의 긴 '병영사회'에서 똑같은 리더가 이끄는 '경영사회'로 전환하게 되었다.

박정희는 민선의 과정을 거쳐 대통령이 되었지만 쿠데타로 집권한 아시아·아프리카 저개발국가에 보이는 '쿠데타에서 민선'의 과정을 답습한 것이다. 하여 항상 정통성의 불안감을 떨치기 어려웠다. 이를 타개할 수 있는 방안은 경제발전을 통한 국민이 먹고 살 수 있도록 해주는 것이다. 실제로 그 자신은 어렸을 때부터 극심한 가난을 겪은 터여서 경제발전에 대한 집념이 남달랐다. 경제발전으로 정통성의 위기를 정당화하려는 뜻이 강했다. 결과론적으로 '경제발전=박정희'라는 등식을 만들었고, 지금도 '박정희 신화'의 열쇳말이 되고 있다.

제2차 대전 이후 세계 각국은 경제발전이 공통적인 과제였다. 한국에서도 국가 주도의 경제개발계획이 추진되었다. 장면 민주당 정부는 '경제제일주의'를 자신들의 슬로건으로 내걸고 추진하였다.

장면 정부가 제시한 경제정책의 골자는 "첫째, 국민정신의 혁명을 위한 국토건설사업의 시행, 둘째, 제1차 경제개발 5개년 계획의 수립이었다."[1] 이 중에 국토건설사업은 국민 대다수와 직접 관련된 사업으로 장면 정부가 심혈을 기울여 추진한 역점사업이었다.

장면 정부는 국토건설사업을 통해 국민에게 가시적인 성과를 보여주고 싶었고, 무엇보다 심각한 실업자 구제의 방안으로는 이만한 정책도 찾기 어려웠다. 그래서 정부는 이 사업의 추진을 위해 국토건설본부를 설치하고 장면 국무총리가 직접 담당하게 되었다.

민주당 정부는 경제개발 5개년 계획을 추진하고 국토건설사업을 진행하다가 5·16으로 탈권 당하고 말았다.

박정희는 대통령에 취임하면서 경제발전을 다짐했다. 앞서 말한 대로 정권의 정통성을 굳히는 유일한 선택이었기 때문이다. 그는 5·16 직후부터 이를 체감하고 있었다. 박정희는 1961년 5월 20일경 장면 정부 때 경제개발 5개년 계획을 성안한 당시 산업은행 조사부 간부 김성범, 고려종합연구소회장 정소영, 전 농업경제연구소장 백용찬을 집무실로 불러 경제개발계획안을 만들도록 지시했다.

이들은 이승만 정부와 장면 정부에서 만들었던 계획안을 토대로 두 달 만에 1차 5개년계획안(10년 내에 경제규모를 두 배로 늘린다는 내용의 골자)을 마련하여 박정희에게 제출, 칭찬을 들었다고 한다.

당시 정씨는 29세, 백씨는 32세였고, 가장 연장자인 김씨가 37

세였다. 결국 1차 5개년 계획의 밑그림을 그리는 임무가 이들 20, 30대 젊은 인재들의 손에 맡겨진 것이다. 1차산업 분야는 백씨가, 2차산업은 김씨가, 3차산업은 정씨가 각각 맡았다. 이들은 "내 일생에 가장 보람된 일이었다"며 지금까지 강한 자부심을 갖고 있다.

군사 정부가 경제 개발 계획을 서두른 이유는 무엇일까. 최고회의 상공분과위원장이었던 유원식(작고, 전 협화실업 회장) 대령의 증언을 들어보자.

"우리가 군복을 입고 있었지만 머리도 있고 근대적인 경제개발 계획을 세울 수 있는 지적 수준을 갖추고 있다는 것을 국내외에 보여주고 싶었습니다."

경제개발 계획을 만든 것은 5·16 주체 세력들의 자존심 때문이었다는 얘기다. 자존심과 열등감은 동전의 양면과 같은 것이다.[2]

박정희는 세 사람이 졸속으로 마련한 경제개발계획안을 정부정책으로 받아들이고 보완하면서 추진하였다. 1962년 1월 5일 제1차 경제개발 5개년계획을 공식 발표했다. 이것은 미국의 대한정책 또는 아시아정책과도 합치되었기 때문에 탄력을 받을 수 있었다.

미국은 자유민주주의 진영의 우월성을 보여줄 수 있었던 한국전쟁에서 완전한 승리를 거두지 못했기 때문에 동아시아에서 중국에 대한 군사적 봉쇄 및 동남아에서 공산권과의 대결을 위한 반공보루의 구축을 매우 중요한 문제로 인식했다. 미국은 한국을 동아시아의 반공 보루로 만들기 위해 한국에 지속적으로 부흥·방위원조를 제공했다.

특히 박정권의 경제개발정책은 그 내용과 실행에서 케네디 행정부의 대한정책의 영향을 받았다. 그들은 처음부터 '발전의 시대'라는 구호를 내걸고 제3세계에서 공산주의에 대한 우월성을 군사력이 아닌 경제 부흥을 통해 입증하기를 원했다. 이는 직접 침략보다 경제 실정에 따른 불만과 이로 인한 정치적 불안정이 공산주의의 토양이 된다는 사고에 기인한 것이었다.

따라서 그들은 미국이 제3세계에 자금(경제 원조), 기술(장기 경제개발 계획, 지역 개발 등) 사상(민주주의의 우월성에 대한 선전과 교육)을 투입하여 전통사회가 근대사회로 급속히 이행하도록 체계적으로 유도해야 한다고 주장했다.[3]

박정희는 정권의 명운을 걸다시피 하면서 제1차 경제개발 5개년계획을 추진했다. 성장여건의 조성을 위한 기본방향을 첫째, 전력·석탄 등의 에너지공급원의 확보, 둘째, 농업생산력의 증대, 셋째, 기간산업의 확충과 사회간접자본의 충족, 넷째, 수출증대를 주축으로 하는 국제수지의 개선, 다섯째, 기술의 진흥 등에 중점을 두고 추진하였다. 경제규모 면에서는 이 기간의 연평균 성장률이 7.8%로서 당초 계획을 초과하였고, 특히 광공업 부문이 급성장하여 산업구조의 개선에 적지 않은 진전을 이루었다.

즉 전기업을 포함한 광공업의 연평균성장률은 14.3%, 농수산업은 5.6%, 사회간접자본 및 기타 서비스업이 8.2%를 나타냄으로써 목표연도의 산업구조는 기준연도(1960)의 농림수산업이 37.3%, 광공업이 19.0%, 사회자본 및 기타 서비스업이 43.7%로 개선되었다. 이리하여 성장 면에서는 계획목표가 달성되었으나, 자본형성 면에서는 계획기

간 중 연평균투자율이 15.6%로서 당초 계획의 22.6%에 비하여 7.0%
포인트나 낮았다.[4]

박정희는 제1차 경제개발 5개년 계획을 추진하면서 어느 정도 가
시적 성과가 나타나자 민주주의의 기본 틀을 이탈하여 '개발독재'의
길 즉 억압적 정치를 강행했다. 그리고 외국자본의 유치, 즉 일본자본
에 관심을 보이기 시작했다.

1962년부터 시행된 제1차 경제개발계획에 따라 군사정권은 자금
확보에 주력하기 시작하였다. 애초에 대부분의 재원을 내부자본으로
계획했으나 이를 위한 화폐개혁에 실패하자, 미국이 적극적으로 개입
하기 시작하였다. 미국 측은 기간산업의 육성보다는 노동집약적인 소
비재 중심의 경공업 발달과 외국 자본의 유치, 수출 위주의 산업화 전
략으로 경제개발계획을 바꿀 것을 권고하였다.

이는 당시 미국의 제3세계 전략이라고 할 수 있는 '경제근대화론'
에 따라 한국 역시 미국이 주도하는 국제적 수직분업체계 안으로 들어
올 것을 요구한 것이었다. 다른 대안이 없었던 박정희 정권은 이를 그
대로 수용하였고, 이후 한국 경제는 노동집약적, 외자의존적, 수출지
향적인 구조로 나아가게 되었다.[5]

청와대 '일본군장교복장'의 박정희

박정희는 경제개발정책을 추진하면서 한일관계를 정상화하여 일
본으로부터 차관을 제공받고자 하였다. 여기에는 미국의 작용이 컸
다. 2차대전 후 미국의 아시아정책의 기조는 소련의 봉쇄에 있었다.

그 축의 중심에 일본을 두고 한국을 전방에 배치하는 구도였다. 이 구도는 지금도 달라지지 않았다. 소련 대신에 대상이 중국으로 바뀌었을 뿐이다.

미국이 박정희에게 한일국교정상화를 추진토록 압박하고, 그로부터 반세기 만에 미국은 다시 미숙한 박근혜 정권을 꼬드겨 한일군사정보협정을 맺게 한 것도 모두 같은 맥락이다. 미국의 동북아 전략의 핵심은 일본 중심의 대륙세력 봉쇄정책이고 한국은 종속변수로 취급된다. 한일국교정상화 추진은 미국의 압력으로 시작되었다.

> 미국은 한국전쟁을 전후로 한 시기부터 한국, 일본, 대만 등 아시아 반공국가들의 통합을 추구하였으며, 1950년대 후반을 경과하며 좀 더 본격적인 노력을 기울이기 시작하였다. 이때부터 미국은 아시아 반공블록으로서의 지역통합을 위해 한국과 일본의 국교 정상화를 적극 추진하였으며, 그에 따라 1965년 한일협정이 강행되었고, 한미일 삼각동맹체제의 완성을 실현하였다.[6]

박정희가 한일회담을 서두른 데는 미국의 압력과 외자도입 등의 외형적인 문제와 함께 일본에 대한 자신의 심리(향수)도 작용했다. 박정희는 쿠데타 후인 1961년 11월 케네디와 회견하기 위해 미국으로 갈 때 일본을 방문한 적이 있다.

> 해방 후 어느 정치지도자도 방문을 꺼려하던 일본을 박정희가 무엇 때문에 자기 발로 찾아가 수상 이께다와 두 차례씩 회담을 하고, 과거 일본인 은사들까지 만나 집권자로서의 각오와 자세를 밝

혔는지는 박정희가 방일 직전 이께다에게 전한 친서와 이께다 주제 환영만찬에서의 만찬 시에 잘 나타나 있다.[7]

사람은 누구나 나이가 들면 향수를 느끼기 마련이다. 그런데 박정희의 경우 일본군 시절의 향수가 유독 심했던 것 같다.

군부거사로 집권했던 그 해(1961년) 11월, 박정희 최고회의의장은 미국 대통령 케네디의 초청을 받아 미국을 방문한 적이 있었다. 도중에 일본에 들렀을 때의 일이다. 한·일협상을 놓고 당시의 이케다 일본 수상과 단독으로 회담한 후, 박정희는 일본 외무성에 특별히 부탁하여 만주군관학교 시절 인연을 맺었던 교장과 동창생들을 만나볼 수 있도록 요청한 적이 있었다. 외무성이 수배하여, 그날 저녁 박정희는 동경 시내에 있는 한 요정에서 그가 군관학교 생도였던 시절의 교장과 구대장을 만나 회포를 풀 수 있었다.

그 후로 박정희는 매년 연초가 되면 일군 시절의 동기와 선배들에게 연하장을 보내고 있었다. 대통령이 된 뒤, 청와대 생활에서 박정희가 즐기던 한 가지 취미는, 주일 한국대사관을 통하여 보내오는 일본의 사무라이영화를 관람하는 일이었다고 한다. 이런 영화를 함께 본 일이 있는 한 측근 인사는 일본영화를 통하여 박정희는 어떤 향수 같은 것을 느끼는 표정이었다고 전한 적이 있다.[8]

박정희는 젊은 시절을 총독부의 교사와 5년여 일본의 괴뢰국인 만주국장교, 그리고 일본육사를 졸업했다. 야마토혼大和魂까지는 몰라도 '일본'이 체질화된 것은 어쩔 수 없었을 것이다. 하지만 독립국가의 수반이 되어서는 과감히 청산하고 탈피했어야 한다.

계엄선포 한 달 전쯤인가(1971. 10. 17 계엄이 선포되었다) 박 대통령이 나를 불러요. (여기서 '나'는 강창성 전 보안사령관) 집무실에 들어갔더니 박 대통령은 일본군 장교 복장을 하고 있더라고요. 가죽장화에 말채찍을 들고 있어요. 박 대통령은 가끔 이런 복장을 즐기곤 했지요.

만주군 장교 시절이 생각났던 모양입니다. 다카키 마사오 중위로 정일권 대위 등과 함께 일본군으로서 말 달리던 시절로 돌아가는 거죠. 박 대통령이 이런 모습을 할 때면 그 분은, 항상 기분이 좋은 것 같았어요.[9]

5·16쿠데타나 민정이양 이후까지도 박정희의 정신세계의 한편에는 일본군에 대한 아련한 향수와 메이지유신의 역사가 고스란히 자리 잡고 있었던 것 같다.

박정희가 일본을 방문하여 기시 노부스케岸信介·이시이 코지로石井光次郎·고사카 젠타로小坂善太郎 등 일본 정계인사들과 어울려 오찬을 같이 했을 때의 에피소드는 지금도 유명한 이야기로 전해져 온다. 그날 점심 자리에서 박정희는 유창한 일본말로 5·16을 일으킨 자신의 동기와 앞으로의 포부에 관해 설명했다.

당시의 일본 신문보도나, 참석했던 당사자들의 회고에 의하면 그날 박정희는 "나는 명치유신 때의 지사志士와 같은 각오로 조국재건에 임하고 있으며, 이런 의미에서 일본의 유신사維新史를 연구하고 있다"고 말했는가 하면, "나는 일본육사 출신이지만, 강한 군대를 만드는 데는 일본식 교육이 가장 좋다."고 피력했다는 것이다.

일본의 '유신정신'이나 '군인정신'을 자기 의욕과 결부시켜 찬양했

박정희와 기시 노부스케의 만남 1961년 11월, 일본 수상 관저에서 만
난 박정희와 기시 노부스케(왼쪽) 오른쪽은 이케다 하야토

던 그때가 5·16이 있은 지 불과 6개월 쯤 밖에 안 될 때였던 것을 감안
하면 박정희가 과연 어떤 생각을 갖고 쿠데타를 일으켰는지 그 정치관
의 일단을 엿볼 수 있다.[10]

한일회담은 이승만 정권 이래의 외교현안이었다. 두 나라 간의 국
교정상화를 위한 한일회담은 1951년부터 시작되었지만 10여 년에 걸
친 교섭에서도 타결점을 찾지 못한 상태였다. 자유당 정부에 이어 민
주당 정부도 한일회담을 추진, 1960년 10월 25일 제5차 한일회담이
열렸으나 5·16쿠데타로 중단되었다.

굴욕적인 회담, 5억 달러에 식민지배 면죄부

박정희 정부는 미국의 원조가 대폭 삭감된 상황에서 경제개발계획
에 따른 대규모 투자재원의 확보가 필요했다. 여기에 미국의 지역통합

전략, 일본의 자본 해외진출 욕구 등이 맞아떨어져 한일회담을 적극적으로 추진하는 요인으로 작용했다. 이밖에 간과할 수 없는 것은 박정희 자신을 비롯한 정권 핵심요인들의 심정적인 친일성을 들 수 있다. 이들은 대부분이 일본육사와 만주군관학교 출신들로서 일본에 대해 다분히 애정과 향수를 갖고 있었다.

이런 요인들로 인해 1961년 10월 20일 제6차 한일회담이 재개되었는데, 합의사항을 둘러싼 한일 양국의 이견과 양국 내의 격렬한 반대 분위기로 타결이 늦어지고 있었다. 이에 박정희는 비밀리에 김종필 중앙정보부장을 특사로 파견, 이케다 수상과 비밀회담을 갖고 타결조건에 대한 합의를 이루도록 했다. 그러나 한국의 거듭된 양보에도 불구하고 일본은 고자세의 버티기 전략으로 맞섰다.

박정희 정권에 있어서 1962년은 경제개발 5개년계획의 첫 해로서 시급한 외자도입이 요구되었고, 느닷없이 강행한 화폐개혁의 실패로 경제상황이 매우 불안정한 상황이어서 한일회담의 조기타결을 서두를 필요가 있었다.

그래서 김종필이 다시 일본에 건너가 김종필, 오히라大平 회담을 열고 여기서 비밀메모(김·오히라 메모)를 통해 대일청구권문제 등에서 우리에게 크게 불리한 합의를 해주었다. 따라서 청구권 협상의 타결로 무상 3억 달러를 10년에 걸쳐 지불하고, 경제협력의 명목으로 정부간의 차관 2억 달러를 연리 35%로 제공하며, 상업 베이스에 의한 무역차관 1억 달러를 제공하기로 확정하였다.

박정희 정권은 청구권이라는 용어도 사용하지 못하고 '독립축하금'이란 이름으로 무상 3억 달러에 36년 식민통치에 따른 모든 배상문제를 마무리하기에 이른 것이다. 특히 일본 측 협상대표가 "독도를 폭파해서 분쟁의 요인을 없애자"고 하는 등 그야말로 굴욕적인 협상이었다. 일본 외상 오히라가 "국제사법재판소에 맡기자" 하고, 김종필은 덩달아 "제3국에 조정을 맡기자"는 매국적 발언을 하였다.

'독도폭파' 발언은 박정희도 하였다. 1965년 존슨 대통령과 회담을 마치고 미 국무장관 러스크와 논의하던 중 "수교 협상에서 비록 작은 것이지만 화나게 하는 문제 가운데 하나가 독도 문제다…. 그 문제를 해결하기 위해 그 섬을 폭파시켜 버리고 싶다."[11]라고 말했다.

그나마 이와 같은 굴욕적인 협상내용도 즉각 밝혀지지 않은 채 1964년에 이르기까지 2년 동안 비밀에 묻혔다.

한일회담의 진행과정을 비밀에 부쳐온 박정희 정부는 1964년 3월에야 한일회담의 3월 타결, 4월 조인, 5월 비준의 방침을 밝혔다. 이에 따라 야당과 재야는 즉각 '대일굴욕외교반대 범국민투쟁위원회'를 결성하고 전국을 순회하며 유세에 돌입한 데 이어, 3월 24일 서울대생들은 '한일회담의 즉각중지'를 요구하는 집회를 갖고 이케다 일본수상과 '현대판 이완용'의 김종필 화형식을 거행한 뒤 가두시위를 벌였다.

학생들의 시위는 삽시간에 전국 대학으로 번져나가서 5월 20일 서울 시내의 대학생연합이 박 정권이 표방한 '민족적 민주주의' 장례식을 거행하고, 4·19민족·민주이념에 정면 도전한 군사쿠데타정권 타도투쟁을 선언했다. 이날 시위로 학생 1백여 명이 부상하고 2백여 명이 연행되었다.

그러나 학생들은 굴하지 않고 단식농성 등을 벌이면서 투쟁을 계속하여 6월 3일에 이르러 1만여 명의 시위대가 광화문까지 진출, 파출소가 방화되기에 이르렀으며, 군사쿠데타, 부정부패, 정보정치, 매판독점자본, 외세의존 등 군사정권의 본질적인 문제제기로 확대, 비판

분위기가 고조되어 정권퇴진을 요구하기에 이르렀다.

학생들의 데모에 많은 시민이 가담하면서 시위의 규모가 커지자 박정희는 위기감을 느끼게 되어, 그날 밤 8시를 기해 서울시 일원에 비상계엄을 선포하고 대대적인 탄압을 개시했다. 계엄사령부는 포고령으로 일체의 시위금지와 언론·출판의 사전검열, 모든 학교의 휴교를 명령했다.

4개 사단 병력을 서울 시내에 투입하여 3개월가량 진행된 계엄통치는 7월 29일 계엄이 해제되기까지 학생 168명, 민간인 173명, 언론인 7명이 구속되고, 이 기간 포고령 위반으로 890건에 1,120명이 검거되었으며, 그중에서 540명이 군사재판, 68명이 민간재판, 216명이 즉결재판에 회부되었다.

박정희는 계엄을 선포한 지 이틀 후인 6월 5일 공화당의장 김종필을 문책, 당의장직에서 사임시키고 두 번째 외유에 나서도록 조처했다. 김종필을 희생양으로 삼은 것이다.

박정희는 야당과 학생들의 격렬한 반대투쟁을 위수령·계엄령으로 억압하면서 1965년 6월 22일 한일기본조약을 체결하기에 이르렀다. 한국 외무장관 이동원, 한일회담 수석대표 김동조와 일본외상 시이나, 수석대표 다카스키 사이에 「대한민국과 일본국 간의 기본 관계에 관한 조약」(기본조약)과 부속된 4개의 협정 및 25개의 문서로 된 '한일협정'을 일괄 타결하였다.

이 협정에 의해 평화선이 철폐되었으며, 우리 측의 40해리 전관수역 주장이 철회되고 일본의 주장대로 12해리 전관수역이 설정되었다. 이때 독도문제를 분명히 하지 않음으로써 일본에 빌미를 남겼다.

또한 재일교포의 법적지위 및 영주권문제 등이 일본정부의 임의

박정희가 청와대에서 한일기본조약문에 서명하는 장면

적 처분에 맡겨지게 되었고, 문화재 및 문화협력에 관한 협정은 일제
가 불법으로 강탈해 간 모든 한국 문화재를 일본의 소유물로 인정해버
리고 여성위안부, 사할린교포, 원폭피해자 등의 문제는 거론조차 하지
못한 졸속, 굴욕회담으로 끝나 버렸다.

박정희 정권의 굴욕적이고 졸속적인 한일국교정상화로 인해 일제
의 침략과 식민지배에 대한 사죄와 침략조약의 원천무효, 그리고 정당
한 배상도 받지 못하고 말았다. 일본은 태평양전쟁 기간 3~4년을 지
배한 동남아 각국에도 5~10억 달러의 배상금을 주었다.

박정희가 5억 달러에 일제 36년 식민지배의 면죄부를 준 반세기
후 박근혜는 10억 엔을 받고 위안부 문제에 대한 면죄부를 주었다.

5천 명 사상자 낸 베트남 파병 강행

베트남에 많은 군대를 파병한 미국은 날이 갈수록 수렁으로 빠져들고 있었다. 영국 등 동맹국들도 군대 파병에는 동참하지 않았다. 박정희는 1961년 케네디와 회담에서 "한국 정부는 월남(베트남)에 파병할 용의가 있다"고 제의한 바 있었다. 내가 하고 싶은 말을 사돈이 먼저 한 격이 되었다. 고립에 몰린 미국은 박정희에게 '약속'을 요구했다.

한민족은 유사 이래 한 번도 타국을 침략한 적이 없었다. 숱한 외침을 당하고도 결코 타국의 영토를 침범하지 않았다. 고려 때 몽골元의 일본 정벌에 동참한 일이 있었지만, 강제 동원된 비자발성이었다. 해서 한민족은 '평화민족'이라는 자부심을 가져왔다. 그런데 박정희 정권에서 이 전통은 깨졌고, 국제사회로부터 '미국의 용병'이라는 지탄을 받게 되었다.

박정희는 야당과 국민의 반대에도 불구하고 미국의 요청으로 베트남전에 파병, 참전했다. 베트남 참전은 한국 역사상 초유의 해외전쟁의 참전이라 할 수 있다.

박정희 정부는 1964년 7월 30일 국회본회의에서 '베트남 공화국 지원을 위한 국군부대의 해외파병 동의안'을 제출하여 통과시켰다. 의료지원 등 비전투부대 파병안이다. 그러나 전투부대 파병안은 1965년 8월 13일 야당이 불참한 가운데 공화당 단독으로 변칙처리하였다.

한국군이 처음으로 베트남전에 투입된 것은 1963년 9월 11일, 남부 베트남 정부로부터 지원요청을 받은 직후의 일이었다. 이때는 불과 130명 규모의 의무부대와 10명의 태권도 교관이 전부였다. 그 후 다시 지원요청을 받아 1964년 2월 14일 2천 명 규모의 비전투부대인 공병대 중심의 병력이 파견되었다. 이때만 해도 국내외적으로 크게 말썽이 없었다.

2천 명 규모의 국군병력을 파병하기 위해 정부에서 제출한 동의안은 국회에서 무난히 통과되었다. 그러나 1965년 6월 26일 베트남과 미국 정부의 요청을 받고 정부가 전투부대 파병동의안을 국회에 제출하면서부터 상황이 달라졌다. 일반 국민과 학생들 사이에도 반대의견이 적지 않았고, 국회 내에서는 여야의 입장을 초월해 반대의견이 쏟아졌다.

박정희는 파병의 명분으로 6·25 때 자유우방의 도움으로 공산침략을 격퇴시킨 우리가 한 우방국이 공산침략에 희생되는 것을 바라보고만 있을 수는 없다는 주장을 내세웠다. 그리고 6·25 이래의 혈맹인 미국을 도와 베트남전을 승리로 이끄는 것이 우리의 도리라고 선전했다.

박정희는 책략적인 리더십을 갖고 있었다. 1965년 7월 2일 심복인 여당 소속 차지철을 청와대로 불렀다. 대미 교섭을 위해 반대의견을 제시하라는 주문이었다. 실제로 차지철은 반대발언을 계속하고, 이것이 소신을 갖게 돼 지나칠 정도가 되자 박정희의 불호령이 떨어졌다. 박정희는 여당 의원의 반대론을 등에 업고 미국과 교섭을 벌여 유리한 협상을 한 것이다.

반세기 후 박근혜는 실효성은 물론 중국의 엄청난 보복이 예상되는 사드를 한국으로 들여오면서 반대하는 국민과 야당을 '종북'으로 비판할 뿐 박정희식의 실익도 챙기지 못한 '맹탕'이란 비판이 따랐다.

한국군의 베트남 파병에는 경제적 측면에서 한·미·일 밀월 3각 협력체제가 선전되었고, 군사적 측면에서 주한미군을 빼내어 베트남에 보내겠다는 미국의 위협도 따랐다.

1964년 9월 소규모 비전투 부대로부터 시작된 한국의 베트남전 개입은 1973년 3월 완전 히 철수할 때까지 8년 5개월 동안 지속되었는데, 공식적으로 5차례에 걸쳐 군대를 파견했다. 한국은 이 기간 베트남에 평균 5만 명 수준의 병력을 유지했으며 교대근무를 통해 베트남에 파견된 한국군대의 총수는 약 32만 명에 달했다.

베트남에 파병된 주요부대는 1965년에는 미국 측의 추가파병 요청과 그에 따른 보상조치인 이른바 「브라운 각서」를 조건으로 2만 명 규모의 백마부대가 추가 파병되었다.

베트남에 추가파병은 조약상의 의무에서가 아니라, 미국 측이 파병의 대가로 한국군의 전력증강과 경제개발에 소요되는 차관공여를 약속함으로써 이루어진 것이었다.

미국은 한국군의 베트남 추가파병에 대한 보상조치로 14개항의 이른바 「브라운 각서」를 마련했다. 주요 내용을 살펴보면 대략 다음과 같다.

① 추가파병에 따른 비용은 미국정부가 부담한다.

② 한국군 육군 17개 사단과 해병대 1개사단의 장비를 현대화한다.

③ 베트남 주둔 한국군을 위한 물자 용역은 가급적 한국에서 조달한다.

④ 베트남에서 실시되는 각종 건설·구호 등 제반사업에 한국인 업자를 참여시킨다.

⑤ 미국은 한국에 추가로 AID 차관과 군사원조를 제공하고, 베트남과 동남아시아로의 수출증대를 가능케 할 차관을 추가

로 대여한다.

⑥ 한국이 탄약생산을 늘리는 데 필요한 자재를 제공한다.

한국군은 베트남전에서 북베트남군 4만 1천여 명을 사살하고 7,438km²를 '평정'했으며, 참전기간 동안 약 5천여 명의 사상자를 낸 것으로 집계되었다.

베트남전 기간 동안 노동력 진출은 1965년 1백 명 미만에서 1966년에는 무려 1만 명이 넘는 급격한 증가를 보여주었다. 1963년부터 1970년 6월 말까지 해외취업 실적 43,508명 가운데 베트남 취업이 24,294명으로, 선원을 제외한 해외취업자의 70%를 차지하고 있어 많은 고용증대를 가져왔다고 발표되었다.

한국은 베트남 전쟁기간 동안 이른바 '베트남 특수' 현상이 나타나기도 했다. 한국군의 베트남 파병에 따라 얻어진 전시특수였다. 5만 5천 명 규모의 전투요원과 노무자, 기술자 등 민간인 1만 6천여 명이 베트남에 파견되고, 이에 따라 군납, 파월장병 송금, 파월기술자 송금 등으로 1966년에 6,949만 달러, 1966~1970년까지의 총액 6억 2,502만 달러 규모의 수익을 올렸다고 했다.

박정희 정부는 베트남 참전의 결과 총액으로 약 10억 달러의 외화를 획득하여 제2차 경제개발 5개년계획의 수행에 필요한 외자를 충당하여 연평균 12%의 경제성장을 달성할 수 있었다. 그리고 국내적으로 새로운 독점자본 형성과 신흥재벌의 출현을 가져왔다. 한진그룹의 경우 1966~1967년 1년간 베트남에서 71억 원을 벌여 '월남상사'라는 호칭을 들었다.

그러나 미군 봉급의 3분의 1 수준인 한국군의 베트남 파병은 순전히 미국 측의 이해에 맞추어 추진되었고, 5천여 명의 무고한 청년의 희생을 가져왔으며, 공산국가와 제3세계, 심지어 다수의 친서방국가들로부터 미국의 '용병'이라는 비난을 받아왔을 뿐만 아니라 비동맹권 내에서 한국의 국제적 지위의 약화를 가져왔다.

전후에 드러난 후유증 또한 만만치 않았다. 파월장병·취업자들에 의한 현지 2세 문제와, 고엽제 등으로 본인들은 물론 후세들에게까지 유전된 질환 등은 심각한 후유증을 남기고 있다. 또한 베트남 일부 지역에는 한국군에 의한 베트남 민간인들의 잔혹한 학살을 기록한 석비가 남아 있어, 아픈 상처를 보여주고 있다.

박정희는 미국이 원하는 한일국교정상화에 이어 모든 나라가 기피하는 전투사단까지 베트남에 파병하면서 미국 정부로부터 극진한 환대를 받고 정권을 안정시켜 나갔다. 1965년 5월 미국을 방문했을 때 수행했던 외무장관 이동원의 기록이다.

> 10만 명을 헤아리는 환영인파 사이로 박 대통령은 리무진 방탄차를 타고 악대까지 앞세운 채 2마일의 카퍼레이드를 벌였다. 한마디로 최고의 예우였다. 또한 뉴욕시 5번가의 번화가에서 벌어진 오색 꽃가루 행사는 미국 건국 이래 정치가에게 베푸는 것으로는 다섯 번째라 했다.
>
> 2차대전의 영웅 맥아더, 아이젠하워, 그리고 처칠과 대만의 손미령 여사에 이어 다섯 번째, 사실 이는 당시 미국이 얼마나 우리의 파병을 학수고대 했는가를 보여 준 단편에 불과했다. 그만큼 당시 교섭에서 유리한 쪽은 우리였다.[12]

제6대 대선, 윤보선 누르고 재선

박정희는 한일국교 정상화와 베트남 파병 등을 실현하면서 미국·일본과 우호협력 관계를 돈독히 하는 한편, 경제개발 5개년계획을 세워 착실한 성장으로 권력의 정치사회적 기반을 강화시켜 나갔다.

반면에 야당은 시국관의 차이와 고질적인 파쟁으로 이합집산을 거듭했다. 여기에는 중앙정보부의 공작도 적지 않았다. 1965년 6월 14일 원내 제1야당인 민정당과 제2야당인 민주당이 통합하여 제3공화국 출범 후 최초의 통합야당 민중당으로 출범했다. 민중당의 초대 대표최고위원은 박순천이었다.

그러나 민중당은 1965년 8월 한일협정 비준안과 베트남 파병안을 둘러싸고 당론이 양분되어, 의원직 사퇴와 당 해산을 주장하는 윤보선계가 결별, 1966년 3월 30일 신한당을 창당함으로써 통합 5개월 만에 분당되었다. 윤보선 계열의 강경파는 이해 6월 22일 한일기본조약이 체결되고 8월 14일 공화당 단독으로 이 조약이 국회에서 비준되자 이에 반발하여 의원직을 사퇴하고 민중당을 탈당, 신한당을 창당한 것이다. 박정희는 자신이 장악한 여당 의원들에게 국회의 강행처리를 지시했다.

야당은 1967년으로 예정된 대통령 선거 및 국회의원 선거에 대비, 민주구락부, 구자유당계, 일부 혁신계 및 학계인사들을 모아 신한당 창당대회를 열고 윤보선을 차기 대통령 후보 및 당 총재로 선출했다.

신한당은 군정종식을 위한 정권교체를 당면 최대 목표로 설정하고 전국 각지에서 공화당 정권의 비리를 폭로·규탄하는 대중집회를 개최하는 등 대여 강경투쟁을 전개하여 민중당과 차별성을 보였다.

1963년 10·15 대권경쟁에서 불과 15만여 표 차이로 정권교체에 실패한 야당은 1967년의 대회전을 앞두고 민중당과 신한당으로 분열되어 노골적인 대립상태를 보이고 있었다. 이러한 야당의 분열 상태에 대해 국민의 비판이 거세게 일자 뜻을 같이하는 재야인사들이 모여 통합작업을 벌이게 되었다.

통합작업의 결과 대통령 후보 윤보선, 당수 유진오로 하는 원만한 합의를 보아 양당의 통합작업이 극적으로 전개되었다. 후보와 당수가 분리되고 실무 9인위원회가 결성되자 통합작업은 외부의 공작이나 불순세력이 개입할 여지도 없이 전격적으로 추진되어 단일야당의 출현을 보게 되었다.

1967년 2월 7일 서울시민회관에서 열린 통합선언 및 창당대회는 만장일치로 대통령 후보에 윤보선, 당수에 유진오를 선출하여 단결된 야당의 모습을 보여주었다.

야당이 신민당으로 통합하여 1967년의 대회전을 준비하고 있을 때 공화당도 때를 같이하여 임전태세를 가다듬었다. 공화당은 1967년 2월 2일 장충체육관에서 제4차 전당대회를 열어 박정희 총재를 대통령 후보로 재지명했다. 전국 대의원 2,698명과 7천여 명의 내빈이 참석해 우리나라 정당사상 최대 규모의 전당대회에서 박정희는 "영광의 승리를 위해 분발하자"면서 후보직을 수락했다.

3월 24일 대통령 선거일이 공고되고 4월 3일 입후보등록이 마감되어 5·3대통령 선거전의 막이 올랐다. 박정희·윤보선을 비롯 오재영(통한당), 김준연(민중당), 전진한(한독당), 이세진(정의당) 등 6명의 후보가 등록을 마쳤다.

공화당은 "틀림없다 공화당! 황소힘이 제일이다", "박 대통령 다시

제6대 대선 포스터

뽑아 경제건설 계속하자", "중단하면 후회하고 전진하면 자립한다"는
선거구호를 내걸었고, 신민당은 "빈익빈이 근대화냐, 썩은 정치 갈아
치자", "지난 농사 망친 황소 올봄에는 갈아치자", "박정해서 못살겠다
윤택하게 살길 찾자"는 구호 아래 선거전에 나섰다. '황소'는 공화당이
상징으로 내걸었던 상표였다.

　박정희는 조국근대화를 위해 농공병진정책과 경제개발 5개년계획
의 추진을 역설했고, 윤보선은 정권교체를 제도적으로 보장하기 위해
현재의 대통령 중임제를 폐지할 것을 주장하면서 정부의 경제시책을
수탈정책이라고 강하게 비판했다. 유독 이념정당을 표방하고 나선 대
중당의 서민호 후보는 농지개혁의 재조정, 독점재벌의 배격 등을 공약
으로 내세웠다.

선거전은 박·윤 두 후보로 압축된 가운데 치열한 접전을 벌였다. 그러나 집권당의 이점에다 그동안의 경제개발이 국민에게 설득력 있게 받아들여져 5월 3일 실시된 선거는 지난 대선과는 달리 손쉽게 결판이 났다. 박정희가 총 유효투표의 51.44%에 해당하는 568만 6,666표를 얻어 452만 6,541표를 차지한 윤보선을 116만여 표 차이로 누르고 제6대 대통령에 당선되었다.

5·3선거에 나타난 투표성향은 여촌야도의 전통이 무너져 도시의 지식층과 근로계층에서도 집권당 지지도를 나타내 박정희의 4년 치적에 긍정적인 반응을 보인 데 반해, 호남 푸대접론이 생길만큼 호남에서는 여당이 패배, 여야의 지지분포가 4년 전의 남북현상에서 동서현상으로 바뀌었다.

박정희는 그의 아성인 영남지방에서 3대 1에 가까운 몰표를 얻어 윤보선을 압도적으로 눌러 대세를 결정지었다. 영남지방에서 나타난 득표의 차이는 박정희 후보가 윤보선 후보를 눌러 이긴 전체의 표수 차이를 앞질렀다. 윤 후보는 영남지방에서 참패한 대신 서울·경기·충남북에서 다소 리드하기는 했으나 영남과 강원의 실세를 만회하지 못했다. 이때부터 영남은 박정희의 표밭이 되었다.

이 선거과정에서 윤 후보의 지원유세에 나선 장준하 『사상계』 사장이 "박정희는 우리나라 청년의 피를 베트남에서 팔아먹고 있다"는 등의 발언으로 '국가원수모독죄' 혐의로 구속되는 등 선거 후에 야당 인사들에 대한 일대 검거선풍이 불었다.

6·8부정선거 통해 장기집권 노려

재집권에 성공한 박정희는 같은 해 6월 8일로 다가온 제7대국회의원 총선거에 전력투구했다. 박정희는 재선된 여세를 몰아 집권당의 입장에서 행정조직의 측면지원을 받은 데다 풍부한 자금을 동원해 유리한 조건 아래 선거운동을 전개했다. 여기에 전국적인 규모의 새마을 조직, 각종 관변단체, 행정공무원과 교사, 군인들까지 선거에 동원되었다. 신민당은 자금난과 조직에서 열세를 면치 못했다.

5월 15일 후보등록이 마감되자 전국 131개 선거구와 전국구에 출마한 입후보자는 모두 821명으로 평균 5.4대 1의 경쟁률을 보였다. 선거전이 시작되면서 공공연한 관권의 개입과 금품수수, 각종 선심공세와 향응 제공, 유령유권자의 조작과 대리투표, 폭력행위 등 온갖 부정과 타락이 공화당 측에 의해 자행되어 선거분위기가 극도로 흐려졌다.

공화당은 득표를 위해 들놀이, 친목회, 동창회, 화수회, 부인계 등을 노골화시키고 타월, 비누, 수저, 돈봉투를 돌리는 등 3·15부정선거를 뺨치는 광범위한 부패선거를 거침없이 자행했다.

여야당은 각각 '안전세력 확보'와 '공화당 독재견제'를 선거구호로 내세웠으나, 선거전은 정책이나 선거구호는 이미 관심권 밖이고 선심공세와 각종 탈법·폭력행위가 공공연하게 난무하는 타락상을 보였다.

6·8총선이 이렇게 타락선거로 시종하게 된 것은 박정희가 1971년 이후를 내다보고 원내에서 개헌선을 확보하려는 속셈이 있었고, 야당은 결코 개헌선을 허용할 수 없다는 데서 과열경쟁이 나타났기 때문이다. 박정희는 이때 이미 장기집권을 구상하면서 재선의 임기가 끝나기 전에 7대 국회에서 개헌을 감행해서라도 계속 집권할 생각으로 6·8총

선을 전면적인 부정으로 무리하게 끌고 간 것이다.

6·8선거는 5·3선거 때보다 한 달여 만에 유권자 수가 무려 78만여명이 증가하는 등 유령유권자 조작과 온갖 부정 속에서 공화당의 일방적인 승리로 마무리되었다. 공화당은 당초에 목표한 대로 개헌선(117명)을 훨씬 넘는 130석(전국구 27명, 지역구 103명)을 차지했으며, 신민당은 44석(전국구 17명, 지역구 27명), 그밖에 대중당이 1석(서민호)를 차지했을 뿐 나머지 군소정당은 단 1석도 얻지 못했다.

장준하·서민호 후보가 옥중 당선되었으며 관심의 대상이었던 목포에서는 김대중 후보가 승리했다. 박정희는 목포출신 김대중의 성장에 주목하면서 그의 당선을 막고자 했다. 직접 목포에 내려가 국무회의를 열고 각종 선심공약을 제시했지만 김대중은 당선되었다. 신민당은 6·8선거를 사상 유례없는 부정선거로 규정하고 『부정선거백서』를 만드는 한편, 전면 재선거를 요구하며 6개월간 등원을 거부했으나 무위에 그치고 말았다.

중앙정보부장 김형욱이 1967년 국회의원 총선거를 앞두고 박정희의 호출을 받고 청와대로 들어갔다. 두 사람은 술을 질편하게 마신 후 대좌했다.

"이봐, 형욱이!"

그러는 중에 자못 엄숙한 박정희의 목소리가 날아왔다.

"네 말씀하십시오"

"나…… 정권 못 내놔. 절대로!"

"넷?"

"나 절대로 정권 못 내놓겠단 말이야. 임자, 알아서 해!"

"아…… 네에. 전 무슨 말씀이시라고, 하하."

나는 정신이 아찔해져서 그저 술핑계를 대는 너털웃음을 흘렸다.

"이거 봐. 우리 통일해야 해. 경제건설 해야 돼. 자주 국방도 해야 돼. 나 아니면 할 작자가 없단 말이야. 엉."

박정희는 길게 경제건설, 자주국방, 통일 그 세가지 항목을 반복하면서 중언부언하였다. 나는 꽁꽁 얼어버렸다. 술 취한 김에 실수를 했다간 큰 일이 날 수도 있다고 다짐하면서 그의 말에 맞장구를 치며 시간을 보냈다. 나는 그로부터 그의 진심을 들은 것이 솔직히 말해 무서웠다. 사실 말이지 남의 비밀스런 진심을 알고 있다는 것이 얼마나 무서운 일인가. 더욱이 그것이 박정희의 진심인 바에야.[13]

6·8부정선거는 박정희의 장기집권을 위한 출발점이었다.

12장

멈출 줄 모르는
권력의 욕망

부정선거 규탄시위 동베를린 사건으로 덮어

박정희는 1967년 5·3 대통령 선거와 6·8국회의원 총선을 통해 제 3공화국의 2기를 호기 있게 출범시켰다. 6·8총선에 대해 부정선거를 규탄하는 야당과 학생들의 규탄시위가 거세게 전개되었다. 학생들의 규탄시위가 전국으로 확산되자 정부는 6월 15일 전국 28개 대학과 57 개 고등학교에 휴교령을 내렸다.

휴교령에도 불구하고 7월 3일에는 1만 4천여 명의 대학생이 부정 선거 규탄시위를 전개하고 고등학생들까지 가두시위에 나설 움직임이 보이자 정부는 이날 서울 시내 모든 고등학교를 무기 휴교시키고, 7월 4일에는 전국 대학에 조기방학을 실시했다. 부정선거를 규탄하는 학 생들을 비교육적인 방법으로 대처한 것이다.

6·8 부정선거에 대한 학생·야당·국민의 비판여론이 비등하자 박 정희는 휴교령과 조기 방학을 통해 저항을 억제하는 한편 정세의 반전 을 위해 '비장의 카드'를 꺼내들었다. 역대 독재자들이 위기에 몰리면

부정선거를 규탄하는 학생시위

예외 없이 해온 안보 수법이었다.

　중앙정보부장 김형욱은 7월 8일 「동베를린을 거점으로 한 북의 대남적화공작단 사건」, 세칭 동백림 사건을 발표했다. 김형욱은 발표문에서, 과거 유럽에 유학했거나 유학 중인 대학교수·유학생·음악가·화가 등 지식인들이 동베를린 주재 북한공작단에 포섭되어 1958~1967년 평양에 가서 북한 노동당에 입당한 후, 거액의 공작금을 받고 동베를린을 왕래하며 이적활동을 해왔다는 것이다. 뒷날 재조사에서 대부분이 허위 과장으로 드러났다.

　이 사건으로 구속 107명, 학계·예술계·문화계의 저명인사 등 관련자가 194명에 이르렀다. 검찰은 이중 66명을 기소하고 1967년 12월 13일의 선고공판에서 관련자들에게는 국가보안법·반공법·형법·외환관리법 등을 적용하며, 조영수·정규명에 사형, 정하룡·강빈구·윤이상·어준에 무기징역, 최고 15년까지의 실형 13명, 선고유예 1명을 포함하여 34명에게 유죄판결을 내렸다.

검찰은 23명에게 간첩죄를 적용했지만 1심에서는 13명에게만 인정되었고, 2심에서는 7명, 최종 3심 이후로는 아무에게도 간첩죄가 유죄로 인정되지 않았다. 특히 대법원은 피고인들이 해외 유학생의 명단이나 남한의 막연한 실태 정도를 북한 사람들에게 알려 준 것은 구체적인 군사기밀을 제보한 것이 아니므로 형법 98조의 간첩죄와 국가보안법 제2조의 군사목적 수행 등을 적용한 것은 잘못한 것이며, 북한의 지령을 받았다 하더라도 실행 의사나 목적 없이 귀국했다면 반공법 제6조 4항의 잠입죄를 적용할 수 없는데도 뚜렷한 증거에 의하지 않고 사실을 인정한 점은 위법이라고 판시하여 고등법원에 돌려보냈다. 이 때문에 대법원 판사들을 비난하는 벽보가 붙고 협박 편지가 배달되기도 했다.[1]

이 사건은 2007년 노무현 정부의 국정원과거사위원회의 조사 결과 진상이 밝혀졌지만, 6·8부정선거 규탄시위는 이미 사위어진지 오래였다. 야당과 학생들의 부정선거 규탄시위를 안보사건으로 덮으려한 대표적인 사례로 꼽혔다.

북한 특수부대, 청와대 입구까지

동베를린사건이 법적으로 마무리되어 가던 시점인 1968년 벽두에 두 건의 대북사건이 동시에 터졌다. '국가안보'를 구두선처럼 내세워 온 박정희 정권에 큰 구멍이 뚫렸다.

1월 21일 발생한 북한 무장간첩의 '청와대 습격 미수사건'과 이틀 뒤인 1월 23일 발생한 '푸에블로호 납북사건'이 그것이다. 북한군 특수부대인 124군부대 소속 무장공비 31명은 청와대 습격과 정부요인 암살지령을 받고 1월 17일 자정을 기해 휴전선 군사분계선을 넘어 야간을 이용하여 서울에 잠입하였다. 이들은 아무런 제지 없이 23일 청와대 인근까지 내려와 세검정 고개의 창의문을 통과하려다 비상근무 중이던 경찰의 불심검문으로 정체가 드러나자 수류탄 및 기관단총을 쏘면서 저항하였다.

이에 출동한 군경은 현장에서 29명을 사살하고 1명(김신조)을 생포하였다. 또 동해안에서 임무를 수행 중이던 미 해군의 정보수집 보조함 푸에블로호(906톤급)가 1월 23일 오후 1시 45분 무장한 4척의 북한 초계정과 미그기 2대의 위협 아래 나포되어 원산항으로 강제 납치되었다. 이 배에는 함장을 비롯한 6명의 해군장교와 수병 75명, 민간인 2명 등 총 83명이 승선하고 있었다.

잇따른 대북사건으로 남북, 북미 간에는 군사적 긴장이 고조되었다. 미국은 동해안에 항공모함을 급파하는 한편 유엔안보리 소집을 검토하였으며, 주한미군에 비상계엄령을 내렸다. 27일 여야는 국회의장실에서 시국대책회의를 열고 국회 차원의 대책을 논의했다. 존슨 미국 대통령은 30일 대한 군사원조를 증강시키겠다는 서한을 박정희 대통령 앞으로 보내왔다. 그러면서도 미국은 북한 측과 협상할 뜻을 밝혔다. 국내에서는 북괴만행 규탄대회가 열렸다.

한겨울의 한파에도 불구하고 31일 서울운동장에는 시민, 학생 등 10만여 명이 모여 북괴만행규탄 범시민궐기대회가 열렸다. 이날 서울시청 앞에서는 높이 3m나 되는 김일성 허수아비 화형식이 거행되고, 국회에서는 두 사건에 대한 '초당적 논의'를 위해 제63회 임시국회가 열렸다. 그 무렵 베트남에서는 공산군이 사이공 등 7개 성도省都에 대한 기습공격을 감행, 베트남 사태가 중대국면을 맞게 되었다.

박정희는 2월 20일 국무회의를 열어 북한의 무력침공에 대비 향토예비군설치법 시행령을 의결했다. 골자는 북한의 전면전에 대비해 향토예비군을 무장시키고 매년 2회(매회 7일 이내) 훈련을 받도록 했다.(향토예비군설치법은 5·16쿠데타가 나던 61년 12월 27일 공포됨) 문제는 향토예비군 창설을 계기로 정부가 안보 우선주의를 내세워 정국을 긴장상태로 몰아가려는 데에 있었다.

신민당 유진오 총재는 이 점을 지적하고 3월 23일 부산공설운동장에서 열린 시국대회에서 향토예비군 조직과 증과세에 대해 집중적으로 비판했다. 향토예비군설치법 개정문제를 놓고 여야 간에 논란 끝에 공화당은 5월 10일 단독으로 통과시켰다. 이에 대해 김영삼 신민당 원내총무는 논평을 통해 "국민의 자유와 인권에 영향을 주는 중대 법안을 회기 말에 단독으로 회기를 연장시켜 통과시킨 것은 용납 못할 폭거"라며 "원내외를 통한 무효화 투쟁을 벌이겠다"고 언급했다.

청와대 습격 미수사건과 푸에블로호 피랍사건이 동시적으로 발생하자 박정희는 독자적으로 대북보복을 감행하려 하고, 미국은 군사지원과 안보공약의 재천명의 약속으로 이를 막았다. 그러나 미국은 한국 정부와는 상의 없이 북한과 비밀접촉을 통해 푸에블로호 사건을 해결하고 말았다. 안보위기 속에서 한미공조는 이루어지지 않았다.

결국 미국은 한국 정부와는 아무런 협의도 없이 독자적으로 판문점에서 비밀협상을 전개해 1968년 12월 선원들의 귀환에 관한 제반합의에 도달했다. 12월 23일 미국 측 대표 우드워드 소장은 푸에블로호가 "수차에 걸쳐 북한의 영해를 침범했으며 북한의 군사 및 국가기밀에 대한 첩보행위를 수행했다"는 내용의 진술서에 서명했다.

서명 2시간 만에 북한 측은 선원 전원을 석방해 1년간을 끈 푸에블로호 사건은 종결됐다. 그러나 이 사건은 한국정부의 입장에서 보면 한반도에서 일어난 사건이었음에도 불구하고 북·미 협상과정에서 아무런 영향력을 행사하지 못하는 한계를 보여준 대표적 사례였다.[2]

향토예비군조직, 공안조성하며 개헌 음모

박정희는 5·16쿠데타의 명분으로 국가안보와 반공을 내세우고, 군정 2년에 이어 대통령이 되고 재선에 성공하여 7년여 동안 집권하였다. 그런데 북한 특수부대 소속 무장공비 31명이 청와대 인근 세검정 고개까지 들어왔다. 국가안보가 얼마나 허술했는가를 단적으로 보여주는 사건이었다.

박정희는 무책임한 책략가에 속한다. 책임정치가 구현되는 정상적인 국가라면 마땅히 퇴임의 사건인데도 역으로 공포분위기를 조성하고, 국회와 국민을 겁박하면서 향토예비군설치법을 개정하여 모든 청장년을 예비군 조직으로 묶었다.

당초 향토예비군의 임무는 국가비상사태 하에서 현역군부대의 역할, 무장공비침투 지역에서 무장공비 소탕, 경찰력만으로 진압할 수 없는 무장소요 진압 등이며, 예비역 장교, 군사관, 하사관 예비역병과 보충역 등으로 조직한다. 거주지 또는 직장을 단위로 하여 지역예비군이나 직장예비군으로 편성하였다. 그러나 향토예비군은 이후 청장년들의 생업은 물론 사회활동에 크게 저해 요인이 되었으며 박정희는 이 방대한 조직을 정치적으로 이용하였다. 박정희의 권력은 원초적으로 총구에서 나왔다. 이 태생적인 한계. 즉 쿠데타 콤플렉스가 그를 독재자로 만들었다. 총구에서 나온 권력은 정당성이 없다. 정당성 없는 권력은 본능적으로 폭력화 된다.[3]

예비군 조직은 박정희의 정치적 욕망의 폭력조직으로 악용되었다는 비판이 따랐다. 박정희는 여러 증언에 따르면 평화적 방법으로 정권을 내놓을 생각이 전혀 없었던 것 같다.

박정희는 이승만이 영구집권을 기도하다가 1960년 4월 혁명으로 쫓겨난 지 9년 만에 다시 장기집권을 위한 3선개헌을 추진하기 시작했다.

정치학자 새뮤얼 버틀러는 '권력은 마주魔酒'라고 했다. 그렇다고는 해도 전임자가 국민의 봉기로 권좌에서 쫓겨난 지 채 10년도 되지 않은 시점에서 다시 장기집권을 기도하는 개헌을 하겠다고 나서는 것은 전혀 역사에서 교훈을 배우지 못한 무지한 행동이었다.

박정희는 1968년 1월 10일 연두 기자회견에서 "특별한 상황이 없는 한 내 임기 중에는 헌법을 고치지 않았으면 하는 것이 나의 심경"이라며, 일단 속내를 감췄다. 그러나 1967년 총선거를 유례 드문 부정선거로 개헌선을 확보하고 동베를린사건과 무장공비 침투 그리고 향토예비군을 조직한 그는 권력지향의 충성분자들을 동원하여 서서히 개헌에 대한 애드벌룬을 띄우기 시작했다.

어느 시대나 독재자 주변에는 아첨배들이 줄을 선다. 공화당 초대 총재로서 끝까지 3선개헌을 반대했던 정구영의 증언이다.

개헌구상을 맨 먼저 한 사람들이 공화당의 소위 4인 체제야. 4인 중 김성곤·김진만·백남억, 그리고 국회의장 이효상, 이 사람들은 모두 민간 출신이고, 김진만과 김성곤은 자유당 출신이지. 이 사람들이 개헌 구상을 얘기한 것이 6,3 사태 때야. 물론 그때는 박 대통령의 장기 집권을 위해서가 아니고 내각책임제 헌법 구상이지.

바로 이런 사람들의 개헌 구상과 대통령 측근들의 장기집권 구상이 어우러져 나타난 것이 3선개헌 공작이야. 그래서 이 사람들이 3선개헌의 추진 주체가 되었다고 나는 보고 있어.[4]

박정희가 자기 손으로 만든 제3공화국 헌법 제69조 3항은 "대통령은 1차에 한하여 중임할 수 있다"고 규정하여 3선을 금지하고 있었다. 이승만의 장기집권이 남긴 교훈을 살린 것이다. 3선개헌은 야당과 국민뿐만 아니라 공화당 내부에서도 반대자가 많았다. 5·16쿠데타를 주동한 김종필은 오매불망 '그날'을 노렸다. 당내는 물론 권력 내부에 김종필 세력이 만만치 않았다.

박정희 정권의 핵심인 중앙정보부장 김형욱과 비서실장 이후락, 그리고 공화당 내 반김종필세력은 1968년 내내 공화당 내 정지작업을 진행했다. 백남억·길재호, 김성곤, 김진만 네 사람이 정책위원장, 사무총장 등을 차지하고 이른바 '4인체제'를 구축한 다음, 김종필 계열 등 개헌반대세력을 약화시키기 시작했다.[5]

공화당 일각에서는 중진 김용태 의원을 중심으로 국민복지회를 만들어 김종필을 차기 대통령으로 옹립하고자 움직이고 있었다. 여기서 만든 문건이 정보부장 김형욱의 손에 들어갔다. 박정희는 복지회 조직을 이미 보고받고 뒷조사를 김형욱에게 지시를 내린 바 있다. 김형욱의 증언이다.

"각하! 이 건은 조용히 처리하십시다."

"왜?"

"각하께서 3선을 하실 생각도 안하고 계신데 이 사건이 국민에게 알려지면 공화당 내부에서 마저 반대가 심각하구나 하고 국민들이 생각할 것 아니겠습니까? 아무리 부당한 항명抗命이라 할지라도 밑에 있는 사람들로부터 항명을 많이 받는 지도자는 지도자로서의 권위에 손상을 입지 않을 도리가 없는 것이 아니겠습니까?"

나는 박정희의 의표를 찌르고 들어갔다. 나의 질문은 사실은 박정희기 기필코 3선개헌을 할 결의를 가지고 있는 가를 다시 한 번 탐색하는 것이었다. 그러나 박정희는 성격상 파르르 화를 잘 내는 성미를 가지고 있었다. 그는 적어도 집권 이후 자기가 '천상천하에 유아독존' 식으로 제일이라는 신념, 자기의 권위에 아무도 도전할 수 없다는 가부장적 권위의식이 흔들려서는 잠시도 배겨나지 못하는 심리를 가지고 있었다.

"왜 조용히 처리해? 그따위 놈들을 가만 두란 말인가? 난 지금 김종필이란 놈이 괘씸해서 견딜 수 없단 말이야. 관련자를 전부 구속하여 조사하시오. 특히 국회의원이란 작자들은 더 엄중히 하시오. 배은망덕한 놈들 같으니라구!"[6]

권력 내부에서 총통제개헌론 제기

박정희는 국민복지회 관련자들은 '가만 두지' 않았다. 김용태 등 현역의원들을 당에서 쫓아냈다. 김종필이 청와대로 호출되었다. 그는 이 사건을 "김형욱의 장난"이라고 말했다. 김종필의 증언이다.

> 이튿날 박 대통령을 다시 만났다. "제가 알아봤더니 픽션입니
> 다"라고 했으나 박정희 대통령은 수긍하지 않았다. "아니야, 그걸
> 임자가 모르는 거야. 전국적으로 조직을 해 가지고 1971년 선거에
> 서 날 제쳐놓고 임자가 뭘 한다며?"라고 의심의 눈빛을 보냈다. 어
> 처구니가 없었다. 나는 시간을 좀 됐다가 대답했다.
> "제가 만일 그럴 생각이었다면 각하께 먼저 얘기를 했을 겁니
> 다. 그러나 전 추호도 그럴 생각이 없습니다. 저는 처음부터 각하를
> 뒤에서 도와드리기로 했고 그렇게 일을 꾸미고 기구(중앙정보부, 민주
> 공화당)도 만들어 투신해 왔습니다. 거기서 한 발짝도 열외로 나가지
> 않았습니다. 김 아무개(형욱)한테 잘못된 보고를 듣고 각하께서 심
> 통心通하시게 됐다면 그것은 제 부덕의 탓이니 용서해 주십시오. 저
> 는 변심 안 했습니다. 그런 엉뚱한 생각을 가져본 일이 없습니다."[7]

박정희는 김종필의 해명에도 불구하고 국민복지회 관련자들을 가
혹하게 처리했다. 중앙정보부에 끌려간 김용태 등은 고문 끝에 조작된
혐의를 시인했고, 5월 25일 공화당에서 제명당했다. 김종필은 5월 30
일 당의장직을 사퇴하고 정계를 은퇴한다고 발표했다.

당내의 3선개헌 반대세력을 축출한 공화당의 김성곤 등 비주류 4
인방은 주류가 되어 권력놀음에 빠져들었다. 김성곤은 얼마 후 또 다
른 사건으로 정보부에 끌려가 트레이드마크인 콧수염까지 뽑히는 수
모를 당하고 정계를 떠났다. 김형욱의 기록이다.

이제 어차피 내가 중앙정보부장을 떠날 때가 다가온다. 박정희의 수법이란 빤하다. 써먹을 만큼 써먹고 미련 없이 차버릴 것이다. 자 그렇다면 나는 어떻게 해서 물러나야 할 것인가?

내가 심각한 갈등에 빠져있을 동안 김종필을 쫓아낸 공화당의 비주류 4인조는 이제 한 술 더 떠서 개헌공작을 추진하고 나왔다.

"여보, 김부장. 사실 박대통령 아니고 누가 이 나라를 영도해 갈 수 있습니까? 차제에 개헌하는 마당에 아예 종심집권제로 바꿔버립시다. 어차피 욕먹긴 마찬가지 아니요?"

김성곤은 심지어 이렇게 나왔다.

"뭐라고, 총통을 만들잔 말씀이십니까?"

"그야 뭐 꼭 총통이라고 부칠 건 또 어디 있겠오. 한국사람들은 그 단어를 싫어합니다. 곧 장개석이나 스페인의 프랑코를 연상하니까요. 이름은 그냥 대통령으로 하되, 내용만 그리 만들면 되지 않겠오?"

"허허허! 그래 김성곤 의원께서는 일인지하 만인지상식으로 위에 박 대통령만 올려놓고 한바탕 국정을 주물러 보겠다는 말씀이구료."

"에이. 여보슈. 농담도."[8]

이때부터 정계 일각에서는 박정희가 총통제 개헌을 꾸미고 있다는 소문이 은밀히 나돌고, 1971년 대선과정에서 신민당 후보 김대중이 이를 '폭로'하여 파장을 일으켰다.

3선개헌, '민주주의 돌아오지 않는 다리' 건너

3선개헌의 걸림돌이었던 JP계의 '내부정리'를 마친 박정희는 본격적으로 개헌을 추진했다. 1968년 12월 17일 공화당 의장서리 윤치영이 부산에서 "조국근대화와 민족중흥의 과업을 이룩하기 위해서는 무엇보다 강력한 정치적 리더십이 필요하다."고 역설하면서 "이 같은 지상명제를 위해서는 대통령 연임조항을 포함한 현행헌법상의 문제점을 개정하는 것이 연구되어야 한다."면서 금기된 3선개헌의 물꼬를 텄다.

박정희는 1969년 7월 25일 "여당은 빠른 시일 안에 개헌안을 발의해 개헌추진에 대한 공식적인 입장을 발표하라."고 지시하기에 이르렀다.

마침내 박정희는 이승만과 유사한 '건널수 없는 다리'를 건너는 무리수를 던진 것이다. 7월 28일 공화당은 백남억 정책의장이 마련한 3선연임 허용과 국회의원의 각료직 겸직을 내용으로 하는 개헌안 골격을 확정한 뒤 소속의원들에 대한 설득작업에 나섰다.

개헌안은 공화당 의원 108명, 정우회 11명, 신민당 의원 3명 등 모두 122명이 서명하여 국회에 제출되었다. 서명 과정에서 청와대, 중앙정보부 등 권력기관이 총동원되어 JP계 의원들을 협박과 회유로 끌어들이고, 성낙현, 조흥만, 연주흠 등 신민당 의원들까지 변절시켜 개헌대열에 끌어들이는 '솜씨'를 보였다. 이승만보다는 많이 '근대화'된 수법이었다.

그러나 당총재를 지낸 정구영과 예춘호·양순직 의원 등이 끝까지 개헌안 서명을 거부함으로써 공화당은 107명이 서명했다. 공화당 창당 과정에서 영입되었던 올곧은 법조인 출신 정구영은 권력의 모진 압박에도 끝내 3선개헌 반대의 소신을 굽히지 않았다.

야당인 신민당은 변절자들의 의원직을 자동 상실케 하기 위한 편법으로 9월 27일 당을 해산했다가 20일 복원시키면서 이 기간 동안 신민회란 이름의 국회교섭단체로 등록했다. 신민당 유진오 총재는 "3선개헌은 민주주의가 돌아오지 않는 다리이며, 이 다리를 넘어서는 날에는 평화적 방법으로 민주주의를 되찾을 길이 영원히 막힐 것" 이라며 개헌저지 투쟁에 나섰다. 개헌반대 진영은 야당뿐 아니라 학생, 문인, 종교인 등 양심적인 다수의 국민이 참여했다.

30일 간의 공고기간이 끝난 개헌안이 9월 13일 국회 본회의에 회부되자 신민당 의원들은 표결저지를 위한 단상점거에 들어갔다. 이렇게 되자 이날 자정 이효상 국회의장은 "13일 본회의는 자동적으로 유회됐으므로 월요일인 15일에 본회의를 열 수밖에 없다."고 선포하고 본회의장에서 빠져나갔다.

신민당 의원들이 안심하고 잠자리에 들고 있을 때 광화문길 건너편 국회 제3별관에서는 이변이 일어났다. 9월 14일 새벽 2시 30분, 공화당 의원들만 참석한 가운데 이효상 의장의 사회로 단 6분 만에 개헌안을 변칙처리한 것이다. 국회주변 반경 5백여 미터에 1천 2백여 명의 기동경찰이 엄중하게 통행을 차단하고 있는 가운데 개헌지지 의원들만으로 개헌안을 처리한 것이다. 그야말로 신종 쿠데타적 수법이며 역대 개헌사에서 가장 비도덕적인 개헌안의 처리였다. 부산 5·25정치파동, 그리고 4사5입개헌파동에 이은 세 번째의 변칙 개헌이었다.

공화당이 본회의장을 옮겨가면서까지 변칙적으로 개헌안을 처리한 것은 형식상은 야당의 단상점거 때문이라고 내세웠지만, 실상은 내부의 이탈표가 두려웠기 때문이었다. 김종필계 일부에서는 여전히 3

선개헌을 반대하고 있었던 것이다. 날치기의 주역은 교수 출신 이효상이었다.

국회 본회의장에서 농성 중에 있던 신민당 의원들은 뒤늦게 변칙처리의 사실을 알고 현장으로 뛰어가 가구와 집기 등을 마구 때려 부쉈다. 하지만 역시 기차 떠난 뒤의 돌던지기였다. 개헌안을 변칙처리한 이효상 의장이 도의적 책임을 지고 의장직 사퇴서를 제출하는 등, 여권은 유화적인 제스처를 보냈지만 야당의 분노를 쉽게 달래기는 어려웠다.

개헌안의 국민투표를 앞두고 공화당의 지지유세와 신민당의 반대유세가 전국적으로 진행돼 국민적인 쟁점으로 부각되었다. 공화당은 "안정이냐 혼란이냐, 양자택일을 하자"고 내세우고, 신민당은 "개헌안 부결로써 공화당정권 몰아내자"면서 국민의 지지를 호소했다.

3선개헌반대 범국민투쟁위원회가 구성되어 개헌저지 투쟁에 나서고 전국의 대학생들이 궐기하는 가운데 10월 17일 개헌안의 국민투표가 실시되었다. 투표율 77.1%, 최종집계 결과 총 투표자 1,160만 4,038명 중 찬성 755만 3,655표, 반대 363만 6,369표, 무효 41만 4,014표로써 개헌은 확정되었다.

개헌안 국민투표 과정에서 정부·여당에 의한 각종 부정과 관권동원이 자행되고 투·개표과정에서도 무더기표 등이 발견되는 등 각지에서 부정이 나타났다.

개헌반대 투쟁을 일선에서 지휘해오던 유진오 신민당 총재가 9월 10일 뇌동맥경련증으로 몸져누우면서 국민투표를 이틀 앞두고 10월 15일 특별성명을 통해 "부정과 불법을 막아 개헌을 저지하기 위해 민권투쟁에 참여해 줄 것"을 호소했다. 그러나 개헌안이 압도적으로 통과되자 10월 19일 국민투표 결과에 대한 책임과 신병을 이유로 신민당 총재직에서 물러날 뜻을 밝히고 신병 치료차 일본으로 떠났다.

3선개헌 반대 투쟁 과정에서 신민당 장준하 의원은 박 대통령을 "사카린 밀수왕초", "한국청년의 피를 베트남에 팔아먹었다"는 등의 발언을 해 대통령 명예훼손혐의로 체포되었다.

이로써 박정희는 종신집권을 가로막는 또 하나의 장애물을 제거하고, 이후의 역사가 보여준 대로 유신쿠데타와 긴급조치 등 더욱 철저한 헌정유린으로 나아가게 된다.

국민복지회사건으로 공화당에서 쫓겨난 김용태는 개헌안 국회 표결을 앞둔 어느 날 청와대에 호출되었다. 김용태의 증언이다.

"각하! 괴롭고 고되기만 한 정치 그만하시고 농장이나 하시면서 글이나 쓰시는 것이 어떠하시겠습니까?"

"그래! 자네 말 그대로야! 하루에도 몇 번이나 그런 생각을 해보고 있지! 이제는 나라살림을 누가 한들 되지 않겠나?…"

"각하! 지금이 가장 중요한 시간 같습니다. 역사상 위대한 기록을 남기십시오. 국가원수란 외롭고 괴로움만 있다고 했습니다. 이제는 자유로운 자기 생활로 되돌아가시지요!"

"우리 집사람도 밤낮 자네와 꼭같은 이야기만 하는데 사무실에만 나오면 딴판이란 말일세!"

박 대통령께서는 고민하고 있는 것이 역연했다. 나에게 좀더 설득력이 있다면 3선개헌 작업을 중단시킬 수도 있지 않을까 하는 한가닥 희망도 품어 보았다. 주변의 아첨배들 모습이 눈앞에 스치며 대통령의 모습이 측은하게 느껴지기도 했다. 자신들의 권력을 누리기 위한 사람들의 간교하고 무서운 음모의 분위기가 대통령 주변을 감돌고 있는 것 같았다.

"김의원! 자네는 나와 같이 5·16혁명 때 목숨을 다짐했던 사이가 아닌가! 나의 결심이 오판이라고 생각하더라도 나를 좀 도와주게!"[9]

13장

권력의 타락,
비상사태 선포

권력의 타락 정 여인 사건으로 '육박전'

박정희는 재선에 성공하고 국회에 다수석을 확보하면서 더욱 오만
해졌다. 5·16 이후 10여 년 동안 절대권력을 휘둘러 온 그에게 이제 거
칠 것이 없었다. 측근들은 무골충, 집권당은 어용화되었다. 정부 각 부
처나 정보기관은 철저히 사설기관으로 전락했다. 그에게 충언하거나
고언을 해줄 사람은 주변에 아무도 없었다. 공화당 소속의원으로 쓴 소
리를 하면서 한때 3선개헌을 반대했던 전 국회의장 이만섭의 증언이다.

박 대통령은 평소에는 소탈하고 인정이 많았으나 차기 대통령
자리를 노리거나 대통령의 권위를 훼손하는 자에 대해서는 사정없
이 철퇴를 가했다.

김종필 공화당 의장은 4대 의혹사건과 국민복지회 사건으로 일
찍부터 박 대통령의 눈 밖에 났으며, 이북 출신들이 결속하여 정일
권 총리를 차기 대통령으로 옹립한다는 소문이 나돌자 은밀히 뒷조

사를 시킨 적도 있었다.

　최측근 심복이었던 윤필용 장군을 감옥에 가두었고, 윤필용 사건과 관련이 있는 것으로 소문난 이후락 전 비서실장도 의심을 계속하다가 7·4남북공동성명을 위해 이북에 다녀온 후 후계자 중 한 사람이라는 외신 기사가 나오자 그를 멀리하고 말았다. 그리고 나에 대해서도 마찬가지였다.[1]

　절대권력은 절대부패하고 도덕적으로 타락하는 것은 만고의 철칙이다. 1970년 3월 미모의 20대 여성이 한강변에서 변사체로 발견되었다. 총을 쏜 범인은 친오빠라고 경찰은 발표했지만 많은 의혹이 뒤따랐다. 1970년대 벽두를 장식한 이른바 '정 여인사건'의 막이 올랐다.

　사건은 거대한 정치스캔들로 변하고 시중의 화제가 되었다. 국회에서 야당의원들이 대정부질문의 이슈로 삼았다. 정 여인에게 아비를 알 수 없는 어린 아들이 있었다. 박정희의 아들이냐, 국무총리 정일권의 아들이냐를 둘러싸고 의문이 꼬리를 이었다. 그녀는 정부의 특수층 아니면 불가능한 복수여권을 소지하였고 미화 2,000달러가 현금으로 나왔다. 신민당 조윤형 의원이 국회에서 풍자 가요시를 낭송했다.

　　아빠가 누구냐고 물으신다면,
　　청와대 미스터 정이라고 말하겠어요.
　　나를 죽이지만 않았더라면
　　영원히 우리만 알았을 것을
　　죽고 보니 억울한 마음 한이 없소.

232

승일이가 누구냐고 물으신다면
고관의 씨앗이라고 말하겠어요.
그대가 나를 죽이지만 않았더라면
그렇게 모두가 밉지는 않았을 것을
죽고 나니 억울한 마음 한이 없소.[2]

예나 이제나 경찰은 특권계층에는 약하다. 최고위층의 연계설이 나돌면서 경찰수사는 친오빠가 동생의 방탕을 보다 못해 죽인 것처럼 호도되고, 그 대신 청와대에서 '육박전'이 전개되었다.

국회에서 신민당의 조윤형 의원이 정인숙 사건 풍자 가요를 낭송했을 때는 청와대 안방에서도 이미 그 문제로 '육박전'이 한 차례 크게 벌어진 뒤였다. 육박전이란 육영수와 박정희의 부부싸움을 시중에서 그 성인 '육'과 '박'으로 표현한 조어였다.

정인숙이 관계한 권력자 26명의 이름이 언론에 보도되고 아들의 아버지에 관한 풍자 노래가 널리 알려지자 육영수는 참지 못하고 박정희에게 대들었다. 사실 여부를 따지면서 부부싸움은 험악한 양상으로 치달았다.

박정희는 화가 나서 재떨이를 던졌으며 이것이 육영수의 얼굴에 맞았다. 육영수의 눈자위에 푸른 멍이 든 것을 외부에서 온 여성계 방문객과 청와대 출입기자 일부가 목격했다. 이것이 바깥에 알려지면서 '육박전'으로 희화된 유행어가 생긴 것이다.[3]

승일이의 아버지는 끝내 밝혀지지 않았다. 그리고 당사자들은 모두 죽었다. 승일이 친부가 박정희와 정일권으로 압축된 듯도 했으나 진실은 규명되지 않았다. 그 대신 권력사회의 부패·타락상이 베일에 가려진 채 널리 회자되었다.

성인이 된 정승일은 1991년 6월 5일 서울 가정법원에 정일권을 상대로 친자확인 소송을 제기했다. 그러나 6월 27일 외삼촌의 권유로 소송을 취하하고 다음날 미국으로 출국했다. 이때 정일권 측에서 그에게 80만 달러를 주었다는 얘기가 나돌았다. 그는 1993년 다시 정일권을 상대로 서울 가정법원에 친자확인 소송을 냈으나 소송이 진행되는 중 정일권이 사망함으로써 친자확인은 영구미제로 빠지고 말았다.

그러나 정승일은 1993년 한 방송 프로그램에 출연해 "최근 정일권 씨가 나와의 직접 통화에서 '당신은 나의 아들이 아니며 내가 모시던 분의 아들'이라고 밝혔다"고 주장했다. '만인지상 일인지하' 국무총리가 모시던 분이라면 말 그대로 대통령밖에 없다. 정승일은 자신이 박정희의 아들일 수 있다는 여지를 남겨놓은 것이다. 그러나 친자확인 소송을 냈다가 취하한 그의 행태로 미루어 그 주장의 신빙성을 판단하기가 쉽지 않은 것이 문제다.[4]

대학생들 교련으로 통제

권력층이 부패타락하고 경제발전의 과실이 특수층으로 흘러갈 때 일반 국민은 여전히 빈곤과 압제에 시달렸다. 향토예비군은 청장년들의 공사활동을 억제하는 사슬이 되고, 일용노동자 등 서민층의 생업에 큰 타격을 주었다.

대학생들의 교련교육 시간

　박정희는 장기집권 체제를 구축하면서 가장 경계한 것이 대학생들
이었다. 야당은 중앙정보부를 통해 분열과 매수 등 정치공작으로 조종
하고, 노동계는 아직 크게 두려워 할 정도로 세력화가 이루어지지 않
았다. 언론계 역시 경계의 대상이지만 사주·간부들을 대상으로 통제
와 떡고물로 요리가 되었다. 그런데 문제는 학원이었다. 한일회담을
반대할 때는 수만 명의 학생들이 광화문까지 진출하여 혼비백산하기
도 했다.

　박정희는 1970년대 초 대학생들을 통제하고자 학원병영화의 일환
으로 군사훈련을 강화시켰다. 1971년 1학기부터 1969년에 정규과목
으로 채택된 교련교육을 종래 주 2시간에서 3시간으로 늘리고 집체교
육까지 부과하여, 재학 중 무려 71시간의 군사훈련을 받도록 했다. 교
관도 전원 현역으로 교체하는 등 학원병영화를 강화·가속화시켰다.

1971년의 대통령 선거에 대비한 조처였다. 일반 청장년들에게는 향토예비군으로, 대학생들에게는 교련으로 묶어 통제한 것이다. 이 시기부터 대학가의 핫 이슈는 교련반대에 모아졌다. 박정희는 교련반대 학생시위를 가혹하게 처벌했다. 군대로 징집한 학생도 많았다.

학생들은 교련을 반대한 이유를 다음과 같이 정리했다.

첫째, 동서 화해 무드라는 세계사적 조류와 정면충돌한다.

둘째, 군비 확장에 몰두한다면 민족 자멸만을 초래한다.

셋째, 힘의 대결은 평화적 통일에 대한 무능을 표시하는 것이다.

넷째, 학생까지 무장해야 할 절박한 사태가 아니다.

다섯째, 단계적 특혜로 학생 서로를 분열시킨다.

여섯째, 이중 삼중의 병역의무 부과는 민주주의 원칙에 배치된다.

일곱째, 특혜 아닌 특혜로 학생들을 유혹하려는 것은 전체 학생들을 모독하는 행위다.

여덟째, 학생군사훈련은 실효성이 없음이 드러났다.[5]

노동운동의 횃불 전태일 분신

1970년 11월 13일 낮 1시 30분경, 한 청년이 전신에 석유를 뿌려 불에 휩싸이며 "내 죽음을 헛되이 말라."고 절규하면서 쓰러졌다. 주위에 많은 사람이 있었지만 워낙 순식간의 일이라 아무도 덤벼들어 불을 끄지 못했다. 전신에 치명적인 화상을 입은 이 청년은 병원에 실려

갔으나 끝내 회생하지 못한 채 산화하고 말았다.

청년의 분신은 한 무명 노동자의 죽음이었지만, 이후 한국 사회에 미친 파장은 가히 태풍급이었다. 독재정권이 재벌을 키워주고 악덕기업은 권력과 결탁하면서 노동자들을 착취하는 먹이사슬 구조에서 터져 나온 저항의 불꽃이었다. 그의 죽음으로 인하여 권리 위에 잠자던 노동자들이 깨어나기 시작하고 현대적인 노동운동의 전기가 마련되었다.

청년의 이름은 전태일, 1948년 8월 26일 대구에서 전상수와 이소선 사이에서 태어났다. 6·25전쟁으로 부산으로 피난을 갔으나 봉제 기술자였던 아버지의 파산으로 1954년 가족이 모두 서울로 이사왔다.

전태일은 가난 때문에 거의 정규 교육을 받지 못했다. 남대문초등학교 4학년에 다닐 때 학생복을 제조하여 납품하던 아버지가 사기를 당하고 큰 빚을 지는 바람에 학교를 그만두고 가족의 생계를 책임지기 위해 동대문시장에서 물건을 떼어다 파는 행상을 시작했다. 그러다 17세 때 학생복을 제조하던 청계천 평화시장의 삼일사에 보조원으로 취직하였다. 일찍이 아버지에게서 재봉 일을 배웠던 전태일은 기술을 빨리 익혀서 1966년에는 재봉틀을 다루는 재봉사가 되어 통일사로 직장을 옮겼다. 이 무렵 빚 때문에 뿔뿔이 흩어졌던 가족도 다시 모여 살 수 있게 되었다.

당시 전태일이 일하던 청계천 평화시장은 인근의 동화시장, 통일상가 등과 함께 의류 상가와 제조업체가 밀집되어 있는 곳이었다. 좁은 공간에 다락을 만들어 노동자들을 밀집시켜 일을 시키다 보니 노동환경이 매우 열악했다. 노동자들은 햇볕도 들지 않는 좁은 다락방에서 어두운 형광등 불빛에 의존해 하루 14시간씩 일을 해야 했다. 환기 장치가 없어서 폐 질환에 시달리는 노동자도 많았다. 이들은 대부분 여성이었는데, 특히 '시다'라고 불린 보조원들은 13~17세의 어린 소녀들로 초과근무 수당도 받지 못한 채 극심한 장시간 저임금 노동에 시달리고 있었다.

한동안 막노동을 하며 지내던 전태일은 1970년 9월 평화시장으로 돌아와 삼동회를 조직했다. 그리고 다시 노동환경을 조사하는 설문지를 돌려 노동청, 서울시, 청와대 등에 진정서를 제출하였다. 이러한 내용이 한 신문에 실려 사회적 주목을 받자 삼동회 회원들은 노동환경 개선과 노동조합 결성을 위해 사업주 대표들과 협의를 벌이려 하였다. 그러나 행정기관과 사업주들의 조직적인 방해로 무산되었다.

그래서 전태일과 삼동회 회원들은 1970년 11월 13일 평화시장 앞에서 근로기준법 화형식을 벌여 근로기준법상 노동자의 권리조차 제대로 보호하지 못하는 현실을 고발하기로 했다. 경찰의 방해로 시위가 무산되려는 상황에 놓이자 전태일은 자신의 몸에 석유를 뿌리고 불을 붙인 채 "근로기준법을 준수하라! 우리는 기계가 아니다!" 등의 구호를 외쳤다. 병원에 실려 간 전태일은 어머니에게 "내가 못다 이룬 일을 어머니가 대신 이뤄주세요"라는 유언을 남기고 그날 세상을 떠났고, 장례식은 11월 18일 노동단체장으로 엄수되어 경기도 마석의 모란공원에 매장되었다. 어머니 이소선은 아들의 유언에 따라 죽을 때까지 '노동자의 어머니'로 살았다.

전태일은 자신의 몸을 던져 "모두가 크게 하나 된다"는 이름대로 노동자들의 영원한 친구가 되었다. 그의 죽음은 1970년 11월 27일 70년대 최초의 민주노조인 전국연합노조 청계피복노동조합이 탄생하는 직접적인 배경이 되었다.

박정희식 선성장 후분배의 논리에 입각한 고도성장 정책의 해독과 일선 노동자의 참상을 정면으로 고발한 전태일 분신 사건은 1970년대 이후 한국 사회의 이데올로기가 되었다.

1·2차 경제개발기간 동안 한국 경제는 연평균 9.9%의 높은 경제성장률을 기록했다. 그러나 이같은 고도성장이 수출주도형 산업화 전략에 입각해서 추진되었기 때문에, 노동자는 양질의 저임금 노동력을 제공하는 경쟁력의 원천일 뿐, 충분한 여가와 적정임금으로 소비를 진작시키는 내수시장의 역군이 되지 못했다. 경제성장의 햇살은 수출 대기업과 이에 연관된 소수의 중·상류층만을 비출 뿐이고, 노동빈곤층은 성장의 그늘에 가린 채 생산현장에서 저임금, 장시간 노동, 그리고 열악한 노동조건을 강요당했다.[6]

김대중과 용호상박전

박정희가 정치적으로 가장 위기를 맞고 타격을 입은 것은 1971년 4월 제7대 대통령 선거였다. '정치도박'으로 3선개헌까지 강행하면서 터를 닦았다. 그런데 돌연변수가 나타났다. 야당의 김대중 후보였다.

신민당은 오랜 침체에서 깨어나 '40대 기수론'이 등장하고 김영삼과 김대중의 격돌 끝에 김대중이 다크호스로 등장하였다. 박정희는 중앙정보부를 통해 유진산 등 수월한 후보를 만들고자 했으나 야당 대의원들은 치열한 민주적 경선 끝에 연부역강한 김대중을 후보로 선출했다.

전당대회에서 대통령 후보에 지명된 김대중은 "군정종식과 민주화 시대의 개막"을 위해 모든 노력을 다하겠다고 밝혔으며, 패배한 김영삼은 "나와 같은 40대 동지의 승리는 신민당의 승리요, 바로 나의 승리"라고 하면서 대통령 선거에서 협력을 다짐했다.

한국 정치사에서 가장 드라마틱하게 전개된 이날 전당대회의 결과는 야당의 깨끗한 경선과 함께 김대중·김영삼이라는 참신한 정치지도자를 배출한 의미 깊은 대회로 기록되었다.

신민당이 1971년 4월 27일에 실시되는 제7대 대통령 선거전에 김대중 후보를 지명하여 선거운동에 나선 데 반해 공화당은 비교적 차분한 자세로 일선조직에 열중하였다. 이미 3선개헌을 통해 박정희가 대통령 후보에 내정된 것이나 마찬가지이기 때문에 후보지명 절차는 요식행위에 불과했던 것이다.

그래도 어쨌거나 지명대회를 거치지 않을 수는 없었다. 3월 17일 지명대회를 가진 공화당은 박정희 총재를 또 다시 만장일치의 찬성으로 대통령 후보에 추대했다.

선거전은 당연히 박정희와 김대중 후보의 대결로 압축되었다. 공화당은 막강한 조직과 풍부한 자금으로 선거전에 나서고, 신민당은 김대중 후보의 다양하고 참신한 정책과 전국적인 유세를 통해 이에 맞섰다.

김대중은 10월 16일 첫 기자회견에서 다음과 같은 내용을 당면정책으로 제시했다.

① 향토예비군 폐지
② 대통령 3선조항 환원의 개헌
③ 대중경제 구현을 위한 노사공동위원회 설치
④ 미·일·중·소 등 4대국에 의한 전쟁억제 요구 등

4·27대선은 과거 어느 선거에 비해 여야 간의 정책대결로 진행되었다. 그것도 야당후보의 리드에 의한 정책대결이라는 특징을 보였다.

김대중은 지방도시의 유세를 통해 대통령의 재산공개, 남북간의 서신교류·기자교환 및 체육인 접촉, 지식인·문화인 및 언론의 권력으로부터의 해방, 제2의 한일회담 및 주월국군 철수, 대통령 및 국회의원 선거권 연령 인하, 반공법 제4조의 목적범 적용에 국한하는 개정작업, 정부기관 일부의 대전 이전, 전매사업의 공영화 내지 민영화 실현 등 많은 정책을 집권공약으로 내걸었다. 모두 155개에 달하는 집권 청사진을 제시하여 정책대결을 리드했다.

박정희도 10개 부문에 걸쳐 56개 항목의 정책을 제시했다. 정치관련 공약은 대략 다음과 같았다.

① 국민여론을 바탕으로 한 발전적 민주정치의 구현
② 야당협조로 생산적 정치윤리의 구현
③ 민원행정 간소화
④ 지방재정 자립도를 높여 단계적 지방자치제 실시

경제정책에서는 세제개혁 및 금융제도의 개선, 국토개발계획을 다짐했다.

두 진영의 정책대결에 있어서는 김대중의 정책이 상대적으로 돋보였다. 공약을 둘러싸고 쌍방 간에 쟁점이 빚어지기도 했다. 쟁점은 주로 다음의 것에 집중되었다.

① 안보논쟁

② 통일문제와 남북교류

③ 장기집권 시비

④ 부정부패의 척결

⑤ 향토예비군과 교련폐지 문제

⑥ 경제정책의 시비 등

김대중의 예비군 폐지 주장에 따른 대안의 제시는 일단 주춤해졌으나 정부 여당의 안보논쟁의 확산으로 정국에 긴장이 감돌기도 했다.

유세의 대결에서 가장 관심을 끌었던 것은 서울 장충단공원에서 벌어졌던 두 후보의 유세전이었다. 막판 열세에 몰린 박정희는 "다시는 국민에게 표를 찍어달라고 나서지 않겠다"고 선언하고, 김대중은 "이번에 정권교체를 이루지 못하면 총통제가 실시될 것"이라고 단언하여 많은 국민의 관심을 불러일으켰다.

선거운동 과정에서 두드러진 현상의 하나는 공화당 측에서 노골적인 지역감정을 조장한 사실이다. 특히 국회의장 이효상은 "신라 천년만에 다시 나타난 박정희 후보를 뽑아서 경상도 정권을 세우자."고 지역감정을 촉발시켰다. 이후 정권차원의 호남차별이 가시화되고, 지역갈등이 심화되었다. 야당탄압도 여러 가지 형태로 나타났다. 김포·강화의 김대중 후보 차량 총격사건을 비롯, 그의 집에서 폭발물이 터지고, 정일형 선거대책본부장의 자택이 원인 모를 화재를 당하는 등 상식 밖의 일이 연달아 발생했다.

정부 여당은 '조작극'이라고 잡아떼고, 경찰은 김대중 자택의 화재는 "김대중의 15세 된 조카인 김홍준 군의 단독범행"이고, 정 선거대책본부장 집의 화재는 고양이를 실화점으로 밝혀 많은 국민들의 실소를 자아내기도 했다.

투표 당일에도 여러 가지 관권 개입으로 시비가 일었다. 심지어 김대중 후보가 투표한 마포구 동교동 제1투표소에서는 투표구 선관위원장이 사인私印 대신 직인을 찍어 1,690표가 무효가 되기도 했다. 개표 결과 박정희 후보가 634만 2,828표를 얻어 539만 5,900표를 얻은 김대중 후보를 94만 6,928표를 앞질러 당선이 결정되었다.

부정선거는 이번 선거에서도 어김없이 자행되었다. 후일 박 정권에서 보안사령관을 지낸 강창성의 증언에 따르면, 당시 대선자금으로 700억 원 가량이 살포되었다고 한다. 1971년 국가예산이 약 5,200억 원 규모였던 점을 감안하면 총예산의 1/7 가량을 선거에 쏟아 부은 것이다.

4·27선거에서 나타난 특징적인 현상은 지방색이 노출되고, 표의 동서현상이 나타났으며, 여촌야도가 부활하고, 군소정당이 철저하게 몰락했다는 것이다. 이 선거에서 영남에서는 72대 28의 비율로 박 후보 지지표가 쏟아졌으나 호남에서는 65대 35의 비율로 김 후보의 표가 나왔다. 지역별로 보면 박 후보가 영남지역에서 전승의 기록을 세운 데 비해 김 후보는 진안·무주·고흥·곡성에서는 오히려 뒤졌다.

제8대 총선 야당약진, 각종 파동 잇따라

박정희는 대선 승리의 여세를 몰아 제8대 총선을 조기에 실시했다. 5월 25일로 예정된 총선을 앞두고 신민당은 내분에 휩싸였다. 유진산 당수가 자신의 선거구인 영등포 갑구를 포기하고 전국구 1번으로 등록

하면서 벌어진 자중지란이었다. 유진산이 박정희의 인척이 출마한 자신의 선거구를 포기하고 무명청년을 공천하면서 신민당에서는 이른바 '진산파동'이 일어났다.

유진산 당수와 양일동·고흥문·홍익표 세 운영위원회 부의장이 사퇴하고 그 다음 서열인 김홍일 전당대회의장이 당수권한대행을 맡아 간신히 당을 수습하고 총선에 대비했다.

박정희의 공화당은 "중단없는 조국근대화"를 구호로 내걸고 원내 안전의식을 주장하면서 행정조직을 선거운동에 동원하고, 신민당은 "총통제 음모 분쇄"를 위해서 많은 야당의원의 당선을 호소했다. 총통제는 여전히 정가의 핵폭발물이 되고 있었다.

선거과정에서 갖가지 부정이 자행되었다. 신민당은 정부 여당의 원천적 부정선거 내용으로 선거인명부의 이중등재, 전입·전출을 이용한 주민등록 조작, 공무원을 근무지소속 투표구로 전입, 직권말소 등에 의한 선거권 박탈 등을 들었으며, 표면적인 부정선거 내용으로 경찰의 야당유세 방해, 야당후보 및 운동원에 대한 폭행 및 협박, 야당참관인 매수, 공무원의 선거운동, 사전 기표용지 배포 등을 폭로했다.

대통령 후보였던 김대중에 대한 살해음모가 지방유세 도중에 자동차사고를 가장하여 발생하기도 했다. 그는 위기일발로 살아남았다.

개표 결과는 참으로 놀라운 현상을 나타냈다. 여야는 물론 국민도 함께 놀란 결과였다. 모두 204명의 의석 중 공화당이 지역구 86석에 전국구 27석, 신민당이 지역구 65석에 전국구 24석, 국민당 1석, 민중당 1석으로 신민당이 무려 89석을 차지한 것이다. 공화당의 113석과 신민당의 89석이라는 의석수는 의정사상 가장 근소한 차이를 보인 것이었다.

신민당은 개헌저지선 69석에서 20석을 더 확보한 셈이었다. 산술적으로는 여당의 승리였지만 정치적으로는 야당의 약진이었다. 진산파동이라는 미증유의 적전내분을 겪으면서, 더욱이 총선을 총지휘할 당수조차 부재한 상황에서 신민당의 약진은 대단한 성과로 나타났다.

득표율에 있어서도 야당의 약진은 두드러졌다. 총 유권자 1,561만 258명 가운데 73.2%의 투표율을 보인 가운데 공화당의 득표율은 52.26%이고, 신민당의 득표율은 47.64%였다. 이 선거는 여야균형 국회를 등장시키는 계기가 되었으며 행정부에 대한 견제세력을 부각시키는 결과를 가져왔다. 유권자들이 장기집권에 들어선 박정희에 대한 견제심리가 작용한 것으로 풀이되었다.

서울에서는 진산파동의 계기가 된 영등포 갑구를 제외한 전 지역을 신민당이 석권했으며, 부산·대구에서도 여당은 1석씩밖에 당선시키지 못했다. 32개 도시의 64개 선거구에서 공화당은 17석밖에 당선되지 못했으나 신민당은 47석을 차지해 두드러진 야도현상을 나타냈다. 박정희 정권에 대한 국민의 엄중한 심판이었다.

대통령 선거와 총선거를 치르는 과정에서 사회분위기가 크게 완화되었다. 5·16군사쿠데타 이래 억눌려 있던 국민의 인권의식이 크게 신장되고 이에 따라 언론도 비교적 자율성을 찾게 되는 등 어느 때보다 사회적 분위기가 활력을 찾아가고 있었다. 학생들이 공명선거감시단으로 선거에 참가하는가 하면 지식인들도 제 목소리를 내기 시작했다.

이런 과정에서 터진 것이 1971년 여름의 의료파동에서 시작하여 사법파동, 광주대단지사건, 월미도사건, 한진기술자 KAL빌딩사건, 조세저항사건 등이다. 이 가운데 대표적인 사건·사태는 사법파동과 광주대단지·월미도사건이다.

광주대단지사건을 진압하러 간 전투경찰순경 대원들

사법파동은 1971년 7월 28일 서울지방검찰청이 서울형사지법 항소3부 재판장 이범렬 부장판사와 배석 최공웅 판사, 입회서기 이남영을 피의자로 구속영장을 신청한 데 반발, 현직판사들이 집단사표를 제출함으로써 발생했다. 검찰은 재판부가 국가보안법 위반사건의 심리과정에서 제주도에 출장을 다녀오면서 담당변호인으로부터 왕복항공료와 향응을 받았다는 혐의로 영장을 신청한 것이다.

이에 대해 서울형사지법 판사 전원은 이 사건 직전 대법원의 국가배상법 위헌판결, 형사지법의 잇단 무죄판결에 대한 감정적 보복이라면서 일제히 사표를 제출했다.

사표제출은 가정법원·전주·청주·대구·부산지법으로 번지고 사법권 수호투쟁이 전국적으로 확산된 가운데 국회로까지 확산, 정치문제화 되자 검찰 측이 사건을 백지화시킴으로써 일단락되었다.

광주대단지사건은 같은 해 8월 10일 광주대단지 주민 5만여 명이 정부의 무계획적인 도시정책과 졸속행정에 반발하여 일으킨 빈민항쟁으로, 6시간 동안 사실상 광주대단지 전역을 장악한, 해방 이후 최초의 대규모 도시빈민투쟁이었다.

월미도사건은 8월 23일 아침 인천 앞바다 월미도에 수용 중이던 특수병들이 경비병 23명을 사살한 후, 섬을 탈출해 인천을 거쳐 버스를 타고 서울 영등포까지 총기를 난사하여 진입한 뒤 자폭한 사건이다.

모두 박정희 정권의 폭압통치와 비리가 빚어낸 결과였다. 그는 집권 10년 동안 국정을 전횡하면서 1인독재의 길을 걸어왔다. 이에 맞서 대선과 총선을 거치면서 국민이 각성하고 분노가 폭발하기 시작했다. 그리고 국정농단을 견제하기 위해 서울 등 대도시에서는 야당의원들을 다수 뽑았다.

항명파동 주동자 가혹하게 처리

제8대 국회 개원을 전후하여 사회 각 방면에서 발생한 각종 파동과 사태는 정치문제로 확산돼 국회의 대정부질의를 통해 논란이 증폭되었다.

신민당은 9월 30일 3부장관에 대한 해임건의안을 제출했다. 사회불안을 자극시킨 광주단지사건과 특수병들의 서울난입 사건, 1971년 들어 물가를 자극시킨 공공요금인상 책임, 사법파동의 책임 등을 물어 김학렬 경제기획원장관, 오치성 내무장관, 신직수 법무장관의 해임건의안을 제출한 것이다. 사실상 박정희를 겨냥한 공세였다.

신민당이 3부장관이 해임건의안을 제출하게 된 것은 공화당의 사정을 정확히 꿰뚫고 결단을 내린 것이었다. 공화당은 실권이 김종필 총리의 반대세력인 이른바 4인체제에 맡겨졌으나, 오치성이 내무부장관에 취임하면서부터 경찰의 요직개편과 지방관서장의 인사이동에서 4인체제에 가까운 사람은 거의 다 한직으로 밀려나고 말았다.

이 때문에 김종필 내각의 치안·인사행정에 공화당의 4인체제가 극심한 반발을 보이게 되고, 4년 후의 대권을 놓고 주류·비주류의 대립상을 빚고 있었다. 바로 이런 점을 노리고 신민당이 3부장관의 해임건의안을 제출한 것이다.

해임건의안을 부결시키라는 박정희의 강력한 지시에도 불구하고 10월 2일 실시된 국회표결은 의외의 결과를 나타냈다. 김학렬 경제기획원장관과 신직수 법무장관은 재석 202명 중 가 91, 부 109 (무효2)로 각각 부결되었으나, 오치성 내무장관은 재석 203명 중 가 103명, 부 90명 (무효6)으로 통과된 것이다.

공화당은 제2의 항명파동으로 숙당작업이 전개되었다. 박정희는 항명을 주도한 김성곤·길재호 두 의원을 출당시켜 의원직을 상실케하고, 김창근·문창택·강성원 의원을 당명 불복종을 이유로, 내무장관으로서 해임건의안의 대상이 된 오치성 의원을 당론분열 조성의 이유로 각각 6개월간 정권처분했다. 김성곤·길재호는 중앙정보부에 끌려가서 혹독한 고문을 당했다. 박정희는 자신의 권위에 도전하는 인물은 그가 누구라도 가차없이 내치는 잔혹함을 다시 한 번 보여 주었다. 정신분석학자의 진단이다.

자기애적 환상이 강한 사람들에게는 그것을 유지하기 위한 현실에서의 지속적인 뒷받침이 필요하다. 자기의 위대함을 증명하는 작업이 성공적으로 이루어지지 않으면 자아의 안정을 유지할 수 없고 정체성을 확고하게 다질 수도 없다.

　이는 선거 결과에 대한 박정희의 분노가 무의식적 불안의 증폭에서 비롯된 것임을 의미한다. 국민들의 불신으로 인해 자칫 경쟁에서 패배하는 날이면 자기의 환상이 깨지는 건 물론이고 나아가 어머니가 자기에게 남긴 두 개의 유산, 즉 유기불안과 죽음에의 공포에 곧바로 직면할 수밖에 없기 때문이다. 융통성이 없는 박정희의 성격구조로 볼 때 충분히 일어날 수 있는 현상이다.[7]

어용교수 '평가교수단'의 과잉평가

　박정희는 국민의 저항과 야당의 비판을 수렴하거나 시정하려는 노력 대신 더욱 강압적인 수법으로 대응했다. 독재자들이 걷는 방식이다. 일반적인 독재자론에서 제기되듯이, 독재자들은 하나같이 자신의 무오류성을 맹신한다. 자신의 행위는 언제나 정당하고 국민을 위하는 것이라는 일종의 확신범이다.

　여기에는 관제화된 언론과 어용지식인 집단의 역할이 크게 작용한다. 일부 언론인은 아예 정권에 참여하여 홍보맨 역할을 하고, 대학교수들은 평가교수단에 참여하여 각종 아이디어를 내거나 정책개발 혹은 대통령 홍보에 나섰다.

　5·16 이후의 한국 정치에는 군인 아닌 또 하나의 아마추어 정치세력이 개입되어 왔다. 대학교수들이었다. 그들은 앞장선 군인들에 가리

워 전면에는 나타나지 않았으나 5·16 후, 특히 군정과 민정 초기에 한국의 정치과정에 중대한 영향을 끼쳤었다. 그들의 영향은 사실상 60년대와 70년대의 박정희 정권의 전 기간에 걸쳤다고 볼 수 있다.

정치에 관해서는 똑같이 아마추어이면서도 이론적인 무장을 갖추었다는 점에서 현실에 참여하고 나선 교수들은 5·16의 이념구축, 일반정책 수립, 법률 개폐작업으로부터 정당조직, 심지어는 정치정략에까지 영향을 끼치기도 했다. 그들은 군정 당시 말썽 많았던 민족적 민주주의와 한국적 민주주의같은 5·16 이념을 설정하는 데 일조를 했고, 경제성장정책의 아이디어그룹으로 각광을 받기도 한 반면 통화개혁·농어촌 고리채 정리 등에서 시행착오를 거듭했다.[8]

'평가교수단'이 1971년 펴낸 『민족의 등불』이라는 책자로 된 보고서를 보면 박정희가 독선 독주에 빠지지 않을 수 없는 처지에 일말의 동정이 간다. 그는 집권 후 어용인물들 속에 둘러싸였다. 이 책의 필자는 최주철(내각기획실장), 고영복(서울대), 김영희(연대), 김점곤(경희대), 민병기(고대), 박준규(서울대), 여석기(고대), 유형진(건대), 이정식(동국대) 등이다. '보고서'의 일부를 보자.

첫째로 청렴하고 서민적인 인물로 알려졌던 장군 박정희의 지도자로서의 출현은 그 시점까지 한국의 역사를 지배해 왔던 소수의 특권집단을 권좌로부터 축출하고 민중과 밀착한 새로운 지도세력의 육성을 가능케 할 듯이 보였으며,

둘째로 정치철학의 빈곤으로 허덕이던 당시의 고루한 상황 속에서 그가 내걸었던 민족주의이념은 단연 파벌적 권력행장의 정치풍토를 일소하고 민중의 민족적 자각과 협조를 기반으로 하여 숙원

의 자립적 민족국가상을 실현해 갈 의욕을 북돋게 해주었고,

　셋째로 그의 강력한 개혁에의 호소는 사회의 전면적 재개편을 선도하고 안일과 무사주의의 유산을 단호하게 추방하여 사회 각층에 혁신과 건설의 국민적 모랄을 파급시키려는 웅지를 보였기 때문에 그의 출현을 지켜 본 국민들은 한편으로는 불안한 눈초리로 보면서도 그래도 민족의 앞날을 위해 혁명이 명실공히 성공했으면 하고 희구했던 것이다.[9]

　교수들은 어디에서도 쿠데타나 헌정유린, 3선개헌, 부정선거·대학휴교령 등을 비판하지 않았다. 그러면서 '민족주의이념'을 합리화시켰다. 일제강점기 만군·일본군 장교 출신을 민족주의자라고 한다면 당시 독립운동가나 학병 탈출 광복군들의 이념은 설 땅을 잃게 된다. 박정희는 어용학자들에 둘러싸여 다시 한 번 정치적 도박을 시도한다.

　4·27 대통령 선거 때부터 공명선거를 요구하며 박정희 정권의 비판에 앞장서온 대학생들은 교련교육 반대라는 새로운 이슈를 내걸고, 5·25 총선거를 전후하여 더욱 강력하게 부정부패 척결과 사회개혁을 요구했다. 학생들은 한일굴욕회담 반대투쟁이 절정을 이루었던 6·3사태 이후 가장 치열한 시위를 벌였다.

　강력한 야당의 등장과 각종 사태, 저항운동, 여기에다 집권당의 항명파동까지 겹치고 학생들의 대규모 시위가 계속되자 박정희는 정권의 안위를 우려하기에 이르렀다. 그리고 이에 대처하는 방법으로 1971년 10월 15일 서울 일원에 위수령을 발동했다.

　대통령의 특별지시가 내려지자 양택식 서울특별시장은 즉각 군 당국에 병력출동을 요청했다. 이에 따라 군 당국은 수도경비사령부와 공

수특전단 및 경찰병력을 서울시내의 6개 대학에 진주시켰다. 군이 진주한 대학은 서울대의 문리대와 법대, 고대·연대·성대·경희대·서강대·외대 등이었다.

대학에 위수령이 발동한 것과 동시에 서울상대·전남대 등에 무기한의 휴업령이 내려졌다. 중앙대·국민대·건국대·한신대·숙대·이대 등은 자체 휴강에 들어가 서울의 대학가는 거의 문을 닫게 되었다. 각 대학은 문교부의 지시에 따라 23개 대학에서 177명의 학생을 데모 주동자로 몰아 제적시켰다. 이 같은 일련의 조치들은 유신쿠데타를 도모하기 위한 전초작업의 시발이었다.

느닷없는 국가비상사태 선포

박정희는 1971년 12월 6일 느닷없이 국가비상사태를 선포하면서 국가안보를 최우선시하고, 일체의 사회불안을 용납하지 않으며, 최악의 경우는 국민의 자유의 일부도 유보할 결의를 가져야 한다는 등 6개항의 특별조치를 발표했다.

대학가의 위수령 발동과 데모 주동학생의 가혹한 처벌로 이미 학원사태가 수그러들었고, 사회의 전체적인 분위기도 정부의 강경책으로 크게 위축되고 있던 시점에서 나온 국가비상사태 선포는 그야말로 '느닷없는' 횡포였다.

박정희는 이날 청와대에서 열린 국무회의와 국가안보회의의 공동제안으로 국가비상사태를 선포한다면서 "최근 중공(중국)의 유엔가입을 비롯한 국제정세의 급변과 이의 한반도에 미치는 영향 및 북괴의 남침준비에 광분하고 있는 양상을 예의주시, 검토해 본 결과 현재 대한민국은 안전보장상 중대한 차원의 시점에 처해 있는 것으로 단정하기에 이르렀다."고 주장했다.

박정희가 비상사태를 선언하면서 밝힌 5개항의 특별조치 내용은 다음과 같다.

> ① 정부의 시책은 국가안보를 최우선으로 하고 조속히 만전의 안보태세를 확립한다.
> ② 안보상 취약점이 될 일체의 사회불안을 용납지 않으며, 또 불안요소를 배제한다.
> ③ 언론은 무책임한 안보논의를 삼가야 한다.
> ④ 모든 국민은 안보위주의 새 가치관을 확립하여야 한다.
> ⑤ 최악의 경우 우리가 가져야 할 자유의 일부도 유보해야 한다.

중국의 유엔가입은 동북아의 평화를 가져올지언정 한국이 위협받을 소재는 아니었다. 엉뚱한 핑계를 댄 것이었다. 박정희가 비상사태를 선포한 1971년 12월 6일은, 쿠데타로 집권한 지 10년 반이고, 제7대 대통령 선거에서 힘겹게나마 김대중을 누르고 3선을 한 지 6개월여가 지난 시점이었다. 아직 대통령 임기가 3년 이상 남은 시점이기도 했다.

박정희는 비상사태를 선포한 후 이를 합리화하고자 공화당의 구태희 의원 외 110명의 소속의원 이름으로 "국가안보에 효율적으로 대처하고 사회의 안녕질서의 유지를 목적"으로 한다는 명분으로 국회에 국가보위법률안을 제안했다. 공화당이 12월 27일 변칙처리한 '국가보위법'의 주요 내용은 다음과 같다.

① 대통령은 국가비상사태를 선포할 수 있으며
② 경제규제를 명령하고 국가동원령을 선포하며
③ 옥외집회나 시위를 규제하고
④ 언론·출판에 대한 특별조치를 취하며
⑤ 특정한 근로자의 단체행동권을 제한하며
⑥ 군사상 목적을 위해 세출예산을 조정할 수 있다.

국가보위법은 이처럼 자유민주체제를 유지하는 국가에서는 상상할 수도 없는 강권체제의 내용을 담고 있었다. 더욱이 중국이 유엔에 가입한 것을 국가위기로 위장하는 등 안보상의 논리비약을 한 것을 비롯하여 시위·집회를 규제하고, 노동3권도 제약을 받게 하였으며, 특히 언론·출판까지 특별조치를 취할 수 있도록 하는 등 그야말로 군정체제로의 희귀를 의미하는 것이었다. 그마저도 먼저 비상사태를 선포하고 사후적인 입법조치였다.

4·27 대통령 선거 때부터 공명선거를 요구하며 박정희 정권 비판에 앞장서 온 대학생들은 교련교육 반대라는 새로운 이슈를 내걸고, 5·25총선거를 전후하여 더욱 강력하게 부정부패 척결과 사회개혁을 요구했다. 학생들은 한일굴욕회담 반대투쟁이 절정을 이루었던 6·3사태 이후 가장 치열한 시위를 벌였다.

강력한 야당의 등장과 각종 사태, 여기에다 집권당의 항명파동까지 겹치고 학생들의 대규모 시위가 계속되자 박정희는 정권의 안위를 걱정하기에 이르렀고, 이에 대처하는 방법으로 서울에 위수령 발동에 이어 초헌법적인 국가비상사태를 선포했다.

초헌법상의 비상대권을 대통령에게 부여한 특별조치법은 유신으로 가는 징검다리의 역할을 하였다. 신민당은 1972년 6월 5일부터 4일 동안 국회 본회의장에서 농성을 한 후 "비상사태를 철회하라", "국가보위법은 무효다"라는 플래카드를 들고 국회의사당에서 중앙청 정문까지 가두데모를 벌였다. 시위과정에서 경찰과 충돌하여 14명의 의원이 연행되기도 했다. 특히 김홍일 대표위원은 국회에서 4일간 단식을 하면서 보위법의 철회를 촉구했다.

국가보위법의 국회 날치기 처리와 비상사태 선포는 유신으로 하는 전단계 조처로서, 유신체제 변혁의 음모는 예정된 수순대로 진행되었다. 규모가 큰 소란(반란)이나 재해, 적의 공격, 민간 폭동, 지진, 화재 따위의 긴급을 요하는 사태를 국어사전은 '비상사태'라고 풀이한다.

정상적인 국가에서는 심각한 자연·재난이 아니면 함부로 비상사태를 선포하지 않는 것이 상례이다. 경찰력만으로도 어지간한 시위나 소요, 재난을 관리할 수 있기 때문이다. 박정희는 순전히 정치적인 목적으로 계엄령, 휴교령, 위수령에 이어 국가비상사태령까지 발동했다.

14장

두 번째 헌정 유린
유신 쿠데타

유신, 히틀러 수법의 헌정유린

쿄슈트는 "힘으로만 유지되는 권력은 때로 공포에 떨 것"이라고, W.피트는 "무제한의 권력은 지배자를 타락"시킨다고 했다.

막스 베버는 「직업으로서의 정치」에서 '권력감정'을 "사람들에게 영향력을 갖고 있다는 의식, 사람들을 지배하고 있다는 의식, 그러나 무엇보다도 역사적으로 중요한 사건의 신경의 줄 하나를 손에 쥐고 있다는 감정"이라고 정의했다. 박정희는 10여 년 동안 집권하면서 이미 '권력감정'에 도취되었다. 그가 권력을 내려 놓는다는 것은 곧 스스로 죽음을 의미했다.

박정희는 1972년 10월 17일 느닷없이 군대를 동원하여 헌법기능을 마비시키고 반대파의 정치활동을 전면봉쇄하는 사실상의 친위쿠데타를 감행했다.

박정희는 5·16쿠데타를 일으킨 지 11년, 3선연임 금지의 헌법을 고친 지 3년, 4·27대통령 선거로 7대 대통령에 취임한 지 1년 반 만에 또 다시 쿠데타로 헌정을 짓밟고, 1인 독재권력을 강화했다. 이로부터 1979년 10월 26일 암살당할 때까지 7년 동안을 마치 봉건 군주처럼 군림하면서 전횡을 일삼았다. 그중에는 "다양한 직업여성 100여 명을 보유"한 중앙정보부가 주선한 엽색행각의 품목도 들어 있었다.

박정희의 유신쿠데타 수법은 아돌프 히틀러의 정권탈취 수법과 비슷하다. 나치당으로 독일의 제1당이 된 그는 사회당·노동조합 등을 해산시킨 데 이어 이른바 수권법을 통과시키고, 국회방화사건을 조작하여 국회를 해산시키고, 대통령과 수상을 겸하는 총통Fuihrer이 되었다. 비밀경찰이 이 같은 반역의 하수인 노릇을 톡톡히 하였다.

박정희는 이날 저녁 7시를 기해 전국에 비상계엄령을 선포하고 국회해산, 정당 및 정치활동 중지, 비상국무회의 설치 등의 비상조치를 단행했다. 5·16쿠데타에 이어 두 번째 반역행위다. 박정희가 발표한 4개항의 비상조치 내용은 다음과 같다.

① 72년 10월 17일 하오 7시를 기해 국회를 해산하고 정당 및 정치활동의 중지 등 현행 헌법의 일부 조항 효력을 정지시킨다.

② 일부 효력이 정지된 헌법조항의 기능은 비상국무회의에 의해 수행되며 비상국무회의의 기능은 현행헌법 하의 국무회의가 수행한다.

③ 비상국무회의는 72년 10월 27일까지 조국의 평화통일을 지향하는 헌법개정안을 공고하며 이를 공고한 날로부터 1개월 내에 국민투표에 부쳐 확정한다.

④ 헌법개정안이 확정되면 헌법절차에 따라 늦어도 금년 연말

이전에 헌정질서를 정상화한다.

박정희는 〈대통령특별선언〉을 발표, 비상조치의 발동에 대해 설명하면서 "열강의 세력균형의 변화와 남북한 간의 사태진전에 따른 평화통일과 남북대화를 추진할 주체가 필요한데, 현행법령과 체제는 냉전시대의 산물로서 오늘날의 상황에 적응할 수 없으며, 대의기구는 파쟁과 정략의 희생이 되어 통일과 남북대화를 뒷받침 할 수 없으므로 부득이 비상조치로써 체제개혁을 단행한다."고 주장했다. 그동안 '냉전시대'의 주체이기도 했던 자신의 행적과 민주공화제의 국체를 송두리째 부정하는 반역을 자행한 것이다.

히틀러가 바이마르 공화제 반대, 유태인 반대, 생존권의 건설 등을 내세웠듯이, 박정희는 대의제를 파쟁과 정략으로 몰면서, 직전 대선에서 야당 후보 김대중이 평화통일론과 남북대화를 주창할 때는 용공좌경으로 비난하였다. 그래놓고 이제와서 이를 체제변혁의 명분으로 삼은 것이다.

전국에 비상계엄을 선포한 박정희는 노재현 육군참모총장을 계엄사령관으로 임명하고, 포고령 제1호로서 각 대학의 휴교조치, 정치집회 금지, 언론·출판·보도·방송의 사전검열 등의 조치를 취했다.

계엄당국은 신민당 강경·소신파 의원 김상현·이세규·최형우·강근호·이종남·조윤형·김한수·조연하 등을 구속하고, 이들에게 가혹한 고문을 자행하는 등 공포분위기 속에서 체제정비에 나섰다. 재야 민주인사들도 다수 불법체포·감금하였다.

1972년 10월 27일 비상국무회의에서 헌법개정안이 의결, 공고되고 한 달간의 공고기간 동안 정부는 계몽활동을 벌였고, 11월 21일 국

민투표에 회부했다. 일체의 반대
운동이 금지된 찬성홍보 일방적
인 개헌안의 국민투표는 1,441만
714명이 투표하여 91.5%에 이르
는 찬성을 얻어 통과되었다고 발
표했다.

국민투표하는 박정희 가족

확정된 '유신헌법'은 임기 6년
의 대통령을 통일주체국민회의에
서 간선으로 선출토록 하고, 국회
의원 3분의 1도 여기서 뽑기로 하
는 등 사실상 '국체의 변혁'에 이
르는 비민주적인 내용을 담고 있었다.

박정희는 헌법을 개정할 때 아예 헌법 제2조의 "대한민국의 주권
은 국민에게 있고, 모든 권력은 국민으로부터 나온다"를 변개시켰다.
임시정부 이래의 '국민주권주의'를 송두리 채 바꿔버린 것이다. "대한
민국의 주권은 국민에게 있고, 국민은 그 대표자나 국민투표에 의하여
주권을 행사한다"라고 변개한 것이다.

"국민은 그 대표자나 국민투표에 의하여 주권을 행사한다"라는
말은 얼핏 지당해 보이지만, 여기에는 두 가지 어마어마한 꼼수가
있다. 첫 번째는 '국민=주권자'가 아니라 '통일주체국민회의=주권
자'라는 헌법상의 정당성을 확보해두기 위해서고, 두 번째는 국회
나 정당을 제쳐두고 국민과 직접 거래(국민투표) 하는 것을 독재자가
더 좋아했기 때문이다. 그야말로 악마는 디테일 속에 숨어 있었다.[1]

260

1인 독재 영구집권 야욕의 유신체제

박정희는 평화통일을 실현하기 위한 강력한 통치체제의 구축이라는 명분을 내세워 전제적 1인체제를 구축할 목적으로, 이를 제도적으로 뒷받침할 '유신헌법'을 만든 것이다.

'유신헌법'의 주요 내용을 살펴보면 다음과 같다.

① 대통령 선거제도를 국민직선제에서 통일주체국민회의 대의원에 의한 간선제로 변경
② 대통령에게 긴급조치권·국회해산권 등 초헌법적 권한을 부여
③ 대통령이 정수의 3분의 1에 해당하는 국회의원 및 법관의 임면권을 소유
④ 국회의원 선거제도를 소선구제에서 2인선출구제로 바꿔 여야의원이 동반 당선되도록 변경

이로써 야당의 의석수에 제한을 가하고, 국회의 비판기능을 전면 마비시키는 즉 대통령 1인에게 모든 권력을 집중시키고 입법부와 사법부를 정권의 시녀로 전락시킨 반민주적인 악법이었다.

'10월 유신'은 한 마디로 영구집권을 위한 친위 쿠데타로서, 박정희는 이미 10·27 보위법 파동과 7·4남북공동성명 등 내외적인 여건을 조성한 다음 야당 분열의 틈새를 노려 또 다시 헌정을 유린한 것이다.

당시 신민당은 양분상태에서 치열한 당권투쟁을 벌이고 있었다. 1971년 진산파동으로 신민당의 당권을 장악한 김홍일은 1972년의 전당대회를 맞아 유진산의 롤백작전에 직면하자 김대중계의 지원을 받

아 유진산사단과 대결을 시도하다가 정면충돌을 빚어 신민당은 마침내 분당사태를 맞게 되었다.

유진산사단과 김홍일사단으로 갈라진 신민당의 전당대회는 1972년 9월 26일과 27일 각각 시민회관과 효창동 김홍일 자택에서 별도의 대회를 열어 분당사태를 빚고 만 것이다. 시민회관대회에는 유진산, 고흥문, 김영삼, 이철승, 정해영, 신도환 등 이른바 진산사단의 범주류가 참석하여 합법성을 주장하고, 효창동대회에서는 김홍일, 김대중, 양일동 계가 참석하여 시민회관대회의 무효를 선언했다.

두 대회가 개최된 후 김홍일 측이 유진산을 상대로 당대표직무정지 가처분신청을 제기하여 법통시비가 일어난 가운데, 국회는 8·3재정조치 이후 문제가 된 '동결사채'의 진상을 파악하기 위해 국정감사의 활동을 벌이다가 10월 유신으로 국회해산과 정치활동의 중지라는 날벼락을 맞게 되었다.

박정희는 이 같은 야당의 분열상태를 적극적으로 활용하면서 12월 23일 통일주체국민회의의 대통령 선거에 단독출마, 제8대 대통령에 당선됨으로써 유신체제를 출범시켰다. 박정희가 무력을 동원한 비상수단으로 체제개편을 감행하게 된 것은 3선개헌에 이어 또 다시 개헌을 단행하기란 현실적으로 어려웠고, 1971년의 대통령 선거에서 예상밖으로 고전한 데다 야당에 의한 국회 비판기능의 활성화로 인해 정상적인 방법으로는 재집권이 불가능하다는 것을 인식했기 때문이었다.

싸우면서 따라 배운다는 속언이 있다. 박정희는 북한식 흑백 투표와 다르지 않는 유신선거를 통해 대통령에 4선되었다. 그날 저녁의 일이다.

72년 12월 23일 저녁.

서울 종로구 필운동 174번지 육인수 의원 집에서는 가족끼리의 조촐한 축하 모임이 벌어졌다. 참석자는 박정희대통령 부부와 대통령의 장모 이경령여사, 손위처남 육 의원, 처조카사위 장덕진 의원(공화·영등포 갑), 근혜·근영양·지만군 등 세 자녀, 대통령의 군 동료인 민기식 의원(공화·청원)·육 의원의 딸 부부 등이었다.

이날 통일주체국민회의는 박정희후보를 제8대 대통령으로 선출했다. 재적 대의원 2천3백59명 중 2천3백57명이 찬성표를 던졌다.

"혼자 나오니까 심심해."

식사 후 남자들끼리 따로 가진 술자리에서 박 대통령은 육군 참모총장출신의 민 의원에게 느닷없이 한마디 툭 던졌다. 이날 식사 중에도 대통령은 그다지 밝은 표정이 아니었다고 민씨(71)는 기억했다. "혼자 씨름한 것 같애"라고도 말한 대통령의 안색은 왠지 고적해 보였고, 따라서 주흥이 고조될 분위기도 아니었다.

"그날 우리들이 술을 잘 안 마신다고 대통령께서 큰 잔에 술을 가득 부어 돌렸던 기억이 납니다"고 동석했던 장덕진씨(59·대륙연구소회장)는 회고했다.

이날 선거가 겉치레에 불과한 '가짜 대통령(민씨의 표현)'을 뽑는 선거였다는 것을 박 대통령이 몰랐을 리 없었다. 명분이야 어떻든 민주주의의 기본에서 한참 벗어난 선거였고, 우리 헌정사에 두고두고 타산지석으로 남을 한 시대의 궤적이 이미 찍혀지기 시작한 즈음이었다.[2]

박정희 정권은 유신쿠데타를 감행하기 전에 두 차례나 북한 측에 '사전통보'한 것으로 후일 드러났다. 주한미국 대사관이 국무부에 보낸 1972년 10월 31일자 비밀문건(2급-Secret)에 따르면, 이후락 당시 중정부장은 10월 12일 박성철 북한 부수상을 만나서 "남북 대화를 지속적이고 성공적으로 지속하기 위해서는 정치시스템을 바꾸는 게 필요하다고 우리 정부는 생각한다."고 밝혔다.

또 이 비밀문건은 "남북조절위원회 남측 실무대표인 정홍진이 계엄선포 하루 전인 10월 16일 북쪽 실무대표인 김덕현을 판문점에서 만나 명시적이고 구체적인 내용을 통보했다"고 적었다.

지난 2009년에 공개된 동독과 루마니아, 불가리아의 북한 관련 외교문서에는 이후락이 남북조절위원회 북측 대표인 김영주에게 "박 대통령은 17일 북한이 주의해서 들어야 할 중요한 선언을 발표할 것"(10월 16일)이라는 내용의 메시지를 보낸 것으로 적혀 있다.

우연인지 '짜고 친 고스톱'인지, 박정희의 유신헌법과 김일성을 유일체제로 하는 북한의 사회주의 헌법은 1972년 12월 27일 같은 날 제정되었다.

박정희는 1961년 5·16쿠데타를 일으킬 때는 국가안보와 반공을 명분으로 삼았다. 그리고 11년 후 유신쿠데타는 남북대화와 평화통일을 내걸었다.

백주에 나타난 '유신귀신'의 정체

유신체제가 선포되면서 세간에서는 청천하늘에 '유신귀신'이 나타났다고 조롱하였다. 유신維新의 어원은 중국의 고전 『시경』의 「대아문왕편大雅文王篇」에 나온다. "주나라가 비록 오래된 나라이나 개혁으로 그 명命을 새롭게 한다周雖舊邦 其命維新"는 데서 유래한다.

박정희의 반헌법 체제변혁에 중국 고전에서 그럴듯한 명분을 부여한 것은 철학을 전공한 어용교수들이었다.

> 유신의 전 과정에서 간여했던 청와대 비서실장 김정렴은 중국 역사와 한학에 조예가 깊은 박종홍과 그의 제자였던 임방현 두 특별보좌관이 『시경』과 『서경』의 고사를 빌려 10·17 조치를 10월 유신이라 부를 것을 건의했다고 밝히고 있다.
>
> 철학계의 원로로 오랫동안 서울대 철학과 교수로 재직한 박종홍은 국민교육헌장의 제정과 유신정권의 철학적 합리화에 앞장선 독재 체제의 대표적인 어용지식인이 되어 일부 사람들의 안타까움과 일부 사람들의 부러움과 많은 사람들의 지탄을 받았다.[3]

유신체제의 태동은 1972년 5월보다 훨씬 이전에 그러니까 박정희가 김대중을 어렵게 꺾고 대통령에 당선된 직후에 이른바 '풍년사업'이란 밀명으로 시작되었다고 한다.

박정희의 더 이상 선거를 통하지 않고 비상대권과 종신집권을 하는 방안을 마련하라는 지침에 따라 이후락 중앙정보부장을 중심으로 쿠데타 작업이 진행되었다.

이후락의 지시에 따라 중앙정보부 판단기획국 부국장을 팀장으로 하는 5명(1명은 브리핑 차트 제작을 담당하는 필경사)의 비밀공작 팀은 궁정동에 둥지를 틀고 1972년 5월부터 대통령의 비상대권과 종신집권을 가능케 하는 새로운 헌법의 골격을 짜기 시작했고, 박정희는 거의 매주 이후락·김정렴 등과 함께 이를 검토했다.

앞서 본 유기천 등의 증언으로 볼 때 궁정동 팀의 작업을 위한 자료 수집은 이미 1971년도에 이루어졌다. 궁정동 팀이 마련한 초안은 신직수가 장관으로 있던 법무부로 넘어갔다. 법무부에서는, 박정희가 김지태의 부일장학회를 강탈하여 만든 5·16장학회의 첫 수혜자인 엘리트 검사 김기춘 등 10여 명의 실무진이 궁정동 팀의 초안을 '헌법'의 형식에 맞게 만들었다.[4]

히틀러의 나치당 결성과 총통제 구축에 광기어린 학자·참모들이 있었듯이, 박정희의 유신체제 수립에는 적잖은 관료와 어용학자, 법류가들이 동원되었다. 영혼이 없는 고위관료와 언비言匪·법비法匪 출신의 청와대 보좌관 그리고 '학자'라는 호칭이 부끄러운 헌법학자들이다.

박정희는 1972년 5월 초부터 체제변혁을 기도하면서 뒷날 자신이 김재규의 총탄에 맞아 사망한 바로 그곳, 청와대 인근 궁정동의 중앙정보부 별실에 비밀 기획실을 마련하고 작업을 지시했다. 인과응보라는 말이 적격이다.

이 작업실에 드나들면서 유신헌법의 제정, 개헌 방법, 발표의 시기, 발표 방법 등 작업에 참여한 사람은 당시의 청와대 비서실장 김정렴과 중앙정보부장 이후락을 비롯하여 청와대의 홍성철·유혁인·김성진 비서관, 행정부의 신직수 법무부장관, 그리고 헌법학자 한태연·갈봉근 교수 등이었다.

이들은 매일 은밀하게 작업을 하면서 그날 그날의 진행상황을 대통령에게 보고하고 새로운 지시를 받아 다시 작업을 진행했다. 작업은 치밀하게 짜여진 계획과 일정에 따라 진행되었다. 개헌안의 확정 시기. 정부와 당에 대한 통고 시기, D데이, 유신선포 이후의 홍보대책, 국민투표 실시일자, 통대의원 선거시일, 계엄령 해제시기 등 치밀한 스케줄에 따라 착착 진행되었다.[5]

어용학자들은 중국 고전에서 체제변개의 명분을 끌어왔지만 박정희의 심중에는 일본의 메이지유신明治維新이 오래 전부터 각인돼 있었다. 5·16쿠데타 후 미국 방문 길에 일본에 들렀을 때 "유신 지사들의 심정으로 거사를 했다"면서 '유신사維新史'를 연구하고 있다고 언명하였다.

일본에서 "메이지유신은 도쿠가와 봉건체제를 무너뜨리고 근대화와 국민국가건설을 이끈 변혁 내지 혁명이었다. 메이지유신은 외부의 위협에 국가가 대응하는 과정에서 국가와 민족의 독립과 발전을 모색한 것이다. 이를 계기로 공간적으로는 국제화를 이룬 '세계 속의 일본'이 성립했고, 시간적으로는 문명개화와 국민국가를 만들어 '근세'에서 '근대'로 옮겨갔다."[6] 그렇지만 일본은 이를 계기로 청일전쟁과 러일전쟁을 유발했고 한국을 침략하여 식민지로 만들었다. 우리가 결코 본받을 까닭이 없으며 더욱이 그 명칭을 따올 이유는 전혀 없는 것이었다.

박정희는 그러나 정작 '메이지유신'의 정신과 정책은 배우지 않고 1인체제의 강화와 종신집권, 비판세력의 탄압이라는 폭압통치체제로서 한국사회를 '유신귀신'이 설치는 중세암흑사회로 만들었다.

"유신헌법을 '항가리' 헌법이라고들 부르기도 했지요."

초대 유정회장 백두진 씨(84)의 말이다. 유신헌법의 조문을 다듬은 한태연·갈봉근 두 헌법 학자의 성씨를 빗댄 명칭이었다. 중앙정보부와 법무부의 몇몇이 깊이 개입했고 법안 자체가 구절구절 으스스하다 해서 '검찰헌법'이라고 불리기도 했다.[7]

유신의 전주곡 7·4남북공동성명

박정희만큼 국가안보와 대북문제를 국내정치에 악용한 위정자도 흔치 않다. 민족의 숙원인 통일문제를 정략으로 이용하고, 때로는 금방 통일이 될 듯이, 때로는 곧 전쟁이 터질 듯이 상황을 극단으로 몰아갔다.

"실은 평양에 다녀왔습니다."

1972년 7월 4일 오전 10시, 중대 방송이 예고된 가운데 이후락 중앙정보부장의 내외신 기자회견은 온 국민을 흥분의 도가니로 몰아넣었다.

의릉 경내를 파고든 중앙정보부 건물. 1972년 이후락 정보부장이 이곳에서 7.4 남북공동성명을 발표했다.

이후락 중앙정보부장은 이날 평양에서도 동시에 발표된 남북공동성명을 발표하면서 자신이 북한을 다녀온 사실을 공개했다. 이후락은 1972년 5월 2일부터 5월 5일까지 극비리에 평양을 방문하여 김일성 수상과 회담을 가졌고, 북한의 김영주 조직지도부장과 회담했으며, 김영주 부장을 대신한 박성철 제2부수상이 1972년 5월 29일부터 6월 1일까지 서울을 방문하여 박정희 대통령을 면담하고 이후락 부장과 두 차례의 회담을 가졌다는 사실을 공개했다.

남북공동성명이 발표되기 전에 남북적십자회담이 열렸다. 1971년 8월 12일 대한적십자사 총재 최두선이 제의하고 이틀 후 북한적십자사가 이를 수락함으로써 열리게 된 남북적십자회담은 같은 해 9월 20일 판문점에서 개최된 제1차 예비회담에서는 상설회담연락사무소 설치와 직통전화 가설 등에 합의함으로써 남북간의 철벽 같은 대치상태에 물꼬를 트게 되었다.

불과 1년여 전 야당의 김대중 대통령 후보가 4대국 전쟁억제보장론, 남북간의 긴장완화, 기자·체육인 교류, 서신교환 등을 선거공약으로 제시하자, 이를 좌익용공으로 몰아부쳤던 박정희 정권이었다. 그리고 중국의 유엔가입 등을 이유로 국가비상사태를 선포한 정부가 국민과 국회에서 한마디 상의도 없이 중앙정보부장이 방북하여 김일성과 만나고 박성철 제2부수상이 서울을 방문하여 박정희와 면담했다는 발표는 충격과 아울러 정치적 의혹을 불러일으키기에 충분했다.

비국교 사이의 나라나 심지어 전쟁상태의 국가 간에도 비밀외교나 비밀접촉은 상례이지만, '반공국시'를 내걸고 쿠데타를 하고, 이후 정치의 모든 영역을 '반공'에 두었던 박정희의 행태로서는 쉽게 납득이 가지 않는 밀사 파견이고 7·4남북공동성명이었다.

남북 양측은 상호방문을 통한 회담에서, "쌍방은 남북 간의 오해와 불신을 풀고 긴장의 고조를 완화시키며 조국평화통일을 촉진하기 위해" 다음과 같은 합의내용을 발표했다.

① 통일원칙으로서 첫째, 외세의존과 간섭을 배제한 자주적 해결 둘째, 무력행사가 아닌 평화적 방법으로 실현 셋째, 사상과 이념·제도의 차이를 초월한 민족적 대동단결 도모 등에 합의했다.

② 상대방을 중상 비방하지 않고 무력도발과 군사적 충돌을 방지하기 위한 적극적 조치를 취하기로 합의했다.

③ 남북 사이에 다방면적 제반 교류를 실시하기로 합의했다.

④ 남북적십자회담의 성사를 위해 적극적 협조하기로 합의했다.

⑤ 군사사고 방지와 남북간 문제를 처리하기 위해 서울과 평양 사이에 상설 직통전화 가설에 합의했다.

⑥ 이후락 부장과 김영주 부장을 공동위원장으로 하는 남북조절위원회를 구성 운영하기로 합의했다.

⑦ 이 합의사항의 성실한 이행을 민족 앞에 약속한다.

이후락은 남북공동선언을 발표하면서 기자들과의 회견에서 다음과 같이 밝혔다.

① 유엔은 외세가 아니므로 유엔감시하의 남북총선을 배제하는 것은 아니며

② 전쟁을 방지하는 데 의도가 있으므로 법적 제도면에서 바꿀

것은 바꾸고 보완할 것은 보완해서 세 시대에 알맞게 갖춰나

가야 할 것이며

③ 과거의 반목으로 일관된 남북대결은 대화의 대결로 전환될

만큼 과거 체제의 보완 및 법적 뒷받침이 필요할 것이며

④ 새로 설치될 조절위에서 남북적십자회담을 지원할 것이며

⑤ 상호교류에는 인적·물적·통신은 물론, 사회적·정치적 교류

가 포함된다고 밝히고, 군사정전위의 역할이 휴전협정 문제

에 국한되지만 여기서는 군사적, 정치적 문제뿐만 아니라 전

쟁방지를 위한 모든 방법이 거론될 것이다.

남북한은 1972년 11월 30일 7·4남북공동성명의 규정에 따라 남북
한 쌍방 간의 합의사항을 추진하고, 남북한 간에 발생하는 제반 문제
들을 개선·해결하며, 조국의 통일문제를 협의·해결할 목적으로 '남북
조절위원회'를 설치했다. 이것은 「남북조절위원회 구성 및 운영에 관
한 합의서」에 양측이 합의하여 정식으로 발족되었다.

1972년 10월 12일 판문점에서 제1차 남북조절위원장 회의가 열렸
다. 서울 측에서 이후락 중정부장과 김치열 차장, 정홍진 협의조정 국
장이, 평양 측에서 김성철 제2부수상, 유장식 노동당 조직지도부 부부
장, 김덕현 노동당 책임지도위원이 대표로 참석했다. 이날 회담은 7·4
공동성명의 정신을 재확인하고 상호불신을 해소하는 문제가 논의됐으
며, 제2차 회의는 평양, 제3차 회의는 서울에서 열기로 합의했다.

남북조절위원회는 제1차 회의를 시발로 구체적인 활동을 위한 토
의에 들어갔다. 서울 측은 남북조절위원회 운영세칙 및 감사위원회 운
영세칙, 공동사무국 설치규정 등을 조속히 제정할 것을 제의하고, 경

제, 사회, 문화 등의 분과위원회를 우선 설치하며, 체육·학술·통신 등 실현가능한 분야부터 교류를 시작하여 점차 확대해 갈 것을 제의했으나, 평양 측은 쌍방 군비축소, 주한미군 철수, 군비경쟁 지양, 무기 및 군수물자 반입중지, 평화협정체결 등 5개 항목과 남북정당사회단체연석회의의 개최를 제안하는 등 양측의 주장이 팽팽히 맞선 끝에 합의점을 찾지 못한 채 1973년 6월의 제3차 회의를 끝으로 조절위원회 본회담은 교착상태에 빠졌다. 그러던 중 평양 측이 박정희 정부의 6·23선언과 김대중 납치사건을 이유로 들어 남북대화의 중단을 선언했다.

7·4남북공동성명과 남북조절위원회는 결국 남북이 국민들 몰래 정부 당국자들 간의 밀담을 통해 통일문제를 처리하려 한 한계성과, 자신들의 권력기반 강화에 이를 이용하고 폐기시켜서 남북 간의 불신과 대치를 더욱 심화시킨 계기가 되었다.

7·4남북공동성명은 진정어린 통일의 방법이 아닌 권력연장을 위한 수단으로 악용되었다. 이후의 사태 진행은 박정희는 유신체제로, 김일성은 유일체제로 달리는 고빗길이었다. 박정희와 김일성은 남북대화가 자신들의 권력유지에 더 이상 도움이 되지 않는다고 판단하고 이를 기꺼이 결렬·폐기시켰다.

김일성과 박정희의 한반도 통일을 위한 '개인적' 목표는 그들 양자 모두 자신의 정치적 지도권과 무관하게 통일한국의 조건을 설정하지 못했다는 점에서 일치했다. 그들은 평화통일이든 무력통일이든 그러한 정책의 추구가 자신들의 권력상의 위치를 강화시키거나 혹은 자신들의 정치적 지도권하에 통일한국을 실현할 수 있다는 필요충분조건이 충족되었다면, 그러한 통일정책을 기꺼이 채택했을 것이다. 마찬가지로 그들은 그러한 정책추구가 자신들의 권력을 약화시키거나

위험에 빠뜨린다는 것을 깨닫는 순간 기꺼이 그러한 정책을 폐기했던 것이다.[8]

유신의 별동대 '통대'와 '유신정우회'

한 정치학자는 박정희의 정치욕망을 네 가지의 객관적 요인과 다섯 가지 주관적 특성으로 정리한다.

> **객관적 요인**
> 공생연계조직에 의한 적극적 지원
> 정치적 안정 및 통치기구 형성의 필요성
> 미국과 일본의 지원
> 연령 및 육체적 활력
>
> **개인적 특성**
> 원칙보다 기꺼이 권력을 앞세움
> 정치적 위기에서 자신의 정치적 핵심동료를 속죄양으로 삼음
> 자립과 외적 의존을 조화시키는 능력
> 내부적인 정치적 이익을 위해 외부적 위협을 이용하는 능력
> 경제발전으로 정치적 업압을 보상해 주는 능력.[9]

박정희의 유신체제를 실질적으로 뒷받침한 것은 중앙정보부와 국군보안사령부 등 권력기관이었지만, 형식상으로는 통일주체국민회의

와 유신정우회였다.

유신헌법에 의해 태어난 이 두 기관은 정치적으로 박정희의 친위사단 역할을 맡았다. 실권도 별로 없는 친위사단은 어용기구로 전락하기 마련이다.

통일주체국민회의는 유신헌법 제35조에 의하여 조직되었다. "조국통일의 신성한 사명을 가진 국민의 주권적 수임기관"을 표방한 약칭 '통대'의 주요 임무와 권한은 대통령과 정족수의 3분의 1에 해당하는 국회의원을 선출하는 일이었다. 그러나 이 국회의원 선거는 대통령이 일괄추천한 후보자가 전체에 대한 찬반투표 방식으로 진행되었기 때문에 '선거'라고 부르기도 무색할 지경이었다.

통일주체국민회의는 형식적이나마 대통령이 필요하다고 인정하는 중요 통일정책의 심의와 국회가 발의한 개헌안의 의결, 확정권을 갖고 있었다.

1972년 12월 15일 실시된 제1기 통일주체국민회의 대의원선거를 통해 당선된 2,359명의 대의원들은 12월 23일 첫 회의에서 단독후보로 나선 박정희를 제8대 대통령으로 선출했다.

선거결과를 보면 2,359명의 통대의원 중 2,357명이 박정희 후보를 지지했고 단 2명이 무효표를 던졌다. 1978년 7월 6일 유신 제2기 통대의원들에 의한 대통령 선거에서도 비슷한 결과가 나타났다. 2,578명의 통대의원들은 장충체육관에서 대통령을 선출했는데, 박정희 후보를 지지한 통대의원이 2,577명이고, 단 1명이 무효표를 던져 세계적인 조롱거리가 되었다.

통일주체국민회의는 대통령 선거와 국회의원 3분의 1의 추천에 대한 동의 외에는 달리 하는 일이 없었다. 결국 유신체제 어용기구의 역할을 수행하다가 1980년 10월 27일 신군부에 의해 공포된 제5공화국 헌법 부칙에 따라 해체되었다.

유신정우회는 1973년 3월 7일 통일주체국민회의에서 제9대 국회 의원으로 선출된 국회의원들이 구성한 준정당의 원내교섭단체를 말한 다. 유정회의 성격은 정치적 조직이면서 정당도 아니고 사회단체도 아 닌 특수성을 지니고 있었으며, 활동목표를 유신헌법 체제의 수호 및 발전, 국회의 직능대표적 기능에 둔다고 하였으나, 실제적으로는 대통 령이 국회를 장악하기 위한 원내 전위부대로서 거수기의 역할을 맡았 다. 일제 말 총독의 자문기구인 대정익찬회와 비슷했다.

제9대 국회의원 선거를 치른 지 1주일 후인 1973년 3월 3일 박정 희는 통일주체국민회의로 선출된 국회의원 후보 73명과 예비후보 14 명의 명단을 확정, 이를 통대회의에 일괄추천했다. 후보자의 소속 분 야별로 분석해 보면 징계인사 20명, 학계 7명, 교육계 3명, 예비역 장 성 8명, 여성계 8명에 사회각계 4명으로 되어 있었다.

추천 후보 중에는 '유신헌법' 제정에 기여한 한태연·갈봉근 교수를 비롯 각계의 어용인사들이 참여했고 특히 김용성·함종빈 등 야당인사 들도 끼어 있었다.

유정회 소속 국회의원들은 대통령 비서실이 추천해 박정희의 추인 에 의해 결정되었는데, 박정희 정권은 당시 유신체제에 대한 가장 강 력한 반대 세력이었던 지식인들을 상당히 많이 기용했다. 유정회 국회 의원이 된 대학교수는 제1기 11명, 제2기 21명, 제3기 21명이었고, 유 신정책심의회의 조사연구 교수는 모두 70명이었다.[10]

이렇게 박정희 정권은 유정회 국회의원을 빌미로 권력지향적인 대 학교수, 학자, 문필가, 언론인들을 체제 내로 편입시켰고 이들은 박정희 정권의 기대에 부응하기 위해 국회 내에서뿐 아니라 국회 밖에서도 개인적으로 유신체제를 옹호하는 다양한 활동을 전개했다.[11]

통일주체국민회의 후보자 전체에 대한 찬반투표를 거쳐 제9대 국회의원이 된 '유정회 의원들'은 원내에서 정치적 단합과 보조일치를 위해 독자적인 원내교섭단체를 구성키로 하고 창립총회를 열어 '유신 정우회'를 발족시켰다. 원내총무단, 대변인, 회장 등을 비롯 정책연구실, 행정실 등 정당조직에 준하는 조직체계를 갖추었다.

유정회 소속 국회의원의 임기는 3년이었으므로 유정회도 3년을 1기로 3년마다 개편되었으며 3기까지 지속되다가 1980년 10월 27일 통일주체국민회의와 함께 해체되었다.

박정희는 자신을 99.9%의 지지율로 선출해준 통일주체국민회의, 원내 제1교섭단체 유정회와 제2교섭단체 공화당을 거느리고 유신체제를 출범시켰다.

그러나 국민의 저항은 제9대 국회의원 선거과정에서부터 나타나기 시작했다. 유신헌법에 의한 제9대 국회의원 선거가 1973년 2월 27일 실시되었다.

통일주체국민회의로 선출된 국회의원 73명을 제외하고 국회 정족수의 3분의 2를 뽑은 이 선거에서 여당인 공화당은 총 투표수의 38.7%를 얻었고 신민당과 통일당을 합한 야당은 42.7%를 득표했다. 그러나 당선자 수는 여당이 73명, 야당이 54명으로 득표율과는 동떨어진 결과를 나타냈다. 유신체제의 폭압구조에서도 국민은 야당에 더 높은 지지율을 보인 것이다.

1973년 3월 21일 제9대 국회가 개원할 당시의 원내 의석분포는 유정회가 73석으로, 공화당 71석, 신민당 52석을 제치고 원내 제1교섭단

체가 되었다. 그러나 유정회 의원은 국민으로부터 직접 선출된 국회의
원이 아니란 점에서 야당은 물론 지역구 출신인 공화당 의원들로부터
차별과 냉대의 차가운 눈총을 받았다. 이로써 유신체제의 국회는 '시
녀국회', '들러리 국회'라는 비난을 받았으며, 야당은 사실상 정권장악
의 가능성을 상실한 불임정당으로 전락하게 되었다. 한국 민주주의의
극심한 암흑 시련기였다.

15장

유신의 광기에서
저지른 사건과
시민저항

정적 김대중 납치 살해 지시

독재자들의 많은 패악 중에는 정치적 라이벌이나 비판적 인재를 제거 또는 살해한 범죄 행위를 들 수 있다. 히틀러의 만행은 일일이 열거하기도 어렵고, 무솔리니는 안토니오 그람시를 종신 감옥에 가두고, 스탈린은 트로츠키를 외국에까지 암살자를 보내어 죽였다. 이승만은 여운형과 김구 암살의 배후로 지목된다.

박정희에게 김대중은 편치 않은 존재였다. 초재선 때부터 의정활동이 돋보였고 그래서 제7대 국회의원 선거 당시는 직접 목포에 내려가 국무회의를 열면서까지 그의 당선을 막고자 했으나 실패했다. 3선 개헌 반대투쟁에서 그는 김영삼과 함께 야당의 맹장으로 활동했다.

박정희가 선거에서 가장 힘겨웠던 적은 1971년 4·27 대선이었다. 김대중의 대중경제론과 예비군 폐지, 4대국보장론 등은 하나같이 자신의 정책에 대한 비수와 같은 거센 도전이었다. 하마터면 정권을 빼앗길 뻔 했다. 그래서 증오심에 불탔다. 그의 존재를 방치하고는 유신

정권이 순항하기 어렵다고 보았다. 더욱이 그는 유신선포 이후 미·일을 돌면서 반유신 운동을 벌이고 있었다.

일본에 머물고 있던 김대중은 1973년 8월 8일 오후 1시가 조금 지난 시각에 당시 통일당 총재이던 양일동이 묵고 있던 호텔 그랜드 팔레스 2212호실에서 양일동과 통일당 국회의원 김경인을 만난 뒤 거처로 돌아가기 위해 김경인과 함께 방문을 나왔다. 그 순간 바로 옆 2210호실 및 건너편 2215호실에서 5명의 괴한이 뛰어나와 그중 3명은 김대중을 2210호실로 끌고 들어갔고 나머지 2명은 김경인을 양일동이 있던 2212호실로 끌고 들어갔다.

김대중을 납치한 괴한 중 1명이 마취약에 적신 손수건으로 김대중의 코를 틀어막으며 2210호실로 끌고 들어갔고 괴한들은 그의 목을 짓누르며 두 손을 뒤로 꺾어 로프로 묶으면서 유창한 한국말로 "조용히 하지 않으면 죽여버리겠다."고 위협했다. 괴한들은 그를 끌고 나와 엘리베이터에 태우고 호텔 지하실로 내려갔다.

괴한들이 떠난 뒤 2210호실에는 대형 배낭 2개, 숄더백 1개, 10여 m 길이의 나일론 끈, 휴지, 녹슬어 쓸 수 없는 실탄 7발이 들어 있는 권총 탄창 1개, 묽은 농도의 마취제가 들어 있는 약병, 북한제 담배 '백두산' 2개피가 들어 있는 담배곽 등이 놓여 있었다. 북한의 소행으로 만들려고 소품을 준비한 것이다. 일본 경찰은 이곳에서 범인이 남긴 지문을 채취했고 그것이 주일 한국대사관 1등 서기관 김동운의 것임을 밝혀냈다.

김대중을 납치한 괴한들은 호텔 지하주차장을 통해 승용차편으로 어디론가 달아나기 시작했다. 이 차는 요코하마 주재 한국총영사관 부영사 유영목의 것이었고, 당시 승용차 조수석에는 김동운이 타고 있었다.

　납치범들은 오사카나 고베 근처로 추정되는 안가에서 김대중을 작업복으로 갈아입히고 얼굴을 포장용 테이프로 감은 다음 다시 차에 태워 1시간가량 달려 바닷가에 이르렀다. 여기서 모터보트에 태워 30~40분쯤 항해한 뒤 정박해 있던 대형 선박에 옮겨 싣고 그곳에 있던 사람들에게 인계했다. 그 배는 중앙정보부의 공작선인 536톤짜리 용금호였다. 용금호는 그해 7월 29일 입항하여 그곳 외항에 정박해 있었다.

　김대중을 넘겨받은 용금호에 있던 자들은 급히 출항한 뒤 김대중을 배 밑 쪽 선실로 끌고 가서 몸을 새롭게 묶기 시작했다. 손발을 꼼짝 못하게 묶고 눈에는 테이프를 여러 겹 붙인 다음 그 위에 다시 붕대를 감았다. 그리고 오른쪽 손목과 왼쪽 발목에 각각 수십 킬로그램이 되는 돌을 달았다. 마지막으로 등에 판자를 대고 몸과 함께 묶었다. 그들은 "던질 때 풀어지지 않도록 단단히 묶어", "이불로 싸서 던지면 떠오르지 않는다." 등의 말을 주고받았다.

　얼마 후 김대중은 눈이 번쩍하는 불빛을 느낌과 동시에 굉음을 들었다. 그 순간 선실에 있던 자들은 "비행기다!" 하면서 뛰쳐나갔고 배는 매우 빠르게 달리기 시작했다. 비행기의 폭음소리도 되풀이 되었다. 이런 상태가 30분 이상 계속되었다.

　이런 과정을 거쳐 김대중은 어느 항구에 도착하여 앰뷸런스에 태워지고 수면제에 의해 잠이 들었다. 잠을 깬 순간 그는 2층 양옥에 있었다. 다시 어두워진 다음, 승용차에 태워져 서울 동교동 자택 근처에 내려졌다. 납치된 지 129시간 만인 8월 13일 저녁 10시 30분 경 그는 집으로 돌아왔다. 국경을 넘나들면서 야당 정치지도자를 납치해 오는 이런 일은 최고권력자의 개입이 없이는 불가능한 영역이다.

나중에 김대중의 증언에 따르면, 자신이 해외에서 유신체제를 계속 비판하면서 1973년 7월 6일 재미교포들의 반정부단체인 한국민주회복통일촉진국민회의(약칭 한민통)를 결성, 초대 명예회장이 되고 일본에서도 8월 13일 도쿄 한민통의 결성을 준비하자 박정희가 자신의 납치 살해를 중앙정보부에 지시했다는 것이다.

납치사건이 발생하자 박 정권은 처음부터 끝까지 한국 정부의 개입설을 완강히 부인했다. 일본 경시청이 사건현장에서 범인 김동운의 지문을 채취하는 등 움직일 수 없는 증거를 포착하고 사건관련자의 출두를 한국 정부에 요구해도, 이를 완강히 거부했다. 이에 따라 일본 내에서는 '국권침해'에 대한 비난여론이 대두했고, 그에 따라 한일정기 각료회의 연기, 대륙붕 석유탐사를 위한 한일교섭 취소, 경제협력 중단 등 오랫동안 밀월관계를 유지해오던 한일관계가 냉각상태에 빠져들었다.

이후 미국의 배후 영향력 행사와 한일 간의 막후절충을 통해 관계 정상화가 시도되어 김동운 1등 서기관의 해임, 김대중의 해외체류 중 언동에 대한 면책, 김종필 총리의 진사방일 등에 합의, 사건발생 86일 만에 이 사건은 정치적으로 결말지어졌다. 이로써 무기연기되었던 한일각료회의가 다시 열리고 중단된 차관사업도 재개되었으나, 주권침해와 중앙정보부 관련설, 범인출두, 김대중의 원상회복 문제 등은 사건진상과 더불어 영구미제로 남겨지게 되었다.

일본 수상에 거액 뇌물 주고 사건 무마

1976년 3월 25일 미하원 국제관계위원회 국제기구소위원회의 비밀청문회에서 미 국무성 전 한국부장 도널드 레너드는 "한국의 박정희 대통령이 대한항공 조중훈 사장과 국제흥업 오사노小佐野 사주를 통해, 당시 수상 다나까에게 3억 엔을 증여하여, 이 사건의 인멸공작에 성공했다"고 증언했다.

이와 관련하여 재미 국제언론인 문명자는 1977년 3월 『주간 포스트』지에 2회에 걸쳐 다나카 수상에 대한 박정희 정부의 공작 내막을 폭로했다. 기사의 요지는 다음과 같다.

> 납치사건으로부터 1주일 후인 1973년 8월 15일 청와대에 불려간 조중훈 사장은 다나카 수상에 대한 공작을 의뢰받고 일본으로 건너가, 한국의 정·재계 인사들과 인연이 깊은 동경 아카사카赤板에 있는 요정에서 오사노 겐지를 만나, 의뢰금依賴金으로 먼저 1억 엔을 건네주었다. 그 돈은 박 대통령의 지시에 따라, 한국외환은행 동경지점에서 인출되었다.
>
> 다시 8월 18일 서울로 돌아온 조 사장은 그 결과를 박 대통령에게 보고했고, 그후 9월 중순에 서울과 동경을 왕래하면서 '정치해결'을 위한 공작을 계속했으며, 그 사이 오사노에게 1억 엔을 건넸다. 9월 21일 하코네箱根의 산장에서 드디어 다나카 수상과 '정치해결'에 대한 밝은 전망을 갖게 되었으며, 그 사례로 오사노를 통해 다시 1언 엔을 건넸다.[1]

납치사건 후 박정희는 미국의 칼럼니스트 잭 앤더슨에게 "나는 하느님에게 맹세코 납치사건과 관계가 없다. 사건은 아마 중앙정보부의 소행일 것"이라고 떠넘겼다. 그러나 사건 당시의 중앙정보부장 이후락은 훗날 "1973년 봄 박정희가 나를 불러 김대중을 죽이라고 지시했다. 나는 곤혹스러운 나머지 실행을 미루고 있었는데 박정희는 김종필과도 이야기되었다면서 다시 명령을 내렸다. 김대중을 납치한 것도 나지만 살려준 것도 나다."라고 밝혀, 이 사건은 본질이 박정희의 정적제거 음모였음을 털어놨다.

민주당 '김대중 살해미수 납치사건 진상조사위원회'는 1994년 사건당시 중정부장이던 이후락이 동향친구 최영근 의원에게 한 말의 내용을 묻는 공개질의서를 보냈다. 한 구절이다.

> 귀하는 1980년 최영근 전 의원에게 "박정희 대통령이 '김대중이 해치워버려' 하는 말을 하자마자 충격을 받고 그냥 알았습니다 하고 물러나왔고, 어물어물 아무것도 하지 않고 한 달이 지나자 박정희 대통령이 다시 불러 '왜 하라는데 하지 않느냐'며 호되게 추궁해서 할 수 없이 지시를 내렸다"는 요지의 말을 한 바 있다. 아울러 "김대중씨 납치를 지시한 것도 나이지만 목숨을 구한 것도 나다"는 말도 한 것으로 알고 있습니다.[2]

납치사건이 발생한 후 34년 만인 2007년 10월 '국정원 과거 사건 진실규명을 통한 발전위원회'가 정부 차원의 첫 공식 결과를 내놓았다. 여기서도 "박 전 대통령의 직접 지시 가능성을 배제할 수 없으며, 최소한의 묵시적 승인은 있었다고 판단된다"고 발표했다. 그러면서

"박 대통령이 사건과 무관했다면 사건 발생 후 이후락 정보부장을 처벌하는 게 당연한데도 그렇지 않았고, 사건 은폐를 지시한 점 등은 박 대통령이 사건의 공범 또는 주범임을 보여 준다"고 밝혔다.[3]

박정희가 지시한 것임은 확실해 보인다. 미국에 망명한 전 중앙정보부장 김형욱은 1977년 6월 미국 하원 청문회에서 주목할 만한 증언을 했다. 납치 사건이 박정희의 재가 없이는 이루어질 수 없다고 단언하며, 가담 인물들의 명단을 소위원회에 제출했다. 김형욱은 별도의 성명도 발표했다.

"무엇보다 박 대통령이 가장 두려워하는 존재는 1971년 그와 대결했던 야당 대통령 후보 김대중 씨와, 미국의 대한정책을 좌우하는 미국 국회였다. 박 대통령은 자신이 가장 두려워하는 개인인 김대중 씨의 문제를 이른바 '김대중 납치 사건'으로 해결하려 했다."[4]

미국 정부와 의회가 인정한 『프레이저 보고서』 김대중 납치사건의 관련자는 다음과 같다.

납치·살해 음모 지휘자들

중앙정보부장- 이후락

중앙정보부 차장- 김치열

중앙정보부 차장보- 이철희

주일 한국대사관 공사(납치행위 제1 책임자)- 김기완

실행 그룹

단장(중정에서 파견)- 윤진원(해병대령)

주일 한국대사관 참사관- 윤영로

주일 한국대사관 1등 서기관- 김동운

주일 요코하마 영사관 영사- 유영복

주일 한국대사관 참사관- 홍성채

비밀 공작원- 윤춘국

주일 한국대사관 서기관- 백철현

서울대학교 최종길 교수 의문사

압제에는 저항이 따른다. 고구려와 발해가 망하고 한민족이 반도 국가로 전락하여 국력이 약해지면서 부단한 외세의 침입을 받았다. 그 때마다 한민족은 피어린 항쟁을 통해 민족의 정체성을 지켰다. 지배층이 외세에 투항하거나 영합할 때에도 민중들은 결코 이를 따르지 않았다. 한국 민중은 압제와 불의에 저항하는 강인한 DNA를 갖추었다.

박정희는 계엄령을 선포하며 국회를 해산하고 정치활동을 금지시킨 가운데 유신헌법을 제정하면서 1인 영구집권체제를 출범시켰다. 언론·사법·야당 할 것없이 모든 비판세력을 평정시켰다. 정치적 라이벌 김대중을 납치해서 동교동 자택에 유폐시켰으며 그의 측근·비서들을 모조리 구속하여 손발을 잘랐다.

보안사령관 윤필용이 "이후락과 작당하여 박정희가 노쇠하였으니 물러나게 하고 다음은 '형님'(이후락)이 해야 한다는 불경한 소리를 하고 다닌다."는 정보에 따라 그를 부정축재자로 몰아 사회적으로 매장시켰다.

박정희는 한국중앙정보부로 대표되는 정치적 통제기구의 가차 없는 활용을 통해 자신의 (실제적 또는 잠재적) 정치적 적을 거세하면서 자신의 권력을 성공적으로 조직하고 제도화해 냈다. 그 궁극적인 결과 공화당 기구, 정보 및 방첩기관, 새마을운동요원, 예비군, 그리고 재향군인 등의 박정희에 충성하는 다층적인 조직적 하부구조가 생겨났다. 이러한 과정에서 대중의 정치적 무관심이 스며들었다. 무장한 군대는 '사병화'되었고 무력한 야당들은 더더욱 마비되었다.

1972년 10월 유신에 뒤이어 느슨한 형태로 존재해 왔던 대학, 언론, 학생의 반反 박정희연합은 더욱 지리멸렬해졌다. 학자들은 더 어용화되었고 언론 및 대중매체는 더욱 더 입을 굳게 다물었으며, 학생들은 이전 어느 때보다 더욱 강력하게 박정희체제의 명령 앞에 도열했다.[5]

유신쿠데타가 발생한 지 1년 만인 1973년 10월 2일 서울문리대생 250여 명은 교내 4·19기념탑 앞에 모여 비상총회를 열고 자유민주체제 확립을 요구하는 선언문을 낭독한 후 시위를 벌였다. '김대중 납치사건'을 계기로 유신선포 이후 최초로 학생들이 '유신체제 비판불용'이라는 금기를 깨고 시위에 나선 것이다.

이날 학생들은 첫째, 정보·파쇼통치 즉각 중지와 자유 민주체제 확립, 둘째, 대일경제예속관계 즉각 중지 및 민족자립경제 확립과 국민생존권 보장, 셋째, 중앙정보부 즉각 해체와 김대중 납치사건 진상규명, 넷째, 기성 정치인과 언론인의 각성 촉구 등 4개항을 결의하고, 2시간여 동안 구호를 외치며 시위를 벌였다.

이날의 시위는 유신체제 출범 이후 패배주의와 냉소주의에 빠져 있던 학생운동권 및 재야인사들의 시국선언문 발표, 신문사와 방송국 기자들의 자유언론실천선언으로 이어지는 반독재투쟁의 기폭제가 되었다.

서울대학 문리대에서 점화된 학생시위는 11월 말에서 12월 초에 걸쳐 전국으로 확산되면서 일부 대학에서는 가두 진출로 격화되었고, 경찰과 투석전과 최루탄의 공방이 계속되는 가운데 고등학교까지 확대되었다. 정부가 시위 주동 학생들을 대거 구속, 제적하면서 이들의 석방과 학원의 자유가 새로운 이슈가 되고, 정치적으로는 정보 파쇼통치와 유신철폐가 여전히 핵심 이슈였다.

학생들의 시국선언문과 시위에 각성한 기자들은 언론자유 수호 선언투쟁에 나서고, 노동자들은 노조 결성의 자유와 임금현실화를 요구하며 파업을 벌였다.

서울대 법대에 재직 중이던 최종길 교수가 10월 16일 중앙정보부에 출두했다가 간첩혐의로 구속되어 7층 심문실에서 창밖으로 투신자살했다고 발표되면서 "김대중 납치사건"과 함께 '유신독재의 마각'을 드러내는 상징적인 의혹사건이 벌어지자, 대학과 재야인사들의 진상규명 운동이 전개되었다. 천주교 정의구현사제단은 이듬해 추모미사에서 공개적으로 이 사건을 권력의 개입에 의한 살해라고 주장하였다.

최 박사는 교수회의에서 정부에 비관적이었다는 이유로 요주의 인물로 주목받고 있던 터였다. 학교에서 집으로 돌아오는 길에 최 박사는 기관원에 의해 납치됐다. 그리고 한 주일쯤 뒤, 한국과 미국 신문에 당국의 발표내용이 실렸다. 최종길은 공산주의자이며, 기관에서 조사 받던 중 창문을 열고 뛰어내려 추락사했다는 거였다. 내과의사였던 최 박사의 부인이 시체 인도를 요구했으나 이미 매장이 끝났다는 통고만이 날아왔다. 의혹투성이 사건이었다.

최종길 박사는 내 제자였다. 나는 그를 잘 알고 있었고, 그의 성실성과 총명함을 높이 사 서울대 법대 교수로 추천했었다. 단호히 말하건대 최 박사는 공산주의자가 아니다. 자살할 사람도 아니다. 바라건대 한국에 민주화의 꽃이 피게 되면, 이 젊은이의 일이 진실 그대로 세상에 알려졌으면 한다.[6]

들불처럼 번진 반유신투쟁

1973년 12월 24일 함석헌·장준하·천관우·계훈제·백기완 등 각계의 민주인사들이 서울 YMCA에서 '개헌청원운동본부'를 발족하고 유신헌법 철폐를 위한 개헌청원운동을 본격적으로 전개하였다. 개헌청원운동은 불과 10일 만에 30여만 명의 서명을 받는 등 놀라운 속도로 번져나갔다.

이에 당황한 박정희는 12월 29일 김성진 청와대 대변인을 통해 발표한 담화에서 "최근 일부 지각없는 인사들 중에 유신체제를 뒤엎고 사회혼란을 조성하려는 불순한 움직임이 있다."면서 개헌서명을 즉각 중지할 것을 요구했다.

박정희의 반 협박적인 담화에도 불구하고 개헌서명 운동은 날로 확산되어 갔다. 개헌청원운동본부의 장준하 대변인은 박정희 담화에 대한 성명을 발표하고 "개헌청원운동은 정부 당국자가 주장하는 바 우리 백성들이 정부당국과 대화를 하는 최선의 방법으로 채택한 것"이라 전제하면서 "당국은 이 합리적이며 합법적이고 평화적인 운동을 막는 우를 범하지 말라."면서 청원운동을 계속하겠다고 맞섰다.

전국 주요 대학이 반유신 시위에 나선 가운데, 11월 15일 단식농성을 하던 한국 신학대학생 90여 명은 삭발농성에 들어갔으며, 한국기자협회는 11월 29일 언론의 책임을 다하기 위해 객관적 사실을 충실히 보도하기로 결의했다. 기협회장단과 한국신문편집인협회도 각각 결의문을 채택하고 "민주언론의 창달을 위해 71년 5월에 채택한 언론자유수호 행동강령을 준수할 것과, 최근 일선기자들이 각 사 단위로 혹은 기자협회를 통해 밝힌 언론자유수호를 위한 결의는 당연하고 순수한 것이므로 이를 뒷받침" 할 것을 다짐했다.

12월 13, 14일 양일간에는 전국대학 총학장회의도 결의문을 통해 "우리 총학장 일동은 교수 전원의 협조를 얻어 자율을 바탕으로 학원의 정상화, 면학분위기의 조성이 조속한 시일 내에 이룩되도록 총력을 기울인다."고 밝혔다.

특히 함석헌·김재준·천관우·이병린 등 '민주수호국민협의회' 대표와 윤보선·김수환·유진오·백낙준·이희승·이인·한경직·김관석·이정규 등 원로들은 12월 13일 서울 YMCA회의실에 모여 시국간담회를 갖고, "현재의 시국은 민주주의체제를 근본부터 또 제도적으로 회복하여 국민의 자유를 소생시키지 않으면 민족적 위기를 초래할 위험이 있다고 보아 이에 대한 대통령의 조처를 기대한다."면서 정상적인 민주주의 체제로의 회복은 적어도 첫째, 국민의 기본권을 철저히 보장할 것, 둘째, 3권분립체제를 재확립할 것 셋째, 선거에 의한 평화적 정권교체의 길을 열 것 등이 포함되어야 한다고 주장했다.

1974년 1월 7일에는 공화당의 초대 총재와 당의장을 지낸 정구영과 전 사무총장 예춘호가 공화당을 탈당했다. 정구영은 이날 성명을 통해 "나는 진정한 자유민주주의를 구현코자 민주공화당의 창당에 참여하여 초대 총재가 되었으나, 오늘의 사태는 당원으로서 소신을 밝힐 수 있는 최소한의 자유마저 잃은 채 조국의 안위는 백척간두에 서 있다 하여도 과언이 아니므로 오랜 자책 끝에 드디어 당과 결별하기로 작정했다."고 밝히고 개헌서명운동에 참여했다.

같은 날 이희승·이헌구·김광섭·박두진 등 문학인 61명은 첫째, 헌법개정을 청원하는 것은 국민의 당연한 권리이며 둘째, 우리는 이 권리를 결코 포기하지 않는다. 셋째, 국민의 기본적 인권이 제도적으로 보장되어야 하며 넷째, 빈부격차가 해소되고 물량위주 대외 의존적 근대화정책이 근본적으로 시정되어야 한다는 등 4개항의 결의문에 서명하고 발표했다.

이들은 "민족의 존망 자체가 위태로운 이 어려운 시기를 맞아 문학인들이 더 이상 침묵할 수 없다."고 밝히고, "국민의 편에 서서 용기와 신념을 갖고 민주주의와 사회정의의 성취를 위해 싸우는 모든 양심적인 지식인들과 더불어 어떠한 가시밭길도 헤쳐 나갈 것을 선언한다."고 다짐했다. 박정희는 유신 1년 만에 총체적인 국민의 도전에 직면하게 되었다.

호랑이 등에 탄 '긴조시대' 5년 11개월

박정희는 민주주의에 대한 신념이나 개념이 전혀 없었다. 그에게 수평적인 권력관계는 인식되지 않았다. 오직 지배와 피지배의 수직관계가 있을 뿐이다. 오랜 군대생활 특히 만군과 일군시절 그리고 일본 천황제와 메이지유신을 동경해온 터여서 민주주의는 체질상 맞지 않앞다. 한때 민족적민주주의나 행정적민주주의를 내건 바 있었으나 그건 선거용 아니면 대국민 선전구호였을 뿐이다. 유신체제를 비판하고 정상적인 민주체제로의 환원을 요구하는 학생·지식인·국민에 대한 대처 방식을 보면 이를 확인하게 된다.

1974년 새해가 밝으면서 유신헌법 철폐와 민주회복을 요구하는 국민의 소리는 더욱 거세게 확산되었다. 심지어 박정희 정권과 정치적 유착설이 나돌던 유진산의 신민당까지 1월 8일 개헌을 요구하기에 이르렀다.

이렇게 되자 박정희는 개헌청원 서명운동을 저지하는 강압책을 들고 나왔다. 1월 8일 긴급조치 1, 2호를 선포하여 유신헌법을 반대 부정 비방하거나 개헌을 주장하는 일체의 행위를 금지하고, 위반자는 영장 없이 체포하고 군법회의에서 15년 이하의 징역에 처하며(1호), 이에 따른 비상군재를 설치한다(2호)고 선포했다. 일제식민통치 못지않은 정치적 폭거였다.

긴급조치는 원래 천재지변 또는 중대한 재정, 경제상의 위기에 처하거나 국가의 안전보장 또는 공공의 안녕질서가 중대한 위협을 받거나 받을 우려가 있어 신속한 조치를 취할 필요가 있다고 판단되는 경우에 대통령이 내정, 외교, 국방, 경제, 재정, 사법 등 국정 전반에 걸쳐서 내리는 특별한 조치다. 그러나 유신헌법 제53조에 규정된 대통령 긴급조치권은 단순한 행정명령 하나만으로 국민의 자유와 권리에 대해 무제한의 제약을 가할 수 있는 초헌법적 권한으로서, 사실상 반유신 세력에 대한 탄압도구로 악용되었다.

1974년 1월 8일 제1, 2호가 처음 발동된 이래 1975년 5월 13일 제9호에까지 이른 대통령 긴급조치는 박정희 암살로 1979년 12월 8일 제

9호가 해제되기까지 만 5년 11개월 동안 이른바 '긴급조치 시대'가 계속되었다. 국민의 기본권을 제약하고 반대세력을 탄압하는 그야말로 권력의 광기가 절정에 오른 암흑의 시대였다. 대통령의 행정명령이 3권 위에 군림하게 되고, 권력분립과 의회민주주의는 형해화되었다.

긴급조치 1호는 헌법개정 관련 외에도 유언비어의 날조·유포 금지, 금지행위의 선동·선전 및 방송·보도·출판 등 전파행위 금지, 이 조치의 위반자 및 비방자는 영장 없이 체포·구속·압수수색하며 비상군법회의에서 15년 이하의 징역과 15년 이하의 자격정지에 처하도록 했다.

이에 따라 1월 15일 비상보통군재 검찰부는 전 『사상계』 사장 장준하와 백범사상연구소 대표 백기완을 긴급조치 위반혐의로 첫 구속하고, 21일 도시산업선교회 김경락 목사 등 종교인 11명을 같은 혐의로 구속하는 등 종교인과 학생들을 다수 구속했다. 정부는 이어 4월 3일 민청학련 사건을 기화로 학생들의 반독재 투쟁에 족쇄를 채우기 위해 또 긴급조치 4호를 선포했다. 이 조치는 다음과 같다.

① 전국민주청년학생총동맹(민청학련)과 관련되는 제단체를 조직하거나 이에 가입 또는 회합·통신·편의제공 등으로 구성원의 활동에 직간접으로 관여하는 일체의 행위 금지

② 민청학련 및 관련단체의 활동에 관한 문서·도서·음반·기타 표현물을 출판·제작·소지·배포·전시·판매하는 일체의 행위 금지

③ 정당한 이유 없이 출석·수업·시험을 거부하거나 학교관계자 지도·감독 하의 정상적 수업과 연구활동을 제외한 학내외 집회·시위·성토·농성 기타 일체의 개별적 집단행위 금지

④ 이 조치를 위반하거나 비방한 자에 대해서는 5년 이상의 유기징역에서 최고 사형까지 처할 수 있고, 위반자가 소속된 학교는 폐교 처분

이 조치로 내무부 치안국은 민청학련 관련자 자진신고 기간에 자수하지 않은 서울대생 이철, 서울대 졸업생 유인태, 강구철 등을 전국에 현상수배하고, 비상보통군제는 7월 16일 민청학련 배후지원 혐의로 구속기소된 윤보선·박형규·김찬국 등을 내란선동 및 긴급조치 위반혐의로 첫 공판을 여는 등 초강경의 탄압정책을 계속했다.

박정희는 긴급조치라는 폭력적인 조치를 단행하면서 국민을 현혹시키고자 이번에도 어김없이 '용공카드'를 꺼내 들었다. 이른바 '문인간첩단사건'이다. 2월 25일 서울지검 공안부 정명래 부장검사는 서울을 거점으로 한 문인간첩단을 1월 26일 적발했으며 이호철·임헌영·김우종·정을병·장병화 등 5명의 문인을 반공법 위반 및 간첩 혐의로 구속하고, 언론인 천관우 등에 대해 계속 조사 중이라고 발표했다.

긴급조치가 발효되어 어느 정도 효과를 보고 있던 10월 31일 서울형사지법 항소3부는 선고공판에서 이호철·임헌영·김우종, 장병화에게 각각 징역 1년에서 1년 6개월에 집행유예를 선고하고 모두 석방했다. 훗날 이 사건은 재심에서 모두 무죄가 선고되었다.

박정희 정부는 거듭되는 긴급조치에도 국민의 반유신 저항운동이 거세게 확산되자 1975년 5월 13일 긴급조치 제9호를 선포했다.

서울농대생 김상진 군의 할복자살을 계기로 유신헌법 철폐와 정권 퇴진을 요구하는 민주화운동이 거세게 일어나자 이를 탄압하기 위해 더욱 강력한 긴급조치 9호를 선포한 것이다. 그 내용은 다음과 같다.

① 유언비어의 날조·유포 및 사실의 왜곡·전파행위 금지

② 집회·시위 또는 신문·방송 기타 통신에 의해 헌법을 부정하거나 폐지를 청원·선포하는 행위 금지

③ 수업·연구 또는 사전에 허가받은 것을 제외한 일체의 집회·시위·정치관여 행위 금지 △이 조치에 대한 비방행위 금지

④ 금지위반 내용을 방송·보도 기타의 방법으로 전파하거나 그 내용의 표현물을 제작·소지하는 행위 금지

⑤ 주무장관에게 이 조치의 위반 당사자와 소속학교·단체·사업체 등에 대해 제적·해임·휴교·폐간·면허취소 등의 조치를 취할 수 있는 권한 부여

⑥ 이런 명령이나 조치는 사법적 심사의 대상이 되지 않으며 위반자는 영장 없이 체포 가능

긴급조치 9호가 1979년 12월 8일 해제되기까지 5년 11개월 27일 정확히 1,669일 동안 헌법비판이나 개헌에 관한 국민들의 입과 귀는 막혔고 말을 할 수도 들을 수도 없게 봉쇄되었다.

긴급조치 9호 시대는 민주주의 암흑기로서 8백여 명의 구속자를 낳아 '전국토의 감옥화', '전국민의 죄수화'라는 유행어를 만들어 내기도 했다. 긴급조치 9호는 5년 11개월 동안 학생, 교수, 문인, 정치인, 종교인, 시민 등 모두 1,389명이 이 조치로 옥고를 치르고, 9호 관련 판결은 1,289건으로 피해자 수만 974명에 이르렀다.

박정희가 명령한 긴급조치 시대야말로 우리 헌정사상 전두환 5공 정권기와 더불어 전무후무한 인권탄압과 독재의 암흑시대였다. 긴급조치는 민주정부에서 무효화가 되었고, 피해자들은 대부분 재심에서

사면 복권조치가 이루어졌다.

마녀사냥, 민청학련사건 조작

정체성이 없는 인물이나 정통성이 취약한 권력자가 가장 손쉽게 휘두르는 무기가 매카시즘이다. 반대자를 공산주의자로 낙인하는 매카시즘은 미국에서 1950년부터 5년간 상원의원 매카시가 정치적 반대세력이나 멀쩡한 군인·공무원들까지 소련 공산당 첩자들이라고 몰아부쳐 한바탕 소동을 일으키면서 정치사회학의 용어로 자리 잡았다.

미국에서는 일회성 소동으로 끝나고 만 매카시즘이 한국에서는 지금까지도 대를 이어 극성을 부린다. 이승만·박정희·전두환·노태우와 그 아류 정권에서 특히 심했다. 매카시즘의 뿌리는 깊다. 기독교 사회였던 15세기 유럽에서 시작하여 18세기 초까지 300년 동안 계속해서 진행된 이단자에 대한 박해 '마녀사냥witch hunting'은 마녀가 사탄과 계약을 맺었다고 여겨 학살하거나 재판에 회부했다. 1692년 미국의 매사추세츠 주 세일럼에서 일어난 마녀재판은 아직도 기록이 남아 있다.

박정희는 권력유지의 방편으로 '마녀사냥'을 일삼았다. 풀어 말하면 정치적 위기에 몰리면 어김없이 정치적 희생양을 만들었다. 집권 13년 차에 이른 박정희에게 1974년은 정치적 위기의 해였다. 계엄령, 위수령에 이어 긴급조치까지 발동하여 무시무시한 형벌과 공포감을 불러일으켰으나 날이 갈수록 약효는 별로였다. 해서 다시 꺼낸 것이 '용공카드'로 국민을 겁박하는 일이었다. 1974년 4월 25일 중앙정보부장 신직수는 어마어마한 공안사건을 발표하여 국민을 공포에 떨게 만들었다. 이날은 전국민주청년학생총연맹(민청학련) 사건에 대한 대통령 긴급조치 제4호가 선포된 지 3주일이 지난 시점이었다.

신직수 부장의 발표 내용의 요지는 다음과 같다.

> 민청학련은 공산계 불법단체인 인혁당 재건위조직과 재일조총련계 및 일본 공산당, 국내 좌파 혁신계 인사가 복합적으로 작용, 74년 4월 3일을 기해 현정부를 전복하려 한 불순 반정부세력으로, 이들은 북괴의 통일전선형성 공작과 동일한 4단계 혁명을 통해 노동자·농민에 의한 정권수립을 목표로 했으며, 과도적 정치기구로 민족지도부의 결성을 획책했다.
>
> 이들이 획책한 이른바 4단계 혁명은, ① 유신체제를 비민주 독재로 단정, 반부정세력을 규합하며 ② 4월 3일을 기해 전국 주요 대학이 일제히 봉기하여 중앙청·청와대 등을 점거 파괴하고 ③ 민주연합 정부를 수립하는 것을 내용으로 했다.
>
> 민청학련의 배후 주동인물로는, ① 전 인혁당수 도예종과 여정남 등의 불순세력 ② 재일조총련 비밀조직의 곽동의와 곽의 조종을 받은 일본 공산당원 다치카와 하야카와 등 일본인 2명 ③ 기독교학생총연맹 간부진 ④ 이철·유인태 등 주모급 학생운동자와 유근일 등이다.

1973년 말 절정에 달했던 학원가의 반독재 시위가 긴급조치 제1호의 선포로 잠시 수그러들었다가 이듬해 신학기 시작과 더불어 다시 술렁이기 시작했다. 연초부터 떠돌기 시작한 '3, 4월 위기설'이 나도는 가운데 4월 3일 서울대, 성균관대, 이화여대 등에서 일제히 시위가 일어났다. 서울대 의대생 500여 명은 흰 가운을 입고 시위를 벌이기도 했다. 이날 데모의 특징은 거의 같은 시간에 각 대학이 동시에 시위를 벌였다는 것과 선언문의 주체가 '전국민주청년학생총연맹'의 명의로 되어 있었다는 점이었다.

학생들의 시위에 배포한 〈민중·민족·민주선언〉의 유인물이 민청학련 사건의 단초가 되었다. 이 유인물에는 다음과 같은 내용이 담겨 있다.

① 부패·특권·족벌의 치부를 위한 경제정책을 시정할 것
② 서민들의 세금을 대폭 감면하고 근로대중의 최저생활을 보장할 것
③ 노동악법을 철폐하고 노동운동의 자유를 보장할 것
④ 유신체제를 철폐하고 구속된 애국인사를 석방할 것
⑤ 모든 정보, 폭압정치의 원천인 중앙정보부를 해체할 것

박정희는 이 사건을 기화로 4월 3일 저녁 긴급조치 제4호를 선포했다. 정부는 민청학련 사건을 빌미삼아 학생들의 반유신투쟁에 족쇄를 채우고자, 이 사건의 관련자들을 비상군법회의에 송치했다. 군법회의에 송치된 사람은 배후조종 혐의로 전 대통령 윤보선, 지학순 주교, 박형규 목사, 김동길·김찬국 교수를 비롯, 인혁당 재건관련자라는 21명, 일본인 2명을 포함한 무려 253명에 이르렀다.

7월 21일 열린 비상군법회의 첫 공판에서 이철·유인태·여정남·김병곤·나병식·이현배 등 9명에게 사형, 유근일 등 7명에게 무기징역 등 가혹한 형벌이 선고되었다. 민청학련 사건 관련자에 대한 군법회의 재판은 1974년 6월 15일부터 10월 11일까지 119일 동안 계속되었다.

1974년 5월 27일 당국이 발표한 민청학련 사건 명단

1974년 한여름 내내 긴급조치 피의자들을 다루는 군법회의 공판정은 연일 사형, 무기징역, 20년, 15년 등 유례 없는 중형을 선고하여 내외에 큰 충격을 주었다.

이로 인해 구속자 석방을 요구하는 집회 및 시위가 학계 및 종교계를 중심으로 광범위하게 번져가고 각계각층의 반독재 민주화투쟁이 격화되는 한편, 외교문제로까지 번져 미국의회에서 대한군사경제원조의 대폭삭감이 논의되는 등 국제여론도 악화되었다.

이에 당황한 박정희는 인혁당 관련자와 반공법 위반자 일부를 제외한 사건관련자 전원을 석방함으로써 사건이 날조된 것임을 스스로 폭로했다. 이 사건으로 종교계, 학계 등 광범위한 세력이 연대의 틀을 마련했으며, 지식인들이 변혁운동의 중심에 서게 되는 계기가 만들어졌다. 박정희는 스스로 몰락의 함정을 판 셈이다.[7]

16장

사법살인과 암살 그리고 의문사

정권 위기 희생양 인혁당사건 날조

박정희는 유신체제를 작동하면서 더욱 메시아적 존재로 스스로를 자리매김하기 시작했다. 가장 위험한 시가에 접어든 것이다. 메시아는 무오류성과 과격성을 동반한다. 그래서 거침없이 '마녀사냥'을 지시한다.

1974년 4월 3일 긴급조치 4호를 선포하여 민청학련 사건으로 많은 사람을 구속한 지 3주일 후인 4월 25일 중앙정보부장 신직수에 의해 인혁당사건이 다시 발표되었다. 1차 사건이 있은 지 10년 만에 또 인혁당 이름을 꺼낸 것이다. 혐의사실도 10년 전과 거의 똑같았다. 현 정부를 전복하고 노동자, 농민에 의한 정부를 수립하기 위한 학생데모를 배후조종했다는 내용이다.

정부는 민청학련 사건의 배후세력으로 인혁당을 지목하면서 이 사건 관련자 서도원·도예종·김용원·우홍선·송상건·여정남·김한덕·유진건·나경일·전재권 등 23명을 구속하여 재판에 회부했다. 이 사건의 진실을 알기 위해서는 역사의 소급이 필요하다.

박정희는 야당과 학생들의 대일 굴욕회담 반대운동이 거세게 전개되던 1964년 8월 14일 중앙정보부장 김형욱을 통해 이른바 '인혁당사건'이란 것을 발표했다.

김형욱은 인혁당이 "북괴의 지령을 받고 대규모적인 지하조직으로 국가를 변란하려던 인민혁명당 사건을 적발, 일당 57명 중 41명을 구속하고 나머지 16명은 전국에 수배 중에 있다"고 발표했다.

박정희 18년 집권 동안 가장 많은 의혹과 물의를 빚은 사건 가운데 하나인 인혁당사건은 이렇게 하여 세상에 알려지고, 10년 뒤 인혁당 재건위 사건을 날조하여 8명의 아까운 인재를 처형했으며, 많은 연루자들이 혹독한 고문과 장기형의 고통을 겪게 하였다. 윤보선 전 대통

인혁당 재건위 사건을 보도한 『경향신문』

령의 전언에 따르면 박정희가 자신의 집권기간 중 "크나큰 실책이라면 인혁당 8명을 처형한 것이 역사의 오점을 남겼다"고 하면서 정부요인들 앞에서 후회했다고 한다. 이로 미루어 박정희도 이 사건이 조작된 점을 뒤늦게나마 후회했다는 것을 알 수 있다.

2006년 7월 인혁당 재건위 재심 5차공판의 증인 김종대 씨에 따르면 박정희가 말년에 술에 취하면 인혁당 관계자 8명의 사형을 후회했다고 윤보선의 말을 전한다.

두 차례의 인혁당사건은 사건 당시는 물론 지금까지도 가혹한 고문, 연루자들의 처형과 중형 선고, 외국인 목사와 신부의 추방, 유가족 탄압과 시신 탈취 등을 둘러싸고 논란이 이어지고 있다.

인혁당사건의 진실에 접근하기 위해서 김형욱이 발표한 1차사건의 개요부터 살펴보자.

인혁당은 1962년 1월 북괴로부터 특수사명을 띠고 남파한 간첩 김영춘의 사회로 통일민주청년동맹 중앙위원장이던 우동읍과 동 간사장 김배영·김영광, 민주민족청년동맹 간사장이던 김금수, 동 경북도간사장 도예종, 사회대중당 간사였던 허표, 전 진보당원 김한득, 빨치산 출신의 박현채 등이 참가하여 창당 발기인대회를 갖고, 외국군 철수와 남북서신, 문화, 경제교류를 통한 평화통일을 골자로 한 강령과 규약을 채택하여 발족했다.

인혁당은 창당 후 조직을 확대해오다가 1964년 4월 북괴 중앙당의 지령을 받고 동당 중앙상임위원인 도예종·정도영·박현채 등이 중심이 되어 한일회담 반대 데모를 유발토록 획책함과 동시에 학생 데모를 4·19와 같은 혁명으로 발전케 함으로써 현정권을 타도할 것을 결의했다.

인혁당은 학생·언론인 등을 포섭, 현정권이 타도될 때까지 학생 데모를 계속 조종함으로써 북괴가 주장하는 노선에 따라 남북평화통일을 성취할 것을 목표로 투쟁하다가 6·3비상계엄이 선포되자 그들의 죄상과 당 조직망이 폭로될까 우려한 나머지 학생 데모 주동자와 일체의 연락을 끊고 지하로 잠복, 기회를 노리던 중 검거되었다.

이것이 박정권이 인혁당사건을 세상에 알리는 '관제' 내용이다.

반유신투쟁의 고조로 위기를 느끼던 박정희는 국면 전환용으로 다시 인혁당사건을 조작하여 이들을 공산주의로 몰아 정권안보의 희생양으로 삼았다. 인혁당은 그 실체가 없음은 물론 사건에 연루된 피고인들의 법정진술까지 변조할 정도로 철저히 조작한 사건이었다.

1차 인혁당사건이 '처리'된 10년 뒤인 1974년 봄 대학가의 반유신투쟁이 격렬해지면서 박정희 정부는 긴급조치 4호로 민청학련 사건을 조작하고, 민청학련을 배후조종한 혐의로 인혁당 재건위 사건을 날조했다. 이 사건으로 교수와 학생 등 모두 2백 54명이 구속되어 영남대 출신인 도예종 등 7명이 인혁당 연루자로 몰려 사형이 집행됐으며, 경북대 출신 여정남도 민청학련 관련자로 역시 처형되었다.

1964년 처음으로 알려진 인혁당사건이 10년 뒤에 이른바 인혁당 재건위 사건으로 다시 포장되어 많은 희생자를 가져오기까지에는 '곡절'도 있었다.

김형욱이 발표한 1차 인혁당사건은 그해 8월 18일 서울지검에 송치되었다. 중앙정보부의 어마어마한 발표 후 이 사건을 송치받은 서울지검은 18일간의 철야수사에도 기소할 만한 혐의점을 찾지 못했다. 사건담당 검사진은 이용훈(부장검사)·최대현·김병금·장원찬 검사 등이었다. 검찰은 관련자들이 중앙정보부 조사과정에서 심한 고문을 당한 것을 밝혀냈다.

담당검사들은 "관련자들이 북한의 지령을 받고 불온단체를 조직했다는 혐의는 하나도 없다"고 말하면서 "양심상 도저히 기소할 수 없으며 공소를 유지할 자신이 없다"고 기소장 서명을 거부했다. 최 검사를 제외한 세 검사는 기소 거부와 함께 사표까지 제출했다.

이렇게 되자 검찰과 중정이 발칵 뒤집히게 되고, 궁지에 몰린 김형욱은 압력을 넣어 숙직담당 검사를 통해 가까스로 서명토록 하여 간신히 기소할 수 있었다. 사건은 국회로 비화되고 관련자들이 수사기관에서 전기고문, 물고문 등을 당한 사실이 속속 밝혀졌다.

이렇게 되자 검찰은 서울고검 한옥신 검사에게 사건의 재수사를 지시했다. 그 결과 검찰은 당초 국가보안법 위반혐의로 구속·기소한 26명 중 학생 등 14명에 대한 공소를 취하했고, 나머지 도예종 등 12명의 피고에 대해서도 반국가단체 구성의 국가보안법 위반을 반국가단체의 찬양, 고무 등의 반공법 위반혐의로 공소장을 경미하게 변경했다. 이렇게 하여 대법원에서는 이들에게 최고 3년에서 1년까지의 가벼운 형량이 선고되었다. 정보부의 어마어마한 발표에 비해서는 태산동명泰山動鳴에 서일필鼠—匹 격이었다.

당시 인혁당사건 관련자로 구속된 사람은 다음과 같다.

도예종(40·무직), 박현채(30·서울대 강사), 정도영(39·합동통신 조사부장), 이재문(31·대구매일신문 기자), 허표(31·부산 봉래초등학교 교사), 박상흥(45·서적상), 김경희(27·민중서관 사원), 전무배(33·서울신문 기자), 박중기(29·한국여론조사 취재부장), 양춘우(29·무직), 서정복(24·서울문리대 철학과 4년), 김정강(25·서울문리대 정치과 3년), 김정남(22·서울문리대 정치과 3년), 김중태(24·서울문리대 정치과 4년), 현승일(21·서울문리대 정치과 4년), 김도현(21·서울문리대 정치과 4년), 김승균(26·성균관대 동양철학과 4년) 등

그로부터 10년 후인 1974년 4월 3일, 박정희는 학생들의 대규모적인 반유신 저항운동을 봉쇄하고자 이날 긴급조치 제4호를 선포했다. 그리고 4월 25일 중앙정보부 부장 신직수를 통해 학생데모의 배후에 공산당의 조종이 있었다는 내용의 '민청학련 사건'을 발표했다.

박정권은 민청학련 사건을 발표하면서 학생시위를 배후조종한 것은 인혁당이라고 새로운 사실을 주장했다. 법무장관 황산덕을 통해 밝힌 이른바 인혁당 재건위 사건의 내용(요지)은 다음과 같다.

인혁당은 남한에 강력한 지하당을 조직하라는 김일성의 지시에 따라 1961년 남파된 북괴간첩 김상한이 재남 공산주의자들을 규합하여 1961년 1월에 조직한 지하당이다.

인혁당의 조직과 활동상황은 1964년 6·3사태 배후조종자로서 인혁당 관련자들이 검거됨으로써 처음으로 드러났는데, 당시 김상한과 재정책 김배영이 1962년 5월 월북하고 없었기 때문에 검거된 자들은 고문에 의한 조작설을 유포, 법정투쟁을 통해 극히 경미한 형을 받았다.

그 뒤 1967년 김배영이 인혁당 재건지령을 받고 다시 남파되었

다가 검거되어 인혁당의 진상이 뒤늦게나마 입증되었으나 일사부재리의 원칙 때문에 다시 처벌할 수가 없었다.

정부의 이와 같은 발표와 더불어 인혁당 연루자들은 1974년 5월 27일 비상군법회의 검찰부에 의해 국가보안법, 반공법 위반, 내란예비음모, 내란선동 등 혐의로 기소되었다. 재판은 6월 15일부터 비상보통군법회의, 비상고등군법회의를 거쳐 대법원 확정판결이 있기까지 약 10개월이 걸렸다. 3심을 거치는 동안 인혁당사건에 연루된, 피고인들의 형량은 거의 변함이 없었다. 특히 도예종·서도원·하재완·이수병·김용원·우홍선·송상진·여정남 등 8명의 피고인들은 처음부터 마지막까지 사형이었다.

야만적인 살인행위 '사법암흑의 날'

박정희가 유신체제를 만들고 긴급조치를 선포하면서 1인 전재의 강압통치를 하는 동안 가장 큰 걸림돌은 학생들이었다. 대일 굴욕회담을 강행하면서 학생들의 시위로 위기국면에 빠지기도 했던 박정희는 정권안보를 위해서는 야당이나 재야, 종교세력도 걸림돌이기는 했지만 학생들처럼 '두려운' 존재는 없었다.

그래서 긴급조치 4호를 통해 반체제적인 학생들과 이들의 배후라고 판단한 교수, 종교인들을 일망타진하고자 한 것이 민청학련 사건과 인혁당사건의 조작이었다. 특히 인혁당 재건위라는 공안사건을 통해 학생들에게 겁을 주고, 학생시위가 북한 측의 조종에 의해 움직이는 것처럼 국민에게 선전하여 이를 탄압하고자 했던 것이다.

이런 이유로 하여 인혁당 연루자들은 수사기관에서 상상하기 어려운 혹독한 고문을 당했다. 고문사실은 긴급조치의 언론통제로 국내언론에는 거의 보도되지 못했다. 다만 조지 오글 목사와 제임스 시노트 신부 같은 외국 종교인들이 외신이나 기도회 같은 곳에서 폭로했고, 이 때문에 두 사람은 강제 추방당했다.

사건의 조작설과 연루자들에 대한 고문사실이 알려지면서 내외의 거센 비판이 일었다. 그러나 박 정권은 아랑곳없이 고등군재에 이어 대법원에서도 인혁당 및 민청학련 사건 연루 피고인 36명에 대해 원심대로의 형을 선고했는데, 도예종·서도원·하재완·이수병·김용원·우홍선·송상진·여정남 등 8명에게는 사형이 확정되었다. 1975년 4월 8일의 일이다.

그리고 이례적으로 대법원 판결 바로 다음 날 이들 8명에 대한 전격적으로 사형집행이 이루어졌다. 이 때문에 재심이나 탄원을 시도해볼 여유도 없었다.

제네바에 본부를 둔 국제법학자회의는 인혁당사건의 최종판결이 난 4월 8일을 '사법사상 암흑의 날'로 선포했으며, 국제사면위원회(엠네스티)에서는 야만적인 살인행위라고 박정희 정부의 처사를 비난했다.

인혁당 연루자들은 심한 고문으로 죽은 후에도 시신이 온전하게 가족에게 인수되지 못했다. 당국이 고문 사실이 폭로될까 두려워 유족의 동의 없이 화장시키는 등의 방법으로 고문 사실을 은폐하고자 했기 때문이다. 그만큼 이 사건의 진실에 자신이 없었다는 증거인 셈이다.

천주교 정의구현사제단의 '현실 고발'이란 성명 중 시체와 관련되는 내용이다.

　4월 9일과 10일, 서대문구치소 앞의 정경은 아비규환이었습니다. 우홍선씨의 시체와 이수병씨의 시체는 가족들이 정식으로 인수했습니다. 다른 사람들은 집이 서울이 아니라 바로 인수하지 못했습니다.

　우리 사제들은 생각 끝에 시체를 성모병원에 옮기려 했으나 시체실이 만원이라 다시 함세웅 신부가 주임신부로 있는 응암동 성당에 안치시키려 했습니다. 일이 이렇게 되자 이들 시체들은 집이 있는 지역의 시립병원으로 보내기로 했다 했습니다. 가족들은 서울에 있고 그나마 미사라도 드리고 장례를 치르고 싶은 가족들의 소원, 우리들의 인도적 책임, 이런 모든 것들을 감안하여 가족과 사제단이 함께 응암동 성당으로 옮기려 했던 것입니다.

　그러나 다른 모든 시체들은 다 뺏겨버리고, 놓쳐버리고, 우리는 마지막으로 송상진씨의 시체를 응암동 성당으로 인도하려 했습니다. 그러나 녹번동 3거리에서 3~4백 명의 경찰의 저지를 받았습니다. 그때 우리 쪽은 20~30명의 가족, 여인네들과 몇 명 신부들이 있었고 몇 명의 목사가 있었습니다. 시체를 태운 차를 빼앗기지 않기 위해 우리들 신부들은 차바퀴 속으로 들어가 차가 움직이는 것을 방해했지만 끝내 크레인까지 동원, 벽제에 있는 화장터로 그 시체를 빼앗기고 말았습니다.

　가족들조차 화장되는 시체를 확인하지 못했습니다. 보지도 못했습니다. 가족 등 아무도 확인하지 못한 시체가 바로 송상진씨의 시체입니다. 아무튼 이 실랑이 통에 김택암 신부는 다시 허리를 다

쳤고, 미사까지 드리지 못하게 하는 당국의 천인무도한 만행에 남아 있는 모든 사람들은 통곡을 하지 않을 수 없었습니다. 장례식 방해죄라는 것이 있습니다만 그들은 그들 스스로 이렇게 법을 어기면서 폭거를 서슴지 않았습니다.

그날 밤 9시 김택암 신부는 괴한들에 의해 연행, 중앙정보부에 밤샘 조사를 받았고, 우홍선씨의 집에 가서 밤을 새우고 새벽에 응암동 성당에 돌아왔던 함세웅 신부는 11시경 또 연행되어갔습니다. 왜 장례식마저 못 치르게 합니까? 왜 억울하다고 호소하는 가족들과 피고인들의 하소연은 아랑곳 않고, 또 재심을 청구할 기회도 주지 않고 전격적으로 사형을 집행했습니까. 그렇게 죽이는 데 성급할 이유가 어디에 있는 것입니까? 가족들의 비통함에 차마 눈을 뜨고 볼 수가 없으며, 넋이 나간 표정에 눈물이 저절로 쏟아집니다. 정말 인간이 하는 일에 인간다움이 있어야 하겠습니다.

사법사상 가장 수치스런 재판

1995년 4월 25일 문화방송이 사법제도 1백 주년을 기념하는 다큐멘터리를 만들기 위해 판사 3백 15명에게 보낸 설문조사에서 인혁당 사건 재판이 "우리나라 사법사상 가장 수치스런운 재판"이었다고 응답하여 법조인들도 이 사건이 정상적이지 못했음을 시인했다.

인혁당 재건위 사건은 8명의 생명을 빼앗은 것은 물론 많은 유능한 인재들을 긴 세월 동안 감옥에 유폐시켰다. 이들의 선고내역을 보면, 무기징역 전창일·김한덕·나경일·강창덕·이태환·이성재·유진곤, 징역

20년 김종대·정만진·조만호·이재형, 징역 15년 이창복·황현승·임구호·전재권, 징역 5년 장석구 등이다.

이들 중 장석구는 1975년 10월 15일 서대문형무소에서 옥사했으며, 다른 사람들은 1982년 3월 2일 형집행정지로 유기수 석방, 1982년 8월 15일 무기수 20년으로 감형, 1982년 12월 24일 형집행정지로 20년형 유기수 석방 등의 조치를 통해 출소했다. 출옥 후 전재권과 유진곤은 옥중에서 얻은 지병으로 1986년 5월 7일과 1988년 5월 5일 각각 병사했다. 그리고 1차 인혁당사건에 연루되어 옥고를 치렀던 박현채 교수는 95년 8월 15일 사망했다.

인혁당사건은, 최고권력자 박정희가 이 사건을 자신의 집권기간 중 저지른 최대의 실책이라며 '역사의 오점'을 남겼다고 인정하고, 국제법학자회의가 최종 판결이 난 날을 '사법사상 암흑의 날'로 규정했으며, 이 땅의 판사들이 '우리나라 사법사상 가장 수치스러운 재판'으로 인정하고, 70, 80년대 반독재투쟁의 선두에서 국민의 양심을 대변해온 기독교와 천주교의 인권기관들이 한결같이 '조작'으로 단정하고 있다.

또한 당시 민청학련 관련자들은 배후실체로서 인혁당의 존재를 지금도 부정하고 있고, 특히 공소과정에서 민청학련과 인혁당의 관련이 객관적 자료나 문건에 의해 입증되지도 않았다. "내가 죽은 이유는 민족민주운동을 한 죄뿐이다"라고 쓰인 이수병 씨의 유언장을 통해서도 이 사건의 실체는 짐작되고도 남는다.

박정희 정권 시절 최악의 공안조작사건인 인혁당 재건위 사건은 의문사위원회와 국정원 과거사위원회의 조사를 토대로, 2007년 재심에서 무죄판결을 받았다. 유가족들은 국가를 상대로 손해배상을 청구하여 1심에서 490억 원의 배상판결을 받았고, 상당한 액수를 가집행 받았다. 그러나 대법원은 이자가 과잉계산 되었다며 배상액수를 대폭 삭감하였고, 국가는 이를 토대로 배상금을 받은 유가족과 사건 관련자 77명을 상대로 '부당이득' 251억을 돌려달라는 소송을 제기했다. 인혁 당사건은 끝나지 않았다.[1]

박정희 저격 미수와 육영수의 사망

1974년 8월 15일 광복절 29주년 기념식이 서울 국립극장에서 열렸다. 이날은 착공 3년 4개월여 만에 서울 지하철이 개통되는 날이었다. 박정희는 어느 때보다 자부심을 갖고 광복절 기념식에 참석했다.

일본 출신의 재일교포이자 1974년 8월 15일 육영수를 저격한 문세광. 일본 이름은 난조 세이코(南條世光)

오전 10시에 시작된 기념식은 박정희가 경축사를 낭독한 지 얼마 후 아래층 맨 뒷줄 중앙 부근에서 '탕' 하는 총소리가 울렸다. 대통령은 총소리를 듣지 못한 것인지 경축사를 계속 낭독했다.

이때 두 번째 총소리가 울렸다. 한 사나이가 아래층 중앙 뒷줄에서 단상을 향해 뛰쳐나오면서 계속 총을 쏘아댔다. '탕! 탕! 탕!' 시간은 오전 10시 23분을 가리키고 있었다. 한 언론의 보도 내용이다.

10시 23분, 청중들이 연단 위 박 대통령에게 신경을 집중하고 있는 순간, 1층 장내 뒤쪽 해외교포석 끝부분에서 1m 70cm 가량의 검은색 양복에 안경을 쓴 괴청년이 불쑥 일어났다. 그는 B, C석 사이 복도로 5m 가량 무대 쪽으로 뛰어나가다 무대를 향해 오른손을 들었다. 순간 '따앙-탕' 하는 금속성 2발이 장내를 뒤흔들었다.

　　뒤쪽에서 청중들이 웅성거리는 순간 범인은 15도 가량 경사진 통로를 17~18m 가량 뛰어내려갔다. 권총이 들려 있는 오른손을 왼손으로 받치고 오케스트라 피트 앞까지 이르렀을 때 대통령은 연단 뒤로 몸을 피했다. 범인은 연단 뒤쪽 육여사 좌석을 향해 다시 2발을 더 발사, 그 순간 독립유공자 좌석에서 발을 내밀어 범인은 오케스트라 피트를 한 손으로 잡고 한 손에는 권총을 연단 쪽으로 향해 든 채 쓰러졌다.

　　권총은 오케스트라 피트 반대쪽으로 떨어졌다. 연단 위에서는 4, 5명의 경호원들이 대통령의 연설대를 둘러쌌으며, 다른 경호원들은 쓰러진 범인을 덮쳤다. 이때 육영수가 좌석에 앉은 채 고개를 왼쪽으로 떨구었다. 연단 위 경호원 2명과 독립유족 좌석의 50대 부인 1명이 연단 위로 뛰어올라가 로열박스의 육영수를 부축, 안아서 무대 위 통로로 황급히 나갔다. 거의 같은 순간에 합창단석에서 여학생들의 비명소리가 들렸다. 합창단원 장봉화(18세) 양이 피를 흘리면서 쓰러져 있었다. 사진기자들의 플래시가 터지는 가운데 범인이 경호원들에게 양팔과 양다리를 들린 채 밖으로 끌려 나갔다.[2]

　육영수는 지체 없이 서울대학교 의과대학부속병원으로 옮겨지고, 범인이 잡혀나간 후 박정희는 연설대에 다시 나타났다. 장내가 떠나갈 듯한 박수가 터졌다.

박정희의 경축사가 다시 계속되었다.

"평화통일을 위한 우리의 기본원칙은……."

육영수는 이날 오후 7시 서울대병원에서 조용히 눈을 감았다.

육영수는 영부인의 자리에 있으면서 항상 소박하고 성실한 내조자로서 한국의 주부상을 내외에 심어주었다. 그리고 박정희에게는 청와대 안의 야당으로서 항상 바른말을 하여 국민의 소리를 대통령에게 전달했으며, 자신은 사회의 그늘지고 소외된 곳을 찾아 이들을 도와주는, 무척 심성이 착한 퍼스트레이디 역할을 한 것으로 전한다.

육영수의 이와 같은 활동으로, 박정희의 정치적 독재와 억압에 반대하고 비판하던 야당이나 국민들도 육영수 여사에 대해서는 대단한 호감을 갖고 있었던 것이 사실이다.

그런데 8·15사건 이후 세간에는 육영수를 쏜 범인은 문세광이 아닐 것이라는 '유언비어'가 나돌았다. 박정희의 여성관계와 관련되어 대통령에게 충성하는 권력기관의 소행이라는, 아주 구체적인 내용까지 입에서 입으로 전해졌다.

사건이 발생한 지 16년이 지난 1989년 8·15사건 당시 수사에 참여했던 한 수사관의 양심선언을 통해 당시 사건의 충격파 속에 가려졌던 의문점이 제기되었다. 당사자는 사건 당시 수사본부 요원으로서 당시 현장검증을 담당했던 수사관 이건우(89년 당시 67세) 씨이다. 이씨는 사건 당시 서울시경찰국 감식계장(당시 계급은 경감)으로 83년 6월 30일 정년퇴직했다.

이씨가 뒤늦게 "육영수가 문세광의 총에 죽은 것이 아니다"라는 진상을 주장하고 나선 것은 '경찰중립화'의 신념 때문이라고 밝혔다. 이씨는 89년 9월 "육영수 암살 진범 따로 있다"는 사실을 털어놨다.

이씨가 제기하고 있는 의문은 범인 문세광이 대통령이 연설하는 그 삼엄한 경축식장에 어떻게 권총을 가지고 들어갈 수 있었으며, 대통령 연설이 시작된 이후에 어떻게 좌석까지 찾아가 앉을 수 있었는가 하는 데서부터 출발한다. 또 문세광의 가슴에는 비표花章가 달려있지 않았다는 사실도 의문에 포함된다.

이날 8·15기념행사장의 입장은 오전 9시 50분에 완료되었다. 그런데 문세광은 허용시간보다 23분이 늦은 10시 13분에 입장했다. 문세광은 정문에서 경호관들의 안내를 받으며 뒤늦게 입장했다. 정문입구 안내대에는 대통령경호실의 경호관이 한 사람 있었고 그 옆에는 정보과장이 있었다. 이날 문세광은 입장하면서 경호관의 검문을 받았다.

"누구십니까?"

경호관이 물었다.

"보쿠 니혼 다이시깡 가리기마시다(나는 일본 대사관에서 왔습니다)."

경호관은 아무런 검문 없이 문세광을 통과시켜 옆에 있는 중부서 최정환 정보과장에게 안내하도록 지시했다. 아무리 주한외교사절이라 해도 일본대사관에 온 사람이 어떻게 대통령이 참석하는 식장에 그토록 쉽게, 그것도 입장이 완료된 후에 참석할 수 있는가. 그리고 일제에서 해방된 날을 기념하는 경축식장에 초청받지 않은 일본 대사관 직원이 들어올 수 있었는가. 외빈이나 외교사절의 경우 초청자 명단이 비치되고, 참석자는 이 명단과 대조하여 입장시키는 것이 관례가 되고 있다.

VIP 참석 자리에 권총 들고 간 의혹

이날 식장 안에는 치안국을 비롯 서울 시내 중부·성북·성동·용산 경찰서에서 차출해온 경찰관 250명이 배치됐고, 로비 등 국립극장 안팎에 모두 548명의 경찰이 동원되고 있었다. 여기에 청와대경호실, 중앙정보부에서 나온 요원들까지 더하면 그날 식장주변에는 6백여 명의 경찰, 수사요원이 경비하고 있었다.

10시 6분 광복절 행사가 시작되었다. 문세광은 경호원과 최정보과장의 안내를 받으며 왼쪽 로비를 통하여 입장한 후 지정해준 식장 아래층 MBC 카메라 옆의 B열 214호 좌석에 앉았다. 이때의 시각은 애국가 봉창이 막 끝난 후였으므로 10시 13분이었다. 문세광은 10시 13분에 입장했다. 그리고 대통령이 연설을 시작했고 10분 뒤인 10시 23분 문세광은 좌석에서 갑자기 일어나 경축사를 하던 대통령을 향해 총을 쏘았다.

문세광을 재판한 서울형사지법 6부(재판장 권중근 부장판사)의 사형선고 판결이유서다.(10월 16일)

청중들이 박 대통령의 연설을 경청하고 있는 사이에 좌석에서 앉은 채로 허리춤에 은닉한 권총을 뽑으려다가 방아쇠를 잘못 건드려 1탄이 오발되어 피고인 자신의 대퇴부에 관통상을 입게 되자 당황한 나머지 즉시 좌석에서 일어나 좌석 사이의 통로로 나와 연단을 향하여 달려가면서 약 20.9m 거리에서 연설중인 박 대통령을 향하여 제2탄을 발사했으나 연설대 좌측에 맞고, 제3탄은 불발되고, 제4탄은 약 18.0m 전방 단상에 앉아 있는 대통령 영부인 육영수 여사를 향하여 발사, 우측 두부에 명중시키고, 제5탄은 관객이 발을 걸어 넘어지는 순간 발사되어 연단 뒷벽에 게양되어 있는 국기에 맞게 함으로써 박 대통령을 살해하지 못하고 영부인 육영수 여사에게 두부관통 총상을 입혀 동일 19시경 서울대학교 의과대학 부속병원에서 두개골 잡골절 등으로 인하여 서거케 함으로써 국헌을 문란하게 하고 반국가단체의 지령을 수행할 목적으로 대통령 영부인을 살해한 것이다.

법원의 판결문은 문세광이 쏜 1탄은 범인 대퇴부, 2탄은 연설대 좌측, 3탄 불발, 4탄이 육여사가 맞고, 제5탄이 연단 뒷벽에 게양되어 있는 국기에 맞은 것으로 되어 있다.

이 경감(이건우)의 주장은 재판부의 사형언도 판결문 내용을 완전히 뒤엎는다. 다섯 발째 실탄이 권총에 그대로 남아 있었다는 것이다. 이 경감이 당시 현장검증을 하면서 확인한 바로는, 제1탄은 오발, 제2탄은 연단, 제3탄은 태극기, 제4탄은 천장이고, 마지막 한 발은 권총에 그대로 남아 있었다는 주장이다.

당시 범인이 사용한 권총은 미제 스미신 앤드웨슨 5연발로 확인되었다. 8월 16일 대통령저격 사건 수사본부장 김일두 서울지검 검사장도 문세광이 범행에 사용한 권총이 미제 스미신 5연발이었음을 확인하면서 범행 때 4발을 쏘고 한 발은 장전된 채 그대로 남아 있었다고 발표한 바 있다.

사건 직후 김성진 청와대 대변인은 1탄은 불발이며 제2탄은 연설대, 제3탄이 육 여사를 저격했다고 발표했다.

이처럼 각기 다른 발표는 수사본부장과 청와대 대변인이 사건직후에 발표하여 '착오'때문이라고 인정하더라도 법원의 판결문은 충분한 시간과, 수사본부와 검찰의 충분한 수사를 거쳐 내려진 판결이기 때문에 '신뢰'할 수밖에 없을 것이다.

그런데 이 경감은 법원의 판결문을 뒤엎고, 문세광이 쏜 총탄에 육영수가 맞지 않았다고 주장한 것이다. 그가 소지한 권총은 다섯 발의 실탄밖에 장전할 수 없었고, 그리고 문세광이 발사한 실탄은 네 발의 탄흔은 확인되었고 나머지 한 발은 권총에 남아 있었다. 육영수를 피격한 실탄은 문세광의 권총에 없었다는 것이다.

'대통령 저격사건'이라는 어마어마한 사건이 발생하자 정부는 즉각 '대통령 저격사건 수사본부'를 설치했다. 수사팀은 김일두 서울지검 검사장을 본부장으로 하여 검찰에서 정치근 서울지검 공안부장검사, 김영훈 서울지검 공안검사, 중앙정보부에서 ○○○ 6국장, 경찰에서 김구현 치안국 감식계장과 이건우 서울시경 감식계장 등 6명이었다. 이들 수사본부 요원들은 '원칙'에 따라 사건현장인 국립극장으로 달려갔다.(수사본부장은 현장 불참석).

수사본부 요원들은 현장검증에서 우선적으로 탄흔을 찾는 일에 착수했다. 탄흔은 쉽게 찾아낼 수 있었다. 연설대 우측 3분의 2쯤 되는 상단에 한방이 찍혀 있었다. 태극기의 좌측 중간에도 한 방의 탄흔이 나 있었고 천장에도 한 방이 나 있었다. 그러나 이 경감은 탄흔도 탄흔이지만 물적 증거가 되는 탄두를 찾는 일이 시급했다.

탄흔 주위나 탄흔 속을 살펴보았지만 탄두가 보이지 않았으므로 이 경감은 단상 구석구석을 이잡듯 샅샅이 살펴보았지만 탄두를 찾을 수 없었다.

그때 현장검증을 하고 있는 수사본부 요원들을 안내하고 있던 국립극장 소도구주임이 "어젯밤(8월 15일)에 청와대에서 다 쓸어갔다"는 것이었다. 청와대경호실 요원들이 자정 가까운 시각에 불쑥 나타나 극장 안을 샅샅이 뒤져 쓸어갔다는 설명이었다.

수사본부의 현장검증이 실시되기도 전에 무엇 때문에 청와대경호실에서 밤늦은 시각에 그런 '청소'까지 했을까.

이 경감과 수사본부 요원들은 하나의 탄두도 확보하지 못한 채 현장검증을 마쳐야 했다. 경축식장에 있는 탄두를 수거해서 육영수를 관통한 총알이 누구의 총에서 발사되었는지 확인해야만 했는데, 현장검증 전에 청와대경호실에서 탄흔을 제거해간 이유는 여전히 미스터리로 남는다.

수많은 미스터리 드러났지만

문세광이 현장에서 체포되었고, 그가 권총을 발사한 사실도 수천 명의 '증인'들에 의해 확인되었다. 또 당시 TV도 생생하게 이것을 생중계했다.

문제는 육영수 여사가 누구의 총탄에 맞았느냐 하는 부분이다. 이 경감의 추적대로 문세광의 총탄에 육영수가 맞지 않은 것은 분명한 듯하다.

그러면 다시 문세광이 경축식장에 나타나기까지의 몇 가지 의혹을 살펴보기로 한다.

예나 지금이나 대통령이 참석하는 공식·비공식의 모든 행사에는 금속탐지기를 통해 참석인사 모두를 체크한다. 첨단 고성능의 금속탐지기는 권총은 물론 시계, 만년필까지 쇠붙이라는 것은 모두 걸려드는 고성능이다. 성냥갑 크기 정도의 소형 금속탐지기는 경호실 요원들이 호주머니에 넣고 다녀도 상대의 쇠붙이를 정확히 식별해낼 수 있다.

당시 문세광이 들어온 출입문에도 금속탐지기가 설치되었을 것이고, 앞에서 지적한 대로 당일 청와대경호실, 안기부 요원, 경찰관 등 6백여 명이 동원되어 행사장을 경호하고 있었다.

문세광은 그런데도 권총을 은닉하고 전혀 체크당하지 않은 채 행사장에 들어올 수 있었다. 상식적으로 이해하기 어려운 대목이 아닐 수 없다. 의혹은 그치지 않는다.

문세광은 사건 당일 투숙하던 조선호텔에서 '서울 2바 1091' 호의 검은 승용차 포드 20M을 타고 행사장에 나타났다. 당시 포드 20M은 일반 시민들에게는 넘보기 어려운 고급승용차였다.

호텔에서는 일반 투숙객에게 택시를 잡아줄 수도 있고 또 승용차를 빌려줄 수도 있겠지만, 특별한 귀빈도 아닌 문세광에게 그만한 고급승용차를 빌려준 사람은 누구였을까.

이 경감이 조회한 차량번호 '서울2바 1091' 승용차는 등록되지 않은 위장번호인 것으로 드러났다. 이에 대해 수사본부는 문세광이 호텔 측에 부탁해 마침 조선호텔에 들어온 팔레스 호텔 소속 '서울2바 1091호(운전사 황수동)'를 타고 식장에 갔다고 발표하면서 국내에 배후는 없다고 단정했다.

문세광이 식장에 출입하면서 화장을 달지 않았다는 점도 의문점의 하나다. 원래 화장은 '비표'로서, 초청을 받은 경축객이 통행문을 들어올 때 안내대에 있는 경호관이 화장을 달아주게 되어 있었다. 따라서 이 화장을 가슴에 단 사람만이 경축객으로서 식장에 들어올 수 있는 것이다. 그러나 문세광은 화장을 패용하지 않고 식장에 들어왔다. 풀리지 않는 의문이다.

그러나 육영수가 문세광의 권총에 맞지 않았다는 결정적인 증거는 달리 있다. 육영수가 총에 맞은 관통상의 위치가 바로 그 점이다. 적어도 육영수가 문세광의 총에 피격 당했다면, 관통상은 정면이나 약간 오른쪽이 될 것이다. 문세광이 쏜 제1탄의 총성(오발)에 육영수는 놀라지 않을 수 없고, 본능적으로 어디에서 총성이 들렸는지 확인하기 위해 정면을 보았을 터였다. 그리고 문세광이 달려 나가면서 발사한 세 발의 총탄 중 정면 아니면 오른쪽 부위 어딘가를 관통당했을 것이다.

이 경감이 서울대학교 의과대학부속병원에서 육영수를 수술했던 담당들을 만나서, 피격된 두부 부위를 묻자, 담당 최길수 조교수가 '두부관통총상頭部貫通銃傷'이라 일러주었다. 이 경감이 다시 "두부라면 어느 쪽이냐"라는 질문에 최 조교수와 다른 의사들은 뒤도 돌아보지 않고 나가버렸다. 이런 모습을 지켜보면서 이 경감은 '보이지 않는 힘'이 여기까지 미치고 있다는 사실을 깨달아야 했다고 한다.

이 경감이 확인한 서울대병원 수술일지에는 "총탄이 왼쪽 뇌정맥을 꿰뚫어 심했다"고 적혀 있는데, 문세광의 사형선고 판결문에는 "제4탄이 약 18.0m 전방 단상에 앉아 있는 대통령 영부인 육영수 여사를 명중시키고"라고 명시되어 있다.

"국헌을 문란하게 하고 반국가단체의 지령을 수행할 목적"으로 대통령 부인을 살해한 범인 문세광을 현장검증에 내보내지 않은 것도 의혹의 대상이 되었다. 문은 권총을 뽑으면서 오발을 하여 오른발에 가벼운 상처를 입었을 뿐이었으므로, 결코 총상이 대수로운 것이 아니었다. 그런데도 그는 현장검증에 서지 않았다.

당국은 문세광으로 하여금 현장검증을 직접 시키지 않고 대역을 시켰다. 이에 대해 이 경감은 "문세광이 누구에겐가 특혜(?)를 받고 있다는 느낌을 씻어낼 수 없었다"고 털어놨다. 문세광이 특혜를 받았다면 그에게 사형이 집행되었겠는가라는 반문이 얼마든지 가능할 것이다. 그러나 당시 한국 사회에서 크게 유행했던 '토사구팽'이란 고사성어는 이럴 때에 사용되어도 모자라지 않는 의미를 갖고 있다.

'속았다'는 문세광의 최후진술

문세광은 내란목적 살인, 국가보안법 위반, 반공법 위반, 출입국관리법 위반, 총포화약류 단속법 위반 등의 혐의로 1974년 12월 20일 오전 7시 30분 서울구치소의 사형집행장에서 교수형으로 처형되었다. 이것은 어김없는 사실이다.

집행 직전, 사형수에 대한 관례대로 구치소 소장이 "최후로 하고 싶은 말은 없는가"라고 물었다. 이 말이 일본어로 통역되는 순간 문세광은 창백해진 얼굴로 의자에서 반쯤 일어서며 통역에게 일본말로 되풀이하여 물었다.

"그 말뜻은…… 지금부터 집행하는 겁니까? 사형집행하는 겁니까?"라고 울부짖었고, 통역이 그렇다고 대답하자, 문은 시종 울면서 약 10분간 '최후진술'을 했다.

"나는 정말 바보였어요…… 외국에서 태어난 것이 한스러워요. 외국에서 태어난 것이 한스러워요. 일본에서 속아만 살아… 속아 살았어요. 속아 살아……. 결국 이렇게 되어버리다니……. 박 대통령께 정말 몹쓸 짓을 했어요. 육 여사와 죽은 분(식장에서 사망한 여고생)에게는 정말 죽을 죄를 졌어요. 저도 그분들 곁으로 같이 보내주세요……. 제 처에게 전해주기 바랍니다. 아직 나이도 젊으니 재혼해서 제2의 인생을 살도록 전해주세요……."

이렇게 하여 얼마 후 문세광은 형장의 이슬로 사라졌다. 문세광의 사형집행 지휘검사로 마지막 순간까지 현장을 지켜보았던 조태형 변호사는 "문세광의 최후진술 내용이나 진술할 때의 태도로 봐서 그는 마지막 순간 자신의 행동을 후회하며 뉘우치고 있었음이 명백하다"고 밝힌 바 있다. 조 변호사는 "문세광이 진범이 아니거나, 조금이라도 억울한 점이 있었다면 적어도 죽음을 눈앞에 둔 최후진술에서는 최소한 그에 대한 항의나 변명을 했을 것인데 후회, 참회의 눈물로 일관한 최후진술의 자세로 미루어 문세광이 육 여사 저격의 진범인 것은 의문의 여지가 없다"라고 말했다.

또 수사본부장으로 사건을 총지휘했던 김일두 변호사는 "이제 와서 문세광이 육 여사를 쏜 진범이 아니네 하고 얘기하는 것 자체를 도저히 용납할 수 없다"면서 "당시 수사책임자로서 직접 수사해본 결과는 말할 것도 없고 눈물로 일관된 최후진술 내용으로 봐도 그가 진범인 것은 더 말할 필요가 없다"라고 한 인터뷰에서 밝힌 바 있다.

김일두 변호사는 "만일 문세광이 진범이 아니었다면 내가 처형당하겠다"고까지 말하며 그 사건에 대한 수사는 정당한 것이었다고 덧붙였다.

그럼에도 많은 의문과 의혹은 풀리지 않았다.[3]

그녀의 비극적인 죽음이 그녀의 이미지를 완성했다. 이런 면은

1974년 8월 15일 박정희 저격사건에서 육영수가 결국 남편인 박정희 대신 희생된 격이어서 더욱 증폭됐다. 아직 젊고 우아했던 그녀가 총탄에 갑자기 서거함으로써 그 죽음은 진정 비극적이고 애처로운 것이 될 수밖에 없었다. '목련꽃'이라는 이미지도 이렇게 부여된 것일 테다.

8월 19일에 열린 국민장이야말로 유신의 역사에서 가장 기억할 만한, 아니 대한민국 현대사에서도 가장 드라마틱한 한 장면이라 하지 않을 수 없다. 무수한 대중과 특히 많은 여성들이 육영수와 박정희의 가족들을 위해 눈물을 흘린 이날, 박정희식 파시즘적 통치와 반공개발주의는 다른 함의와 후과를 갖게 된 것이다.[4]

장준하 암살의 배경과 배후

박정희에게 정치적 라이벌이 김대중과 김영삼이었다면 사상적·이념적 라이벌은 장준하였다. 하나는 일본군 중위, 다른 하나는 광복군 대위로 해방을 맞았다. 장준하는 임시정부 김구 주석의 비서로 환국한 후 『사상계』를 발행하면서 장면 정부에서 국토건설본부장직을 맡았고, 박정희는 패잔병으로 귀국하여 국군에 들어가 한때 남로당 사건으로 위기를 겪었지만 승진하여 육군소장이 되었다.

1961년 박정희가 5·16쿠데타를 일으키면서 두 사람은 역사현장에서 맞부딪히게 된다. 박정희는 명실상부한 군정의 실권자로서 반공국시, 구악척결, 경제건설, 세대교체 등을 내걸고 국정을 전단하기 시작했다. 장준하는 이에 굴하지 않고 도전한다. 1961년 6월호 『사상계』 권두언을 통해 "5·16혁명은 우리들이 육성하고 개화시켜야 할 민주주의 이념에 비추어 볼 때는 불행한 일이요 안타까운 일이 아닐 수 없다…"라면서 군은 최단시일 내에 그 본연의 임무로 복귀할 것을 촉구하고 나선 것이다.

장준하가 군사정권에 정면으로 도전장을 낸 것은 『사상계』 7월호 함석헌의 「5·16을 어떻게 볼까?」라는 논설을 통해서이다. 함석헌은 감옥에 갈 각오를 하고 이 글을 썼고, 장준하는 잡지사의 문을 닫을 각오를 하고 실었다고 한다. 그야말로 박정희와 일전을 각오한 도전인 셈이다. 쿠데타 이후 언론인·학자·지식인 할 것 없이 모두 주눅이 들어 있던 판에 장준하가 『사상계』와 함석헌을 통해 5·16비판의 물꼬를 튼 것이다.

군사정부는 즉각 함석헌을 구속하고 장준하를 입건하였다. 그래도 장준하는 군사정권에 대한 비판의 필봉을 멈추지 않았다. 군정기간 동안 『사상계』는 5·16쿠데타 비판의 전위지 역할을 했다.

박정희는 정치적인 번의를 거듭하면서 어용 지식인, 언론인, 일부 구정치인들을 끌어들이고, 사상계 참여 지식인들을 포섭하면서 5·16 불가피성의 선전에 열을 올렸다. 권력연장을 위해서는 5·16의 합리화 작업이 필요했던 까닭이다.

박정희는 5·16의 불가피성을 다음과 같이 합리화시킨다. 『한국군사혁명사』(군사혁명편찬위원회)를 통해서 다섯 가지로 정리한 것이다.

> 첫째, 용공조직 및 단체의 출현
> 둘째, 경제적 위기
> 셋째, 사회적 무질서와 국민도덕의 퇴폐
> 넷째, 고질적인 정치적 병폐

다섯째, 군부의 성장과 군사혁명의 불가피성

이에 대해 장준하는 『사상계』 1964년 5월호 권두언 「유산된 혁명 3년」을 통해 5·16의 불가론을 제기한다.

> 5·16 세 돌을 맞는 오늘 이 나라의 저류에서 이글거리는 위기의 지열은 자유당 지배 말기 징상微狀과 다름이 없는 한계점에 이른 감이 없지 않다. 그 부패·부정·무능에 있어서 굳이 차이점을 들자면 신악이 구악보다 그 방식이 교묘하고 그 스케일이 오히려 대담하게도 규모가 커졌다는 여론에 접할 때 이 민국을 위해 너무 애달픈 감을 금할 길이 없다. 국민혁명을 구두선으로 외치던 5월혁명이 세 돌을 경과하는 동안에 집권욕과 물욕만이 두드러지게 드러나서 점차 민심을 등져가고 있다는 인상을 주고 있음을 실로 이 나라 장래를 위해 심히 슬프고도 위태로운 사태가 아닐 수 없다.

5·16에 대한 쿠데타 주역과 비판자의 관점은 이토록 대척점을 이루었다. 박정희는 1964년 굴욕적인 한일회담을, 그것도 비밀리에 추진했다.

장준하의 입장에서는 박정희가 쿠데타를 일으켜 권력을 장악한 데까지는 어찌할 도리가 없었을지 모른다. 하지만 국가이익을 저버리고 국민의 자존심을 손상하면서 진행하는 굴욕회담에 대해서는 도저히 묵과하기가 어려웠다. 여기에는 일본군 장교 출신에 대한 근원적인 거부감정도 작용하였을 것이다.

국민의 거센 반대에도 불구하고 박정희는 굴욕회담의 강행에 나섰고, 장준하는 혼신의 저지투쟁으로 맞섰다. 1965년 재야의 조국수호협의회에 참가한 것을 시발로 한일조약 반대투쟁에 적극적으로 가담했다.

『사상계』의 긴급증간호를 두 차례나 발간하면서 굴욕회담의 저지투쟁에 앞장섰다. 1964년과 1965년 2회에 걸쳐 발행한 『사상계』 긴급 증간호는 한·일 굴욕회담 저지운동의 이념과 행동의 지침서가 되었다.

박정희는 1964년 6월 한일회담을 반대하는 학생·시민의 시위를 통제하기 위한 계엄령을 서울지역에 선포했다. 그리고 다시 한일협정 비준을 반대하는 학생데모가 거세게 일어나자 8월 26일 서울 일원에 위수령을 내렸다. 박정희는 군사력을 동원하면서까지 굴욕협상을 체결하고 비준하기에 이른 것이다.

『사상계』 지면 이외에 달리 방법이 없는 장준하는 권력의 물리력 앞에 한 자루 붓으로 대항의 길을 찾았다. 1965년 9월호 권두언은 이렇게 항변한다.

　　이제 한·일수교라는 미명 아래 집정자의 부정과 그 폭력은 최고에 달하고 있다. 배반자의 무리가 도리어 가상할 만한 군상으로 통용되고 매국하는 자가 스스로 애국하는 자라고 불러도 아무도 그를 탓하지 못하게 되는 것 같다. 이 강산을 흑암으로 뒤덮은 채 그들은 득의양양하고 이에 발분하는 양식의 소리는 너무나 가냘프다.

'밀수왕초' 비판에 '국가원수 모독' 보복

장준하는 병력을 동원하여 국민을 짓누르면서 굴욕협정을 체결한 박정희에 대해 더 이상 국가원수로 인정하기 어려운 심경에 이른다.

1966년 삼성재벌 계열의 한국비료에서 대량의 사카린을 밀수한 사건이 발생했다. 이 사건을 정경유착의 한 상징으로 단정한 야당과 학생들은 전국적인 규탄대회를 열었다.

장준하는 10월 15일 대구 수성천변에서 열린 민중당 주최 재벌밀수 규탄대회에 초청연사로 참석하여 "밀수왕초는 바로 박정희"라고 공격하면서 박 대통령의 책임론을 제기했다.

박정권은 즉각 장준하를 구속했다. 국가원수 모독죄로 3개월간의 옥고를 겪게 된 것이다. 박정희가 장준하를 투옥시킨 것은 이번이 처음이다. 하지만 장준하는 박정희의 손바닥에서 놀아나는 그런 상대는 아니었다. 1962년 막사이사이 언론상을 수상하는 등 그는 이미 국제적으로 명성을 가진 언론인이다. 박정희는 1개월 만에 그를 석방하기에 이른다.

석방된 장준하는 1967년 재야 4자회담을 주선하여 야당통합을 달성하고 신민당에 입당, 박정희의 재선을 막기 위한 정치일선에 나선다.

이 무렵 박정희는 눈엣가시와 같았던 『사상계』 발행에 온갖 방해공작을 펴서, 이 잡지는 창간 이래 최악의 경영난에 빠졌다. 세무사찰을 비롯하여 지방서점에 압력을 넣어, 서가에 진열도 못하고 반품토록 만들었다.

장준하가 성격에 맞지도 않으면서 정계에 투신한 원인의 하나는 정부의 방해로 인한 언론투쟁의 한계를 느껴, 정치투쟁을 통한 정권교체라는 방법론상의 변화를 찾기 위해서였다.

'행동하는 야당인'으로 변신한 장준하는 1967년 4월 대통령 선거 유세를 통해 다시 박정희 비판에 열을 올린다. 박정희를 월남전에 한국청년의 피를 파는 매혈자라고 규탄하고, 예의 '국가원수 자격 불가론'을 거듭 제기한 것이다. 이로 인해 또 '국가원수 모독죄' 혐의로 3개월 간의 옥살이를 하게 된다. 박정희에 의한 두 번째의 투옥이었다.

박정희의 거듭되는 탄압에도 장준하는 한 치의 흐트러짐도 보이지 않는다. 오히려 1967년 악명 높은 6·8 부정선거에도 서울 동대문을구에서 옥중출마하여 당선됨으로써 박정희에 또 한 차례 타격을 가한다.

장준하의 의정활동은 '국회의원 장준하' 라기보다 '사상계 장준하' 의 연장이었다. 다른 의원들이 기피하는 국방위원을 지원하여 군 내부의 문제점을 하나하나 파고들었다. 박정희와 간접싸움을 벌인 셈이다.

이 무렵의 비화에 이런 것이 있다. 당시 2군단장 김재규가 국방위에서 장준하의 의정활동과 생활의 청렴성을 지켜보고 크게 감동하여 의문사 이후까지 가족을 돌봐준 것이다. 이것은 개인적인 미담일 수도 있지만, 권력의 역학구조로 보아 대단히 아이러니컬한 일이다. 박정희의 가장 충직한 부하로서 중정부장이 되고, 뒷날 그를 저격하여 유신통치를 종식시킨 김재규가 박정희가 가장 증오하는 정적 장준하를 도운 것은 흥밋거리 이상의 아이러니라 하겠다.

박·장 두 사람의 사활을 건 접전은 유신체제에서였다. 박정희는 1972년 10월 친위 쿠데타를 일으켜 자신이 만든 헌법을 중단시키고 대통령이 3권 위에 군림하는 유신체제를 출범시켰다.

박정희의 민주주의의 상도를 짓밟는 폭압조치에 장준하는 침묵하지 않았다. 1973년 12월 24일 함석헌·김재준·이병린·지학순·김수환 등과 개헌청원 국민운동본부를 발족하고, "현행헌법을 개정하여 현행 헌법 이전의 민주헌법 본래의 모습을 되찾는다." 는 청원 내용을 박정 희에게 공개발송한 것이다.

장준하는 자신이 쓴 「개헌청원운동 취지문」에서 "오늘의 모든 사 태는 궁극적으로 민주주의를 완전히 회복하는 문제로 귀착된다. 경제 의 파탄, 민심의 혼란, 남북긴장의 재현이란 상황 속에서 학원과 교회, 언론계와 가두에서 울부짖는 자유화의 요구 등 이 모든 것을 종합하면 오늘의 헌법하에서는 살 수가 없다는 것으로 요약된다." 라는, 백만인 개헌청원운동의 필요성을 제시했다.

박정희의 권력욕이 이런 정도의 청원으로 자제될 리는 없었다. 1974년 1월 긴급조치 제1호를 발동하여 그 첫 대상자로 장준하와 백기 완을 구속, 정치보복에 나선 것이다. 장준하로서는 세 번째의 구속에 해당되는데, 비상군법회의는 15년 징역형을 선고했다.

박정희는 유신체제 출범에 앞서 이후락 중앙정보부장과 북한의 김 영주가 서울과 평양에서 동시에 발표한 7·4 남북공동성명을 채택케 했다. 이 선언은 남북한이 분단 사반세기 만에 자주평화통일 원칙에 합의한 것으로 다음의 내용을 담고 있다.

① 외세에 의존 없이 평화통일
② 상호 중상 않고 군사충돌 방지
③ 제반교류 실시
④ 남북적십자회담 적극 협조
⑤ 서울-평양간 직통전화 설치

⑥ 남북조절위 구성

⑦ 합의사항 이행을 민족 앞에 약속

그런데 이제까지 박정희의 행보에 끊임없이 비판을 가해온 장준하가 7·4 남북공동성명에는 지지를 보냈다. 그가 박정희의 정책을 지지한 것은 전무후무한 일이다. 박정희가 비록 정치목적으로 통일문제를 이용하려 할지라도 결과적으로 통일에 접근하게 되면 다행이라는 생각에서 남북공동성명을 지지한 것이다.

남북회담대표 제의 거부한 장준하

7·4공동성명을 전후하여 박정희는 중간에 사람을 넣어 장준하에게 남북회담의 대표직을 맡아 줄 것, 국가공로상·연금지급 등을 제의해 왔다. 그러나 장준하는 민주정부가 수립되면 몰라도 박 정권에서는 어떠한 공직이나 연금을 받을 수 없다고, 단호히 거부한다.

두 사람 사이의 은밀한 제의와 거부 또한 이것이 처음이고 마지막이었다.

장준하가 긴급조치위반 혐의로 15년 징역형을 선고받고 복역 중 건강의 악화로 석방된 것은 1974년 12월이다. 감옥에서 협심증이 악화되어 더 이상 수형생활을 하기 어려워 형집행정지로 석방된 것이다.

장준하 석방 무렵의 정국은 긴급조치의 위력이 절정에 이르고, 이에 맞선 저항세력의 투쟁도 치열하여 정국은 최악의 상태를 향해 치닫고 있었다. 전국의 감옥은 양심수들로 가득 찼다.

이 시기 박정희는 여러 가지로 정치적 위기에 봉착했다. 밖으로는 최대의 정치적 라이벌인 김대중을 도쿄에서 납치하여 국제적인 비난을 사게 되었고, 가정적으로는 8·15행사장에서 문세광의 저격으로 자신은 피격을 모면하였으나 부인 육영수가 총상을 입고 운명하였다. 뿐만 아니라 학생·재야·종교·지식인들은 긴급조치에도 불구하고 격렬한 반유신 저항운동에 나섰으며, 인권문제 등으로 카터 미국정부와 외교마찰을 빚고 있었다.

1년여 만에 출감한 장준하는 성치 않은 몸으로 다시 민주회복투쟁의 대열에 돌아왔다. 1975년 1월 8일 「박정희씨에게 보내는 공개서한」을 전격적으로 공표하면서 민주헌정의 회복을 촉구하고 나선 것이다. 감옥에서 더욱 날이 선 장준하의 민주회복의 비수는 다시 박정희의 심장을 향해 던져졌다.

장준하는 이 서한에서 "5·16 군사정변 이후 귀하의 정치노선에 계속 비판적이었던 본인도 벅찬 감격으로 통일을 위한 남북대화가 기필코 성공되기를 기원하면서 귀하가 취한 역사적 결단에 찬사와 성원을 아끼지 않았던 것입니다"라고 전제, "민주주의만이 북과 대결할 수 있는 우리의 정신적 지주요, 도덕적 바탕"이라면서 다음의 6개항의 실천을 촉구했다.

① 파괴된 민주헌정의 회복을 위해 대통령 자신이 개헌을 발의하되 민족통일의 기초가 될 수 있는 완전한 민주헌법으로 하여 이 헌법에 의해 자신의 거취를 지혜롭고 영예롭게 스스로 택함은 물론, 앞으로 올 모든 집권자들이 규범으로 삼게 할 것

② 긴급조치로 구속된 민주인사와 학생들을 전원 무조건 석방
   할 것

③ 학원·종교·언론사찰을 즉각 중지하고 야비한 정보정치의 수
   법인 이간·분열공작으로 더 이상 불신풍조와 상호배신 행위
   의 습성을 우리 사회에 조장하지 말 것

④ 자유언론(특히 일제 이래 한국언론의 수난의 여왕이요, 민족지로서
   연면한 전통과 역사를 가진 ○○일보, ○○방송 등)에 대한 비열하고
   음흉한 탄압정책을 즉시 철회할 것

⑤ 정부의 경제적 실책으로 가중되는 당면한 민생문제를 해결
   하고 사회정의를 구현할 수 있는 획기적인 경제정책을 실현
   할 것

⑥ 한반도의 긴장완화와 평화통일을 위한 이상적이고 현실적이
   고 적극적인 통일정책을 수립·추진하되 민중의 대표가 참여
   할 수 있도록 할 것

문재인 정부가 암살배후 밝혀야

박정희는 장준하와 민주인사들의 요구를 거부했다. '거부'라는 표
현보다 묵살했다는 편이 보다 정확할 것이다.

이에 따라 민주회복국민회의는 '민주헌정'을 선포하면서 더욱 결
집된 역량으로 유신체제 타도에 나섰다. 각계 재야지도자들의 힘을 묶
는 데는 장준하의 인격과 헌신이 큰 몫을 했다. 대학가에서도 서울대
김상진 군의 양심선언 후 자결사건으로 학원의 시위는 걷잡을 수 없이

확산되었다.

박정희는 긴급조치를 잇따라 선포하면서 물리적인 탄압으로 저항세력을 억누르고자 할 뿐 민주회복의 의지를 전혀 보이지 않았다.

장준하는 1975년 8월 17일 경기도 포천군 이동면 약사봉 계곡에서 57세로 등산길에 의문사를 당한다. 이날은 공교롭게도 광복군정진대로 여의도 비행장에 착륙한 지 30주년이 되는 날이었다.

그는 사망하기 전 어느 해 8월 15일. 기관원에 연행되었다가 저녁늦게 귀가하면서 비통한 심경으로 후진들에게 토로한 바 있다. "광복군 장교였던 내가, 조국광복을 위해 중국땅 수천 리를 맨 발로 헤맨 내가, 오늘날 광복이 되었다고 하는 조국에서, 그것도 광복절날 끌려다녀야 하는가?"

장준하의 이 말은 일본군 장교 출신인 박정희 대통령과 연결시켜 보면 분노가 섞인 것일 터이지만, 본질적으로는 잘못 전개돼 온 우리 현대사의 오류와 모순을 개탄하는 순열한 민족주의자의 독백이었음에 틀림없다.

잘못된 현대사의 오류는, 그러나 '끌려다니는' 정도에서 마무리된 것이 아니라, 더욱 참담한 운명으로 이어졌다. 많은 의혹을 남기면서 박정희의 정신적·이념적 그리고 '근원적'인 적수 장준하는 약사봉 계곡에서 사체로 변한 것이다.

장준하 사인은 여러 가지 의혹이 풀리지 않고, 타살 주장이 제기되었다. 최근 이장과정에서 나타난 타살 흔적은 권력기관의 작용을 더욱 암시한다. 그리고 그 배후를 짐작케 한다. '역사정의'를 위해 문재인 정부가 풀어야 할 과제의 하나이다.

사망하기 전 그의 행동거지는 특별한 의미를 부여할 만하다. 무엇 때문이었는지 신변정리를 한 것이다. 소중히 간직해온 충칭 임시정부 청사에 걸었던 태극기를 이화여대 박물관에 기증하고, 32년 만에 부인과 갑자기 천주교 혼례의식을 치르고, 선친과 김구 선생의 묘소를 참배하며 맨손으로 벌초하고, 김대중·홍남순·함석헌 등 재야지도자들과 은밀히 접촉했다.

이 같은 행동으로 보아 3·1구국선언과 같은 유신체제를 겨냥하는 모종의 범재야적인 '거사'를 준비했던 것 같다. 자신의 신체적 희생까지도 감수하는….

결국 그의 심상치 않은 거동이 정보기관의 촉수에 걸리게 되고, 약사봉의 참사로 이어졌을 것이다. 장준하의 의문사가 있은 지 4년 후 박정희도 심복 김재규의 저격으로 62세의 생애를 마감한다.

두 사람은 식민지 시대에 청년기를 보내면서 각기 다른 길을 걷게 된 이래 30년 동안 분단과 독재, 민주항쟁으로 뒤범벅이 된 현대사의 정점에서 치열한 갈등과 대립을 벌였다. 둘은 '현대사의 모순과 오류'가 빚은 산물일지도 모른다.[5]

17장

미국에서 자행한
매 수 공 작

김형욱 등 정치망명자 속출

박정희는 인사관리에 매정했다. 아무리 가까운 동지라도 용도가 끝났다 싶으면 거침없이 폐기했다. 쿠데타 동지들 중에 다수가 반혁명의 누명을 쓰고 제거되고, 남로당 위기에서 자신을 구해준 '은인'들도 버렸다. 김종필·김성곤·윤필용 등 최측근들의 경우도 다르지 않았다.

대표적인 인물은 김형욱 전 중앙정보부장이다. 김형욱은 6년 동안 지켜온 중앙정보부장직에서 밀려나자 박정희에게 보복하고자 하는 복수심에서 미국 망명을 택했다.

김형욱은 3선개헌과 이른바 동베를린 간첩단사건 등 각종 악역을 맡아 박정희에 대한 최고의 충성을 다했는데도 불구하고 해임이 예상되자 이에 앙심을 품고 미국 망명을 치밀하게 계획하여 이를 실천에 옮겼다. 김형욱은 정보부장으로 있으면서 언젠가 해임에 대비하여 미국 뉴저지주에 당시 시가로 27만 달러짜리 고급 저택을 마련하고 부인과 두 아들과 딸을 먼저 미국으로 보내놓고 있었다.

만반의 준비를 갖추고 기회를 노리던 김형욱은 1973년 4월 15일 대만의 학술원으로부터 명예박사 학위를 받기 위해서라는 이유로 슬그머니 김포공항을 빠져나가 망명길에 올랐다.

그는 공화당의 전국구의원 5번으로 현역 국회의원이 되었지만, 박정희가 언제 어떤 방법으로 자신의 목을 칠지 모른다는 불안감에 떨었다. 누구보다 박정희 권력의 생리를 잘 알고 있었기 때문이다.

김형욱이 얼마나 많은 돈을 반출해갔는지는 여전히 비밀에 속한다. 그러나 미 하원 프레이저위원회가 나중에 조사한 바에 따르면 그의 재산규모는 1천 5백만 달러 내지 2천만 달러에 이른 것으로 밝혀졌다. 뉴욕은행에 450만 달러가 정기예금되어 있었고 스위스은행에도 정보부장 재직시에 거액을 예치했던 것으로 알려졌다.

미국에 도착한 김형욱은 초기 2년여 동안은 외부와 담을 쌓고 지냈다. 그가 즐긴 소일거리는 라스베이거스나 파리의 카지노장 출입과 골프, 그리고 가족끼리의 세계여행이 전부였다.

그러던 김형욱이 1976년 초부터는 칩거생활을 끝내고 미국 하원 외교위원회 국제관계 소위원회에 나와 박정권의 비리, 즉 박동선 사건의 내막을 알리는가 하면, 미의회의 청문회에 나서고, 미국과 일본의 유력한 매스컴과 회견하는 등 적극적인 반박정희 활동을 벌였다.

그러던 김형욱은 1979년 10월 초 파리에서 의문의 실종사건으로 자취를 감추고 말았다. 그의 실종사건은 지금까지 하나의 미스터리로 남아있는데, 한국정보부 요원에 의한 현지암살 또는 강제납치살해 등의 의문이 따르고 있다.

김형욱의 망명을 전후하여 주미 한국대사관 참사관 김상근 씨가 미국에 망명한 것은 1976년 11월 24일이다. 5·16 직후인 61년 7월 중앙정보부에 들어가 김형욱 부장의 비서관으로 일한 적도 있는 김씨는 70년 일등서기관의 직함을 갖고 주미대사관에 근무발령을 받은 다음 76년 참사관으로 승진했다.

김씨가 미국에서 맡은 임무는 교민들의 반정부적 활동을 봉쇄하고 유신지지로 유도하는 일이었다. 그는 특히 75년 8월부터 한국 정부로부터 '백설작전'이란 비밀임무를 부여받는다. 이 작전은 미국 내 영향력 있는 언론인이나 학자들을 포섭하여 박정희 지지로 여론을 유도하는 임무였다. 그러나 유신체제의 인권탄압과 부패문제 등으로 미국의 여론이 극도로 좋지 않을 때였기 때문에 김씨의 임무는 실패할 수밖에 없었고, 한국 정부는 그를 소환하기에 이르렀다.

본국 정부의 소환명령을 받은 그는 정치적 보복이 두려워 미국 FBI에 망명을 신청하게 되었고, FBI로부터 보호와 생활비를 받으면서 77년 10월에는 미하원 윤리위원회에 나타나 '백설작전'의 진상을 폭로하고 박 정권의 치부를 들추어내는 등 반정부활동을 계속했다.

뉴욕총영사관 손호영 참사가 미국에 정치적 망명을 신청한 것은 77년 9월 16일이다. 손씨의 공식직함은 뉴욕 총영사관 참사관일 뿐이고 실제 신분은 뉴욕지구 KCIA 책임자였다. 그는 한국 정부로부터 김형욱을 귀국시키거나 최소한 미 의회 증언을 막도록 하라는 임무를 부여받았다.

그러나 김형욱의 반정부 활동은 더욱 활발해졌고 손씨는 귀국명령을 받았다. 귀국 후의 엄중한 문책을 두려워한 그는 미국 FBI 요원들에게 망명신청을 하게 되었고, 망명선물로 「1976년 대미공작 계획서」라는 한국정부의 비밀 대미 로비활동 계획서를 프레이저위원회에 넘겨주었다.

주미공보관장 이재현 씨가 미국에 망명신청을 한 것은 73년 6월이다. 70년부터 주미공보관장직을 맡고 있던 이씨는 재직중에 유신을 맞아 한국 정부로부터 유신체제 지지를 적극 홍보하라는 훈령을 받았다.

이 훈령은 독재체제인 유신의 지지를 위해 일반 외교관의 활동영역을 넘어서는 각종 불법공작을 벌이라는 내용도 포함되었다.

가뜩이나 미국사회에서 인기 없는 유신체제를 홍보하고 여기에다 불법공작 임무까지 부여받은 이씨는 한국 정부의 공작지시에 소극적인 태도를 보였다. 이에 따라 그의 행동은 감시를 받았고, 언제 소환될지 모른다는 의심을 품게 되어 결국 망명을 택하기에 이르렀다.

미국에 정치망명을 택한 이씨는 일리노이 대학에서 준교수로 재직하면서 비교적 조용히 지내다가 77년 10월 미하원 윤리위원회 청문회에 나가 의회의원 매수 공작 등 불법 로비활동 사실을 증언하는 등 반정부 활동에 나섰다.

70년대 중반 미주 지역의 한국공관은 잇따른 공관원 망명사건으로 긴장되고 있었다. 이재현·김상근·손호영과 더불어 73년 5월 주미 공보관 직원 한혁훈이 한국의 유신 쿠데타에 반대의사를 밝히고 사표를 제출, 미국에 영주권을 신청하였다.

또 73년부터 75년까지 주미공보관에 근무한 김성한은 한국 정부의 마닐라 전근발령에 반발, 가족과 함께 미국에 영주권을 신청했다. 김씨는 사직 후 반정부 활동을 벌였다.

뉴욕대표부 지역책임자 이영인은 77년 귀국 명령을 받고 미국에 영주권을 신청한 바 있고, 캐나다 주재 한국대사관 양영만 영사는 78년 한국 정부로부터 캐나다 지역의 반정부적 교민활동에 강경하게 대응하라는 훈령을 받고 이를 거부, 망명을 선택했다.

고위 군 출신 인사들이 권력투쟁에서 패배하거나 쿠데타사건에 연루되어 정치적 망명을 택한 경우도 적지 않았다.

대표적인 인물에는 최덕신·최홍희·최석남·이용운·김응수를 들 수 있다. 예비역 육군중장 출신으로 박정희 정권에서 외무장관과 주서독대사 등을 지낸 최덕신은 주서독대사 재직시 불미한 사건 등으로 박대통령과 틈이 벌어지더니 74년 초대 유신학술원 이사장에 임명되었으나 이에 불복, 미국 망명을 택했다. 최덕신은 반정부 활동에 그치지 않고 북한을 방문하기도 했다.

최덕신과 함께 미국에서 '배달군인회'를 조직하여 반정부활동에 앞장선 최홍희는 예비역 소장 출신으로 주말레이지아 대사를 지내다가 미국에 망명했다.

예비역 육군준장 출신인 최석남은 70년대 초 미국에 망명하여 반정부 리더의 한 사람으로 활약했다.

5·16쿠데타 당시 6군단장으로 쿠데타에 반대하다가 62년 미국에 망명한 김응수는 워싱턴 대학에서 경제학 박사학위를 받고 워싱턴 카돌릭대학 교수로 재직하면서 한국 민주화운동에 앞장섰다.

김씨는 5·16 후 반혁명사건으로 기소되어 10년형을 선고받고 62년 5월 형집행정지로 석방되어 풀브라이트 장학생으로 미국 유학길에 오르게 되어 망명을 택한 군인 출신이다.

'워싱턴포스트'가 폭로한 매수공작

박정희의 유신쿠데타와 잇따른 긴급조치 발동, 김대중 납치와 인혁당사건 조작·8인의 사형 등 반인권 행위는 국제사회에 한국의 이미지를 크게 실추시켰다. 특히 미국 조야에서 한국의 인권문제가 논란되기 시작했다. 박정희가 유신정권을 유지하면서 가장 두려워 한 것은 미국이었다.

학생들의 저항은 긴급조치와 용공사건 조작 등으로 그때마다 미봉할 수 있었으나 미국의 경우는 달랐다.

그동안은 미국의 아킬레스건과 같은 베트남 파병을 통해 발언권을 행사할 수 있었지만 남베트남의 패망 후에는 그런 카드도 없어졌다. 그래서 택한 것이 재미실업가(KCIA 공작원) 박동선 등을 통해 미의회의 반한 의원들을 상대로 로비를 벌이도록 했다. 그동안 국내에서 해왔던 공작정치의 일환이었다. 거액의 비자금은 재벌들로부터 거둔 '통치자금'과 중앙정보부의 공작금이었다. 연간 50만 달러 내지 100만 달러 상당의 뇌물로 수십 명의 미의원 및 공직자를 매수했다고 『워싱턴 포

1978년 01월 13일, '코리아게이트 사건' 박동선 2차 심문 검찰청 출두

스트』(1976년 10월 24일)가 폭로했다.

이 신문은 FBI와 연방 대심원이 워싱턴에 거주하고 있는 수수께끼의 한국인 박동선이라는 40세 된 실업가와 한국계 공작원이 미 의회 의원 20명 이상에게 금품을 제공한 사실을 조사중이라고 보도했다. 1면 톱기사로 "한국정부, 미국 관리들에게 수백만 달러를 뇌물로 제공"이라는 전단 제목 아래 기사를 실었다. 이른바 코리아게이트 사건의 시발이다. 이 신문은 연 3일 동안 톱기사로 한국정부의 매수사건을 보도하고, 다른 언론들도 추악한 코리아게이트사건을 잇따라 실었다. 사설로까지 취급하였다.

한국이 수년 동안에 걸쳐 연간 백만 달러에 달하는 자금을 사용하여, 미 의회 의원과 정부 고관들의 호의를 사려고 했던 공작 계획은 한국의 대통령 자신이 참석한 회의에서 마련되었다고 한다. 그 자금은 "평화를 위한 식량"을 한국에 공급하는 미국의 쌀 판매업자들로부터 거둬들인 커미션으로 충당되었던 것 같다. 외교·정치적인 충격파는 이제 막 번져가기 시작한 단계이다.

60년대 말에 미국이 베트남이라고 하는 아시아 대륙의 전선 기지로부터 철수하려는 움직임을 보고 한국이 같은 아시아의 전선 기지인 한국으로부터도 미국이 철수하려는 것이 아닌가 하고 의심했던 것은 틀림없는 사실인 것 같다. 한국이 뇌물이나 그밖에 은혜를 베풀어서 미국에 어떤 '보험'을 걸려고 했던 일은 상상할 수 있다. 그러나 그 수법은 결코 용인될 수 없다.

이러한 수법 자체가 두 나라 우호 관계의 참된 기초가 되는 이상과 자존심을 부패시키는 것이다. 자기 나라의 국민을 업압하는

데 그치지 않고 미국의 공직자마저 매수하려고 하는 나라를 우리는 왜 지원하지 않으면 안 되는가고 미국 국민들은 반문할 것이다.[1]

미국 언론이 온통 박정희 정부의 비리를 폭로하는 등 난리법석을 치는데도 국내는 깜깜무소식이었다. 정부가 언론을 통제했기 때문이다. 『볼티모어 선』도 사설을 썼다.

외국 정부가 룰에 따라 미국 내에서 로비활동을 하는 것은 물론 적법한 일이다. 하지만 미국인의 피와 돈을 희생으로 하여 지켜진 한국 때문에 지금 이 룰이 깨어지고 있다는 사실은 정치적 입장에 관계 없이 모든 미국인을 괴롭히고 있다.

중앙정보부와 워싱턴을 발판으로 한 실업가 박동선 씨 및 통일교회의 문선명 씨 간에 얽혀 있는 비밀스러운 연관 관계는 밝혀져야 한다.

북한의 외교관들이 마약 밀수와 면세품인 술·담배를 밀매하여 스칸디나비아 4국으로부터 추방되었다고 전해진다. 두 개의 한국 어느 쪽을 지지하건 서구 국민들은 자기 나라 안에 부패가 반입되는 것을 바라지 않고 있다. 그리고 이들 두 정부가 한민족의 문화와 민중을 대표하는 것으로 혼동하지는 않고 있다.[2]

김형욱이 폭로한 박정희 비리

김형욱이 미국에 망명하여 외신에 폭로하거나 미하원 국제관계소위원회에서 증언한 박정희(정권)의 비리·비행·부정은 어마어마했다. 주요 내용을 인용한다.

① 박동선은 정보부의 필요 공작원이었다. 1964년 당시의 주미 대사 정일권이 박을 박정희 대통령에게 소개했으며 이후 박 은 이후락의 지령을 받아 미국내의 공작을 맡았다. 처음에는 눈에 띄는 성과를 올리지 못했으나 주한미군 철수론이 나온 1970년 미의회를 상대로 매수 회유하라는 특별지령이 나간 뒤로 박동선은 중용되었다. 여기에 필요한 공작금은 한국이 미국으로부터 수입하는 쌀대금 가운데서 떨어지는 수수료로 충당되었다.

② 통일교회 간부인 박보희는 정보부와 밀접한 관계에 있었으 며 정보부는 그를 접점으로 하여 통일교회를 움직여 왔다.(이 상 77년 6월 5일자 뉴욕 타임즈 회견).

③ 한국에 투자하려는 외국기업은 수수료, 리베이트, 혹은 정치 헌금이라는 명목으로 총투자액의 5%를 강제적으로 징수당 했다. 이 돈은 박정희가 스위스은행에 개설한 비밀구좌에 입 금되어 대외활동자금 등으로 사용되었다.(77년 6월 6일자 워싱 턴 포스트와의 회견)

④ 박 대통령이 가장 두려워했던 두 개의 세력은 71년 대통령 선거 때의 상대후보와 미국 의회였다. 박 대통령은 김대중 문제를 유괴로, 미의회에 대해서는 '박동선에 의한 매수작 전'에 의하여 영향력을 행사하려 했다.

⑤ 박 대통령의 김대중에 대한 감정은 심한 열등감에 기초를 둔

증오에 가까운 것이었다. 공화당 정권은 선거법 위반의 혐의를 날조하여 김을 기소했고 1973년 8월에는 동경에서 김을 유괴하였다. 유괴작전의 지휘관은 당시의 이후락 정보부 부장이었다. 박대통령이 직접 이 작전을 지휘했다는 증거를 갖고 있지는 않으나 이같은 중대한 계획이 대통령의 허가 없이 감행되었다고는 생각할 수 없다.

⑥ 독재체제를 확립한 박 대통령은 미국이 어떤 태도로 나올 것인지에 괘념하고 있었다. 그는 미 행정부와 의회의 반대가 자기의 독재정치에 큰 영향을 끼치리라는 사실을 잘 알고 있었다. 이 반대를 억제하기 위하여 박동선 스캔들이 실행에 옮겨진 것이다.

⑦ 당시의 중앙정보부는 미국의 중앙정보부(CIA)와 연방수사부(FBI)의 두 비밀수사기관을 합친 것과 같은 것을 만들려는 의도에서 설립된 것이다. 나는 1963년부터 69년까지 6년 8개월간 가장 장기간 부장으로 근무한 사람이다. 내가 부장 때에는 미국에는 5인의 정식요원을 주재시켰는데 워싱턴에 2인, 유엔주재 대표부에 2인, 로스앤젤레스에 1인이었다.

그러나 내가 미국에 망명한 73년 이후 그 권한은 강화되어 현재 내가 알고 있는 한 워싱턴에 12인, 뉴욕의 유엔대표부에 4인, 그밖에 로스엔젤레스를 포함하는 미국 각지에 9인, 도합 25인이 있다(이상 77년 6월 22일, 미하원 국제관계소위에서의 증언).

⑧ 서울 지하철 건설은 프랑스와 일본이 경합했었다. 일본측은 기시岸信介 전 수상과 야스기矢次一夫 씨가 박 대통령에게 직

접 요청함으로써 공사는 미쓰비시상사에 맡겨지고 당시 주일대사였던 이후락 씨가 한일간의 파이프역을 했다. 미쓰비시상사로부터 리베이트가 기시와 이후락 양쪽으로 건너갔으며, 그만큼 서울지하철 공사비는 비싸게 치였다(77년 7월 17일, 교토통신과의 회견).

⑨ 박정권과 일본 자민당간의 '검은 채널'은 김성곤(전공화당 제정위원장), 이후락, 이병희(전무임소장관) 등이 그 역을 맡았다. 이병희로부터 자민당의 세이란까이青嵐會 멤버에게 선거자금 형식으로 비밀헌금이 여러 번 흘러갔다. 상사관계의 일본 측 창구는 기시 노부스께와 야쓰기 가즈오 두 사람이었다. 미쓰비시, 미쓰이, 이또쭈, 마루베니 등이 한국 측에 거액의 리베이트를 보낸 사실을 알고 있다(77년 7월 16일 마이니찌신문과의 회견).[3]

박정희는 김형욱의 폭로와 폭탄선언에 속수무책이었다. 그의 입을 막고자 여러 가지 방법이 동원되었으나 허사였다. 그리고 얼마 후 파리에서 실종되고 말았다.

박정희 대통령은 김을 한국 땅에 끌어들이기 위해 끈질긴 노력을 다했다. 멕시코나 브라질의 대사직 또는 다른 요직을 내걸고 귀국을 권유했다. 김이 미국으로 건너간 뒤로부터 1979년 10월 그가 파리의 카지노에서 영구 실종될 때까지 정부는 김종필·정일권·백두진·홍종철·민병권·김동조 등을 연달아 김에게 보내 귀국을 종용했다. 심지어는 이철승·박병배·고흥문·노진환 등 야당계 인사들도

그를 찾아가 귀국을 권유했다. 그러나 김형욱은 국내의 이와 같은 애타는 호소를 모조리 거절했다.[4]

'프레이저 보고서'에 나타난 비리 실태

미 의회(하원) 국제관계위원회 산하 국제기구소위원회(위원장 도날드 M. 프레이저)는 1978년 장문의 『프레이저 보고서』를 작성하여 의회와 행정부에 보고하였다. 박동선 사건을 비롯하여 한국 중앙정보부·박정희 대통령·경제단체·통일교단 등을 중심으로 상세히 조사한 보고서였다. '보고서' 중 유신체제에서 박정희의 권력행사의 설명적 예이다.

① 수많은 학생·지식인·종교 지도자(지학순 주교를 포함하여)가 체포되어, 유신체제 비판이 박의 1974년 긴급조치를 위반하였다고 하여 징역을 선고받았다.

② 1974년 박정권을, 장기집권을 위하여 남북대화를 조작한 억압적 독재자로서 비판하는 선언문을 채택한 민주청년학생연합과의 어떠한 접촉을 금지한 긴급조치 중 하나에 의해 14명의 인사가 사형선고를 받았다.

③ 1974년 말, 민주주의를 회복하려는 운동을 보도해 오던 동아일보가 중앙정보부의 압력에 의해 모든 광고를 박탈당했다. 당분간 신문은 발행부수 증가와 언론자유를 지지하는 많은 소규모 익명의 광고 게재인들을 통해서 대중에 의해 유지되었다. 캠페인은 1975년 3월 경영진이 정부압력에 결국 굴복

할 때까지 계속되었다.

④ 1975년 초 석방된 시인 김지하는 정부를 비판하고 '인민혁
명당'은 정부 조작이라고 주장하는 기사를 동아일보에 실었
다고 하여 다시 체포되었다. 재판과정에서 김의 종신형이 재
언도되었고, 유죄 판결로 그는 7년의 형을 더 선고받았다.
1978년까지도 그는 여전히 감옥에 있었다.

⑤ 1975년 형법 개정으로 해외에서 혹은 국내의 외국인에게 한
국을 비방하거나 공공복지에 해를 끼치는 발언 또는 행동을
하는 한국시민에게 7년 징역형까지 선고할 수 있게 되었다.

⑥ 1975년 5월 박 대통령은 긴급조치 9호를 발하였다. 이는 긴
급조치 중에서 가장 철저한 것으로 1978년까지도 여전히 유
효하였다. 유언비어의 유포, 헌법의 비판, 학생의 정치활동,
법률에 위배되는 활동의 보도를 금하는 이 긴급조치하에서
실제로 항의사건의 수가 격감되었다.

⑦ 1976년 18명의 저명한 정계·학계·종교계 지도자들이 - 김대
중과 윤보선을 포함하여 - 재판에 회부되어 민주주의의 평화
적 회복을 요구하는 선언문에 서명하였다고 하여 유죄를 선
고받았다. 대부분이 정치적 권익과 시민권의 박탈과 함께 석
방되었지만 김대중은 1978년 10월에도 여전히 수감되어 있
었다.

⑧ 1978년 7월 박 대통령은 단독으로 출마하여 통일주체국민회
의에 의해 6년 임기에 만장일치로 당선되었다.[5]

한국중앙정보부의 비리백태

박정희 정권은 엄청난 물량을 동원하여 미 의회와 정부에 전방위
적인 매수공작을 했다. 미국사회는 로비가 합법적이지만, 한국정부의
행태는 로비 수준을 넘어선 매수공작이었다. 『프레이저 보고서』의 몇
부문을 인용한다.

> ① 워싱턴의 로비활동에 대한 책임을 맡고 있는 서울의 정부관
> 리들 중에는 국무총리 정일권, 중앙정보부장 이후락, 그리고
> 대통령 경호실장 박종규가 포함되어 있었다. 각각의 로비활
> 동은 때때로 상호경쟁적이었다.
> ② 일반적으로 그들은 의원들, 학자들, 사업가 그리고 잠재적으
> 로 영향력 있는 인사들을 이용, 종종 자금을 주고 한국을 방
> 문하도록 하였다. 워싱턴에서는 한국중정(KCIA)의 도움으로
> 설립된 박동선의 조지타운 클럽이 한국정부를 위한 로비활
> 동의 중심이 되었다.
> ③ 1974년 서울에서 대통령 경호실장 박종규는 1만 달러가 들
> 어 있는 봉투를 닉슨 대통령 보좌관인 나이덱커John Nidecker
> 에게 전달했다. 필립 하비브 미대사는 그 돈을 나이덱커의
> 요청에 따라 되돌려 주었다. 몇 달 후 한국 국회의원인 노진
> 환을 나이덱커에게 백악관이 지명한 후보자들의 의회 선거
> 운동을 도와주겠다고 제안했으나 나이덱커는 거절했다.[6]

'보고서' 중 한국 중앙정보부의 '정보활동과 계획들'이란 부문이다.

⑴ 한국중정은 미국에서의 영향력 행사활동을, 박 대통령이 지지하는 것과 발맞추어 문서나 비밀문서의 형식을 통해 활동계획을 아래와 같이 수립했다.

① 한국정부의 정책을 옹호하는 미국인들의 충원, 특히 의원·학자·언론가·사업가 그리고 성직자

② 영향력 있는 미국인의 한국 방문

③ 주로 비밀요원들을 재미在美 한국인 사회에 침투시켜 한국인들 사이에서 일어나는 박 정권에 대한 비판에 대응하는 것

④ 미국의 재정지원에 의한 미곡거래로부터 취득되는 중개료를 한국중정의 활동비로 사용하는 것

⑤ 미국에서 이루어지는 북한의 활동을 방해하고 반격하는 것

⑥ 관료들과의 교제를 통해 미정부의 기밀정보를 획득하는 것

⑵ 한국중정은 그들의 공식직원보다도 공식직원이 아닌 다른 사람들을 이용해서 그들의 인력을 증가시키려고 했다.[7]

박정희는 영구집권을 목적으로 유신체제를 감행하고 이에 저항하는 민주인사들을 가혹하게 탄압했다. 인권탄압은 미국 등 국제사회의 비판에 직면하고 이를 무마하고자 추악한 매수공작을 자행하다가 탄로되고 미 의회의 청문회에서 국가적 망신을 당하게 되었다. 이로써 미국 정부는 동북아의 반공 보루로 지원해온 박정희에 대한 신뢰를 거두기 시작했다.

18장

선명야당 탄압하고
어용야당 지원

선명야당 출현과 재야의 도전

미 의회는 1974년 12월에 1975년도 한국에 대한 행정부의 2억3천 8백만 달러 군사원조 요구를 1억4천5백만 달러로 삭감하면서 만약 박정희 대통령이 한국 내에서 인권준수에 있어서 중요한 개선이 있었다고 의회에 보증한다면 1억6천5백만 달러의 추가 지원을 할 것이라는 조건을 제시하였다.

미국이 박정희의 헌정유린과 인권탄압을 이유로 군사원조를 대폭 삭감하면서 개선을 조건으로 제시한 것은 이것이 처음이다. 그러나 박정희는 개선 대신 매수공작을 지시하고, 따라서 미국 조야의 한국(박정희 정권)에 대한 인식은 날로 악화되었다. 국내 정치상황도 변화되고 있었다.

유신체제에 온건노선을 걷던 유진산 신민당 총재가 1974년 4월 28일 작고했다. 1971년 대선을 앞두고 '40대 기수론'을 들고 나왔던 김영삼이 '선명'의 깃발을 내걸고 당권도전에 나서 이해 8월 22, 23일 실시한 전당대회에서 총재로 선출되었다. 박정희로서는 여간 부담이 아닐 수 없었다.

새 총재에 선출된 김영삼은 "우리는 지금 야당다운 야당을 만드는 일이 가장 시급하다"고 말하고 "야당을 누가 이끄느냐에 따라서 그 얼굴이 달라진다는 것을 오랜 경험을 통해 알고 있다"면서 국민에게 희망과 용기를 주겠다고 다짐했다.

신민당 전당대회는 추가된 결의문에서 다음과 같이 결의했다.

① 김대중 씨에게 정치활동의 자유와 해외여행의 자유를 줄 것을 촉구한다.
② 긴급조치 1호·4호의 해제를 환영하나 전면해제를 촉구한다.
③ 조윤형·김상현·김한수·조연하·이종남의 조속한 석방을 촉구한다.

박정희는 이날 긴급조치 제4호를 해제했지만, 이미 치열하게 반독재투쟁을 벌이는 재야와 함께 선명야당의 새로운 도전에 직면하게 되었다.

군사독재 정권이 파생한 부산물 가운데 하나로 '재야세력'이란 것이 등장했다. 유신시대에 야당과 언론이 제구실을 하지 못함으로써 재야가 나타나게 된 것이다.

재야란 사전적 표현으로, 야권에 있으면서 정당조직이 아닌 순수 민간조직으로 독재정권에 대항하고 인권과 사회정의를 위해 투쟁하는 양심세력을 의미한다. 재야인사들이 본격적으로 세력을 형성하여 박정희 정권과 대결하고 나선 것은 '민주회복국민회의'가 결성되고부터

다. 이 단체는 1974년 12월 25일 서울 YMCA에서 범민주진영의 연대투쟁기구로서 발족되었다.

민주회복국민회의가 많은 국민의 성원을 받으며 활발한 반독재투쟁을 전개한 것이 계기가 되어 각계의 민주인사들이 속속 필요한 단체와 협의체를 구성하기 시작했다.

가장 먼저 결성된 것이 '양심범가족협의회'다. 유신체제에서 긴급조치 등 위반을 이유로 구속된 인사의 가족들이 중심이 되어 조직되었기에 얼마 후 '구속자가족협의회'로 이름을 바꾸었다.

구속자 가족들이 처음으로 모이게 된 것은 1974년 4월에 있었던 민청학련 사건이 계기가 되었다. 이 사건은 관련자 총 1,024명을 조사, 검거하고 그중 253명을 구속 송치하는 사태를 빚었는데, 그 가족들이 조직체를 결성한 것이다.

'해직교수협의회'는 66년 1월에 창립된 '기독자교수협의회'의 후신이다. 유신체제가 들어서면서 대결이 첨예화되고 해직교수들이 양산되었는데, '기독자교수협의회'의 임원 중 12명이 해직교수가 되었다. 이에 명칭을 바꾸고, 『동아일보』 광고탄압 문제 등에 대처하면서 민주회복운동의 선두에 나섰다.

'동아', '조선'의 '자유언론수호투쟁위원회'는 74년 10월 24일 동아·조선일보 기자들이 자유언론수호 궐기대회를 갖고 10·24자유언론수호 선언을 채택했다. 이들은 "자유민주사회 존립의 기본요건인 자유언론 실천에 모든 노력을 다할 것을 선언"하고 이의 실천에 나섰다가 결국 146명(동아 114, 조선 32)의 기자를 포함한 언론종사자들이 해직되었다. 그러나 이들은 흩어지지 않고 언론자유를 위해 계속 투쟁했다.

종교인들도 반유신 투쟁전선에 나섰다. 74년 9월 23일, '천주교정의구현전국사제단'이 구성되어 인권회복과 민주회복을 위한 노력에 집중하기로 하고, 그날 5백여 명이 지학순 주교의 석방을 요구하며 가두시위를 벌였다. 한편 천주교 주교회의 소속기구로서 '천주교정의평화위원회'가 결성되고, 농촌문제해결에 도움을 주기 위한 '가톨릭농민회', 노동자의 권익신장과 민주화를 위한 '가톨릭노동청년회'도 구성되어 활발한 활동을 벌였다.

개신교에서도 '한국기독교교회협의회'의 산하 '인권위원회'가 유신체제 동안 하루도 쉴 날이 없을 만큼 구속학생들과 교직자·교인들의 인권을 위해 애쓰고, '목요기도회'도 민주회복의 선두에 섰다. 특히 75년 3월에 조직된 '한국기독청년협의회'와 '도시산업선교회'의 활동은 특기할 만하다.

'자유실천문인협의회'는 74년 11월 18일 고은·백낙청 등 지식인이 앞장서서 구성, 75년 3월 15일 '165인 선언'을 발표하는 등 지식인 민주화운동의 한몫을 담당했다. 77년 11월 18일 제3선언, 78년 4월 24일 민족문학의 밤, 79년 4월 27일 구속문학인을 위한 문학의 밤 행사 등은 기록할 만한 업적이다.

'민족청년협의회'가 태동한 것은 78년 5월 12일이었다. 옥고를 치르고 풀려나온 청년들이 중심이 되어 서울 종로5가 기독교회관에서 '민주청년인권협의회'를 구성하고 민주회복운동에 헌신할 것을 다짐했다. 명칭을 '민주청년협의회'로 바꾸고 활동을 전개했는데 79년 11월 26일, 명동집회 사건에 관여하여 많은 구속자를 냈다.

'민주주의국민연합'은 '민주주의와 민족통일을 위한 국민연합'의 약칭이다. '국민연합'의 이념적 바탕은 79년 3월 1일에 공표된 〈3·1운동 60주년에 즈음한 민주구국선언〉에 기초한다. '국민연합'은 당면한 목표를 '박정희 유신체제의 종식과 민주정부의 수립'임을 밝히면서 재야의 구심적 역할을 맡았다.

이밖에 '한국인권운동협의회', '민주헌정동지회', '민주기독자동지회', '백범사상연구소', '정치범동지회' 등 수많은 재야단체들이 조직되어 민주회복 대열에 앞장서서 싸웠다. 박정희는 총체적인 양심세력의 도전에 직면하게 되었다.

'남장여성의원', 박정희 심장을 강타

신민당 새 체제가 들어선 지 얼마 후인 1975년 10월 8일 제94회 정기국회 본회의 대정부 질문에 나선 '남장여성' 김옥선 의원은 신랄한 어조로 유신체제의 독재와 안보를 구실로 한 정권연장을 비판했다.

74년에 있었던 정일형 의원의 강경발언 이래 처음 있는 유신체제 비판발언이었다. 김 의원은 "전국을 뒤흔드는 각종 안보궐기대회, 민방위대 편성, 학도호국단의 조직, 군가보급, 부단한 전쟁위협 경고발언, '싸우면서 건설하자'는 구호 등은 국가안전보장을 빙자한 정권연장의 수단이다. 전쟁도발 가능성의 판단은 오로지 독재자의 전유물이며, 독재자는 자신의 실정을 국가안보라는 절대적 명제로 깔아뭉개고 국민을 사병화하여 국민생활을 끊임없는 전투와 같은 상황에 놓이게 하고 있는데, 지금과 같은 전쟁위기 조성의 이면에는 남침대비라는 정도를 넘어선 정치적 의도가 숨겨져 있다"고 정면으로 공격하고 나섰다.

김 의원은 한층 톤을 높여서 "오늘 우리 의회는 1인통치를 합리화시켜 주는 한갓 장식물에 불과하게끔 되어버린 정치적 현실을 통탄하여…… 누군가 우리 보고 독재국가의 국회의원이라고 낙인을 찍을 때 우리가 설 자리는 어디인가. 불행하게도 이제 우리는 독재국가가 아니라고 항변할 아무런 논리적 근거도 갖추고 있지 못한다. 독재자의 온갖 실정과 또 그로 인한 민생고는 국가안보란 절대적인 명제 아래 깔려 묻히게 됨으로써 국민은 독재체제를 뒷받침하는 정치적 사병이다"라고 계속 몰아붙였다.

그러나 김 의원의 발언은 더 이상 계속되지 못했다. 의석에 앉아 있던 여당의원들이 일제히 일어나 고함을 지르며 김 의원의 발언을 중단시키라고 아우성쳤기 때문이다.

김옥선의 발언은 여당의원들의 소란과 사회를 보던 유정희 소속 김진만 국회부의장의 재빠른 정회선포로 불과 8분 만에 중단되고 말았다.

모처럼 충성의 기회를 포착한 여당의원들은 하나같이 강경입장으로 김 의원을 제명해야 한다고 나섰다. 여기에 분기탱천한 박정희의 강경처리에 대한 지침이 내렸다. 여당의원들은 김옥선 의원의 발언이 국가와 헌법기관(대통령과 국회)을 모독한 긴급조치 위반이라고 성토했고, 일부 의원은 국가안보를 위태롭게 하는 이적행위라고 규탄했다.

유정희는 이날 긴급 의원총회를 열어 김 의원의 발언은 "정치인의 통상적인 발언의 한계를 넘어선 국가안보에 중대한 위해를 끼치는 이적행위"라고 단정하고 강력한 징계조치를 취하기로 결의했다. 김 의원을 제명하여 의원신분을 박탈, 국회에서 축출하겠다는 것이었다.

정일권 국회의장실에서 여당의 당직자와 상임위원장들의 대책회의가 열렸다. 여기서도 강경론 일색이었다. 이 기회에 유신체제에 도전하는 일부 신민당 의원들의 버릇을 뿌리뽑자는 주장이 대두되었다. 그러기 위해서는 시범적으로 김 의원을 제명하고 이에 동조하는 의원들까지 모조리 제명시키자는 강경론이 압도적이었다. 심지어는 국회 해산을 불사하자는 발언도 등장했다.

이날 연석회의에서 김 의원의 징계문제는 의장 직권으로 법제사법위원회에 회부하기로 결정되었다. 신민당도 긴급 대책회의와 의원총회를 열었다. 신민당 의원총회는 "김옥선 의원과 운명을 같이하기로" 결의하고 법사위와 본회의에서 이를 저지하기로 결정했다. 여야의 한바탕 대결에 앞서 법사위에서 전초전이 벌어졌다.

김 의원의 징계문제를 심사하기 위해 10월 10일 오전 9시 법사위가 비공개리에 개최되었다. 법사위는 신민당 의원의 반대발언을 봉쇄하면서 다수결에 의해 징계를 강행하려고 서둘렀다. 신민당 의원들이 회의실 문을 박차고 법사위에 진입하려는 순간, 장영순 위원장은 징계의 가결을 선포하였다. 변칙적인 행위였다.

법사위에서 여야의 물리적인 대결이 빚어지자 정부 여당은 경호권을 발동하여 신민당 의원들을 퇴장시키고 김 의원의 징계안을 통과시키기로 방침을 세웠다.

여당의 김 의원 제명 강행방침이 정해지자 신민당 의원들은 누구도 그와 운명을 같이하려고 하지 않았다. 특히 이철승 등 비주류에 속한 의원들은 드러내놓고 '의원직사퇴 불가' 입장을 밝혔다.

김영삼 총재는 본회의 제명처리에 앞서 찾아온 김옥선 의원에게 "당을 위해 사퇴하는 것이 좋겠다"고 종용했다. 이렇게 하여 김옥선 의원은 '운명을 같이하기'로 했던 신민당 소속 의원들로부터 버림을 받았을 뿐 아니라 김 총재로부터 '당을 위해 사퇴'의 종용을 받고는 자진사퇴를 결심하기에 이르렀다.

김 의원은 10월 13일 국회에 사직서를 제출했다. 이날 신민당 의원들이 불참한 가운데 출석의원 153명은 비공개회의에서 공개투표를 통해 전원 찬성으로 김 의원의 사직을 결정했다.

남장 여성의원의 유신체제를 비판한 강경발언은 여당의원들의 충성경쟁과 야당 동료의원들의 배신으로 유신의 희생양이 되는 결과를 낳았다. 그렇지만 난공불락 철옹성과 같았던 유신체제가 '유신국회'에서 구멍이 뚫리기 시작했다.

재야민주인사들의 구국선언

박정희의 유신체제에 강편치를 날린 것은 재야 세력의 3·1명동구국선언사건이다. 1976년 3월 1일 저녁 서울 명동성당에서는 3·1혁명 57주년을 기념하는 기도회가 열리고 있었다. 약 7백 명의 천주교신자들이 모인 가운데 열린 기도회는 예정대로 진행되다가 기도회가 끝나갈 무렵 이우정 전 서울여대 교수가 미리 준비한 「민주구국선언문」을 낭독함으로써 유신체제에 재야지도자들이 정면대결하게 되는, 이른바 '3·1명동사건'이 발생하는 시발점이 되었다.

이날 전격적으로 발표된 「민주구국선언문」의 내용은 다음의 세 부문으로 나누어져 있다.

① 이 나라는 민주주의 기반 위에 서야 한다.
② 경제입국의 구상과 자세가 근본적으로 재검토 되어야 한다.

③ 민족통일은 오늘 이 겨레가 짊어진 최대의 과업이다.

결론에서 "이때에 우리에게는 지켜야 할 마지막 선이 있다. 그것은 통일된 나라, 이 겨레를 위한 최선의 제도와 정책이 '국민에게서' 나와야 한다는 민주주의의 대헌장이다. 다가오고 있는 그날을 내다보면서 우리는 민주역량을 키우고 있는가, 위축시키고 있는가"라고 묻고 있다.

구국선언문의 서명자는 윤보선·김대중·함석헌·함세웅·이해동·이우정·정일형·윤반웅·김승훈·장덕필·김택암·안충석·문정현·문동환·안병무·이문영·서남동·은명기 등 정계·종교계·학계의 지도급 인사들이다.

선언문을 발표한 재야인사들과 신자들은 명동성당을 내려오면서 시위에 들어가려 했으나 출동한 경찰에 의해 강제해산되었다. 경찰은 이날 집회에 모인 사람 가운데 이우정·장덕필·문동환·김승훈을 연행하고, 그날부터 1주일 사이에 선언문에 서명한 전원을 연행했으며, 윤보선 전 대통령만이 자택에서 조사를 받았다.

3·1민주구국선언 사건은 세계적인 주목을 끌면서 외신들이 자세히 보도했으나, 국내 언론은 3월 10일까지 한 줄도 보도하지 못한 가운데 정부의 공식발표로 알려지게 되었다.

정부는 서울지검 서정각 검사의 수사결과 발표를 통해 "이번 사건의 주동자인 구정치인과 재야 일부 인사들은 오랫 동안 정권쟁취를 책동해 왔으나, 유신체제의 공고화로 국내정국이 안정되고 비약적인 경제발전이 이루어져 통상방법으로는 그 목적달성이 어려워졌음이 명백하게 되자, 일부 신부와 목사, 일부 해직교사 등 반정부인사들과 연합전선을 형성하여 3·1운동 또는 4·19와 같은 학생을 중심으로 한 민중봉기를 기도·획책하고, 이를 달성하기 위해 올해 3·1절을 기해 소위 민주구국선언이란 미명 아래 마치 국가존망의 위기가 목전에 다가온 양 국내외 제반정세에 관한 허위사실을 유포하고, 유신헌법과 대통령 긴급조치의 철폐 및 현 정권의 퇴진을 주장·선동한 사실이 인정되는 바, 명백히 대통령 긴급조치 9호에 위반되는 것"이라면서, '정부 전복 선동'이라는 공안사건으로 단정하고 관련자들에 대한 대대적인 연행과 수사를 벌였다.

재야인사들의 시국선언이 거대한 공안사건으로 확대된 것은 박정희가 명단 중에 김대중의 이름을 발견하고, 분기탱천하여 '엄벌'을 지시함으로써 전개되었다.

검찰은 3월 26일 구국선언 서명자 20명 중 김대중·문익환·함세웅·문동환·이문영·서남동·안병무·신현봉·이해동·윤반웅·문정현 등 11명을 긴급조치 9호 위반혐의로 구속 기소하고, 윤보선·정일형·이태영·이우정·김승훈·장덕필 등 7명은 불구속기소, 김택암·안충석 2명은 기소유예 처분했다.

사건 기소 후 130일 만인 8월 3일 판결공판에서 재판부는 전원을 유죄로 판정, 징역 8년에서 2년까지의 실형과 같은 기간의 자격정지형을 다음과 같이 선고했다.

구속자

김대중 8년, 문익환 8년, 함세웅 5년, 문동환 5년, 이문영 5년, 신현봉 5년, 윤반웅 5년, 문정현 5년, 서남동 4년, 안병무 5년, 이해동 3년

불구속자

　　윤보선 8년, 함석헌 8년, 정일형 5년, 이태영 5년, 이우정 5년,
김승훈 2년, 장덕필 2년

　　항소심은 변호인단이 낸 재판부 기피신청을 받아들이지 않고 선고
공판을 계속하여 12월 29일 다음과 같은 판결을 내렸다.

　　윤보선·김대중·함석헌·문익환– 징역5년, 자격정지 5년.
　　정일형·이태영·이우정·이문영·문동환·함세웅·신현봉·문정현·
윤반웅– 징역 3년, 자격정지 3년
　　서남동– 징역 2년 6개월, 자격정지 2년 6개월
　　안병무·이해동·김승훈– 징역 2년, 자격정지 2년, 징행유예 3년
　　장덕필– 징역 1년, 자격정지 1년, 집행유예 2년

　　18명의 피고인 전원은 항소심 판결에 불복, 12월 30일 대법원에 상
고했다. 77년 3월 22일 대법원 전원합의제(재판장 민복기 대법원장)는 첫
째, 민주구국선언은 사실을 왜곡하고 있고 둘째, 긴급조치와 헌법을
비방하고 있으며 셋째, 원심에 사실 오인이 없고 공소사실은 인정된다
는 판결이유를 들어 피고인 전원에 대해 상고를 기각했다.
　　피고인들의 당당한 법정투쟁으로 체제공방이 이루어졌다. 이들은
유신체제에 대해 첫째, 법적 절차에 당위성이 없고 둘째, 유신헌법을
성립시키는 국민투표의 과정과 내용에 당위성이 없으며 셋째, 정부가
주장하는 유신헌법의 목적에도 당위성이 없으며 넷째, 유신헌법의 내
용이 독재적인 헌법으로 민주공화국으로서의 당위성이 없다는 점 등

을 내세웠다.

민주인사들은 "인간의 양심과 자연법, 그리고 인간의 절대권과 우상화를 거부하는 신앙에 비추어 유신헌법과 긴급조치에 반대한다. 그 긴급조치에 의해 이 법정에 섰으므로 마땅히 재판을 거부해야 할 일이나 우리들의 정당성과 양심을 밝히기 위해 재판에 임한다"고 자신들의 입장을 밝혔다. 박정희의 유신체제가 법정에서 공박의 대상이 되었다.

박정희는 야당의 강경노선도 방치하지 않았다. 가장 손쉬운 방법은 '이이제이以夷制夷'의 수법이었다. 신민당 내에서는 '김옥선 파동'을 계기로 김영삼 총재를 비난하는 비주류의 공세가 거세게 일어났다. 의원직 총사퇴 결의 때에는 가장 강하게 반대했던 이철승·고흥문·신도환계 등 비주류가 김영삼의 총재직 사퇴와 집단지도체제 당헌개정을 요구하며 세몰이에 나섰다.

1976년 5월 25일 서울시민회관에서 열린 전당대회는 각목대회의 난투극으로 변하였다. 주류 측이 먼저 대회장을 장악하여 전당대회를 개최하려 하자 비주류 측 청년당원들이 대회장을 점거하고 전당대회를 치렀다. 이 과정에서 주류와 비주류의 청년당원들 사이에 각목을 휘두르는 등 폭력사태가 발생, 당원들이 부상하는 사태로 번졌다.

비주류 측에 의해 전당대회장을 빼앗긴 주류 측은 이날 관훈동 중앙당사에서 따로 전당대회를 열어 총재인 김영삼을 만장일치로 재선출했다. 주류 측의 전당대회에는 21명의 의원과 415명의 대의원이, 비주류 측의 전당대회에는 34명의 의원과 3,372명의 대의원이 각각 참석했다.

신민당의 주류와 비주류는 각기 당대표 변경등록신청을 중앙선관위에 제출했지만, 중앙선관위는 5월 31일 양측의 신청을 모두 각하시켰다. 그러나 중앙선관위는 76년 5월 말이 경과함으로써 김영삼의 총재임기가 소멸되었다고 통고했으며, 김영삼은 6월 11일 총재직 사퇴를 발표하고 전당대회의장 이충환을 총재권한대행으로 지명했다.

신민당 주류와 비주류는 이충환을 중심으로 중도계 의원들이 제시한 7명의 최고위원과 1명의 대표위원을 두도록 하는 당헌개정안에 합의하여 9월 15, 16일 이틀 동안 서울시민회관 별관에서 수습 전당대회를 열기로 했다.

이에 따라 신민당은 '반당대회', '각목대회' 이후 112일 만에 수습 전당대회를 열어 집단지도체제의 당헌을 채택하고 먼저 최고위원의 선출에 들어갔다. 주류 측은 대표최고위원에 김영삼, 최고위원에 이충환·유치송·김재광을, 비주류 측은 이철승·신도환·고흥문·정해영 등 7명이 최고위원에 출마해 최다득표자를 대표최고위원으로 추대하기로 결정했다.

대의원 767명이 투표하여 최고위원을 선출한 결과 주류의 이충환·유치송·김재광·비주류의 이철승·신도환·고흥문 등 6명이 당선되었다.

9월 16일 같은 장소에서 열린 대표최고위원 선거는 김영삼·이철승·정일형 등 3명이 경합하여 1차투표에서 김영삼이 349표, 이철승이 263표, 정일형이 134표를 얻었으나 과반수 득표자가 없어 2차투표에 들어갔다. 2차 투표에 앞서 정일형은 이철승의 추대를 선언하고 사퇴했는데, 투표결과 이철승이 389표로, 364표를 얻은 김영삼에게 25표 차로 역전승, 과반수 득표로 대표최고위원에 당선되었다.

당대표위원에 취임한 이철승은 21일 신민당 의원총회에서 지도노선의 방향과 중도통합론에 대해 "현 체제하에 참여하고 그 밑에서 활동하는 한 체제를 부인하는 것이 아니라 개선해 나가는 방향으로 노력해야 한다"면서 베트남사태를 예를 들어 "국가가 위기에 처했을 때 극단적인 혼란이 일어나서는 안 되므로 안보논의와 자유권은 이러한 여건 속에서는 한계가 있어야 한다"고 말했다. 박정희가 바라던 바였다.

비주류로 전락한 김영삼 계가 이철승의 안보논리와 자유의 유보론은 공화당의 논리와 똑같은 것이라고 비난하자, 야당에서는 다시 선명논쟁이 일기 시작했다. 한국의 전통야당이 유신체제의 '제3중대'로 편입되었다는 비판이 따랐다.

신민당의 선명논쟁은 계속되어 이철승은 "현 체제 내에서의 기본자세는 '참여하의 개혁'이며 개혁이란 의미는 부당 요소를 하나하나 개선해 나가는 것"이라고 주장했다. 이에 대해 비주류 측은 3·1민주구국선언사건으로 의원직을 상실한 정일형 문제 등을 제시하면서 유신체제의 타협노선이라고 몰아붙였다.

박정희는 국회와 야당이 체제내의 모순과 갈등을 걸러내는 순기능의 역할을 하는 데도 이를 인식하지 못하고, 어용화·관제화를 만들었다. 대의기구가 작동하지 못하면 국민의 직접 행동에 봉착하게 된다.

박정희는 온건노선의 야당으로 당장은 체제유지에 수월했지만, 국민들 내부에서 거대한 반정부 마그마가 꿈틀대기 시작하고 있음을 놓치게 되었다.

99.9% 득표율로 제9대 대통령 당선됐지만

대통령 긴급조치는 만능의 '도깨비 방망이'였다. 박정희가 서울농대생 김상진 군의 할복자결을 계기로 반유신 투쟁이 거세게 전개되자 1975년 5월 13일 선포한 긴급조치 제9호는 계엄령에 버금가는 위력을 과시했다. 유신체제를 지탱한 것은 잇따라 선포된 긴급조치였다.

박정희는 1978년 7월 6일 제9대 대통령 선거를 맞아 이번에도 '체육관 선거'에서 단독으로 출마하여 통일주체국민회의 대의원 2,578명 중 2,577표, 무효 1표라는, 또 한 차례 코미디 같은 선거를 치러 당선되었다. 집권 17년 차에 이른 것이다.

박정희 정권의 마지막 선거가 된 제10대 국회의원 선거는 같은 해 12월 12일 투표가 실시되었다. 한국 현대정치사에서 12월 12일은 특별한 의미를 갖는다. 헌정사상 처음으로 야당이 선거에서 여당을 이긴 날이고, 그로부터 만 1년 후인 79년의 12월 12일은 박정희가 키워온 신군부세력이 또다시 쿠데타를 일으켜 헌정을 짓밟고 군권을 장악한 날이기 때문이다.

유신체제가 출범한 이래 두 번째 총선을 앞두고 여·야당은 내부정리에 분주한 나날을 보냈다. 국회의원 정수의 3분의 1은 대통령의 지명 케이스인 까닭에 3분의 2석인 154석을 놓고 각축을 벌이게 되었다.

야당은 이철승 체제의 신민당이 '박정권과 유착관계'라는 비난을 받아가면서 '체제 내의 야당'으로서 명맥을 유지하고 있었다. 그 사이에 재야와 학생들은 많은 희생을 치러가면서 반유신 투쟁을 전개했고, 국내외적으로도 굵직한 사건·사태들이 잇따라 정치쟁점으로 등장했다.

미국의회 의원 등에게 매수활동을 벌인 박동선 사건을 비롯 청와대 도청사건, 현대아파트 불법분양 사건, 공화당 성낙현 의원의 여고생 추행 사건 등이 대표적인 사건이었다.

긴급조치 하에서, 그마저 어용야당이라는 비판을 받는 야당의 처지에서 치러진 선거결과는 그야말로 예상 밖으로 나타났다. 선거인 총수 1,948만 9,490명 중 77.1%의 투표율을 낸 가운데 공화당 68명, 신민당 61명, 통일당 3명, 무소속 22명이 당선되었다. 53개 지역에서는 공화·신민당 후보가 동반 당선되는 사태를 가져왔다.

그러나 이번 선거는 신민당이 32.8%의 득표율을 차지하여 공화당의 31.7%보다 1.1%를 앞섬으로써 사상 처음으로 야당이 여당의 득표를 앞서는 '이변'을 가져왔다.

그 결과 공화당은 9대 때의 73석보다 5석이 줄고 신민당은 52석에서 9석이 늘었다. 게다가 공화당은 대도시인 서울과 부산에서 고전했다. 한편 제3기 유정회 의원 77명의 추천은 12월 19일 밤 발표되었는데 신규가 52명, 재추천이 25명이었다. 당시 국민이 시국에 대한 의사를 표명하기는 총선 밖에 없었고, 총선을 통해 박정희의 유신체제를 거부하는 표심을 드러냈다.

유신체제의 여러 가지 모순구조 중의 하나는 선거제도였다. 대통령 선거는 어용기관인 통일주체국민회의에서 단일후보를 두고 투표하여 99.9%의 득표 당선자를 내는가 하면, 국회의원의 3분의 1석을 대통령이 추천하도록 하고, 임기 6년제의 지역구 의원은 여야의 동반당선 구조를 갖고 있었다.

이런 구조상의 모순 때문에 신민당이 투표율에서 1.1% 앞서고도 3분의 1 의석도 차지하지 못하게 된 것이다. 신민당은 선거 후 "신민당이 공화당보다 전체 득표에 앞선 것은 평화적 정권교체의 기틀을 마련한 것이며, 민주주의 수호의 결전에서 신민당이 완승했다는 의미이지만 선거제도의 모순으로 3분의 1의석밖에 확보할 수밖에 없었다"는 토로에서도 선거제도의 모순은 잘 드러났다.

신민당은 12·12총선에서 공화당보다 많은 득표를 한 것을 대여투쟁과 대정부 비판을 더욱 적극적으로 전개해야 한다는 국민의 요구로 받아들이면서 원내투쟁을 강화해나갔다. 1.1%의 승리를 등에 업고 등원한 신민당 의원들은 박정희가 총선민의 따위는 아랑곳없이 국회의장 후보로 유정회 출신 백두진을 내정하면서 강경한 입장을 천명했다.

공화당과 유정회는 이같은 신민당의 방침에 대해 유신체제에 정면으로 도전하는 것으로 간주한다면서 의장선출 과정에서 퇴장할 경우 '심각한 사태'가 초래될 것이라고 역시 강경하게 맞섰다. 신민당은 이에 대해 "반대할 방법까지도 강요하는 여당의 태도는 민주주의 원칙을 무시하는 처사"라고 대응했다.

그러나 타협안이 마련되어 국회 본회의 의장선출에는 대표최고위원인 이철승을 비롯한 신도환·이충환·유치송·고흥문·김재광 등 최고위원과 원내총무 송원영만이 참석, 백지투표로 반대의사를 밝혔으며, 비주류의 김영삼 등 14명은 의사당에 들어왔다가 투표 전에 퇴장했다. 나머지 신민당 의원들과 친야 무소속 의원 7명은 본회의장에 입장하지 않았다.

'백두진 파동'은 다가올 대격동의 오픈 게임에 불과했다. 1.1% 승리는 결국 10·26사태로 연결되어 박 정권의 종언을 고하는 새벽의 나팔소리와 같은 역할을 했다.

선명야당 김영삼의 재등장

박정희의 지배전략은 유인과 포용, 배제와 억압의 병행을 특징으로 한다. 동의와 설득보다는 무조건 따라오라는 식이었으며, 따라오지 않은 자는 강제와 폭력으로 관리했다. 사찰과 공작정치가 공공연하게 자행되었고 한 번 블랙리스트에 오르면 당국의 감시망을 벗어날 수 없었다. 학원과 언론, 노동자와 지식인, 야당과 재야가 사찰대상이었고, 중앙정보부와 경찰 등 억압기구가 그것을 전담했다.

말할 것도 없이 이런 공포정치는 박정희의 집요한 권력의지의 소산이었다. 박정희는 이런 민중배제적 지배전략을 효율적으로 실천하기 위해서 관료·군부·재벌을 주축으로 지배연합을 구축했다. 그리고 그 배후에는 미국과 일본이 있었다. 한일협정 타결(1965)과 월남파병(1964)은 일본과 미국을 지배연합에 편입시키는 결정적인 고리였다.

그러나 집권 후반기에 이르자 미국과는 자주국방과 인권문제로, 일본과는 김대중 납치사건으로 갈등을 빚기도 했다. 지배연합에 균열이 생긴 것이다.[1]

제10대 총선에서 신민당의 득표율 1.1% 승리는 정국에 큰 변수로 작용했다. 우선 야당의원들이 긴급조치의 오랜 무기력에서 벗어나게 하는 계기가 되었다.

야당은 모처럼 활력을 되찾기 시작했다. 이런 상황에서 1979년 5월 30일로 예정된 신민당의 정기전당대회에 많은 국민의 관심이 모아졌다. 박정희는 온건노선의 이철승 신민당 체제를 비호하면서 김재규 중앙정보부장과 차지철 경호실장을 통해 야권분열과 신민당 전당대회에 대한 공작을 펴게했다.

이철승이 당권사수를 위해 많은 대의원들을 포섭하고 있는 가운데 김영삼은 선명의 기치를 내걸고 설욕전에 나섰다. 당내 비주류에서는 5·30전당대회를 두고 "민주회복세력과 친여세력의 대결", "정권도전 세력과 정권비호세력 간의 한판 승부"라면서 전당대회의 선명성을 부각시켰다.

　주류와 비주류는 집단지도체제의 비능률성을 이유로 단일지도 체제로 당헌을 바꾸기로 합의했다. 이에 따라 새 총재경선에는 이철승·김영삼을 비롯하여 신도환·김재광·조윤형·박영록·이기택 등 7명이 경합에 나섰다. 이철승 대표는 이미 고흥문·이충환·유치송 최고위원이 지원하고 있었고, 김영삼계는 분열된 상태에 있어서 이철승의 승리가 점쳐지고 있었다.

　이 무렵 재야의 김대중이 총재경선에 나선 조윤형·김재광·박영록을 불러 경선을 포기하고 김영삼 지지를 설득했다. 이렇게 하여 주류·비주류 간의 팽팽한 대결이 예상되는 가운데 전당대회의 날이 밝아왔다.

　전국대의원 757명 중 751명이 참석한 전당대회는 단일지도체제로 환원하는 당헌개정안을 만장일치로 채택한 다음 총재선출에 들어갔다. 1차투표 결과는 이철승 292표, 김영삼 267표, 이기택 92표, 신도환 87표, 그밖에 김옥선 11표, 무효 2표였다. 모두 과반수에 훨씬 미달되어 2차투표에 들어가게 되었다.

　투표가 진행되고 있는 동안 1차투표에서 3·4위자인 이기택·신도환이 후보를 사퇴하고, 이기택은 김영삼을, 신도환은 이철승을 지지한다고 선언했다. 그 결과 2차투표에서 김영삼 378표, 이철승 367표로써 김영삼이 재석 751명 중 과반수선(376표)을 2표 넘는 378표를 얻어 이철승을 11표 차로 누르고 역전승했다. 이로써 김영삼은 2년 6개월 만에 총재직에 복귀하여 신민당은 두 번째로 김영삼 시대를 맞게 되었다.

신민당의 김영삼 체제 출범은 정계의 폭풍을 예고하고 있었다. 박정희는 정치공작에도 불구하고 김영삼 체제가 등장하자 새로운 공작을 개시했다.

그 하나가 김영삼이 취임 후 처음으로 가진 6월 11일의 외신기자클럽 초청연설에서 남북한의 긴장완화를 위해 '김일성과 면담용의'를 표명한 데 대해, 북한이 김일성의 이름으로 환영담화를 낸 것을 빌미로 삼았다. 김영삼의 이 발언과 관련하여 상이군경과 반공청년을 자처하는 사람들이 마포 신민당 당사에 난입하여 당원들을 폭행하는가 하면, 여당에서도 발언취소를 요구하는 등 이 사건은 정치문제로 비화되었다.

다른 하나는 일부 비주류 측이 몇 사람의 당원자격에 대한 유권해석을 질의한 데 대해 중앙선관위가 국회의원 선거권이 없는 자는 정당의 당원이 될 자격이 없고, 선거법으로 금고 이상의 형을 선고받고 그 집행이 종료된 후 6년이 경과하지 아니한 자는 국회의원 선거권이 없다고 유권 해석하여 정계에 새로운 불씨가 되었다.

이 불씨가 10·26 박정희 암살사태로 번지게 될 줄은 당시는 아무도 예측하지 못했다.

19장

유신시대 '막걸리 보안법' 백태

일제에서 배운 박정희의 통치수법

박정희는 만주군관학교와 일본육사 출신이기 때문인지 일본 역사에서 배운 것이 많았다. 첫 번째는 '2·26사건'이다. 1936년 2월 26일 새벽 육군 황도파인 노나카 시로野中四郎 대위와 한 무리의 청년장교들이 1천 4백여 명의 병력을 이끌고 쿠데타를 일으켰다. 이들은 수상관저와 경시청 등 국가의 주요시설을 습격하여 내부대신과 대장상, 육군교육총감 등을 살해하고 국가개조와 군사정부 수립을 요구하는 군부반란을 일으켰다.

2·26반란사건은 일왕의 진압지시와 해군의 반대로 계엄령이 선포되면서 결국 진압되었다. 군법회의에서 주동자 전원이 사형에 처해졌다. 정확히 25년 뒤 박정희는 5·16쿠데타를 일으켰다. 2·26을 교본으로 삼아 주도면밀하게 추진하여 군부반란을 성사시킬 수 있었다. 두 번째는 메이지유신明治維新이다. 1868년 3월 14일 일왕 명치와 제후 및 백관이 모여 '5개조의 서문誓文'을 발표하면서 이른바 메이지유신

을 단행했다. 정권과 위기位記를 일왕에게 봉환하여 통치의 절대권을 갖게 하는 조처였다. '5개조의 서문'은 첫째, 널리 회의를 일으켜 모든 것을 공론으로 결정한다. 둘째, 상하가 한 마음으로 경륜을 성히 편다. 셋째, 문무관으로부터 서민에 이르기까지 모두 뜻을 펴게 하여 인심이 게으르게 되지 않도록 한다. 넷째, 구래의 누습을 깨고 천지의 공도에 기한다. 다섯째, 지식을 세계에 구하여 크게 황기皇基를 진작한다는 내용이다.

박정희는 1972년 10월 17일 친위쿠데타를 통해 통치의 절대권을 장악하면서 '10월유신'이라 붙였다. 그런데 정작 메이지유신의 본령이기도 하는 '5개조의 서문' 같은 것은 택하지 않았다. 유리한 것만 배우고 불리한 것은 배척했다.

박정희가 일본에서 배운 또 한 가지가 있다. 반공법 제정이다. 일제는 1925년 반정부·반체제운동을 탄압하기 위해 치안유지법을 만들었다. 아나키스트, 공산주의운동을 비롯한 일체의 사회운동 단체를 조직하거나 선전하는 자에게 중벌을 가하도록 하는 사회운동취체법이다. 이 법은 조선에도 그대로 적용되어 일제의 식민지지배에 저항하는 민족해방운동을 탄압하는데 적극 활용되었다.

박정희는 1961년 7월 반공법을 제정했다. 일제의 치안유지법을 모델로 삼아 '국가보안법에 대한 특별법'의 성격을 갖게 만들었다. 반정부 비판세력을 탄압하는 데 크게 악용했다. 긴급조치는 박정희의 독창적인 작품이다. 악명 높은 일제도 이에 이르지는 못했다. 유신헌법 제5조에 규정된 대통령긴급조치권은 단순한 행정명령 하나만으로도 국민의 자유와 권리에 대해 무제한의 제약을 가할 수 있는 초헌법적 권한이었다. 긴급조치권의 발동을 요하는 비상사태의 발생여부에 관한 판단은 대통령이 독자적으로 내릴 수 있도록 되어 있어 사실상 1인 전재로서, 반유신세력에 대한 탄압도구로 악용되었다.

박정희는 1972년 10월 17일 유신쿠데타로부터 1979년 10월 26일 김재규 중앙정보부장에게 암살당할 때까지 7년여 동안 아홉 차례나 긴급조치를 발동하고, 특히 긴급조치 9호는 4년 이상이나 지속하면서 국민의 기본권을 짓밟고 544건에 974명에 달하는 학생·노동자·시민을 구속하였다. 전국의 감옥이 이들로 꽉 찼다.

박정희는 법률적으로는 국보법과 반공법, 군사적으로는 계엄령과 위수령, 행정적으로는 긴급조치권을 번갈아 발동하면서 18년 동안 독재권을 행사하였다. 일제와 박정희는 2중 3중으로 그물코처럼 탄압구조를 만들고 언론을 관제화하여 국민의 입을 틀어막았다. 그래서 나온 것이 '유언비어'였다. 지배자의 위치에서는 유언비어지만, 피지배자의 입장에서는 민중의 소리였다. '탄압'의 양상이 일제강점기와 유신시대가 다르지 않았다.

일제강점기 조선인들이 말 한 마디, 낙서 한 줄 '잘못' 썼다가 보안법, 치안유지법 등으로 옥살이를 하게 된 사례가 많았다. 두 가지만 골랐다.[1]

'일왕은 소새끼, 왕비는 말새끼'

조선총독부 대구 복심법원 형사부(재판장 田尻勝造, 판사 오완수)는 1932년 2월 3일 경남 산청군 단성면 사월리에 사는 농부 박해근(20)에게 징역 1년을 선고하였다. 주문의 내용은 다음과 같다.

"피고인을 징역 1년에 처한다. 압수 물건 중 어존영御尊影(소화 4년 복압覆押 제430호의 1)의 불량자 불량여 우자牛子 마자馬子 3천 구자

三千拘子라고 기재한 부분은 이를 몰수한다."

판결의 주문만으로는 무슨 뜻인지 얼른 이해가 안 갈 것이다. 판결 이유를 살펴보면 다음과 같다.

"피고인은 소화 3년(1930) 구 3월 경, 그의 실모實母의 친정집인 경남 산청군 산장면 대포리 성환목의 집 사랑방 안에서, 이 방 안의 책상 위에 나란히 세워 놓은 서적의 사이에 안치되어 있었던, 폭 9촌 세로 7촌 3푼의 대지坮紙(두꺼운 종이)에 첨부한 천황 황후 양 폐하의 섭정전하攝政殿下 동비同妃 전과 당시의 어존영(중 제1호)을 꺼내어 그것이 양 폐하의 어존영이라는 것을 인식하고, 양 폐하에 대하여 매언잡언罵言雜言을 할 의사로서 천황폐하 어존영의 좌측 상부에 불량자라 하고, 황후폐하 어존영의 우측 상부에 불량녀라고, 양 어존영의 중앙에 우자牛子, 마자馬子, 3천 구자三千拘子라고 각각 묵서하여, 이로서 양 폐하의 존엄을 모독하고 불결한 행위를 한 자이다.

증거를 살피건대, 피고인이 소화 3년 구 3월 경, 판시의 장소에서 판시 어존영의 판시 부위에 판시한 바와 같은 자구를 묵서한 사실은 피고인의 당 공정에 있어서의 그와 같은 취지의 공술 기재, 그리고 압수한 어존영의 판시부위에 판시와 같은 자구의 기재가 있는데 비추어, 또 피고인이 어존영에 판시와 같은 문자를 기재한 결과 양 폐하의 존엄이 모독된 사실은 불량자. 불량녀. 우자 마자 삼천구자라고 자구 자체 및 피고인의 당 공정에 있어서의. '우자 마자 삼천구자라는 문사文詞는 조선에서 행해지는 욕이다'라는 취지와 공술에 의하여 각각 명백하다."

쉽게 말하면 박해근이라는 청년이 일왕 부부의 사진 밑에 각각

'우자' '마자' '3천구자', 즉 '소새끼' '말새끼' '삼천마리 개새끼'라고 낙서한 것이 발각되어 1년 징역을 살았다는 내용이다.

'소화놈 즉위하는 데 돈 낼 필요있나'

사숙私塾 교사 유시걸(23)은 1928년 11월 18일 친구 집에서 말한 마디 '잘못'했다가 1년 징역살이를 했다. 경북 상주군 상주면 성하리 출신인 유시걸은 안동군 풍남면 하회동 유시종의 집에 볼 일이 있어서 갔다가 마을 청년들과 잡담을 나누고 있었다.

그러던 차에 주재소에 근무하는 순사 신광용이란 자가 면장의 위탁으로 소화 즉위식 봉축회 기부금의 명목으로 유시종의 집을 방문, 유씨가 50전을 지불하면서 "이번의 어대전御大典에 대하여 나는 금 2원을 지출하였다"고 말하자 유시걸이 "소화昭和 그놈이 즉위하는데 금 2원이나 낼 필요가 있는가"라고 말한 것이 징역 1년의 빌미가 되었다.

주재소에 끌려간 유시걸의 예심 조서에는 이런 기록을 남겨 놓았다.

"일찍이 조선이 일본에 병합되어 독립국으로서의 지위를 잃고 조선의 임금이 없어졌다. 그런데 일본의 천황폐하가 어즉위식을 거행하는데 즈음하여 조선의 현상을 생각하니 결코 기분이 좋지 못하여 재미가 없었던 바. 마침 신 순사와 유시종의 대화를 듣고, 나의 평소 생각 때문에 불의에 판시와 같은 취지의 불경스러운 언어를 농하였다."

박정희 시대 '막걸리 보안법·반공법' 사례

박정희 시대(초기)에는 박정희를 욕하거나 예비군 훈련을 비판하거나 강제철거 반원을 욕해도 국가보안법, 반공법위반 혐의로 구속하고, 재판에 회부할 때에는 여기에 마치 피고인이 '북괴찬양' 발언을 한 것처럼 슬쩍 집어넣는 수법을 썼다.

국가원수나 체제비판 만으로는 죄가 성립되기 어렵기 때문이었다. 그래서 세간에서는 '막걸리 반공법', '막걸리 보안법'이라는 말이 나돌았다. 주로 서민들이 막걸리를 마시고 울분에서 한두 마디 한 것을 '공안사건'으로 다루어 엄벌한 데서 연유한다.

정작 막걸리에 취한 것은 서민들이 아니라 반공법이고 보안법이었다. 60, 70년대 '막걸리 보안법과 반공법' 관련, 검찰 공소장과 대법원 판결문에서 몇 가지 사례를 살펴보자. 실명과 사건번호는 생략한다.[2]

사례 (1)

"6·25 도발은 소련놈과 미국놈의 책동에 의한 것"이라는 내용의 발언은 북괴의 반미 활동에 동조한 행위로서 반공법에 해당된다. (징역 1년)

사례 (2)

피고인은 당시 집을 뜯기게 되어 다소 흥분된 상태하에서 본건과 같이 발설한 것은 사실이다. 그러나 대한민국은 모든 행정이 법에 의하여 이루어 지고, 그렇다면 피고인의 경우에도 법에 의한 보호를 받는 절차를 취할 것이지, 많은 사람이 운집한 면전에서 철거

반원을 향해 "김일성보다 더한 놈들" 운운한 것은 북괴의 학정을 겪지 못한 자들에 대하여 북괴에서는 대한민국보다 나은 행정을 하고 있다는 것을 암시하게 될 것이고, 그곳에서 살아보겠다는 의사도 내포된 것이라 할 것이어서 반국가단체를 이롭게 하는 행위에 해당된다. (징역 1년)

사례 (3)

피고인은 예비군 훈련통지서를 받으면서 "예비군 훈련이 지긋지긋하다. 안 받았으면 좋겠다. 내일 판문점 관광 가는데 그곳에 가서 북한으로 넘어가버리겠다"고 말하여 북괴의 대한민국의 예비군에 대한 비난과 북한은 잘 살 수 있는 지상낙원이라고 하는 허위 선전 등 반국가단체인 북괴활동에 동조, 찬양하여 북괴를 이롭게 한 것이다.(징역 1년 6월)

사례 (4)

피고인이 음식점에서 동석한 노동자 4명에게 "남한은 세금이 많아서 못산다. 남한은 북한 정권을 따라가려면 10년이 걸려도 못 따라간다. 고향의 처자식을 만날 때도 머지 않은데 술이나 마시자"고 언동, 북괴를 대한민국보다 우월한 것으로 찬양한 것이다.(징역 1년)

사례 (5)

피고인은 파출소에 연행되어 방범대원 등 6명이 있는 자리에서 "박○○도당 개새끼다. 김일성 동무를 지지한다. 김일성은 참 정치를 잘한다. 내가 이렇게 잡혀올 줄 알았다"고 발설하여 북괴를 찬양. (징역 2년, 자격정지 2년, 집행유예 3년)

사례 (6)

피고인은 타인들에게 "대한민국은 부패할 대로 부패했다. 인민을 위해 한 일이 뭐냐. 통일은 김일성이가 하지 박○○는 못한다"고 발설하는 동시 "김일성 만세"를 고창하여 북괴를 고무·동조·찬양. (징역 3년, 자격정지 3년, 집행유예 4년)

사례 (7)

피고인은 타인에게 4회에 걸쳐 "5·16 이후 경제개발 5개년 계획을 세워 실시하고 있으나 계획과 실천에 차질이 생겨 공업성장도가 낮은 편인데 이북은 강력한 경제를 실시하고 있어 중공업, 무기공업이 이남보다 더 성장되었다. 이북은 공장도 많고 실업자가 없다. 북한은 정치를 잘해서 백성이 안전하게 잘산다. 일본에는 조총련이 더 많다. 인민군은 전투만 하였지 양민은 죽이지 않았는데 대한민국의 군경은 양민을 더 많이 죽였다. 이북에는 5년 간 농사를 짓지 않아도 먹고 살 것이 있는데 우리는 몇 달 동안 비가 오지 않아도 아무런 대책이 없다"고 발설하여 북괴를 찬양·동조.(징역1년, 자격 정지 1년)

사례 (8)

피고인은 친구들과 음주타가 "이북의 국민소득은 아시아에서 6위이고 남한은 9위이다. 남한은 소수의 질사는 자 외에는 모두 못살지만 이북은 평등하게 잘산다. 이북 사람의 조국은 이북이고 이남 사람의 조국은 남한이다. 재일교포의 조국은 이북이다"고 발설하여 북괴를 찬양·동조. (징역 10월 자격정지 2년 집행유예 2년)

양식 있는 법관도 없지 않아

박정희 시대에도 양식이 있는 법관도 없지는 않았다. 공안검사들의 '막걸리 기소'에 법관들은 그 부당함을 적시하였다. 몇 가지 사례를 찾아본다.[3]

사례 (1)

영문을 읽을 줄 모르는 피고인들이 붉은 낫과 망치가 그려져 있는 도안과 영문자(North Korea, Land of the Free)가 들어있는 잠바를 미군인의 주문에 의하여 제조하여 진열하였다는 사실만으로서 피고인들에게 북한괴뢰집단을 고무·찬양하는 등의 의사가 있다고 인정할 수 없다.

사례 (2)

피고인은… "난리가 나서 세상이 한번 뒤집혔으면 좋겠다"는 말을 한 사실을 극구 부인하고 있고…… 당시의 일간신문에 보도된 내용을 보고 "소련의 우주과학이 미국보다 그 발전이 앞서고 있다"는 취지의 말을 하였을 뿐 10년 앞섰다는 10년이란 말은 극구 부인하고 있는바, 설사 피고인이 10년 앞섰다고 말하였더라도…… 처벌할 가치있는 언동이라 할 수 없다.

사례 (3)

반공법상의 찬양·고무 등에 관한 행위는 특정인 또는 불특정의 다수인이 인식할 수 있는 것이어야 하므로 피고인이 설사 북괴의 활동을 찬양하는 내용의 낙서를 하였다 하더라도 남들이 보지 않는 자리에서 하고 이를 자신의 호주머니에서 넣어 두었을 뿐인 경우에는 위 법조에 해당한다 할 수 없다.

사례 (4)

경찰관의 처사가 부당하다는 것을 아주 나쁘게 그리고 강하게 표현하는 방법으로 가장 악법인 "빨갱이 법보다 우리나라 법이 나쁘다"고 말한 것이라면 북괴의 찬양·고무하는 고의가 있었다고 할 수 없다.

사례 (5)

피고인은 신민당 경기 제7지구당위원장으로서 시국강연회에서 현정권을 "삼위일체의 범죄정권, 즉 부정부패에 의한 범죄정권, 장기집권을 꾀하고 총통제를 구상하는 범죄정권, 민주주의를 말살하려는 범죄정권이므로 이와 같은 악질적인 박정권을 타도하여야 한다"라는 취지의 연설을 하였다 하여 곧 반공법에 저촉된다고 볼 수 없다.

'막걸리 긴조 9호시대' 사례

박정희는 집권 후반기에 이르러 더욱 포악해졌다. 유신 이후에는 긴급조치를 연발하면서 개헌의 '개'자만 말해도 긴급조치위반으로 처벌했다. '긴조(긴급조치)시대' 5년 11개월 동안 특히 긴조 9호로 구속된 사람이 1,389명, 유신판사들에 의해 옥고를 치룬 사람은 974명에 이른다. 긴조시대의 대형사건은 이미 많이 알려졌기에, 여기서는 '소형사건'의 사례를 알아본다.[4] 역시 피고인 성명과 사건번호는 생략한다.

사례 (1)

정부에서 시행하는 화전정리사업으로 경작하던 화전 1,400평을 경작하지 못하게 되자, 주점에서 술을 마시고 "박정희란 놈은 우리 화전민만 죽이려고 화전정리를 한다"고 말함.(사실왜곡 전파, 징역·자격정지 2년, 집행유예 3년)

사례 (2)

대화 중, "박정희가 없는 사람을 더 못살게 한다. 이승만 정권을 이어받아 군사혁명을 일으켜 이북 사람들을 비참하게 죽였다" 등의 발언을 함.(사실왜곡 전파, 징역·자격정지 1년 집행유예 2년)

사례 (3)

술을 마시면서, "박정희 ×××이 주민등록증을 만들어 사람을 골탕 먹이고 있다. 우리나라도 적화통일이 되면 그 후부터 정치도 잘하고 우리도 잘살 수 있다. 우리 백성이 잘살려면 정부가 뒤엎어

져야 편안하게 잘살 수 있고 김일성이가 정치를 잘하고 박정희 ×
××는 죽일놈" 이라고 큰소리로 말함. (징역·자격정지 1년)

사례 (4)

사기죄로 춘천교도소 미결수방에 수감되어 있던 중, 대화 중에
"이북은 빚을 많이 지고 망해가고 있는 실정인데 우리나라도 이북
실정과 비슷하다. ○○○이도 옛날에 공산당이었다. 우리 국민 3천
만은 2백만을 위해 살고 있다"고 말함. (징역·자격정지 1년 6개월→징
역·자격정지 1년)

사례 (5)

한국전쟁 당시 충남 홍성군 은하면 인민위원장으로 활동하던
자로서, 버스 안에서 "○○○는 고령 박가인데 쌍놈이 대통령을 해
먹는다. ○○○이도 김해 김가로 쌍놈이다. 옛날 역적놈의 자손이
국무총리나 해먹는다"고 말함. (사실왜곡 전파, 징역·자격정지 3년→징
역·자격정지 2년)

사례 (6)

택시를 타고가면서, "박정희 도당이 하는 정치가 잘하는 것이
뭐냐. 박정희 도당과 청와대를 때려부숴야 한다. 경제파탄은 박정
희에게 책임있다"고 발언. (징역·자격정지 3년→징역·자격정지 2년)

사례 (7)

잡담 중, "대통령이 나쁘다. 도둑놈이다, 새마을사업을 서서히

해도 되는데 너무 무리하게 억압적으로 한다"고 말함. (징역·자격정지 1년)

사례 (8)

양평군청 정문에서 하천부지 하자 절차를 문의하려고 군수 면회를 신청하였으나 거절당하자, "75년도에는 잘살게 해준다고 하더니 이것이 잘살게 한 것이냐. 박정희가 백성들을 굶어죽게 했는데 너희들은 아부만 하느냐, 종합개발계획이 잘 될 줄 알았느냐. 다 거짓말이다"라고 소리침.(유언비어 날조유포, 징역 1년 6개월, 자격정지 2년)

사례 (9)

피고인 형이 열차에 치어 사망하자 동네사람들 앞에서 "박정희 ×××, 세금 다 착취해먹고도 철도 건널목에 간수 하나 두지 않아 사람 죽게 했다"고 발언. (유언비어 날조유포, 징역·자격정지 3년→ 징역·자격정지 1년 6개월)

사례 (10)

대화중, "전쟁은 절대로 일어나지 않으니 안심해라, 북괴의 남침위협은 없다. 방위세금 2,000억을 국민에게 풀면 경제도탄에 빠지니 방위세를 낼 필요 없다. 박정희가 똑똑한 학생을 데려다 죽을 고생을 시키고 정치를 혼란하게 만드니 나쁘다"고 말함. (징역·자격정지 1년, 집행유예 2년)

사례 (11)

울릉도에서 포항으로 가는 여객선 갑판 위에서 큰 소리로 "박정희가 왜 월남 전에 파병했다가 포기하는가. 월남전은 박정희가 망하게 했다. 박정희가 정치를 잘하나, 김일성이가 잘하나"라고 말함. (징역·자격정지 1년, 집행유예 2년)

사례 (12)

보리 수납 공판장에서 3등 판정을 받고 동네사람들과 술을 먹으면서 "정부가 농민을 위해 해준 것이 무엇이냐"고 발언.(사실왜곡 전파, 징역·자격정지 2년, 집행유예 3년→ 면소)

사례 (13)

"자유당도 무너졌는데 공화당은 얼마나 갈 것이냐, 돈보따리를 싸다가 박정희를 주어서 살게 되었다. 국회의원도 다 내가 당선시켰다"고 고성으로 말함. (유언비어 날조유포, 징역·자격정지 1년)

사례 (14)

대화 중, "한국이 미국으로부터 차관 받은 부채를 전체 국민에게 나누어도 상당한 액수가 될 것이다. ○○○ 묘소참배객은 공무원, 가족들을 동원시킨 것이다. 박대통령이 야당 당수를 입건시키고 장기간 독재정치 한다"고 말함. (사실왜곡 전파, 유언비어 날조유포)

사례 (15)

식당에서 "10월 유신 ×같다. ×같은 유신헌법 때문에 죽을 지경이다. 지엠코리아 박 과장도 유신헌법을 욕하다 정보부에 끌려갔다"고 말함. (사실왜곡 전파, 징역·자격정지 3년, 집행유예 5년)

사례 (16)

울릉도에서 오징어잡이로 일하는 자로 동지의 하숙집에서 주변인들에게 "현 정권은 독재다. 현공화당 정치체제의 고위층은 모두 부정축재자들이다" 등의 말을 함. (징역·자격정지 1년, 집행유예 2년)

사례 (17)

일정한 직업 없는 자로 동거녀 ○○○과 TV시청 중, "현재 박정희와 김종필이 사회부조리를 제거한다고 하지만 자신들이 부조리한데 부하 직원들에게 백날 부르짖어 본들 말빨이 설 리 있는가. 다 똑같다"고 말하고(사실왜곡), "전쟁이 나면 북괴는 해상을 통하여 부산으로 침투하고 땅굴을 통하여 대구로 쳐들어와 인민군 정규군과 공군이 서울의 큰 건물을 파괴할 것이다"라고 말함. 북괴의 남침양상에 관한 유언비어를 날조유포. (징역·자격정지 5년→징역·자격정지 2년)

사례 (18)

동대문경찰서 경범피의자 보호실에서 피의자들에게 "박정희가 정권을 잡아 독재를 하고 죄 없는 사람을 마구 잡아가둬 못살게 한다. 김일성이나 박정희나 똑같은 놈이다"고 소리침. (징역·자격정지 2년)

사례 (19)

대전교도소 복역 중 재소자들과 대화하면서, "정부에서 착취해 국민들은 하루 벌어 먹고살기도 힘들다. 물가가 오르고 국민생활이 곤란한데 박 대통령이 그만두고 새 영도자가 나와야 살기가 나을 것이다" 등의 말을 함. (사실왜곡 전파, 징역·자격정지 1년)

사례 (20)

동네를 걸어가면서 인근 주민들이 있는 자리에서 "박정희 정치는 독재정치다. 박정희는 나쁜 놈이다. 죽일 놈이다. 저 혼자 해 먹으려고 한다"고 큰 소리로 말함. (유언비어 날조유포, 징역·자격정지 3년)

사례 (21)

14,000평의 논 소유자로 75년 수도작벼멸구방제에 대한 정부 지시에 따라 벼멸구 방제작업을 하던 중 만취상태에서 "논에 나락이 다 죽어도 박정희나 농림부장관이 한 게 무엇이냐. 박정희 ×××× 잘한 게 무엇이냐. 박정권은 무너져야 한다"고 말함. (사실왜곡 전파, 징역·자격정지 3년→징역·자격정지 3년, 집행유예 5년)

사례 (22)

공화당 성동지구당 홍보분과 부위원장으로 공화당 입당 권유하다 "우리나라는 앞으로 총통제가 될 것이다. 그렇게 되면 야당도 없어지고 통일주체국민회의 대의원 제도도 없어진다. 새마을금고에 돈을 넣으면 3년 이내에는 찾지 못하고 결국 한 사람만 좋은 일 시키는 것이다"라고 발언함. (사실왜곡 전파, 징역·자격정지 2년, 집행유예 3년)

사례 (23)

신민당 국회의원 김인기 귀향보고에 참석했다 음주하고 귀가하던 중, "박정희는 ×××다. 쇠고기 반찬만 해쳐먹고 농민은 죽든 말든 세금만 비싸게 올려놓고 못살겠다. 소값은 떨어지게 하고 비료값은 올려 받는다" 등의 발언을 함. (사실왜곡 전파, 징역·자격정지 1년, 집행유예 2년)

사례 (24)

대화 중, "난리가 나면 피난을 가야 하는데 정감록에는 충청도가 피난 곳이라고 되어 있으니 미리 가서 땅을 사두는 게 좋다"는 등의 발언을 함. (허위사실 날조유포, 징역·자격정지 1년→징역 6개월, 자격정지 1년, 집행유예 1년)[5]

20장

조국근대화의
빛과 그림자

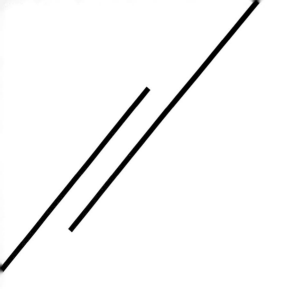

비약적인 경제성장에 기여

박정희가 유신쿠데타를 감행하고 긴급조치 등 억압통치를 강행하면서 내세운 명분은 경제발전이었다. '조국근대화'는 그의 정치적 캐치프레이즈이고 철학이고 신앙이었다. 어렸을 적부터 겪어온 '가난극복'은 그 자신뿐만이 아니라 동시대 한국인 모두의 과제이기도 했다. 그래서 4·19 후 집권한 민주당 정부가 '경제 제1주의'를 내걸었고 제2차 세계대전 이후 모든 국가들의 당면 정책이었다.

유신 직후인 1972년 11월 30일 박정희는 "1981년에는 1인당 국민소득 1,000달러와 수출 100억 달러를 달성하겠다"라고 약속했다. 이후 '100억 달러 수출과 1,000달러 소득'은 유신의 정치적 구호로 자리 잡았다.

박정희는 5·16 후 경제개발 5개년계획을 수립하면서 일본으로부터 '독립축하금' 명목의 3억 달러와 2억 달러의 정부차관, 베트남 특수 등을 통해 들어온 자금 그리고 민간자본을 바탕으로 한국경제의 돌파구를 마련하였다. 그리하여 두 차례 5개년계획이 어느 정도 성공적으로 발전하였다.

박정희는 1973년 1월 12일 연두교서를 통해 강력한 방위산업에 대한 구상과 함께 중화학공업을 육성하겠다고 밝혔다. 이를 위한 6개 전략산업으로 철강·전자·석유화학·조선·기계·비철금속을 선정하면서 국무총리를 위원장으로 하는 중화학공업추진위원회를 구성했다.

제3차 경제개발 5개년계획에 해당되는 중화학공업은 특정지역에 치우치면서 인사편파에 이어 경제발전에도 편중성을 드러냈다. 석유화학 및 비료공장은 울산, 전자는 구미, 철강은 포항, 조선은 옥포, 비철금속은 온산, 기계는 창원에 거대한 공업단지를 조성하면서 공장을 지었다. 1970년 4월에는 포항에서 제철공장 기공식을 가졌고, 1972년 3월에는 거제도에서 현대조선소의 기공식이 있었다.

박 정권은 중화학공업을 집중적으로 육성하고자 국민투자기금을 조성했다. 이와 함께 1960년대 개발을 통해 축적된 기존의 민간자본을 손쉽게 동원하려는 목적으로 5·28조치를 발표했다. 차관이나 은행 대출뿐만 아니라 민간 자금을 끌어들여서, 기업공개와 사채시장 양성화를 통해 투자신탁·신용협동조합 등 제2금융권을 만들고자 함이었다. 이는 민간 자본시장의 육성을 위한 제도적 출발이었다.

박정희 시대의 제4기는 3차경제개발 5개년계획 기간(1972~1976)과 대체로 중첩된다. 1971년 8월에는 미국의 달러 쇼크로 유럽 각국의 외환시장이 일시적으로 폐쇄되는 일이 벌어졌다. 또 1973년 10월에는 1차 석유파동이 있었다. 그러나 박 정권은 광범위한 외자의 도입, 중화학공업화와 수출 드라이브정책, 중동건설 붐 등을 통해 그런 국제적인 위기요인을 상쇄하면서, 이 기간 동안 연평균 11%의 성장률을 기록했

1963년 대선에서 박정희 후보는 '농민의 아들'임을 내세웠다. 집권 후 모내기 현장 등을 찾아 농민들과 막걸리를 마시는 모습도 보였다. 그러나 박정희 집권기에 농민들은 희생양 신세에서 벗어나지 못했다. 1970년대 후반에는 빚더미에 깔렸다. 사진은 1962년 6월 3일, 경기도 김포 지역 모내기에 나선 박정희(사진 가운데, 선글라스를 쓴 사람)

다. 또한 GNP 성장률은 목표치인 8.6%를 넘어 10.1%나 되었고, 제조업은 18.7%가 증가했으며, 상품 수출도 32.7%나 늘었다.[1]

박정희는 강압통치를 조국근대화의 명분으로 환치시키면서 경제발전에 정열을 쏟았다. 그 결과 1962년 80달러 정도이던 1인당 국민소득은 그의 재임기간에 2,130달러 수준으로 늘어나고, 같은 시기 5천5백만 달러이던 수출액은 그의 사후인 1981년 200억 달러를 넘어 연평균 30% 이상의 신장률을 보였다.

비약적인 경제발전은 산업구조를 크게 바꾸었다. 전통적인 농업생산국가에서 신흥 공업국가로 변신한 것이다.

박정희 시대 개발정책에 힘입은 한국경제의 성과는 위와 같은 양적인 성장에 국한되지 않는다. 공업화의 진전은 한국을 농업국에서 신흥공업국으로 바꾸어놓는 산업구조의 변화를 가져왔다. 부가가치의 비중을 기준으로 할 때, 1973년에 제조업이 농업을 앞지름으로써 1974년부터는 2차산업이 1차산업을 능가하여 이른바 '선진국형' 산업구조를 갖게 되었다.

또한 중화학 공업화정책에 힘입어 1979년부터는 중화학공업의 비중이 경공업을 추월하는 등 공업구조도 고도화되었다. 이와 같은 구조변화는 수출품목의 구성에도 그대로 반영되는데 1962년 현재 27.7%에 불과하던 공산품의 비중은 1960년대 중반에 이미 60%를 넘어섰고 1970년대에 들어서는 90% 가량으로 크게 증가되었다(공산품 수출에서 차지하는 중화학공업의 비중은 1983년에 경공업을 젖히게 되었다).[2]

개발독재의 짙은 그림자

민주주의를 유린하고 인권을 탄압하면서 단기간에 이룬 경제성장은 부작용도 컸다. 성장집착과 과욕이 키운 화근은 한국 사회에 큰 문제로 남아 있다. 지속적인 성장의 발목을 잡기도 한다. "박정희와 그의 군정에 대한 평가에서 경제개발정책은 매우 큰 비중을 차지하고 있으며, 흔히 정치적 억압이라는 부정적 측면과 대비하여 긍정적 이미지를 부각시키는 방편으로 활용되어 왔다."[3] 박정희의 경제정책이 경제발전에 성과를 가져온 것이 사실이지만 그 이상의 구조적 모순을 누적했다는 비판과 "박정희 체제는 설사 성공했다 하더라도, 보다 실패를 낳은 성공이었을 뿐이다."(김상조)라는 지적이 따른다.

경제사회학자들 중에는 박정희(체제)를 '개발독재자'로 규정한다.

"개발독재는 한국의 극단적 근대화시대를 집약하는 핵심이어서 박정희시대 18년을 꿰뚫는 키워드라고 해도 과언이 아니다. 우리는 이 개발독재라는 키워드를 붙잡고 한국 모더니티의 기본틀을 주조한 박정희시대의 빛과 그늘, 그 기적과 위험"[4]을 함께 살펴보고자 한다.

박정희는 '개발'을 명분삼아 권력을 취득하고 연장하고 강화시켰다. 그 과정에서 경제개발은 목적이고 수단가치가 되었다. 개발독재는 불가피했을까.

박정희 시대는 정치적으로는 고도로 억압적인 권위주의 체제였으며, 경제적으로는 급속한 성장을 이룩한 시기였다. 정치적 권위주의와 경제적 고도성장간의 인과적 관계를 주장하는 입장이 개발독재론이다. 개발독재란 정치적 안정·참여제한을 통해 경제개발에 국가를 총동원한다는 것이다. 이 개발독재체제는 지도자와 국민억압과 개발행정의 국가기구로 구성되어 있다.

개발국가론에 따르면, 국가의 정책결정구조 폐쇄성과 중앙집권성, 사회세력의 미발달 및 배제, 생산수단의 국가집중 등으로 국가는 높은 수준의 자율성과 능력을 보유할 수 있어서 효과적인 국가의 경제개입이 가능하였다고 한다.[5]

박정희가 주도한 경제발전의 '그림자' 즉 부정적인 측면이 너무 많고 여러 부분에서 현재진행형이다.

첫째, 과도한 재벌중심체제이다. 소수 재벌에 각종 특혜와 이권을 주고 육성하며 정치자금을 받아쓰는 정경유착의 병폐를 만들었다.

둘째, 특정지역에 편중함으로써 국토의 균형발전을 무너뜨리고 지역감정, 지역갈등을 심화시켰다.

셋째, 수출위주의 공업화정책으로 내수산업이 부진하고 무역장벽으로 수출이 막히면 국내 산업이 붕괴되는 시스템을 강화시켰다.

넷째, 복지없는 성장정책으로 빈부격차가 심화되고 빈익빈 부익부의 양극화 현상을 불러왔다.

다섯째, 저곡가·저임금정책으로 도시의 비대화와 농어촌의 황폐화를 가져왔다.

여섯째, 무분별한 지가정책地價政策은 재임기에 연평균 33%의 상승률로 100배나 뛰었다. 이로써 소수의 지주와 자본가에게 토지와 산림이 넘어갔다.

일곱째, 선진국 수준 이상의 물가상승이다. 참고로 연평균 물가상승률(%)은 전두환 5.9%, 노태우 7.4%, 김영삼 5.0%, 김대중 3.5%, 노무현 2.9%인데 박정희는 14.7%에 이르렀다.[6]

여덟째, 저임금과 노동운동탄압, 근로조건개선 억제, 단순노동 강제 등으로 건전한 노동운동이 성장하지 못하게 만들었다.

아홉째, 중화학공업 중심체제로 육성하여 중소기업을 배제하였다. '아시아 네 마리 용'으로 불린 일본·타이완·싱가포르 등이 모두 중소기업 중심인데 유독 박정희는 중소기업을 육성하지 않고 재벌만 키웠다.

열 번째, 관치금융이다. 은행국유화를 통해 관치금융을 장악하고 재벌기업에만 각종 특혜를 줌으로써 부정부패와 정경유착, 금융질서의 취약성을 만들었다.

수혜 받은 측은 여전히 '우상'

재벌기업들은 기술개발보다는 외국에서 기술을 도입하여 저임금에 근거한 가격경쟁력을 기반으로 압축성장을 했다. 특정산업 분야에 대한 전문적 기술에 근거한 품질·기술경쟁력에 근거해 성장한 것이 아니었기 때문에 성장산업에서 성숙산업으로 다시 사양산업으로의 산업주거가 상당히 짧았고 재벌은 특정산업을 전문화하기보다는 다각화를 통해 경공업에서 중화학공업으로, 노동집약적 산업에서 자본집약적 산업으로 산업구조를 급속히 변화시켜왔다.[7]

박정희 사후 40여 년이 되는 지금까지도 '박정희=경제발전'으로 이미지화되고 있다. 그래서 무능하기 짝이 없는 그의 딸이 선거를 통해 대통령이 될 수 있었다. 그는 무능과 부패로 탄핵이 되고 사법심판을 받고 있지만, 두 박朴으로부터 특혜와 이권, 치부와 감투를 쓴 인물과 후예들에게 그들은 여전히 우상이 되고 있다.

박정희식 경제개발의 지속불가능성과 그것이 남긴 유산의 후유증이다. 성장지상주의의 폐해, 과속성장이 낳은 높은 지가와 물가수준, 통제경제가 낳은 재벌과 관치금융, 적대적 노사관계, 경쟁력을 상실해버린 농업, 부실하기 짝이 없는 사회복지 등은 아직도 한국 경제를 왜곡하고 있는 중요한 요소들이다. 1997년에 겪었던 끔찍한 외환위기나 그 이후 우리 경제의 가장 심각하고 어려운 문제로 대두한 양극화위기가 모두 박정희가 남긴 유산에서 비롯된 것이며, 이를 올바르게 극복하지 못한 탓에 일어난 것이다.

아직도 박정희의 유산이 큰 그림자로 남아 있는 까닭은 그 시대에 비롯된 재벌-토건-경제관료를 축으로 하는 3각 특권성장동맹의 힘 때문이다. 이 동맹은 그들이 동원할 수 있는 막대한 자원과 막강한 영향력을 이용해 개혁에 저항하고 자신들의 특권을 유지해왔다.[8]

박정희의 경제발전은 한국 사회를 근대적 산업국가로 발돋움시킨 것은 사실이다. 하지만 이 한 가지 측면만으로 그를 영웅화하는 것은 정당하지 못한다.

박정희 찬양론의 핵심은 경제 성장이다. 만약 우리가 경제만 잘되면 다른 것은 볼 것 없다는 경제 지상주의에 기대어 박정희의 군사반란과 헌정질서 파괴, 인권유린과 정보정치를 용인한다면, 우리는 일본 제국주의를 비판해서는 안 된다. 어디 일제뿐이랴. 히틀러도, 스탈린도, 무솔리니도, 심지어는 김일성도 일정 기간 동안에는 놀라운 경제 성장을 거두지 않았던가? 박정희는 그야말로 경제 성장에 모든 것을 걸었다.

그것은 경제가 중요했기 때문만은 아니다. 민주주의와 헌정질서를 짓밟고 군사반란으로 집권한 박정희는 처음부터 민주주의의 발전을 통해 자신의 정치적 기반을 확대하는 일을 꿈꿀 수 없었다. 민주주의를 서구의 사상이자, 우리에게 맞지 않는 것으로 경멸하는 일본 군국주의적 사고방식을 갖고 있던 박정희는 처음부터 민주주의를 경멸했다.

그래도 박정희가 경제는 성장시키지 않았느냐 하는 주장은 처음부터 잘못된 것이다. 이런 주장은 박정희 같은 독재를 하고도 경제도 성장시키지 못한 우간다의 이디 아민이나 중앙아프리카의 보카사, 버마의 네윈 같은 독재자들과 비교할 때 쓸 수 있는 이야기일 뿐이다.[9]

몰락의 전주곡 YH여성노동자사건

YH여성노동자 사건은 박정희식 근대화가 불러온 필연적인 귀결이었다. 정권의 상징어가 그 주역의 무덤을 파는 아이러니가 되는 일은 역사에서 종종 있는 일이다.

1979년 8월 9일 새벽 YH무역 여성노동자 170여 명이 회사운영 정상화와 근로자의 생존권 보장을 요구하면서 마포 신민당사 4층을 점거, 농성에 들어갔다.

이 농성 사건은 한국 현대사의 흐름을 크게 바꾸는 계기가 되었다. 한 젊은 노동자(전태일)의 죽음으로 막을 연 1970년대는 YH여성노동자 사건의 또 다른 노동자(김경숙)의 죽임으로 종언을 고하면서 박정희의 몰락으로 이어졌다.

YH사건은 유신체제 몰락의 서곡이었다. 유신체제에 저항하는 각계의 투쟁에 노동자들도 결코 뒤지지 않았다. 70년대 말 중화학공업의 과잉투자로 인한 경제정책의 실패에다 제2차 석유파동마저 겹쳐 직접적인 희생양이 된 기층민중, 특히 노동자들의 생존권 투쟁은 반유신 투쟁과 연계되었다. 정치권력과 어용노총, 기업주의 결탁에 의한 노조탄압에 온몸으로 맞서 노조를 사수해 온 동일방적노동자들의 투쟁과 YH여성노동자들의 저항은 처절한 모습이었다.

1966년 설립하여 국내 최대의 가발 수출업체로 성장한 YH무역은 70년대 중반부터 수출둔화와 업주의 자금유용 및 무리한 기업확장 등으로 심각한 경영난에 빠졌다. 사주는 75년 노조가 결성되어 적극적인 활동을 전개하자 79년 3월 30일 폐업을 공고했다. 이에 노조는 4월 9일 대의원대회를 소집, 회사정상화방안을 채택한 뒤 이를 관계기관에 호소하는 등 YH무역을 살리기 위해 온갖 노력을 다했다.

그러나 회사 측과 정부당국이 시종 무성의한 태도로 나오자 4월 13일부터 장기농성에 들어갔다. 이들의 농성에 회사 측은 강제 해산시키려고 경찰을 동원해 심한 마찰을 빚게 되고, 이에 노동자들은 8월 9일 도시산업선교회의 알선으로 사회적 파급효과가 큰 신민당사 농성을 감행하게 되었다.

신민당사에서 농성을 시작한 YH여성노동자들은 평화적인 방법으로 장기농성에 들어갔다. 그러나 물리력만을 믿는 박 정권은 8월 11일 새벽 2시 이른바 '101호 작전'을 개시, 경찰 1천여 명이 신민당사에 난입하여 농성노동자 172명을 강제해산시키고 신민당 의원 및 취재기자들을 무차별 폭행하는 과정에서 여성노동자 김경숙 양이 의문의 죽임을 당하고 1백여 명이 부상하는 사건이 발생했다.

경찰은 신민당사에 난입하면서 김영삼 총재를 비롯한 국회의원·당직자·출입기자·노동자를 가리지 않고 무차별 폭력행사를 자행했으며 총재집무실 등 당사를 닥치는 대로 파괴했다.

사건 직후 신민당 의원들이 8·11폭거를 규탄하는 항의농성에 돌입한 데 이어 8월 13일에는 당사에서 김경숙 영결식을 거행했다. 연행된 여공들은 강제로 귀향 조치되었다.

경찰의 야당당사 난입과 무차별 폭력행사는 여야의 팽팽한 대결국면을 가져왔다. 신민당은 의원·당직자들이 당사에서 철야농성을 벌이는 등 강경투쟁에 나섰다. 정부는 여성노동자들의 농성현장을 방문한 고은·문동환 등 재야인사 5명을 배후조종 혐의로 구속했다.

박정희는 8월 16일 YH사건의 배후가 도시산업선교회라고 주장하면서, 일부 종교를 빙자한 불순단체와 세력이 산업체와 노동조합에 침투하여 노사분규를 선동하고 사회불안을 조성하고 있다면서 특별조사반을 구성하라고 지시하여 정국의 긴장을 증폭시켰다.

박 정권의 야당당사 난입사건은 국민은 물론 국제적인 비난의 대상이 되었다. YH사건이 있은 지 사흘 후인 8월 14일 미 국무성은 토머스 레스턴 대변인의 성명을 통해 "한국경찰이 야당인 신민당사 안에서 여성노동자들이 벌이고 있던 농성을 해산하는 과정에서 지나치고 잔인한 폭력을 사용한 것을 개탄한다"고 밝히고 "우리는 한국정부 당국이 이같은 난폭한 행동에 책임이 있는 사람들에 대해 적절한 문책을 하기 바란다"고 논평했다.

미국은 이같은 행위를 전례 없이 격렬한 어조로 비난했는데, 특히 '야수적, 난폭한, 무지막지한'이라는 뜻을 지닌 'BRUTAL'이라는 표현을 써서 주목을 끌었다. 그렇지 않아도 카터 미대통령의 방한과 박정희와의 회담이 유신체제를 더욱 부추겼다고 여기는 재야의 반미감정이 고조되었던 시점에서 나타난 미국의 반응은 여야대결 정국에 또 다른 파장을 일으켰다.

이 무렵 박정희는 전당대회 이후 갈등을 겪고 있는 신민당의 내분을 이용하여 김영삼 총재에 대한 가처분신청을 받아들이게 하는 한편, 『뉴욕타임즈』 회견 내용을 빌미로 김 총재를 국회에서 제명하는 등 정국을 막바지로 치닫게 만들었다. 신민당 의원들의 농성 등 강경투쟁에 동조하여 종교계·언론인·자유실천문인협의회·해직교수협의회·민주청년협회의 등 여러 민주화 운동세력이 반유신투쟁에 떨쳐나섬으로써 YH사건은 명실공히 노동자에서 야당과 재야에 이르는 범민주세력의 공동전선이 형성되는 계기가 되었으며, 부마항쟁으로 이어져 10·26사태의 도화선이 되었다.

'김영삼을 제명하라' 특명

박정희는 이 무렵 자제력을 잃고 있었다. 청와대 참모를 비롯 공화당이나 그 누구도 그에게 직언을 하는 사람이 없었다.

YH사건과 '김일성 면담 용의' 발언을 둘러싸고 여야관계가 가파른 대립을 거듭하던 1979년 8월 13일 김영삼 총재를 비롯한 신민당총재단 전원에 대한 직무정지 가처분신청이 제기되었다.

이 가처분신청은 공주·논산지구당 위원장 윤완중, 성남·여주·광주·이천지구당 위원장 유기준, 대구시 중·서·북갑지구당 위원장 조일환에 의해 서울민사지법에 제기되었다. 이들 신청자들은 신청이유에서 중앙선관위의 유권해석을 통해 당원자격이 없는 것으로 결정된 조윤형과 그가 임명한 성북지구당 대의원 표는 무효이며, 따라서 지난 전당대회에서 과반수 2표를 넘어 당선된 김영삼의 총재 당선은 무효라고 주장했다.

이같은 가처분신청이 법원에 제출되자 정국은 날로 혼미를 더해갔다. 신민당 주류 측은 이들을 해당행위자로 규정, 징계할 움직임을 보이면서 이를 정부의 사주라고 규정했다. 이런 분위기 속에서 8월 20일 서울민사지방법원 합의16부(재판장 조언 부장판사)는 김 총재 등 신민당 총재단 권한관련 가처분신청에 대해 25일부터 심리에 착수하겠다고 밝혔다.

이에 대해 신민당은 헌법정신에 미루어 총재와 총재단의 직권을 박탈하려는 것은 정당의 해산에 준하는 중대한 사실로 이를 민사재판의 신청사건으로 취급한다는 것은 헌법이 보장한 복수정당제를 부정하는 중대 위협이라고 비판, 불복할 것임을 천명했다. 신민당은 "이 사건은 박 정권의 가장 악랄한 야당탄압의 수단으로써 온 국민은 이 사건의 결과에 비상한 관심을 모으고 예의주시하고 있다"면서 강경투쟁을 거듭 천명했다.

신민당 주류 측의 이같은 주장에도 불구하고 가처분신청의 사실심리는 착착 진행되어, 9월 8일 김 총재 등의 가처분신청이 받아들여져 법원은 결정문을 신청인 측과 피신청인 측에 각각 송달했다. 서울민사지법 합의16부(조언 부장판사, 김중곤·김동건 판사)는 "총재선출 결의 무효 확인 등 본안소송 판결확정시까지 김영삼은 신민당 총재의 직무집행을, 이민우·박영록·이기택·조윤형은 부총재의 권한행사를 해서는 안 된다. 이 기간 중 정운갑을 총재직무 대행자로 선임한다"고 가처분결정을 내렸다.

재판부는 한국정당사상 최초로 총재단 직무정지가처분결정을 내리면서 그 이유로 첫째, 정당은 정치적 단체이나 본질은 사법상의 사단社團으로 법원의 사법심사 대상이 되며 둘째, 무자격 대의원 22명이 유효표로 계산된 총재선출은 무효이며 이 중대한 위법상태를 제거하는 것은 신민당 구성원 전체와 신민당 자체의 이익에도 합치된다고 밝혔다.

이에 대해 신민당은 8월 8일 확대간부회의를 열고 법원 판결을 전면 부인, 민주회복투쟁을 강화한다는 방침을 세웠다. 김영삼은 법원결정에 대해 "국민과 당원이 선출한 총재는 준국가적 기관으로서 일개 민사지법판사가 권한이 있느니 없느니 판결할 수 없다"고 말하고, "국민과 국제사회가 인정한 총재를 총재가 아니라고 하는 것은 야당말살의 살인적 행위"라고 비난했다

정운갑 전당대회 의장은 법원의 결정이 나오자 총재직무대행을 맡

을 용의를 밝히면서 분당이나 탈당사태를 막기 위해 전당대회를 소집하겠다는 뜻을 밝혔다. 그러나 김영삼 총재와 정운갑 대행의 사태수습을 위한 담판이 결렬되고, 정운갑은 중앙선관위에 대행등록신청을 마침으로써 신민당의 법통시비는 갈수록 격화되었다.

총재단에 대한 법원의 직무정지가처분 결정으로 정국이 걷잡을 수 없는 국면에 빠져들고 있을 때 김영삼의 『뉴욕타임스』 회견내용이 다시 파문을 일으켰다. 김영삼은 9월 15일자 『뉴욕타임스』 헨리 스코트 스토크스 기자와 가진 회견에서 "우리가 미국 관리들에게 공개적이고 직접적인 압력을 통해서만 박 대통령을 제어할 수 있다고 말할 때마다 그들은 한국의 국내정치 문제에 간여할 수 없다고 대답했다"면서 "이것은 납득할 수 없는 논리다. 미국은 우리를 보호하기 위해서 3만 명의 지상군을 파견하고 있는데 그것은 국내문제에 대한 간여가 아니란 말인가"고 반문했다.

이같은 회견내용이 국내에 알려지자 공화당과 유정희는 10월 3일 합동회의를 열어 김 총재를 국회에서 제명하도록 결의했다. 이에 앞서 박정희는 여당 지도부에 김영삼을 제명하라고 지시했다. 여당은 김영삼의 『뉴욕타임스』 회견내용이 사대주의적 발상으로서 외국의 내정간섭을 자초한 것이라며 징계사유서에서 첫째, 그가 반민족 사대망동을 했고 둘째, 주한미군의 존재를 한국에 대한 미국의 내정간섭인 양 주장했고 셋째, 남의 나라 선거에 대한 무분별한 언급으로 정치인의 체통을 손상했다는 등 6개항의 내용을 담았다.

김영삼 의원에 대한 징계동의안이 9월 22일 여당의원 160명의 이름으로 국회에 재출되었다. 야당의원들의 본회의장 점거로 국회에 삼엄한 분위기가 감도는 가운데 여당의원들은 10월 4일 경호권 발동으로 수백 명의 무술 경위를 출동시켜놓고 본회의장 아닌 다른 국회별실에서 제명안을 10여 분 만에 변칙처리했다. 국회의장 백두진(유정희)은 "출석의원 159명 중 찬성 159표로 가결됐다"고 김영삼 의원 제명안 가결을 선포했다.

김 총재 국회 제명 후 신민당은 의원총회를 열고 소속의원 66명 전원이 의원직 사퇴서를 국회에 내기로 결의했다. 통일당 소속 3명도 함께 사퇴서를 제출했다. 여당은 사퇴서의 선별수리를 검토하는 등 야당을 더욱 자극했다. '박정희 호'는 점점 침몰의 격랑 속으로 빠져 들어갔다.

21장

부 패 한
권 력 의 패 악

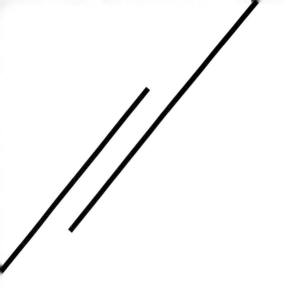

스위스 유니언뱅크 등의 비밀구좌

절대권력은 절대부패한다.

박정희의 유신권력이 부패하지 않았다면 그 자체가 이변이었을 것이다. 노웅래 더불어민주당 의원은 2017년 2월 23일 국회본회의 자유 발언을 통해 1978년 미 하원 국제관계위원회의 국제관계소위원회가 발행한 『프레이저 보고서』를 근거로 1970년대 박정희(정권)가 불법으로 조성했다고 알려진 스위스 비자금 의혹에 대해 정부가 사건의 실체를 밝히고 불법 자금을 조속히 환수하라고 촉구했다.

노웅래 의원은 "프레이저 보고서를 보면 박 정권은 해외 차관이나 투자 자금을 들여오면서 전체 자금의 10~15%를 커미션(수수료)으로 가로채는 불법행위를 저질렀으며, 이를 통해 조성한 비자금을(관리하기 위해) 스위스 최대은행인 유니언뱅크 등에 여러 사람 명의의 비밀 계좌를 개설했다"고 말했다. 노 의원은 이어 (재미 언론인) 문명자 기자는 1979년 10·26 이후 박근혜 대통령이 보안요원 5명과 함께 스위스를 방문해 비밀계좌의 예금주 이름을 변경했고 동행한 이들에게 사례비로 5만 달러씩 줬다는 것을 제보 받았다고 증언하고 있다"며 박근혜 전 대통령도 이 비자금의 존재를 알고 있음을 시사했다.

이와 함께 "박 대통령의 비선실세 최순실은 스위스은행 비자금 세탁을 위해 1992년부터 독일에 페이퍼컴퍼니를 세우기 시작해 지금은 이런 회사가 기백개에 이르고 세탁되는 비자금이 수조원대로 추정되고 있다"고 주장했다.[1]

이후락 전 중앙정보부장의 둘째아들 이동훈은 1978년 미 의회 프레이저위원회 증언대에서 "내 아버지 명의의 스위스은행 비밀구좌는 박정희의 것"이라고 말한 바 있다. 1973년 12월 중정부장에서 해임된 이후락은 얼마 뒤 조계종 회의에 참석한다는 명목으로 한국을 떠나 비자없이 정착할 수 있는 영국령 바하마로 갔다. 그곳에 50만 달러 주택을 사서 은거하다가 1974년 2월 "모든 것을 용서한다"는 박정희의 친서를 받고 1974년 2월 극비리에 귀국하였다. 미국에 거주하던 아들이 미국 수사기관의 추적으로 거처가 밝혀지고 결국 증언대에 서게 된 것이다.

73년 이후락 해임 후 박정희의 스위스은행 비밀구좌는 어떻게 되었을까. 일설에 의하면 박정희는 비밀구좌의 예금주 이름을 모두 박근혜로 바꾸었다고 한다. 그런데 10·26 이후 전두환이 보안사요원 5명과 박근혜를 스위스로 보내 그 비밀구좌의 돈을 모두 찾아 왔다는 얘기가 있다. 그때 따라갔던 요원 중 한 사람이 미국에 와서 "그때 수고비로 5만 달러를 받았다"고 발설한 일이 있다.[2]

김지태 재산 빼앗아 '정수재단' 만들어

박정희의 부패·축재문제는 국내에서도 수없이 자행되었다. 5·16쿠데타 직후인 1962년 4월 『부산일보』를 송두리째 빼앗았다. 2, 3대 국회의원 출신으로 1954년 이승만의 사사오입 개헌 때 반대하여 자유당에서 제명당하기도 했던 소신파 김지태는 정계를 떠나 부산에서 실크 생산업체 한국생사를 설립하여 큰 돈을 벌었다. 그리고 부일장학회를 만들어 육영사업에 투자하는 한편 부산MBC에 이어 한국MBC를 설립해 KBS에 이어 첫 민간방송을 개국했다. 그런 김지태는 박정희와 악연이 깔렸다.

부산에서 군수기지사령관을 지낼 때 박정희는 5·16쿠데타를 모의하면서 김지태에게 거사 자금지원을 부탁했다.

당시 『부산일보』 주필이던 황용주가 박정희의 대구사범 동기생이어서 그가 추천한 데 따른 것이었다. 그러나 김지태는 단호하게 거절했고 이것으로 그는 쿠데타 세력의 괘씸죄를 샀다.

아니나 다를까 5·16쿠데타가 성공한 뒤 그들은 김지태를 부정축재혐의로 구속했다. 속이 보이는 정치보복이었다. 김지태는 당시 거액인 5억 4500여만 환을 부정축재 환수금으로 내고 겨우 석방됐다. 그리고는 가능한 한 사업과 신병치료를 이유로 해외에 체류했다. 박정희 정권은 그런 김지태를 잡아들이기 위해 별 죄도 없는 부인을 인질로 구금한 것이다.[3]

김지태는 이같은 과정을 거쳐 중앙정보부에 끌려가 구속되고 1962년 6월 20일 부산군수기지사령부 법무관실에서 사유재산을 털어 설립한 공익법인 부일장학회의 모든 권리를 넘겨주는 '기부동의서'에 서명을 했다. 그리고 5일 뒤에 석방되었다. 박정희는 부일장학회를 5·16장학회로 만들었다가 얼마 뒤 자신과 부인의 이름 한 자 씩을 따서 만든 '정수장학회'로, 다시 '정수재단'으로 개칭했다. 김지태는 백주에 『부산일보』와 부산MBC, 한국MBC 그리고 땅 10만 여 평을 모두 빼앗겼다. 땅을 제외한 모든 재산은 박정희의 소유가 되었다.

박근혜 '정수재단'서 연 2억 5천만 원씩 챙겨

박정희는 5·16쿠데타와 굴욕적인 한일회담을 매섭게 비판하는 『경향신문』을 눈엣가시처럼 여기며 기회를 노렸다. 자유당 때 이승만 정권에 의해 강제정간이 된 바 있는 이 신문은 박정희의 독선·독주를 날카롭게 비판하다가 찍히게 되었다.

> 박정희 정권은 1964년 6·3계엄령을 선포한 다음 날 경향신문사
> 사장 이준구를 구속했다. 계엄포고로 구속된 언론인 1호였다. 이어
> 1965년 4월엔 이 신문의 편집간부를 간첩 연루혐의로 구속하고 도
> 쿄지사장 윤우현이 일본에서 월북한 사건을 발표했다. 5월 8일 중
> 앙정보부는 사장 이준구를 국가보안법과 반공법위반 혐의로 다시
> 구속하고 그의 처남인 편집국 간부를 함께 구속했다.[4]

박정희 정권은 사주를 구속시켜 놓고 3개 은행을 통해 신문사 채무를 일시에 상환토록 하는 압력을 넣었다. 사기업의 채무관계를 정부가 나설 일이 아니었다. 다른 신문사들도 그 정도의 은행 채무는 갖고

있었다. 정부의 사주를 받은 은행들은 채무상환을 요구한 지 6일 만에 법원을 통해 신문사사옥과 부지, 윤전기의 경매를 신청하고 박정희는 이미 장악한 MBC로 하여금 『경향신문』을 매입토록 했다. 그리고 얼마 뒤 5·16장학재단이 흡수하면서 신문의 논조는 크게 바뀌었다.

박정희 사후 박근혜는 국회의원 시절인 1995년부터 2005년까지 정수재단의 이사장을 지냈다. 그가 재단에서 받은 연봉은 1995년~1998년까지는 비상근직으로 연간 1억 3500만 원씩, 1999년부터 2005년까지는 상근직으로 연간 2억 5350만 원씩을 받아 챙겼다.

국정원 과거사진실화위원회는 "1962년 3월 박정희가 중앙정보부에 지시해 부일장학회의 재산을 강제 기부받았다"고 지적했고, 『부산일보』노조는 "정수재단은 독재시대의 장물이기 때문에 사회에 환원해야 한다"고 주장했으나 이 '장물'은 여전히 강탈자들의 수중에 남아 있다.

새마을운동, 총독부 '새마을 가꾸기' 모방

박정희는 집권기에 일제의 유산을 변용하여 국책화한 몇 가지 '사업'이 있었다. 일본 2·26사건에서 5·16쿠데타, 메이지유신에서 10월유신의 모방이 그렇고 새마을운동과 국민교육헌장 제정도 마찬가지였다.

박정희는 1970년 초 전국지방장관회의에서 농촌자조노력의 진작방안을 연구하라고 지시했다. 이것이 새마을운동의 시발이다. 그가 느닷없이 새마을운동을 국책사업으로 내세운 것은 공업화우선 정책으로

새마을운동은
유신이념의 실천도장
1974년 12월   일
대통령 박정희

대대적인 새마을 운동의 전개에는 그 경제적 동기보다 박정희 독재 정권이 지지기반을 확대하기 위해 상대적으로 통제가 용이했던 농촌사회를 조직하고자 했던 정치적 동기가 더 작용했다. 실제 박정희 대통령은 1972년 유신체제를 선포하면서 새마을 운동을 '유신체제의 실천도장'으로 규정했다.

상대적으로 낙후된 농촌의 후진성을 재건하려는 의지와, 북한의 '천리마운동'에 대응하려는 발상이라는 시각도 있다.

그러나 박정희가 처음으로 제창한 '새마을 가꾸기'란 1930년대 조선총독부의 '아타라시이 무라 츠쿠리'를 글자 그대로 번역한 것이다. 당시 조선총독 우가키의 농촌진흥책은 자립·근검·협동공영·충군애국이었고, 박정희의 새마을운동의 지표는 자조·자립·협동·충효애국이었다. 총독부의 판박이다.

청와대가 직접 관장한 새마을운동은 중앙에 새마을운동중앙총본부가 설치되고 중앙·시도·시군·읍면동·마을에 이르기까지 수직적으로 조직되었다. 중앙에는 새마을지도자중앙협의회·공장새마을운동추진본부·새마을문고중앙회·새마을청소년회중앙연합회·새마을조기축구회·새마을금고연합회·새마을교육연구기관 등을 설치하였다. 지방에도 유사한 기관이 구성되고 운영되었다.

초기에는 농어촌에서만 실시되었던 새마을운동이 1972년부터는 도시에서도 실시되었다. 박정희는 직접 〈새마을 노래〉를 지어 라디오와 전국의 마을에 설치한 스피커를 통해 부르게 하였다.

새벽종이 울렸네 새 아침이 밝았네
너도 나도 일어나 새마을을 가꾸세
살기 좋은 내 마을 우리 힘으로 만드세

새마을운동은 긍정적인 측면도 없지 않았다. 초가지붕을 슬레이트나 함석으로 바꾸고 마을 도로를 넓히며 마을 환경을 개선하는 등 순기능의 역할을 하였다. 하지만 지역의 특성을 무시한 채 관주도의 일방적인 지시와 개입으로, 그리고 정부 여당의 하부조직의 역할을 하면서 비판과 부작용이 나타났다.

새마을운동이 구체화된 것은 1970년 10월부터 이듬해 봄까지 정부가 전국 3만 5,000개 마을에 각각 300여 포대의 시멘트를 무상으로 나누어주면서부터였다. 흥미로운 것은 박정희가 각 마을에 막대한 예산을 들여 시멘트를 나누어준 계기가 쌍용시멘트 소유주였던 김성곤이 박정희에게 시멘트 업계의 재고과잉에 대한 대책을 마련해달라고 호소한 것이었다는 점이다. 김성곤은 당시 공화당 재정위원장으로 박정희의 정치자금을 관리하는 데에서 중요한 역할을 했던 자이다.[5]

김성곤의 재고 시멘트는 전국의 농촌에 보내어 마을진입로를 비롯 공동빨래터 만들기 등에 사용하였다. 도시새마을운동은 '10대 구심사업'을 중심으로 추진되었다. 소비절약의 추진, 준법질서의 정착, 시민의식의 계발, 새마을 청소의 일상화, 시장 새마을운동의 전개, 도시녹화, 뒷골목 정비, 도시환경 정비, 생활 오물 분리수거, 도시후진지역의 개발 등이었다.

개중에는 필요한 분야도 있었지만 조선총독부가 통치수단으로 활용했던 것들을 그대로 적용하였다. 또 정부는 '새마을훈장'을 남발하고 개중에는 새마을운동 지도자를 통일주체대의원으로 선발하는 등 유신체제의 외곽조직으로 이용하여 국민으로부터 빈축을 사기도 했다.

결국, 박 정권은 새마을운동을 통해 최소 비용으로 농민들을 동원하는 데 성공했고 농촌사회에 많은 변화를 가져왔다. 하지만 정부 주도적 성격으로 말미암아 농민들의 조직화는 정권의 변화와 함께 쉽게 와해되었고 마을의 공동체적 성격도 탈각되었다.

한편 박 정권은 유신체제의 선포 후 도시의 지식인, 학생, 노동자, 종교인 등 대항 세력의 저항이 거세지자 새마을운동을 농촌운동에서 전 국민적 정신운동으로 전환시켰다.[6]

일제 '교육칙어' 베낀 국민교육헌장

박정희는 1968년 12월 5일 「국민교육헌장(헌장)」을 제정공포하였다. "우리는 민족중흥의 역사적 사명을 띠고 이 땅에 태어났다. 조상의 빛난 얼을 오늘에 되살려, 안으로 자주 독립의 자세를 확립하고, 밖으로 인류공영에 이바지 할 때다. 이에, 우리의 나아갈 바를 밝혀 교육의 지표로 삼는다."로 시작되는 '헌장'은 전문 393자로 구성되었다.

이 헌장은 박정희 정권의 교육분야를 뛰어넘는 정치적 이데올로기가 되었다. 전국의 모든 학교와 교육기관의 행사에서는 반드시 낭독되

고 군부대나 일반 관청·회사 행사 때
도 낭독케 하였다. 박정희는 집권 초기
'조국의 근대화'에서 시작하여 '민족
의 중흥'이라는 슬로건을 내걸고, 이어
1967년에는 '제2의 경제'를 제시했다.
그리고 국민의 정신혁명을 교육을 통
해 이룩하겠다는 뜻에서 새로 '헌장'을
제정한 것이다. 박근혜의 '창조경제'의
구호는 '제2경제'에서 발상한 것인 듯
하다.

국민교육헌장

'헌장'은 일본제국에서 메이지明治가 문부대신에게 내린 '교육에
관한 칙어敎育勅語'의 한국판이다. 일본정부는 1890년 10월 30일 이를
반포 시행했다가 패전 후 폐지된 것을 박정희가 한국에서 유사판으로
재생시켰다.

일본 제국헌법이 공포된 바로 다음해 반포한 이 '칙어'는 이른바
천황제국가주의 도덕사상을 강조하는 내용으로, 일제강점과 더불어
조선에서도 시행되어 일황의 생일 등 이른바 '4대 명절'에는 모든 학
교에서 교장이 학생·교사들 앞에서 엄숙히 낭독하였다. 박정희도 문
경 교사 시절에 열심히 암송했을 것이다.

전문 393자로 구성된 「국민교육헌장」 발표와 함께 문교부는 「국
민교육헌장 독본」 265만 부를 발간하여 각급 학교와 기관에 배부하
고, 초등학생을 위한 '헌장그림책'도 130만 부를 발간 배포하는 등 국
민교육헌장의 대국민 보급에 주력했다. 그밖에도 전국의 학생, 공무원
들에게 국민교육헌장을 암송하게 하고 행사에서 반드시 그 전문을 낭

독하게 했으며, 헌장의 이념을 담은 영화와 음반까지 제작·보급하는 등 전면적인 노력을 기울였다. 박정희는 매년 국민교육헌장 선포 기념식에 참석하여 축사를 낭독하는 적극성을 보이는가 하면, 연두교서나 기자회견, 기타 중요한 연설 기회 때마다 「국민교육헌장」의 정신을 강조했다.[7]

'헌장'은 박정희 사후인 1990년대 중반까지 한국 교육의 지침서 구실을 하였다. 민족의 주체성 확립과 전통과 진보의 조화를 통한 새로운 문화창조, 개인과 국가의 일체감을 통한 민주복지국가의 개화를 중심으로 하는, 그럴듯한 내용을 담고 있었지만, 일제가 '천황제 이데올로기의 내면화 과정'을 위해 만들었듯이, 박정희는 자신의 1인통치 이데올로기로 이를 활용하였다.

박정희는 1973년 3월 30일 헌장선포일(12월 5일)을 대통령령으로 정부주관인 기념일로 지정했으며, 매년 문교부에서 주관하여 거창한 기념식을 갖고 박정희는 빠지지 않고 참석, 기념사를 했다.

'헌장'의 문안은 작고하기 직전까지 박정희의 청와대 교육문화담당 특별보좌관으로 재직했던 전 서울대 철학교수 박종홍을 중심으로 이인기·유현진 교수 등이 주도하고, 박준규·이만갑·김성근·정범모·이규호·박희범 등 어용교수들이 내용을 심의하였다. 박정희는 유신체제에 이 헌장을 '국민교화의 주술'처럼 써먹었다.

선포 4주년인 1972년 12월 5일 박정희의 치사 일부에서 '헌장'에 대한 그의 집념의 일단을 살필 수 있다.

이 국민교육헌장의 정신이 바로 유신과업 수행에 있어서 국민 모두가 가져야 할 기본정신이라고 강조하고자 합니다. (…) 특히 전국의 교육자 여러분이 일찍이 그 예를 찾아보기 어려울 정도로 솔선해서 유신헌법확정을 위해 앞장서 노력했다는 사실은 교육헌장 이념과 이번 '10월 유신'의 정신이 그 기조를 같이하고 있기 때문이라고 믿습니다. (⋯) 국민교육헌장은 우리가 다 잘 아는 바와 같이 우리의 사명을 '민족중흥'으로 규정하고, "공익과 질서를 앞세우며 능률과 실질을 숭상하여, 우리의 처지를 약진의 발판으로 삼아" 새 역사를 창조해 나갈 것을 강조하고 있습니다. 이 점이 바로 헌장이념이 '10월유신'의 기본정신과 그 기조를 같이하는 점이라고 말할 수 있는 것입니다.[8]

22장

절 대 권 력 은
절 대 타 락 한 다

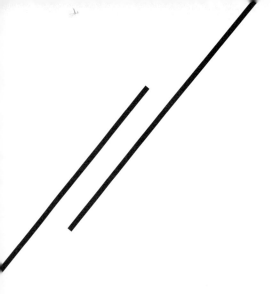

청와대 식생활과 재혼 권유

박정희의 일상적인 청와대 식생활은 비교적 검소하고 담백했던 것 같다. 부인 피살 후에는 3일에 한번 꼴 정도로 젊은 여성들과 질펀한 파티를 열면서 크게 달라졌다. 박정희는 집권 초기에는 지인들을 불러 청와대에서 막걸리를 즐겨 마시고 농촌 시찰 때에는 농민들과 어울려 곧잘 막걸리를 마시는 등 소탈한 모습을 보였다. 그러다 정권이 장기화되고 권력이 강화될수록 주도와 주량도 달라졌다. 막걸리 대신 고급 양주를 주로 마셨다.

청와대 출입기자 중 육영수를 많이 취재했던 한 언론인의 기록을 통해 박정희의 식생활 일면을 들여다보자.

청와대의 조촐하고 담백한 구미는 아주 간단한 양식 아침 메뉴에서 시작된다. 이를테면, 토스트·프라이 에그·밀크 또는 호트 케이크·보일드 에그·사과주스·침실엔 대개 일품식 국수·스파게티·떡국 또는 비빔밥이, 정오의 식탁을 꾸미는 메뉴들이다.

저녁에 차려지는 것은 재래식 한식, 생선회나 초회 등 몇 가지 찬에 된장국이나 된장찌개를 반드시 곁들여져 식탁머리에 구수한 구미를 돋구게 한다.

육식을 별로 좋아하지 않은 박 대통령은 고기 대신 생선, 그것도 굽거나 조리거나 하지 아니한 날 것을 즐겨든다. 역시 날 생선으로 만든 식혜도 좋아하는 음식 중의 한 가지, 돌가자미나 은어 등 소금에 절인 잔잔한 생선에 좁쌀밥과 무생채, 고춧가루·마늘을 보태어 버무려 김치처럼 담은 이 겨울철의 별미는 경상북도와 함경도 해안 지방의 고장요리다.

해산물 중에 또 한 가지 반겨드는 것은 바다가제-진수성천이 풀 코스로 차려져 나와도, 양식은 별로 달가와하지 않은 박 대통령도 이 '새우의 사촌'만은 깨끗이 처치한다. 그 성미처럼 깔끔하고 담백한 음식에 기우는 박 대통령은 한편으로 철저한 '된장 당黨'이다.

"된장국이나 찌개가 없으면 밥 먹은 것 같지 않다." 우거지나 아욱을 거리로 넣은 된장국이나 호박·풋고추를 썰어넣은 보글보글 끓인 된장 알뚝배기가 흔히 청와대의 식탁에 오르게 되는 까닭이다.

박 대통령의 주량은 많은 편-"각하, 한 잔 올리겠습니다." 주석의 멤버가 10명이면 한 잔 씩 헌주한다 해도 열 잔, 웬만한 주호가 아니면 견디기 어려운 처지이긴 하나, 요즘은 저녁 식탁에서의 반주를 제하고는 통체 술을 가까이 하지 않는다. 반주의 양은 대체로 청주 한 컵 정도, 국산 정종 같은 것을 애음한다. 양주는 별로 당겨하지 않는 편인데, 어쩌다 마시게 될 때에는 스카치 워어터나 마트니를 든다.[1]

부인과 사별한 후 박정희에게 재혼을 권하는 이들이 있었다. 이민우 신민당 총재(78)의 증언이다.

　　76년 3월 내가 국회부의장에 피선된 뒤 정일권 국회의장·구태희 부의장과 함께 청와대에서 박 대통령을 만나 인사를 나누었어요. 그 자리에서 '웬만하면 속현(재혼-필자)하시지요'라고 대통령에게 권했습니다. 비록 나는 야당에 있지만 나라를 위해 진지하게 말한 것이었지요. 사람이 지위 고하를 막론하고 정상적인 가정이 있어야 바깥 일을 원만히 꾸려갈 수 있는 것 아니겠습니까. 박 대통령은 농담 비슷이 받아들이더군요. '아이구. 이 부의장이 좋은 사람 소개하면 가지요'라면서 말입니다.

이동원 전 장관도 재혼을 권했다. 그의 회고를 보자.

　　영부인이 돌아가신 얼마 후 박 대통령이 초청해서 점심식사를 같이 한적이 있어요. 그때 우리 집사람이 병으로 입원 중이었는데, 대통령께서 '부인이 병상에 누워 있다는데 곁에서 잘 좀 도와주어. 나도 집사람이 간 뒤로는 생전에 못해준 걸 많이 후회하고 있어"라고 말하셨어요. 내 마누라는 아직 살아 있는데 상처한 분이 그 걱정을 해주니 마음이 안됐더군요. 그래서 "각하, 살아계신 분은 살아야 하지 않겠습니까. 청와대 생활이 얼마나 어렵고 외로운지 일반 사람들은 모르지만 저는 알지 않습니까. 옛말에도 열 효자보다 악처 하나가 낫다지 않습니까"라고 은근히 운을 뗐지요. 그러자 박 대통령은 씩 웃으며 "이 장관, 날 위해 보아둔 사람이라도 있어?"라셔요. "그건 아닙니다. 그냥 제 마음이 안돼서…"라고 대답하니까 각하는 "모두들 그러데"라고 말했습니다. 측근들이 걱정들은 많이 했지만 구체적으로 누구를 천거했다든가 박 대통령이 특정인을 마음에 두었다든가 한 것은 아니라는 느낌이었습니다.[2]

아내 사별 후 달라진 두 모습

박정희는 아내의 피살 이후 여러 면에서 크게 변화된 모습을 보였다. 심리적·성격상으로 더욱 예민·포악해지고 사생활에서는 더욱 난잡해졌다. 아내가 있을 때에도 여성문제로 청와대에서 '육박전'을 치렀는데, 이젠 그럴 이유도 없었다. '소행사(대통령 혼자서 즐기는 술자리)'와 '대행사(여러 명이 같이 즐기는 술자리)'가 한 달이면 몇 차례씩 벌어졌다.

육영수를 어머니의 상으로 인식했던 박정희가 그녀의 죽음 이후 심각한 자아의 불안을 겪었을 것은 당연하지만, 그렇다고 육영수의 죽음이 박정희의 밤을 문란하게 한 직접적인 동기였다고 볼수는 없을 것 같다. 그의 성적 방황은 오랜 역사를 가지고 있기 때문이다.

박정희는 일선 사단장 시절에도 여자 문제로 육영수와 자주 갈등을 빚은 것으로 알려져 있다. 5·16 이후엔 경호과장 박종규가 상관의 심기관리 차원에서 직접 술자리를 챙길 정도였고, 70년 대 초에는 육영수의 얼굴에 멍 자국을 남길 정도로 치열한 부부싸움을 벌인 적도 있었다고 한다. 이런 사실들로 미루어 그의 성적 방황은 단순히 부인 육영수를 잃은 상실의 슬픔 때문만은 아니었다는 걸 염두에 둬야 할 것 같다.³

　박정희는 육영수와 사별 후 젊은 여성들과 성적 쾌락을 즐기는 한편 24년간 동고동락했던 아내를 그리워하며 여러 편의 일기를 남겼다. 시 또는 산문 형식으로 쓴 일기다. 다음은 아내를 보낸 한 달 후에 쓴 일기다.

　　한 송이 흰 목련이 바람에 지듯이
　　상가에는 무거운 침묵 속에
　　씨롱 씨롱 씨롱
　　매미 소리만이
　　가신 님을 그리워하는 듯
　　팔월의 태양 아래
　　붉게 물들인 백일홍이
　　마음의 상처를 달래 주는 듯
　　흰 송이 흰 목련이 봄바람에 지듯이
　　아내만 혼자 가고 나만 남았으니
　　단장의 이 슬픔을 어디다 호소하리

　　당신이 먼 길을 떠나던 날
　　청와대 뜰에 붉게 피었던 백일홍과
　　숲 속의 요란스러운 매미 소리는

주인 잃은 슬픔을 애달파 하는 듯
다소곳이 흐느끼고 메아리쳤는데
이제 벌써 당신이 가고 한 달

아침이슬에 젖은 백일홍은
아직도 눈물을 거두지 못하고 있는데
매미소리는 이제 지친 듯
북악산 골짜기로 사라져가고
가을빛이 서서히 뜰에 찾아드니
세월이 빠름을 새삼 느끼게 되네

여름이 가면 가을이 찾아오고
가을이 가면 또 겨울이 찾아오겠지만
당신은 언제 또 다시
돌아온다는 기약도 없이
한번 가면 다시 못 오는
불귀의 객이 되었으니
아. 이것이 천정天定의 섭리란 말인가
아, 그대여, 어느 때 어느 곳에서
다시 만나리.

다음은 9월 4일에 쓴 일기다.

이제는 슬퍼하지 않겠다고

몇 번이나 다짐했건만

문득 떠오르는 당신의 영상

그 우아한 모습

그 다정한 목소리

그 온화한 미소

백목련처럼 청아한 기품

이제는 잊어버리려고 다짐했건만

잊어버리려고 다짐했건만

잊어버리려고 하면 더욱더

잊혀지지 않는 당신의 모습

당신의 그림자

당신의 손때

당신의 체취

당신이 앉았던 의자

당신이 만지던 물건

당신이 입던 의복

당신이 신던 신발

당신이 걸어오는 발자국 소리

"이거보세요"

"어디 계세요"

평생을 두고 나에게

"여보" 한 번 부르지 못하던

결혼하던 그날부터 24년간

하루같이

정숙하고도 상냥한 아내로서

간직하여 온 현모양처의 덕을

어찌 잊으리

어찌 잊을 수가 있으리[4]

채홍사가 된 정보부 간부

박정희는 부인과 사별 후 정서적 불안감이 심해졌던 것 같다. 이 틈을 파고든 것이 차지철 청와대 경호실장과 김재규 중앙정보부장이었다. 재혼이 성사되지 않으면서 측근들은 대통령의 '고독'을 달래주고자 달리 방법을 찾았다.

대통령 비서실에 근무했던 P씨의 증언이다.

사실 그런 점이 있지요. 근엄한 인품으로 정평이 나 있던 중앙정보부장 A씨의 경우 채홍採紅 같은 걸 무척 꺼렸어요. 그런데 주변에서 '외로운 각하를 위해 적당한 술집이라도 하나 개발해두는게 괜찮다'고 자꾸 권유했어요. 그래서 정보부 주선으로 쓸 만한 마담 한 명을 교섭해 당시만 해도 한갓지던 강남 지역에 요정을 차리게 했지요. 호스티스들도 물색해 놓고요. 적당한 기회를 보아 A씨가 대통령을 그곳으로 모셨지요. 그런데 일이 꼬이느라 그랬는지 하필 고르고 골라 각하 옆 자리에 앉힌 아가씨가 그날따라 아양이 지나

쳐서 오두방정을 떨고 말았어요. 각하는 예의에 어긋나는 그런 타입의 여자를 싫어하셨거든요. 술좌석이 무르익기도 전에 자리를 박차고 가버리셨습니다. 대통령각하가 다시 그 술집을 찾지 않은 건물론이고, 마담은 울상을 짓고… 그래서 정보부 국장급들이 그 술집을 단골로 삼았지요. 하지만 나는 새도 떨어뜨린다던 당시 정보부의 간부들이 술값을 제대로 주었겠습니까. 결국 1년도 안 돼 요정은 문을 닫았어요.[5]

박정희의 엽색행각은 서울 압구정동 아파트에 사는 한 여인을 가끔 찾는 데서부터 본격화 되었다.

박정희 대통령의 서울 압구정동 H아파트 출입 염문이 귀에서 귀로 번진 것은 70년대 후반이었다.

'H아파트에 사는 배우 J양을 만나기 위해 깊은 밤 대통령이 나타난다', '그분의 여염집 나들이 때는 잠시 X동의 전깃불이 나간다', 'K여고를 나온 재벌집 며느리가 목격담을 퍼뜨리다 혼쭐이 났다' 는 소문들이 꼬리를 물었다. 이 귀를 의심할 만한 소문들이 대체로 사실로 확인된 것은 1981년께 서울민사지법에서였다.

현직 법관 H씨의 이야기이다.

81년경 기이한 민사소송이 들어왔다. 그 아파트 6동엔가 사는 한 주부가 경찰관을 상대로 갈취당한 돈에 대한 반환청구소송을 낸 것이었다. 그 주부는 승강기에서 대통령을 목격했고 즉각 경호원들로부터 발설하지 말라는 경고를 들었다. 그런데 참지 못하고 동네 주부들에게 귀엣말을 해 이 사실이 한 경찰관 귀에 들어갔다.

문제의 경관은 발설한 아주머니를 유언비어사범으로 입건하지 않고 눈감아준다는 조건으로 돈을 갈취했다. 상당기간 뜯어 낸 액수가 1000만 원도 넘었던 것으로 기억된다. 대통령이 죽고 세상이 바뀌자 주부는 분한 생각에 (…)[6]

박정희의 압구정동 엽색행각이 종종 주민들에게 노출되는 등 물의를 일으키자 나중에는 청와대 인근의 궁정동 안가에 판을 벌였다. 최후를 맞은 곳도 궁정동 안가였다.

궁정동 세검정의 안가에 박 대통령을 '모셔' 초저녁엔 말동무를 하다가 밤 9시께 슬그머니 대통령과 미녀만 남겨두고 밀실을 빠져 나오는 식이었다는 것이다.

배우, 탤런트가 대부분이어서 박(박선호, 중앙정보부 의전과장)은 79년 겨울 "저기 걸린 달력에 나온 미녀 모두가 안가를 다녀갔다" 고 진술하기도 했다.

70년대 말 그 숨막히는 유신 공포 분위기 속에서 하마터면 밀실 비사들이 터질 뻔한 적도 있었던 모양이다.

박은 "A양의 경우 부모들이 안가 출입을 알고 들고 일어나서 부장이 몇백만 원 주었다는 말을 들었다"고 밝혔다.

육 여사가 없는 청와대의 박 대통령은 심신양면으로 쓸쓸해지고 황폐해져 갔다. 사리분별이 바르고 오늘날까지도 여러 사람의 뇌리에 깨끗했던 퍼스트레이디로 남아있는 육 여사가 살아 있을 때

는 분명히 달랐다.[7]

박정희 정권 말기 청와대경호실과 중앙정보부에는 박정희의 '밤일'을 맡은 채홍사採紅使가 있었다. 조선조 연산군 즉위 후 그의 방탕무도한 생활을 즐기기 위해 미녀를 뽑는 관리가 채홍사였다.

중앙정보부 의전과장의 임무는 언제부터인가 대통령의 술자리 행사에 여자를 조달하고 관립 요정을 관리하는 것으로 변질돼 있었다.

그래서 붙여진 이름이 대통령의 채홍사.

채홍사의 증언에 따르면 이미 명성을 얻은 일류 탤런트보다는 20대 초반의 연예계 지망생이 무난한 조달 대상이었다. 그중엔 유수한 대학의 연예 관련학과 재학생도 있었다. 채홍사가 구해온 여자들은 먼저 경호실장 차지철이 심사했다. 차지철은 채홍사에게 "돈은 얼마를 주더라도 좋은 여자를 구해오라."고 투정을 부리기도 했다. 그래서 대통령의 채홍사란 중앙정보부 의전과장보다도 경호실장 차지철에게 붙여야 할 이름이었다.[8]

박정희는 일주일에 두세 차례씩 소연회나 대연회를 열었고 그때마다 선발된 여인들은 청와대 경호실장이 최종 검증을 맡았다고 한다.

차지철의 심사에 이어 여인들은 술자리에 들어가기 전 경호실의 규칙에 따라 보안 서약과 함께 그날의 접대법을 사전에 엄격하게 교육받았다. 우선 이 자리에 왔던 사실을 외부에 발설하면 안 된다. 술자리에 들어가면 대통령을 비롯해서 고위 인사들의 대화 내용에 관심을 표하지 말아야 한다. 특히 대통령이 말을 걸어오기 전엔 이쪽에서 먼저 응석을 부리지 말아야 한다.

김재규가 대륜중학교 교사로 잠깐 재직할 때 제자였던 예비역 해병대 대령인 박선호는 "자식 키우는 아버지로서 할 일이 못 된다는 생각이 들어서 몇 번이나 사표를 냈다."고 진술했다. 그러나 그는 김재규의 만류로 그 수치스럽다고 생각한 채홍사 일을 계속하다가 김재규와 함께 형장의 이슬로 사라지는 비운의 주인공이 되고 말았다.[9]

부마항쟁, 유신철벽 무너뜨려

절대권력은 절대부패하고 절대타락하고 절대몰락한다. 이 평범한 진리를 독재자들은 깨닫지 못한다. 그들은 영구집권이 가능할 것처럼 이중삼중의 철옹성을 쌓지만, 그 철옹성도 틈새가 생기게 되고 민심의 이반이 따르기 마련이다.

박정희라고 이러한 역사의 법칙이 피해가지는 않았다. 5·16쿠데타로부터 시작된 철권통치가 어언 18년에 이르렀다. '18년 철옹성'에 결정타의 횃불을 켜든 것은 부산대학생들이었다.

박정희가 궁정동의 요정에서 주흥을 즐길 때 1979년 10월 16일 부산대학생 4천여 명은 교내시위에 이어 저녁 8시경 시청 앞에 집결, 시민들과 합세하여 유신철폐, 독재타도, 야당탄압 중지 등을 외치며 경찰과 대치했다. 이날 학생들은 교내에서 「민주투쟁선언문」을 배포하면서 반유신, 반독재 구국투쟁의 대열에 참여할 것을 다짐했다.

부산대학생들은 서울의 각 대학과 전남대학, 경북대학 등에서 유신체제를 반대하는 시위가 연일 산발적으로 일어나고 있는 데도 침묵만 지켜오다가, 김영삼 총재에 대한 의원직 제명안이 변칙적으로 통과된 직후부터 심상찮은 움직임을 보이며 시위에 나서기 시작했다.

대규모의 시위대로 변한 학생들은 교내시위에 이어 경찰의 저지선을 뚫고 시내에 진출하여 경찰과 대치하다가 최루탄에 맞서 벽돌을 던지는 등 과격한 투쟁으로 돌입하게 되었고, 파출소·신문사에 투석하고 경찰차를 방화하는 등 이튿날 새벽 2시까지 유신 이후 가장 격렬한 시위를 전개했다. 이날 시위로 학생 282명이 경찰에 연행되었다.

16일의 학생, 시민들의 시위를 보고받은 구자춘 내무장관은 17일 부산시청에서 기자회견을 갖고 "앞으로 지각없는 경솔한 소란행위에 대해서는 단호히 대처해나가겠다."고 경고했다. 같은 날 부산시민회관에서는 부산시장을 비롯한 각 기관장, 새마을지도자 등 2천5백여 명이 참석한 가운데 10월 유신 7주년 기념식이 열려 참석자들은 "유신으로 총화단결을 더욱 공고히 하자"는 따위의 결의문을 채택했다.

이러는 동안 부산대를 비롯, 동아대, 고려신학대, 수산대 등 부산 시내 각 대학의 학생들은 시청에서 불과 400미터 떨어진 국제시장과 부영극장 앞으로 집결하고 있었다. 오후 6시 30분 경 남포동에 모여 있던 400여 명의 학생들은 애국가를 부르며 일부는 국제시장 쪽으로, 일부는 충무동 쪽으로 행진했다.

이렇게 전개된 17일의 시위는 고등학생들도 상당수 참여하고 어둠이 깔리면서 시민들까지 가세하여 더욱 격렬해졌다. 경찰의 완강한 저지로 부산시청 앞으로 진출이 불가능해지자 시위대는 소규모로 나뉘어 시내 곳곳으로 분산하여 게릴라식으로 이동하는 바람에 경찰은 저지능력을 사실상 상실하게 되었다.

부마항쟁은 박정희 유신독재체제의 종말을 알리는 항쟁이었다. 박정희 정권은 국민의 민주화 요구를 무력으로 진압할 수밖에 없을 정도로 권력의 정당성이 취약해져 있었다.

밤이 깊어갈수록 시위는 더욱 격렬해져 충무파출소, KBS, 서구청, 부산세무서가 파괴되고 MBC의 유리창이 박살났다. 이틀간의 격렬한 시위로 경찰차량 6대가 전소, 12대가 파손되고 21개 파출소가 파괴 방화되었으며 많은 시민, 학생이 연행되고 다수가 군사재판에 회부되었다.

박정희는 부산에서 이틀째 유신철폐의 격렬한 시위가 계속되는 시간에 청와대 영빈관에서 유신 7주년을 축하하기 위해 공화, 유정회 의원들을 초청하여 흥겨운 파티를 벌이고 있었다. 부산시위로 파티를 중도에 끝내고 청와대 집무실로 돌아온 박정희는 최규하 국무총리에게 부산지역에 비상계엄령을 선포할 것을 지시했다.

이어서 열린 임시국무회의는 부산에 계엄령을 선포할 것을 의결, 18일 0시를 기해 정부는 부산직할시 일원에 비상계엄령을 선포했다.

박 대통령은 계엄선포와 함께 발표한 담화문에서 부산의 시위군중을 "지각없는 일부 학생들과 불순분자들"로 규정했다.

부산지구 계엄사령관으로 임명된 박찬긍 육군중장은 포고문을 통해 일체의 집회·시위를 금지하고, 대학의 휴교를 명령하는 한편 무장 군인들을 시내 요소마다 배치했다. 그러나 학생과 시민들은 공수단의 무자비한 진압에도 불구하고 계엄해제를 요구하며 시위를 계속하는 가운데 시위는 마산으로 번져갔다.

부산시민들과 학생들의 유신체제에 대한 항의시위 소식이 마산에 전해지면서 학생들이 술렁거리기 시작했다. 부산에서 버스로 불과 1시간 거리에 있는 마산은 생활권이 부산과 직결되어 있기 때문에 부산에서 일어난 모든 일들은 곧바로 알려졌다.

경남대생 500여 명은 18일 오후 "지금 부산에서는 우리의 학우들이 유신독재에 항거하여 피를 흘리고 있다.", "3·15의거의 정신을 되살리자."면서 시위를 벌이고, 이 중 일부 학생들은 시내로 진출하기도 했다. 학생들이 무학초등학교 앞에서 경찰에 난폭하게 연행되자 시민들까지 합세하여 공화당사를 박살내고 양덕파출소를 파괴했다. 1960년 3월 이래 19년 만의 항쟁이었다. 시위군중들은 어둠이 짙어질수록 더욱 수가 늘고 격렬해져 산호동파출소가 불탔으며, 이어 북마산파출소, 오동동파출소가 완전히 파괴되었다. 밤 9시 30분경 늘어난 경찰 지원병은 시위대들이 점거하고 있던 중심가 남성동파출소를 중심으로 시위군중들과 대치하게 되었다.

마산 시민, 학생들의 시위는 19일 저녁에는 수출자유지역의 노동자와 고등학생들까지 합세, 더욱 격렬해졌다. 19일 새벽 3시까지 학생, 시민들의 시위는 끊임없이 계속되었다.

부산사태가 마산으로 옮겨붙어 더욱 격렬한 양상으로 치닫자 정부는 20일 정오를 기해 마산지역 작전사령관 명의로 마산시 및 창원출장소 일원에 위수령을 발동했다. 위수령 발동과 함께 마산시내에 즉각 군을 진주시켜 시청, 경찰서 등 정부기관과 언론기관, 각 대학교에 대한 경계에 들어갔다.

　　4일 간의 시민, 학생 봉기를 통하여 부산에서 1,058명, 마산에서 505명 등 총 1,563명이 연행되고, 학생, 시민 87명이 군사재판에 회부되었으며, 651명이 즉결심판에 넘겨지는 등 심한 수난을 겪었다. 부마항쟁은 대학생과 일부 고등학생, 시민, 노동자들이 참여하는 시민항쟁으로 전개되었다.

　　부마민중항쟁은 계엄령과 위수령으로 막을 내렸지만 불씨는 사그라들지 않았다. 16일에는 이화여대, 19일에는 서울대와 전남대, 24일에는 계명대의 시위 등 학생시위는 수그러들 줄 모르고 전국으로 확산되었고, 마침내 10·26사태를 촉발시키는 뇌관이 되었다.

23장

궁정동 술판과 피살
그리고 김재규

10·26, 노루·꿩 급사 등 '재이災異 증상'

　동양에서는 오래 전부터 재이災異 즉 자연계의 재해나 이변 현상을
'재이'라 하여 경외해 왔다. 홍수·충해·가뭄 등 인간생활에 큰 해를 끼
친 것을 '재災', 일식·혜성·동물의 이상한 행동 등 정상적인 현상과는
다른 것을 '이異'라고 불렀다.

　　천자天子 등의 인간계의 부덕함에 대해서 하늘은 먼저 재해를
내리고, 이어서 괴이怪異를 내린다고 한다. 이처럼 자연계의 이상한
현상과 인간계(특히 위정자)의 도덕적·정치적인 양태를 연결시켜 후
자를 원인으로 한 결과, 전자가 발생했다는 인간관계설을 재이설이
라고 한다.

　　또한 재이와 본질적으로 같은 성격을 지니고 있지만 정반대의
관계가 있는 것으로 상서祥瑞 또는 부서符瑞가 있다. 그것은 상서로
운 조짐이라는 의미로, 천자 등의 위정자가 도덕적·정치적으로 선

을 행하는 경우, 하늘이 그것을 어여삐 여겨 내리는 길조吉兆를 가리킨다. 구체적으로 기린·봉황·감로甘露·서운瑞雲 등을 가리킨다.[1]

21세기 과학문명으로 무장한 현대인에게 재이나 상서 증상은 '이변' 정도로 가볍게 취급된다. 인공지능(AI)·3D프린터·가상현실(VR)·사물인터넷(IOT) 등 이른바 4차산업혁명기의 현대인에게는 더욱 그러하다.

그럼에도 불구하고 지구촌 곳곳에서 가끔 나타나는 재이 현상은 사람들의 시선을 집중시킨다. 1979년 10월 26일 박정희 최후의 날에 '재이 증상'이 나타났다. 그 이전에도 몇 차례 더 있었다. 박정희는 이날 오전 충남 삽교호 방조제 준공식에 참석한다.

그날 삽교천 행사에 참석한 대통령을 수행했던 신현순 씨의 증언이다.

행사를 마친 각하께서 전용 헬기편으로 도고온천에 도착할 때 그곳 호텔 측에서 우리에 가둬 키우던 노루 한 마리가 헬기 굉음에 놀라 뛰다 철책에 머리를 부딪쳐 즉사했지요. 선발팀으로 행사 전에 경호 요점을 체크하면서 호텔 사장에게 "노루들을 잠시 다른 곳으로 옮기자"고 종용했으나 안 먹혔어요.

게다가 여기서 헬기 3대 중 1대가 고장나는 불상사도 있었습니다. 어쨌든 호텔에서의 오찬은 예정대로 열렸지요. 그 지역의 한건수 신민당 의원도 오찬에 참석했는데 대통령은 오찬장을 떠나면서 야당이 의원직 사퇴서를 제출한 일을 의식한 듯 "한 의원만이라도 국회에 들어오시오"라고 말을 건넸지요. 내가 들은 각하의 마지막

말이었어요.[2]

10·26사태를 전후하여 발생한 재이 증상은 더 있었다.

이보다 1주일 앞서 당시 (청와대) 경호과장이던 함수룡 씨는 매우 기분 나쁜 일을 겪는다.

이른 아침 경호관 숙소로 꿩 한 마리가 날아들더니 숙소 벽에 머리를 부딪고 죽어버리는 거예요. 우리는 직책상 육감을 중요하게 여겨 지난밤 꿈자리가 나빠도 동료에게 알려 경계 태세를 더 강화하곤 했어요. 나는 누가 볼까봐 꿩의 시체를 얼른 치워버렸습니다. 기분이 찜찜했어요.

함씨는 10·26 당일 저녁 청와대 본관 경호 책임자로 근무하게 된다. 그는 이날 사건 발생 직전 또 한 차례 '징조' 같은 일을 겪는다.

궁정동에서 첫 총소리가 나기 5, 6분쯤 전이었습니다. 초소 근무자가 "본관 지붕 위에 이상한 것이 날아와 앉아 있다"고 보고해왔어요. 적의 폭발물이 아닌가 싶어 급히 나가봤더니 날이 어두운 가운데도 두 세살 난 어린애만한 커다란 새 한 마리가 지붕 꼭대기에 앉아 꾸르룩 꾸르룩 울고 있는 모습이 보였어요. 부엉이 같다는 생각이 들었습니다. 60년대부터 청와대에서 근무해왔지만 근처에선 처음 보는 동물이었지요. 어쨌든 위험물은 아니라고 판단하고 다시 당직실로 들어오려는 순간 어디선가 탕, 탕 하고 총소리가 연달아 터지더군요.

이때가 79년 10월 26일 오후 7시 42분이었다. 함구룡 경호 5과장은 처음에는 가끔 있는 오발 사고려니 생각했다. 그러다가 '두 발을 연달아 오발하는 경우는 거의 없지 않은가' 하는 데 생각이 미쳤다. 외곽 초소에 알아보니 '궁정동 방향'이라는 보고였다. 수경사 30경비단 상황실에 문의해도 그 이상의 상황 설명은 나오지 않았다.[3]

1972년 12월 27일 박정희가 유신대통령, 그러니까 통합 네 번째 대통령(제8대)에 취임하던 날이다. 서울 장충체육관에서 대통령 취임식이 성대하게 거행되었다.

바람 한 점 없는 밀폐된 실내 체육관이었다. 사실 대통령취임식은 중앙청 앞 광장에서 하는 것이 관례였다. 그러나 경호상의 문제 때문에 실내로 변경되었다. 통일주체대의원과 극히 제한된 인사들만 초청됐고 밖에는 삼엄한 경계가 쳐졌다. 박 대통령이 취임선서를 마치고 카랑카랑한 목소리로 취임사를 낭독하기 시작했다.

그때 어디선가 우지끈하는 소리가 들렸다. 단상 옆에 세워둔 거대한 국기게양대가 흔들흔들하더니 중간에서 탁 꺾여졌다. 태극기가 바닥에 떨어졌다. 취임사를 낭독하던 박 대통령이 깜짝 놀라 몸을 피했다. 장내는 잠시 수라장이 되었다. 제4공화국이 출범하는 순간의 이 해프닝은 이를 지켜본 이들에게 상서롭지 않은 조짐으로 새겨졌다.[4]

야수의 마음으로 유신의 심장을 쏘다

박정희의 절대권력은 중앙정보부와 국군보안사가 외곽을 맡고 청와대 경호실이 내곽을 책임지고 군부는 전두환의 보안사 구조로 운영되었다. 그래서 차지철 경호실장과 김재규 중정부장 사이에 암투가 치열했다. 절대권력자의 총애를 둘러싸고 벌어진 2인자 경쟁이었다. 햇볕이 들지 않는 곳에 곰팡이가 슬듯, 음습한 권력의 뒤편에서는 '구더기'가 들끓기 마련이다.

박 정권 말기에는 차지철의 위세가 김재규를 압도했다. 그의 호가호위는 가히 거칠 것이 없었다.

5·16혁명 당시 육군대위였던 차지철은 2성 장군 출신으로 군의 대선배인 김계원 비서실장을 "내 방으로 좀 내려오세요"라고 하는가 하면 김재규 중앙정보부장이 대통령에게 급히 보고하는 것도 때로는 "각하의 몸이 불편하니 오늘은 보고할 수가 없다"고 막기도 했다. 그 대신 차 실장은 개인 정보조직을 이용하여 중앙정보부보다 앞서 대통령에게 수시로 정세보고를 했다.

김재규 부장은 차지철의 이러한 횡포에 골머리를 앓고 있었다. 더구나 대통령이 이러한 차지철 실장을 김재규 부장보다 훨씬 편애한다는 사실은 심각한 문제였다.[5]

10월 26일 저녁 청와대 옆 궁정동의 중앙정보부 밀실의 모습이다.

"탕! 탕!"

두 발의 권총소리는 초저녁 궁정동의 적막을 깼다. 간발의 차이를 두고 십수 발의 총성이 콩 볶듯이 뒤를 이었다.

1979년 10월 26일 저녁 7시 42분, 박정희 대통령은 궁정동 안가에서 김재규의 총탄에 맥없이 쓰러졌다. 박정희의 절대통치 18년이 막을 내리는 순간이었다.

"형님, 각하를 좀 똑바로 모십시오."

"각하, 이 따위 버러지 같은 놈을 데리고 정치를 하니 정치가 올바로 되겠습니까."

"차지철이 이놈!"

"탕!"

김계원 비서실장과 박정희 대통령에게 마지막 '건의'를 올린 김재규는 곧바로 차지철을 향해 권총을 뽑아들었다.

순간 연회석은 아수라장으로 돌변했다. 차지철은 권총을 낚아채려고 오른팔을 내밀었고 동시에 김재규는 방아쇠를 당겼다. 총탄은 차지철의 오른손 팔목을 꿰뚫었다.

"김 부장, 왜 이래, 왜 이래……."

"이거 무슨 짓들이야!"

"탕!"

차지철과 박 대통령의 고함소리는 곧이어 터진 또 한 발의 총성에 묻혀버렸다. 김재규가 자리에서 일어서면서 쏜 총탄은 박 대통령의 오른쪽 가슴 윗부분을 뚫고 들어가 등 아래 쪽 중앙부위를 관통했다.[6]

1961년 5·16으로부터 1979년 10·26까지 만 18년 5개월 10일 동안 절대권력을 휘두르며 군림해 온 박정희 대통령은 중앙정보부장 김재규의 총격으로 생애를 마감하고 동시에 1인독재의 막이 내렸다.

궁정동 만찬장의 살해 현장을 재연하고 있는 김재규

　박정희의 신임을 받던 김재규는 이 무렵 정보업무 수행과정에서 무능하다는 이유로 박정희로부터 몇 차례 힐책을 받은 데다, 대통령에게 올리는 보고나 건의가 차지철 경호실장에 의해 번번이 제동이 걸리는 등 박정희와 차지철에게 불만이 쌓여 있었다. 마침 궁정동에서 박정희와 만찬을 함께 할 기회가 생기자 이 기회에 암살하기로 결심, 계획을 실행할 준비를 하는 한편, 정승화 육군참모총장과 김정섭 중앙정보부 차장보를 궁정동 별관에 대기시켰다.

　이날 저녁 6시 5분경 만찬이 시작되었고 식사 중 박정희가 부마사태를 중앙정보부의 정보부재 탓으로 돌려 김재규를 힐난한 데 이어 차지철이 과격한 어조로 그를 공박하자 흥분한 김재규는 밖으로 나와 2층 집무실에서 권총을 갖고 만찬회장으로 돌아오는 길에 직속부하 박흥주와 박선호에게 "총소리가 나면 경호원을 사살할 것"을 지시, 7시 35분경 차지철과 박정희에게 각각 2발씩 쏘아 두 사람을 절명시킴으로써 18년간의 1인 독재정권과 유신체제는 종말을 고하게 되었다. 김재규는 야수의 마음으로 유신의 심장을 쏘았다고 했다.

사건 직후 전두환 보안사령관은 김재규를 대통령 살해범으로 체포하고 최규하 국무총리가 대통령 권한대행으로 취임하여 27일 새벽 4시를 기해 전국에 비상계엄을 선포했다. 이 사건으로 김재규·김계원·박흥주·박선호에게 사형이 선고되었고, 김계원을 제외한 나머지 전원은 80년 5월 광주항쟁의 와중에 사형이 집행되었다. 박정희의 장례식은 11월 3일 국장으로 거행되어 국립묘지에 안장되었다.

김재규는 법정에서 10·26거사에 대해 자유민주주의의 회복을 위한 민주혁명이었다고 진술하면서, 자신이 유신의 심장부를 쏘았기 때문에 수많은 국민의 생명을 구하게 되었다고 주장했다. 그는 또 대통령 경호실장 차지철이 "캄보디아에서 300만이나 희생시켰는데 우리는 100만이나 200만 명 정도 희생시키는 것쯤이야 뭐 문제냐"고 말하는 것을 듣고 소름이 끼쳤다고 진술했다.

박정희 영결식 장면

박정희의 죽음은 유족과 측근, 유신정권 그리고 각종 특혜와 감투를 썼던 사람들에게는 하늘이 무너지는 충격이었지만, 그에 의해 목숨을 잃거나 투옥·수감중인 그리고 민주주의를 원하는 시민들에게는 복음이었다. 아돌프 히틀러의 죽음에 대해 『뉴스위크』는 "이번 한 번만은 죽음이 인간의 입술에 미소를 가져다 주었다."고 보도했었다.

유신정권이 얼마나 허약한 구조였는지, '1인 의존집단'에 불과했는지는 그의 사망과 함께 유신체제가 붕괴된 것으로 입증되었다. 뿐만 아니라 유신쿠데타 이후 "유신만이 살 길이다"라고 입에 거품을 물었던 정상배들, '유신예찬론'을 폈던 언론인·학자들도 모두 입을 다물었다. 유신체제가 아무리 당위성과 시대적 명분론을 내세웠어도 결국 '박정희에 의한 박정희를 위한 박정희의' 1인 권력구조였음이 드러났다. 민주주의를 허물고 그 터에 세운 가건물이 사상누각이었음을 그의 사망과 함께 입증된 셈이다.

김재규의 최후 진술, '민주회복 만세!'

김재규는 군사재판의 비공개 최후진술에서 많은 국민의 희생을 막기 위해 대통령 한 사람을 제거할 수밖에 없었다고 거사의 의도를 밝혔다. 그는 자신의 거사를 '10·26혁명'이라고 호칭했다. 최후진술 중 일부를 소개한다.

10·26혁명은 이 나라 건국이념이요, 국시인 자유민주주의 회복을 위하여 혁명한 것입니다. 자유민주주의는 우리가 6·25를 통하

여 수난을 겪으면서 많은 사람의 생명을 바쳐 지켜온 것입니다. 이 혁명이 어찌하여 내란죄로 심판받느냐. 자유민주주의는 3천 7백만 우리 국민이 갈구하고 있는 게 사실인 것입니다. 또한 10·26 혁명은 순수한 것입니다. 집권욕이나 사리욕이 있는 게 아닙니다.

오로지 자유민주주의 회복을 위해서입니다. 10·26혁명의 결과 자유민주주의 회복은 보장되었습니다. 최 대통령도 대행으로 있을 때 공약하지 않았습니까? 최 대통령은 현 임기를 마치지 않고 도중에서 그만둔다고 했는데 이는 과도정부를 의미하는 것이고, 그 과도는 자유민주주의로 이행하는 과도가 아니겠습니까?

따라서 10·26혁명은 완전히 달성되었습니다. 국회에서도 긴급 조치 9호의 해제 결의를 했습니다. 10·26혁명이 없었던들 이런 일이 어떻게 일어날 수 있었으며 꿈이라도 꿀 수 있는 일입니까? 이 또한 이 혁명의 성공을 입증하는 것입니다. 10·26혁명은 5·16혁명이나 10월 유신에 비하여 정정당당한 것입니다.

10·26혁명은 서슬이 시퍼렇고 막강한 유신체제를 정면에서 도전하여 타파하는 데 성공했습니다. 그리하여 민주회복 혁명은 완전 성공한 것입니다. 역사상 가장 정정당당한 혁명입니다. 무혈 혁명이 혁명으로는 가장 바람직한 것이기는 합니다. 그러나 무혈 혁명이 안 될 때는 최소한의 희생이 따르고, 최소한의 희생은 불가피한 것입니다. 박 대통령은, 민주회복과 그 자신의 희생은 숙명적으로 불가분의 관계에 있어 그 희생 없이는 민주회복이 안 됩니다.

박 대통령을 잃은 것은 매우 가슴 아픈 일이고 마음 아픔을 비할 데가 없습니다. 그러나 유신 이후 7년이 경과되었고, 영구집권이 보장된 이상 최소한 20년 내지 25년 내에는 자유민주 회복이 안

됩니다.

마음 아프지만 국민들의 희생을 막기 위하여 이 혁명은 필연성이 있는 것입니다. 우리들 모두 감상적이고 감정이 몹시 앞서 있기 때문에 사리판단에 있어서 지나치게 판단하기 쉽습니다.

많은 사람이 구속되었습니다. 이 불은 영원히 꺼지지 않고 계속 번져 나갔습니다. 정보부장으로서 파악한 바에 의하면 유신체제를 유지하려면 정부와 국민 간에 치열한 공방전이 벌어집니다. 이승만과 박 대통령을 비교하면 이승만은 그만둘 때 그만둘 줄 알았으나 박 대통령은 많은 국민이 희생되더라도 그만둘 사람이 아닙니다.

본인은 이를 알기 때문에 유신의 지주 역할을 담당한 사람이지만 더 이상 방관할 수 없어 뒤돌아서서 그 원천을 두드려 부순 것입니다. 10·26 혁명의 목적은, ▲자유민주주의 회복 ▲국민의 보다 많은 희생을 막고 ▲적화 방지(건국 이래 미국 관계 가장 나쁘다) ▲민주 회복으로 미국과의 관계를 회복하고 국방·외교·경제상 국익 도모 ▲국제사회에서 독재국가라고 손상된 명예를 회복하고 국제사회에서 한국인의 명예를 회복한다는 것입니다. 그런데 위 모두가 10·26 혁명 결행으로 해결이 보장되었습니다.

한 마디 확실히 말할 것은, 나는 결코 대통령이 되려는 생각이 없었습니다. 나는 군인이요 혁명가이고, 군인이 정권을 잡으면 독재자가 될 우려가 있습니다. 내가 독재를 마다하고 혁명한 사람이 다시 독재의 요인을 만들겠습니까?

나는 개인의 의리를 배반하고 대통령 무덤 위에 올라갈 정도로 그렇게 타락하지는 않았습니다. 혁명의 결행은 성공했으나 혁명과업은 수행 못했습니다. 이 나라에는 5·16 이후 19년 동안 많은 쓰레기가 꽉 들어차 있습니다. 이런 쓰레기 위에 자유민주주의가 회복을 한다면 출발과 동시에 자유민주주의가 또 곤욕을 치르게 되고, 나아가서는 자유민주주의가 나쁘다는 애매한 수모를 겪게 됩니다.

나는 모든 것을 체념하고 가만히 눈감고 생각하면 내 혁명이 원인이 되어 혼란이 오고 국가마저 흔들릴까 봐 큰 걱정입니다. 최 대통령께 지금도 말씀 드리고 싶습니다. 감상에 사로잡히지 말고 나를 끌어내어 나와 같이 혁명과업을 수행합시다. 국가를 반석 위에 올려놓읍시다. 진정 나라를 생각한다면 이성으로 돌아가 냉혹하게 정치 현실을 판단해야 합니다.

심판관님께, 재판장님께, 연일 공판에 매우 피곤한데도 장황한 이야기 경청해주어 고맙습니다. 마지막 하직해도 고마움 간직하겠습니다. 자유민주주의 회복을 20~25년 앞당겨놓았다는 자부 가지고 나는 갑니다. 자유민주주의의 만발을 보지 못하고 나는 가는 것이 유감스러울 뿐입니다. 대한민국의 앞날에 자유민주주의 만발하기를 기원합니다.

10·26 민주회복 국민혁명 만세!

대한민국 자유민주주의 만세!

세상을 하직하고 가면서 자유민주주의 회복 보지 않고 가니 한입니다. 그러나 모든 것 기약되었으니 웃으며 갈 수 있습니다. 나에게는 소신에 의한 행동이니 그에 알맞는 형벌을 내려주십시오.

끝으로 나의 부하들은 착하고 순한 양 같은 사람들입니다. 무조건 복종했고 선택의 여유나 기회를 주지 않았습니다. 모든 것이 저에게 책임이 있습니다. 저 하나가, 중앙정보부장 지낸 사람이 총책임지고 희생됨으로써 충분합니다. 저에게 극형을 주고, 나머지는 극형만 면해주도록 부탁합니다.

특히 박 대령은 단심(현역 군인이라서, 필자)이라 가슴 아픕니다. 매우 착실하고 결백하며 가정적인 사람입니다. 청운의 꿈이 있던 사람입니다. 군에서 곤란하더라도 여생을 사회에서 봉사할 수 있도록 극형을 면해주시기 바랍니다.

김재규 구명운동과 사후 평가

김재규의 박정희 암살에 대해 여론은 크게 두 갈래로 전개되었다. 진보 민주세력은 의거義擧로, 보수세력은 시해弑害로 불렀다. 언론은 대부분 '시해'라고 썼다. 시해란 임금을 죽인다는 봉건시대의 용어이다. 2017년 박근혜 탄핵정국에서 일부 지지자들이 '박근혜 마마' 운운할 정도로 한국의 보수계열 중에는 왕조시대의 잔재 의식이 남아 있다.

10·26사태 후 전두환 중심의 신군부는 12·12군부반란을 통해 군권을 장악하고 김재규 등 관련자들을 군사재판에 회부했다. 민주인사들의 구명운동이 전개되었으나 신군부는 1980년 5월 광주민주화운동의 기간에 재심의 기회도 주지 않고 김재규 등을 사형시켰다.

전두환은 박정희의 5·16쿠데타 당시 육사생도들을 이끌고 쿠데타 지지 가두시위를 한 이래 박정희의 총애를 받으며 군내의 정치군인 비밀조직 하나회의 수령급이었다. 10·26 당시 보안사령관으로서 이 사건의 수사를 빌미로 계엄사령관인 정승화 육군참모총장을 구속하는 등 폭거를 일삼고, 김재규 재판을 사실상 주도했다.

이 같은 상황에서 10·26 거사의 본질은 제대로 규명되지 않았고, 계엄령 하의 언론은 재판과정을 사실적으로 보도하지 못하였다. 구명운동도 활기차게 전개하기 어려웠다. '10·26의거'로 판단하는 인사(단체)들의 의견을 뽑았다. 함세웅 신부, 정의구현사제단, 강신옥 변호사, 광주·전남 김재규 추모모임 송죽회, 효림 스님순이다.

　　(김재규는) 3군단장에서 유정회 국회의원을 거쳐 중앙정보부 차장으로 옮긴 뒤에도 역시 유신헌법은 안 되겠다는 마음이 점점 굳어져 독재체제를 내 목숨 하나 바쳐 바꾸어 버릴까 하는 생각을 갖기 시작하다가 마침 74년 9월 건설부 장관으로 발령받고 발령장을 받으러 가는 때 박 대통령을 쏘고 피고인도 자결하여 독재체제를 무너뜨리려는 결의를 갖고 국민과 어머니, 집사람, 딸 및 남동생들에게 전할 유서 다섯 통을 준비하여 자택 피고인 책상 서랍 속에 넣어두고 조그마한 태극기의 네 면에 민주, 민권, 자유, 평등이라 쓴 것을 피고인의 포켓 속에 넣고 사령장을 받으러 들어갔으나 결행하지 못하고, 위 유서들과 태극기는 그대로 갖고 있었다가 대통령의 75년 초도 순시 때에 똑같은 생각으로 건설부 장관실에 있는 태극기의 축 늘어진 귀퉁이를 면도칼로 잘라서 그 속에 권총을 넣어 두었다가 순시하는 대통령을 피고인의 목숨과 함께 끊겠다고 결의했다가 막상 대통령과 만난 뒤 대화해 보면 모진 마음이 약해져서 그 생각을 버리고 위에 말한 유서들과 태극기를 태워 버렸다는 것입니

다.(변호인단의 항소이유서)

　사실 김재규 부장 자신은 이 거사를 10·26혁명이라고 했다. 이미 그는 군 재직 중에 그리고 건설부장관 재임 중에 늘 유신의 핵을 제거해야 한다고 생각하고 시도했었다. 그는 또한 중앙정보주장 재직시에도 집에서 붓글씨를 쓸 때 자유, 민주, 민권, 평등, 위민주정도爲民主正道 등의 단어를 쓰면서 이 지향을 확인했다.

　그는 박정희와 육사 동기동창생으로 누구보다도 박정희의 품성과 연륜을 잘 알고 있었으며 더구나 말년에는 그의 충직한 부하이기도 했다. 그러한 그가 과연 차지철 등과의 갈등으로 생긴 문책과 좌천의 위기감으로 그 엄청난 일을 감행했을까.

　그는 누구보다도 박정희의 사생활 비밀과 비행 그리고 근혜·근영·지만 등 박 대통령의 세 자녀 중 두 자녀의 문제된 사생활과 부도덕한 내용을 잘 알고 있었고 이를 여러 차례 박 대통령에게 직접 보고하여 개선토록 청원했으나 매번 묵살 당했던 점을 또한 증언하고 있다. 공사公私를 구분 못하는 박정희 대통령에 비해 그는 공인으로서의 임무를 늘 생각하며 고민했던 공직자였다.[7](함세웅 신부)

　우리는 김재규 피고인의 진술에서, 대의를 위하여 소의를 희생시킬 수 밖에 없었던 안타까움의 토로를 통하여 그의 인간적인 고뇌를 읽어볼 수 있습니다. 따라서 우리는 박정희 대통령의 죽음이라는 충격과 그에 따른 감정으로부터 벗어나 10·26사태의 의미에 대한 냉철한 판단과 자세를 정리할 필요가 있다고 생각합니다.

　그러한 의미에서 1, 2심의 재판과정은 10·26사태의 의미를 확인하고자 하는 국민적 관심에 비추어 지나치게 인색하였고 졸속한 것이 아니었나 하는 의구심을 갖고 있습니다. 10·26사태의 영예로운 수습은 역사와 국민 앞에 한 점 부끄러움이 없는 방향에서 이루어져야 할 것입니다.[8](정의구현사제단)

김재규 장군이 목숨을 바쳐 유신정권의 막을 내리게 하고, 긴급조치로 구속된 많은 사람들을 석방되게 함으로써 민주회복을 2, 30년 앞당기게 한 것은 부인할 수 없습니다. 김재규 장군이 생명을 바쳐 유신의 심장을 멈추게 한 의로운 행동을 한 역사적 선물을 제대로 관리하지 못하여 반동적인 결과가 일어난 것은 우리들의 지도자를 비롯하여 민주세력 전체의 역량부족 때문이었다고 봐야 합니다.

그런 뜻에서 우리들은 김재규 장군이 내란목적 살인죄란 파렴치범인으로 재판을 받고 사형 당한 것은 잘못된 역사적 심판이고 김재규 장군의 10·26의거야말로 나라를 위해 목숨을 바친 거사로 보아야 하고, 그의 명예를 회복시켜 주어야 한다고 생각하여 '10·26 재평가와 김재규장군 명예회복"을 위한 모임을 만들게 된 것입니다.[9](강신옥 변호사)

18년 긴 세월동안 모든 국민이 인간이기를 거부당해야만 했던 어두운 시절, 무소불위의 권력 앞에 바른 말을 할 수 없는 비참한 현실 속에 자유, 민주를 향한 김재규 의사의 굳은 신념조차 권력에 눈이 어두워버린 독재자 박정희에 의하여 무참히 짓밟히고 말았음은 이미 부마항쟁과 일련의 민주화투쟁 과정에서 분명하게 드러났었다.

그럼에도 불구하고 경제적으로 어려운 오늘의 현실 때문에 개발독재의 전형이었던 박정희 전 대통령이 존경의 대상 인물로 미화되고 있는 어처구니없는 현상을 보면서 치밀어 오르는 분노와 함께 개탄을 금할 수 없다.[10](광주·전남 김재규 추모모임 송죽회)

역사란 무엇입니까?

'하느님은 역사 속에 살아 계신다 했습니다.'

'보살菩薩은 역사를 깨닫는다고 했습니다.'

조용히, 아주 조용히 가슴에 손을 얹고 물어 봅니다.

'너희가 역사를 아느냐?'

오호통재嗚呼痛哉라!

장군將軍이시여!

김재규 장군이시여!

당신은 우리에게 빛나는 역사입니다.[11](효림 스님)

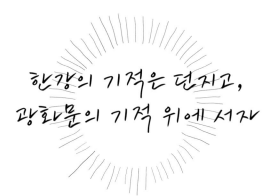

한강의 기적은 던지고,
광화문의 기적 위에 서자

　역대 대통령 중 박정희만큼 호불호가 극단적으로 갈리는 인물은 드물 것이다. 좋아하는 측은 가히 신주에 가깝고 싫어하는 측은 저주에 이른다. '반신반인'으로 추앙하거나 5천년 가난을 극복한 근대화의 선구자로 떠받드는 사람들과, 헌정질서를 두 차례나 뒤엎은 반란군 두목 그리고 정경유착과 지역차별을 조장시킨 정상배로 치부하는 사람들의 인식에는 차이가 넓고 깊다.

　박정희의 생애를 추적하면서 '한강의 기적'을 이루었다는 경제건설의 업적에 많은 의문점을 모았다. 그의 집권기간에 비약적인 경제발전이 이루어진 것은 어김없는 사실이고, 유신 이후에 정력적으로 추진한 중화학공업과 수출위주의 경제정책은 타당한 측면이 없지 않았다.

　종교계에 "성경(불경)을 읽기 위해 촛불을 훔치는 행위가 정당한가."라는 오래된 명제가 전한다. 고대사회의 폭군들은 토목공사를 통

박정희의 모습

해 업적을 쌓으려 했고, 중근세의 군주들은 영토확장을 위한 전쟁으로 신민들의 지지를 얻고자 했으며, 근현대의 지배자들은 경제발전을 통해 권력을 유지 연장하고자 한다.

'역취순수逆取順守'라는 말이 있다. 폭력으로 권력을 취득했어도 다스릴 때는 순리로 해야 한다는 뜻이다. 정도전이 이성계에게 건의한 방책이었다. 문명사회라면 수단가치가 목적(목표)을 정당화할 수는 없다. 법과 도덕율은 이것을 규제하는 장치인 것이다. 박정희는 여러 차례 '경제발전'을 이유로 합법성과 정당성을 유린했다. 계엄령·위수령·휴교령·비상사태·긴급조치를 거듭했다. 18년 5개월의 집권기간 중 절반 이상이 헌법질서를 넘어서는 비정상의 통치행위였다. 민주·인권·자유·평등·공화·화합 등 현대사회의 보편가치가 실종되거나 소멸되었다. 민주주의는 형해만 남았다.

이런 속에서 추진한 근대화에도 부산물을 너무 많이 남겼다. 특정 지역의 특혜와 소외, 농어촌 낙후, 빈부격차, 중소기업 차별, 정경유착, 남북대립 심화, 노조탄압, 고위층 부패와 도덕적 타락 등 숱한 문제를 남기고 이것들은 현재진행형이다. 이른바 척폐의 대상에 속한다.

중앙정보부를 만들어 사회를 분열시키는 정보정치를 일삼고, 군부 내 정치군인들의 하나회를 조장하여 군전력 약화와 5·17쿠데타를 일으킨 토양을 만들었다. 비판언론을 탄압하고 관제언론을 육성하여 언론계를 부패시켰는가 하면, 어용교수들을 요직에 등용하여 지식인들을 타락시켰다. 근대화의 주역인데도 노동자들은 여전히 저임금과 공해·탄압의 대상이고 소수의 재벌·특권층은 대를 이어 단군 이래의 호화·사치생활을 한다.

박정희가 남긴 여러 가지 유산 중에는 풀어야 할 시급한 과제가 있다. 첫 번째는 독도문제를 들 수 있다. 아베 신조 일본 정부에서 중고등학교 교과서에까지 싣는 '독도는 일본 땅'이란 주장의 배경이다. 박정희는 1965년 5월 18일 한일 수교 문제를 해결하기 위해 딘 러스크 미국무장관에게 "독도를 폭파시켜 없애버리고 싶다"[1]고 말했고, 이후 한일간에 독도문제를 덮어두고 협약을 맺었다는 '독도밀약설'이 나돌았다. 아베 정부가 저렇게 막무가내로 나선 이유가 '밀약'의 배경이라는 것이다.

> 박 대통령은 일본과의 협상에서 작지만 화나게 하는irritating 문제가 독도(다케시마)라고 말했다. 이 섬은 일본해에 있는 무인도인데 한국과 일본 모두 (영유권을) 주장한다. 한국 경찰이 독도를 실질적으로 경비하고 있고, 한국인들은 독도가 역사적으로 한국에 속한다고 생각한다. 일본인들도 비슷한 주장을 하고 있다. 박 대통령은 문제 해결을 위해 독도를 폭파해 없애버리고 싶다고 말했다.[2]

두 번째는 10·26사태 후 보안사령관 전두환은 청와대 집무실 비밀금고에서 현찰 10억 원을 발견하여 6억 원은 유족(박근혜)에게 주고 나머지는 '통치자금'으로 사용했다고 한다.(박근혜는 제18대 대선 당시 이 돈을 국고에 환원하겠다고 약속했지만 지키지 않았다)

해외의 비밀계좌에 거액이 예치되었고, 최순실의 천문학적인 국내외 재산의 공동주인이 박근혜라는 것, 이 돈의 출처가 최순실의 아버지 최태민의 재산으로, 최태민이 박정희 정권 시대 치부한 배경과, 특히 해외 도피 재산의 규모·환수와 실제 주인을 밝혀야 한다.

세 번째는 박정희(정권)가 갈취한 사유재산을 원주인에게 돌려주고 그동안 '장물'에서 부당 이득을 취한 자들의 재산을 사회에 환원시켜야 한다.

네 번째는 김대중 살해납치 미수와 장준하 암살 지령자 등 그동안 진실이 규명되지 않은 사건의 진상규명으로 박정희의 책임 (또는 무고함)을 밝혀야 한다. 한 언론인의 칼럼을 소개한다.

> 밤낮없이 죽기살기로 일해 산업화를 이루고도 공로를 자신들이 아니라 독재자에게 돌리고 그것으로도 모자라 그 딸까지도 떠받든 것은 우리 사회 또한 근대적 이성과 과학이 아니라 봉건적 사고의 지배를 받았다는 뜻일 게다. "아버지 어머니 잃은 박근혜가 불쌍하다"거나 그의 아버지 어머니가 제 고향 사람이라는 게 선택의 이유라면 중세적 주술이나 미신과 다르지 않다. 그렇게 탄생한 정부가 경제·안보 등 어느 것 하나 제대로 할 수 없는 것은 당연하다. 전근대적 정신세계로 21세기를 이끄는 것은 애초부터 불가능하다.[3]

박정희는 개인적으로나 가족적으로 불행한 사람이다. 일본군 장교로 입신起하여 군사쿠데타를 일으키고承 유신쿠데타로 권력을 영구화하다가 종말轉하고 딸 박근혜의 탄핵과 몰락으로結 '개발독재자'의 막을 내리게 되었다.

이와 관련 한 교수의 논평을 인용하면서 글을 마치고자 한다.

(…) 넘어야 하는 질곡은 천박하기 짝이 없는 한국자본주의 괴물이다. 박근혜의 몰락은 한 비리 정치인의 몰락에 그치지 않고 56년 망령처럼 우리 주위를 떠돌던 박정희 개발독재 신화의 확실한 종언이 되어야 한다. 개발독재로 얼마간의 번영을 누렸지만, 그것이 뒤틀린 산업화의 결과일 수 없다는 반박논리는 접어둔다 해도 결과적으로 공짜는 없었다.

산업화의 과실은 왜곡된 분배구조를 통해 불평등심화를 초래하고, 중산층을 붕괴시켰다. 세계화에 특화된 재벌기업과 자본은 부를 무한 축적했지만 대다수 국민들은 지속적 임금삭감과 자산하락으로 고통받아왔다.

더욱이 승자들의 패자들에 대한 손실전가 행위는 날로 더 심해지고 있으며, 최대의 희생자 중 하나는 나라의 미래인 청년세대다. 불평등과 갑질천국의 헬조선을 만든 한강의 기적은 던져버리고, 이제 대한민국은 광화문의 기적 위에 우뚝 설 때다.[4]

주

여는 말

1 카를 마르크스, 임지현·이종훈 옮김, 『프랑스 혁명사 3부작』, 277~278쪽, 소나무, 1990.

2 『오마이뉴스』, 2016년 12월 5일치.

3 김태일, 「박근혜 퇴진은 '박정희 신화' 청산 계기 돼야」, 『경향신문』, 2016년 11월 29일치.

4 강광화, 『경제개발 5개년 계획』 44쪽, 서울대학교출판부, 2000.

5 한상범, 『박정희, 역사 법정에 세우다』, 뒷표지, 푸른세상, 2001.

6 『시사IN』, 2016년 9월 17일치.

7 김삼웅, 「'혁명적 정화'의 길」, 『한겨레』 2016년 12월 13일치.

1장 출생과 성장시절

1 정광모, 『청와대』, 118쪽, 어문각, 1967.

2 박정희, 「나의 소년시절」(1970년 4월 26일 작성한 개인 회상노트).

3 전인권, 『박정희 평전』, 26쪽, 이학사, 2006.

4 위의 책, 25~25쪽.

5 조갑제, 『박정희의 결정적 순간들』, 24~25쪽, 기파랑, 2009.

6 신용구, 『박정희 정신분석, 신화는 없다』, 93~94쪽, 뜨인돌, 2000.

7 최상천, 『알몸 박정희』, 27쪽, 사람나라, 2004.

8 조갑제, 『내 무덤에 침을 뱉어라』 1, 353~354쪽, 조선일보사, 1998.

9 신용구, 앞의 책, 139쪽.

10 양성철, 『분단의 정치: 박정희와 김일성의 비교연구』, 71쪽, 한울, 1987.

11 전인권, 앞의 책, 52쪽.

12 조갑제, 『내 무덤에 침을 뱉어라』 2, 28쪽, 조선일보사, 1998.

13 위의 책, 29쪽, 재인용.

14 위의 책, 29~30쪽, 재인용.

15 전인권, 앞의 책, 56쪽.

16 조갑제, 『박정희의 결정적 순간들』, 26쪽.

17 최상천, 앞의 책, 94쪽.

18 전인권, 앞의 책, 60쪽.

19 신용구, 앞의 책, 139~140쪽.

2장 문경공립보통학교 교사가 되다

1 조갑제, 『내 무덤에 침을 뱉어라』 2, 77~79쪽, 조선일보사, 1998, 발췌.

2 전인권, 『박정희 평전』, 68쪽, 이학사, 2006.

3 위의 책, 142~143쪽.

4 조갑제, 앞의 책, 86~87쪽.

3장 만주군관학교와 일본육사 시절

1 김종신, 「인간 박정희의 사무라이식 정신구조」, 『월간 옵서버』, 1992년 1월호.

2 친일인명사전편찬위원회, 「박정희」, 『친일인명사전』 2, 106~107쪽, 민족문제연구소, 2009.

3 정운현, 『실록 군인 박정희』, 81쪽, 개마고원, 2004.

4 『만선일보』, 1942년 3월 24일치.

5 최상천, 『알몸 박정희』, 109~110쪽, 사람나라, 2004.

6 이준식, 「박정희의 식민지 체험과 박정희 시대의 기원」, 『역사비평』, 242쪽, 09년 겨울호.

7 친일인명사전편찬위원회, 앞의 책, 107쪽.

8 위의 책, 107쪽.

9 문명자, 『내가 본 박정희와 김대중』, 66~67쪽, 월간 말, 1999.

10 정운현, 앞의 책, 100쪽.

11 위와 같음.

12 위의 책, 101쪽.

13 위의 책, 102쪽.

14 신용구, 『박정희 정신분석, 신화는 없다』, 157쪽, 뜨인돌, 2000.

15 강상중·현무암 지음, 이목 옮김, 『기시 노부스케와 박정희』, 37쪽, 책과함께, 2012.

4장 조선경비사관학교 입학 남로당 관련 무기형

1 장준하, 『돌베개』, 326쪽, 세계사, 1997.

2 중앙일보특별취재팀, 『실록 박정희』, 97쪽, 랜덤하우스코리아, 1998.(이하 『실록 박정희』로 표기)

3 양성철, 『분단의 정치: 박정희와 김일성의 비교연구』, 81~82쪽, 한울, 1987.

4 『실록 박정희』, 앞의 책, 90쪽.

5 위의 책, 91쪽.

6 전인권, 『박정희 평전』, 96~97쪽, 이학사, 2006.

7 양성철, 앞의 책, 82쪽.

8 전인권, 앞의 책, 97~98쪽.

9 양성철, 앞의 책, 82쪽.

10 강상중·현무암 지음, 이목 옮김, 『기시 노부스케와 박정희』, 37쪽, 책과함께, 2012.

11 한상범, 『박정희 역사 법정에 세우다』, 5쪽, 푸른세상, 2001.

12 정재경, 『위인 박정희』, 94~95쪽, 집문당, 1992.

13 전인권, 앞의 책, 98쪽.

14 조갑제, 『내 무덤에 침을 뱉어라』 2, 199~200쪽, 조선일보사, 1998.

15 신용구, 『박정희 정신분석, 신화는 없다』, 178~179쪽, 뜨인돌, 2000.

16 조갑제, 앞의 책, 243~244쪽.

17 『실록 박정희』, 앞의 책, 68쪽, 재인용.

18 김형욱·박사월(김경재), 『김형욱 회고록』 제Ⅱ부, 35쪽, 교육도서, 1998.(이하 『김형욱 회고록』으로 표기)

19 조갑제, 앞의 책, 200~201쪽.

20 『실록 박정희』, 앞의 책. 69쪽,

21 『경향신문』, 1949년 2월 17일치.

22 정운현, 『실록 군인 박정희』, 141쪽, 개마고원, 2004.

23 위의 책, 147쪽.

24 『실록 박정희』, 71쪽.

25 하우스만 지음, 정일화 번역, 『한국 대통령을 움직인 미군대위』, 33~34쪽, 한국문원, 1995.

5장 무기수에서 구명·복직 후 쿠데타 음모

1 전인권, 『박정희 평전』, 106쪽, 이학사, 2006.

2 친일인명사전편찬위원회, 「백선엽」, 『친일인명사전』 2, 208~209쪽, 민족문제연구소, 2009.

3 김종필, 『김종필 증언록』 1, 116쪽, 와이즈베리, 2016.

4 전인권, 앞의 책, 106~107쪽.

5 김형욱, 『김형욱 회고록』, 38쪽.

6 장도영, 「나는 박정희를 신임했다」, 『신동아』, 1984년 7월호.

7 박목월, 『육영수 여사』, 57~59쪽, 삼중당, 1976, 발췌.

8 위의 책, 102쪽.

9 전인권, 앞의 책, 126쪽.

10 신용구, 『박정희 정신분석, 신화는 없다』, 184쪽, 뜨인돌, 2000.

11 박목월, 앞의 책, 126쪽.

12 한용원, 『한국의 군부정치』, 164쪽, 대왕사, 1993.

13 강성재, 『참 군인 이종찬장군』, 91쪽, 동아일보사, 1986.

14 위의 책, 95쪽.

15 위의 책, 19쪽.

16 전인권, 앞의 책, 146쪽.

6장 1950년대의 군대 생활

1 전인권, 『박정희 평전』, 146~148쪽, 이학사, 2006.

2 촌상남(村常男), 「한국군정의 계보」, 『한국 현대군정사』, 45~46쪽, 삼민사, 1987.

3 강성재, 『참 군인 이종찬장군』, 145쪽, 동아일보사, 1986, 재인용.

4 한용원, 『한국의 군부정치』, 167쪽, 대왕사, 1993, 재인용.

5 전인권, 앞의 책, 151쪽.

6 백선엽, 『대게릴라전: 아메리카는 왜 졌는가』, 29쪽, 도쿄 원서방, 1993.

7 김종필, 『김종필 증언록』 1, 112~113쪽, 와이즈베리, 2016.

8 강성재, 앞의 책, 135쪽.

9 신용구, 『박정희 정신분석, 신화는 없다』, 211쪽, 뜨인돌, 2000.

10 『사상계』, 1960년 1월호, 124쪽.

7장 5·16 군사쿠데타 전야

1 한국혁명재판사 편찬위원회, 『한국혁명재판사』 제1집, 915쪽, 1962.

2 한용원, 『한국의 군부정치』, 179쪽, 대왕사, 1993, 재인용.

3 강성재, 『참 군인 이종찬장군』, 167쪽, 동아일보사, 1986.

4 한국혁명재판사 편찬위원회, 앞의 책, 916쪽; 한용원, 앞의 책, 202쪽.

5 조갑제, 『내 무덤에 침을 뱉어라』 3, 235쪽, 조선일보사, 1998.

6 한홍구, 『대한민국사 02: 아리랑 김산에서 월남 김 상사까지』, 65쪽, 한겨레신문사, 2003.

7 김종필, 『김종필 증언록』 1, 32쪽, 와이즈베리, 2016.

8 한용원, 앞의 책, 203~204쪽.

9 앞의 책, 204쪽.

10 앞의 책, 205쪽.

11 하우스만 지음, 정일화 번역, 『한국 대통령을 움직인 미군대위』, 45쪽, 한국문원, 1995.

12 조갑제, 앞의 책, 112쪽.

13 강준만, 『한국 현대사 산책: 1960년대 편』 1, 150~151쪽, 인물과사상사, 2004.

8장 민주헌정 짓밟은 5·16쿠데타

1 김종필, 『김종필 증언록』 1, 25~26쪽, 와이즈베리, 2016.

2 김정기, 「5·16 당시 핸더슨의 회고 케네디, 5·16 진압 건의를 묵살」, 『신동아』, 1987년 5월호.

3 브루스 커밍스 지음, 김동노 외 옮김, 『브루스 커밍스의 한국현대사』, 500쪽, 창작과비평사, 2001.

4 박태균, 「5·16쿠데타와 미국」, 『역사비평』, 2001년 여름호, 75쪽.

5 정창현, 「5·16쿠데타는 미국이 주도했다」, 『월간 말』, 1993년 4월호.

6 정창현, 위의 책.

7 위와 같음.

8 정경모, 「박정희, 권력부상에서 비극적 종말까지」, 『역사비평』, 1991년 봄호, 217쪽.

9 돈 오버도퍼 지음, 이종길 옮김, 『두 개의 한국』, 65쪽, 길산, 2002.

10 하우스만 지음, 정일화 번역, 『한국 대통령을 움직인 미군대위』, 53쪽, 한국문원, 1995.

11 위의 책, 54쪽.

12 위의 책, 63~64쪽.

13 정경모, 앞의 책, 215쪽.

14 『동아일보』, 2009년 10월 16일치.

15 위와 같음.

9장 부패와 인권탄압으로 얼룩진 정권 초기

1 민주화운동기념사업회 연구소, 『한국민주화운동사』 1, 356~357쪽, 돌베개, 2008.

2 서중석, 『한국현대사 60년』, 95쪽, 역사비평사, 2007.

3 유원식, 『5·16비록 혁명은 어디로 갔나』, 296~297쪽, 인물연구소, 1987.

10장 민정 참여를 위한 곡예

1 김종필, 『김종필 증언록』, 156~157쪽, 와이즈베리, 2016.

2 김형욱, 『김형욱 회고록』, 27~28쪽.

3 조성기, 『한경직 평전』, 168쪽, 김영사, 2003.

4 『한국일보』, 1961년 11월 15일치, 발췌.

5 리영희·임헌영, 『대화』, 277쪽, 한길사, 2005.

6 위의 책, 277쪽.

7 김삼웅, 『리영희 평전』, 185쪽, 책보세, 2010.

8   정운현, 『실록 군인 박정희』, 207쪽, 개마고원, 2004.

9   백태하, 『반역자의 고백』, 63~64쪽, 제일미디어, 1996.

10 『동아일보』, 1963년 8월 31일치.

11장 박정희의 전성기, 제3공화국

1   「1961년 국민경제의 전망」, 『경제조사월보』 제6권 제11호, 부흥부, 11~12쪽, 1961.

2   『실록 박정희』, 124~125쪽.

3   전재호, 『반동적 근대주의자 박정희』, 60~61쪽, 책세상, 2000.

4   김일경, 「경제개발계획」, 『한국민족문화대백과사전』 2, 73~74쪽, 한국정신문화연구원, 1991.

5   박찬승, 『한국근현대사를 읽는다』, 392쪽, 경인문화사, 2013.

6   위의 책, 391쪽.

7   이도성 편저, 『실록 박정희와 한일회담』, 33쪽, 한송, 1995.

8   이상우, 『박정권 18년 그 권력의 내막』, 20쪽, 동아일보사, 1986.

9   『중앙일보』, 1991년 12월 14일치; 『시사평론』, 2004년 8월호, 58~59쪽.

10 이상우, 앞의 책, 20~21쪽.

11 「박정희 '독도 폭파하고 싶다'」, 『경향신문』, 2004년 6월 21일치.

12 이동원, 『대통령을 그리며』, 118쪽, 고려원, 1992.

13 『김형욱 회고록』 제2부, 213쪽.

12장 멈출 줄 모르는 권력의 욕망

1   민주화운동기념사업회 연구소, 『한국민주화운동사』 1, 512쪽, 돌베개, 2008.

2   중앙일보현대사연구팀, 『발굴자료로 쓴 한국현대사』, 410쪽, 중앙M&B, 1996.

3   김호진, 『대통령과 리더십』, 243쪽, 청림출판, 2006.

4   이영석 편, 『정구영회고록』, 340쪽, 중앙일보사, 1987.

5   『한국민주화운동사』 1, 516~517쪽.

6   김형욱, 『김형욱 회고록』, 234~235쪽.

7   김종필, 『김종필 증언록』, 531쪽, 와이즈베리, 2016.

8   김형욱, 앞의 책, 240쪽.

9   김용태, 『김용태자서록』 1, 327쪽, 집문당, 1990.

13장 권력의 타락, 비상사태 선포

1 　이만섭, 『정치는 가슴으로』, 170쪽, 나남, 2014.

2 　『민주전선』, 1970년 4월 15일치.

3 　김재홍, 『누가 박정희를 용서했는가』, 33쪽, 책보세, 2012.

4 　위의 책, 39쪽.

5 　『자유의 종』, 제8호, 1971년 3월 5일치.

6 　민주화운동기념사업회 연구소, 『한국민주화운동사』 1, 604쪽, 돌베개, 2008.

7 　신용구, 『박정희 정신분석, 신화는 없다』, 219쪽, 뜨인돌, 2000.

8 　이상우, 『(비록) 박정희 시대』 1, 197~198쪽, 중원문화, 1984.

9 　평가교수 편, 『민족의 등불』, 88쪽, 1971.

14장 두 번째 헌정 유린 유신쿠데타

1 　장정일, 「유일무이한 교양은 헌법뿐」, 『시사IN』, 2017년 3월 1일치.

2 　노재현, 『청와대 비서실』 2, 92~93쪽, 중앙M&B, 1993.

3 　위의 책, 45쪽.

4 　한홍구, 『유신: 오직 한 사람을 위한 시대』, 48쪽, 한겨레, 2014.

5 　이상우, 『박정권 18년 그 권력의 내막』, 255~256쪽, 동아일보사, 1986.

6 　장인성, 『메이지유신』, 5쪽, 살림, 2007.

7 　노재현, 앞의 책, 99쪽.

8 　양성철, 『분단의 정치: 박정희와 김일성의 비교연구』, 330쪽, 한울, 1987.

9 　위의 책, 318쪽.

10 　강준만, 『한국 현대사 산책: 1970년대 편』 2, 33쪽, 인물과사상사, 2002.

11 　전재호, 「유신체제의 구조와 작동 기재」, 『유신과 반유신』, 131쪽, 민주화운동기념사업회, 2005.

15장 유신의 광기에서 저지른 사건과 시민저항

1 　김삼웅, 『한국현대사 바로잡기』, 172쪽, 가람기획, 1998.

2 　위의 책, 175쪽.

3 　김택근, 『새벽 김대중 평전』, 119쪽, 사계절, 2012.

4 　위의 책, 115쪽.

5 　양성철, 『분단의 정치: 박정희와 김일성의 비교연구』, 326~327쪽, 한울, 1987.

6 유기천, 「나와 박정희와 학문의 자유」, 『신동아』, 1988년 8월호.

7 민주화운동기념사업회, 『한국민주화운동사 연표』, 263쪽, 2006.

16장 사법살인과 암살 그리고 의문사

1 한홍구, 『유신: 오직 한 사람을 위한 시대』, 116쪽, 한겨레, 2014.

2 『동아일보』, 1984년 8월 16일치.

3 김삼웅, 「육영수살해 문세광이 진범인가 가짜인가」, 『한국현대사 바로잡기』에서 정리.

4 천정환, 「퍼스트레이디 육영수」, 『경향신문』, 2014년 1월 25일치.

5 김삼웅, 앞의 책, 정리.

17장 미국에서 자행한 매수공작

1 『워싱턴 포스트』, 1976년 10월 27일치, 사설.

2 『볼티모어 선』, 1976년 10월 27일치, 사설.

3 이상우, 『제3공화국 외교비사』, 177~178쪽, 조선일보사, 1984.

4 위의 책, 174쪽.

5 『프레이저 보고서』, 서울대학교 한·미관계 연구회 역, 70~71쪽, 실천문학사, 1986.

6 위의 책, 22쪽.

7 위의 책, 23쪽.

18장 선명야당 탄압하고 어용야당 지원

1 김호진, 『대통령과 리더십』, 232~233쪽, 청림출판, 2006.

19장 유신시대 '막걸리 보안법' 백태

1 김삼웅, 「일제시대 '막걸리 보안법' 사연」, 『월간 말』, 1996년 2월호.

2 고길섶, 『스물한 통의 역사진정서』, 104~105쪽, 앨피, 2005.

3 박원순, 『국가보안법연구』 3, 107~116쪽, 역사비평사, 1992, 발췌.

4 「대통령긴급조치 제9호 위반사건판결 요지」, 446~458쪽, 『역사비평』 2007년 봄, 발췌.

5 김삼웅, 「일제와 닮은 유신시대 '막걸리 보안법' 백태」, 『내일을 여는 역사』, 2012년 가을호,
  155~177쪽, 발췌.

20장 조국근대화의 빛과 그림자

1   조희연, 『박정희와 개발독재시대』, 152쪽, 역사비평, 2007.
2   김대환, 「박정희 경제개발정책의 현재적 조명」, 『역사비평』, 1993년 여름호, 152~153쪽.
3   위의 책, 145쪽.
4   이병천 외, 『개발독재와 박정희시대』, 18쪽, 창비, 2003.
5   한국정치연구회, 「한강의 빛과 그림자」(김용복), 『박정희를 넘어서』, 273~274쪽, 푸른숲, 1998.
6   통계청, 「소비자물가지수」; 변형윤, 제15장 「물가」, 『한국경제론』, 682쪽, 유풍출판사, 1996.
7   이병천, 앞의 책, 147쪽.
8   유종일 엮음, 『박정희의 맨얼굴』, 35쪽, 시사IN북, 2011.
9   한홍구, 「2005년의 박정희, 박정희의 2005년」, 『한겨레21』, 18쪽, 2005.

21장 부패한 권력의 패악

1   『한겨레』, 2017년 2월 24일치.
2   문명자, 『내가 본 박정희와 김대중』, 239쪽, 월간 말, 1999.
3   김재홍, 『누가 박정희를 용서했는가』, 42~43쪽, 책보세, 2012.
4   위의 책, 46쪽.
5   한홍구, 『유신: 오직 한 사람을 위한 시대』, 287쪽, 한겨레, 2014.
6   전재호, 『반동적 근대주의자 박정희』, 81쪽, 책세상, 2000.
7   오성철, 「박정희의 국가주의 교육론과 경제성장」, 『역사문제연구』, 제11권, 66쪽, 역사비평사, 2003.
8   위의 책, 72~73쪽.

22장 절대권력은 절대타락한다

1   정광모, 『청와대』, 267~269쪽, 어문각, 1967.
2   노재현, 『청와대 비서실』 2, 181쪽, 중앙M&B, 1993.
3   신용구, 『박정희 정신분석, 신화는 없다』, 192~193쪽, 뜨인돌, 2000.
4   조갑제, 『박정희의 결정적인 순간들』, 600~605쪽, 기파랑, 2009.
5   노재현, 앞의 책, 182쪽.
6   김충식, 『남산의 부장들』 1, 231쪽, 동아일보사, 1992.
7   위의 책, 232~233쪽.

8 김재홍, 『박정희의 유산』, 18쪽, 푸른 숲, 1998.

9 위의 책, 20쪽.

23장 궁정동 술판과 피살 그리고 김재규

1 미조구치 유조 외 지음, 김석근 외 옮김, 『중국사상문화사전』, 325쪽, 민족문화문고, 2003.

2 노재현, 『청와대 비서실』 2, 28쪽, 중앙M&B, 1993.

3 위의 책, 28~29쪽.

4 이경재, 『유신쿠데타』, 28~29쪽.

5 이만섭, 『정치는 가슴으로』, 188쪽, 나남, 2014.

6 정병식, 『궁정동 총소리』, 한국일보사 인용.

7 함세웅 신부, 「김재규 의인을 기리며」.

8 천주교 정의구현사제단의 성명.

9 강신옥 변호사, 「역사재평가로 민족정기를 세우자」.

10 광주·전남 김재규 추모모임 송죽회, 「10·26사건의 재조명과 김재규 의사의 재심을 촉구함」.

11 효림 스님, 「김재규 장군의 스물 한 번째 기일을 맞이하여」.

닫는 말

1 국무부 대화 비망록, 미 국립문서보관소 소장.

2 위와 같음.

3 박광희, 「가면 벗은 우상」, 『경향신문』, 2016년 10월 29일치.

4 김준형, 「이런 대통령이어야 한다」, 『경향신문』, 2017년 5월 5일치.